普通高等教育"十一五"国家级规划教材

高等学校"十二五"规划教材·经济管理系列

财务报表分析

（第2版第2次修订本）

王　萍　于　健　编著

清华大学出版社

北京交通大学出版社

·北　京·

内 容 简 介

会计人员不但要掌握专业基础知识，还要学会充分利用财务报表所揭示的信息。只有掌握财务报表分析的技巧，才能充分发挥会计参与企业经济管理的职能，为报表使用者的经济决策提供重要依据。

本书根据部分最新修订的《企业会计准则》及增值税改革相关政策进行了更新，在保持原有风格的基础上，注入了新知识、新理念、新案例。本书可作为高等院校经济学类、管理学类各专业本科生和研究生的教学用书，也可作为会计人员后续教育的教学用书，对于各类企业经济管理人员、会计人员的实际工作和会计知识的学习也有一定的参考价值。

图书在版编目（CIP）数据

财务报表分析／王萍，于健编著. —2 版. —北京：北京交通大学出版社：清华大学出版社，2013.8（2023.8 重印）

（高等学校"十二五"规划教材·经济管理系列）

ISBN 978-7-5121-1633-7

Ⅰ.①财… Ⅱ.①王… ②于… Ⅲ.①会计报表-会计分析-高等学校-教材 Ⅳ.①F231.5

中国版本图书馆 CIP 数据核字（2013）第 212118 号

责任编辑：解　坤

出版发行：清 华 大 学 出 版 社　　邮编：100084　　电话：010-62776969
　　　　　北京交通大学出版社　　邮编：100044　　电话：010-51686414

印　刷　者：北京时代华都印刷有限公司

经　　　销：全国新华书店

开　　　本：185×260　　印张：20.25　　字数：506 千字

版　　　次：2019 年 7 月第 2 版第 2 次修订　2023 年 8 月第 9 次印刷

印　　　数：18 001～19 000 册　　定价：48.00 元

代　序

　　经济与社会的不断发展为理论工作者的研究提供了肥沃的土壤，他们一方面从中吸取有益成分，另一方面进一步推动理论的完善和发展。

　　近年来，我国高等教育的各个领域和学科都发生着日新月异的变化，在教育思想和观念、教育方法和手段等方面都有了较大的进步，取得了丰硕成果。课程教学改革的推进、大学教育国际化进程的加快，双语教学的展开，案例教学的引用，教学方法、方式的灵活多样，对教材内容也提出了更新更高的要求。

　　北京交通大学出版社长期以来致力于高等教育所需教材的建设和出版，特别是在经济管理学科领域，优秀品种数量多、销量大，在业界具有良好的声誉。此次出版社根据当前高等教育的实际需求，结合社会发展的需要，对已有产品进一步优化、整合、完善、再版，形成一套紧跟国际发展步伐又适合我国国情的"高等学校'十二五'规划教材·经济管理系列"教材。

　　该系列教材涉及市场营销、财会、人力资源等专业，具体包括约20种。参编者都是多年来一直从事一线教学的专职教师，具有丰富的教学经验和写作经验。

　　该系列教材具有以下特点。

　　1. 在内容选取上，进一步优化阅读材料，精选案例分析，合理安排课后练习，从而使其更加充实和完善。该系列教材多数是以往深受广大一线教师所喜欢的长销书的再版，单本书最高销量已经超过8万册。

　　2. 在编写风格上，突出基础性和先进性，反映时代特征，强调核心知识，结合实际应用，理论与实践相结合。

　　3. 在内容阐述上，强调基本概念、原理及应用，层次分明，突出重点，注重学生知识运用能力和创新意识的培养。

　　4. 配套教学资源丰富，出版社为编者、读者、发行者提供了一个及时、方便的交流平台。

　　该系列教材的出版不仅进一步适应了高等学校经济与管理类专业的本科教学需要，也为广大从事经济、贸易、财会等工作的人员提供了更新更好的参考读物，相信一定会得到广大读者的认同。

中国工程院院士

技术经济专家

北京交通大学教授

2013.11.2

前 言

《财务报表分析》自 2004 年 9 月首次出版之后，得到了众多高等院校老师和学生以及其他读者的认可与厚爱。本教材多次印刷，并成为普通高等教育"十一五"国家级规划教材。由于 2006 年 2 月，财政部发布了新的企业会计准则，为了满足会计信息使用者以及高等院校教学的需要，于 2008 年 8 月根据新发布的企业会计准则对教材进行了全面修订，修订后的《财务报表分析》依然受到读者的好评。为感谢广大读者的支持，我们决定把近年来的教学积累分享给读者，在修订版的基础上，注入新知识、新理念、新案例，于 2013 年进行再版。

再版后的《财务报表分析》仍保持被读者所认可的风格，在阐述财务报表分析基本理论的基础上，以系统介绍财务报表分析基本方法为主线，引用 JDSN 上市公司的年报数据解释分析方法的运用，并贯穿全书，突出了财务报表分析的清晰直观性；每章都有近年我国上市公司的一些典型事例，吸引读者的注意力，增进了财务报表分析的趣味可读性；最后以万科企业股份有限公司 2011 年报作为综合案例，演示了财务报表分析的全过程，体现了财务报表分析的具体操作性；全书试图从报表使用者的不同角度进行透视，力求与报表使用者相关，扩大了财务报表分析的应用广泛性。

再版后的《财务报表分析》主要的变化是更新案例、增加案例讨论和练习题。更新案例，目的是突出案例的时效性，增强教材的时代感；增加案例讨论，旨在引导学生思考相关问题，培养学生发现问题、分析问题和解决问题的能力；增加练习题，意在帮助学生充分吸收所学知识，提高学生的应用能力。

针对部分最新修订的《企业会计准则》及增值税改革相关政策，我们对本书中相关内容进行了更新，期望本次教材修订能够为学生提供更及时、更准确的学习资料，对教学有所帮助。

本书可作为高等院校经济学类、管理学类各专业本科生和研究生的教学用书，也可作为会计从业人员后续教育的教学用书。本书对各类企业的管理人员、会计人员的实际工作和会计知识的学习也有一定的参考价值。

本书在编写过程中还吸收借鉴了国内外最新财务报表分析的研究成果和已有财务报表分析教材的精华，在此表示感谢！

书中如有不当之处，敬请批评指正。

编者

2019 年 7 月

目录

第1章

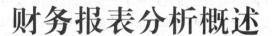

财务报表分析概述

学 习 提 要

　　充分利用财务报表所揭示的信息，使之成为经济决策的重要依据，是财务报表分析的主题。本章系统介绍了财务报表分析的含义和目的，财务报表分析的信息基础，财务报表分析的基础知识，财务报表分析的基本方法，财务报表分析的基本步骤和原则。

1.1　财务报表分析的含义和目的

　　决策面向未来，决策需要进行缜密的分析判断。会计信息与决策有密切的关系，是决策过程中不可或缺的依据。财务报表分析的根本目标，就是充分利用财务报表所揭示的信息，使之成为经济决策的重要依据。

1.1.1　财务报表分析的含义

　　财务报表是企业经营活动的缩影，是传递会计信息的工具。就财务报表本身而言，它并不能成为会计信息使用者决策的依据，尤其是在社会经济现象复杂多变的情况下。因此，要使财务报表与其他工具一样，能对那些有能力并且愿意用心去研究的使用者有直接的助益，成为其制定决策的有用工具，就需要对财务报表加以整理分析，找出其中所包含的信息。

　　财务报表分析是以企业的财务报表和其他资料为基本依据，采用专门的分析工具和方法，从财务报表中寻找有用的信息，有效地寻求企业经营和财务状况变化的原因，从而对企业的财务状况、经营成果和现金流量进行综合与评价的过程。

　　不同的财务报表表达着不同的内容，所发挥的作用各有侧重。财务报表分析的意义在于：将大量的财务报表数据转换成对特定决策有用的信息，评价企业的财务实力、经营业绩、管理效率及企业的风险和前景，为利益相关者进行决策提供依据。

1.1.2　财务报表分析的目的

　　财务报表分析的主体是指"谁"进行财务报表分析，实际上就是与企业存在直接或间接利益关系的组织或个人，即利益相关者。主要包括：企业的投资者、债权人、经营者、政府机构及其他与企业有利害关系的人士等。由于财务报表使用者与企业利益关系的程度不同，实现自身财务利益的具体途径和方式不同，所关心的重点是不相同的。因而，决定了企业财务报表分析的目的不同。

1. 从投资者角度看

投资者包括现有和潜在投资者。现有投资者作为企业永久性资本的出资者，自然要对投资风险和投资回报进行判断和估计。在所有权与经营权相对分离的情形下，财务报表成了他们可以从企业管理当局那里获得有用信息、进行风险判断、选择投资决策方案的重要媒介。现有投资者在决定是购买、持有还是转让对某一企业投资时，需要估计企业的未来收益与风险水平。因此，现有投资者最为关心的是企业的盈利能力、管理效率和投资的回报率。潜在投资者也需要相关的财务信息帮助他们在竞争性的投资机会中作出选择。

2. 从债权人角度看

债权人因为不能参与企业剩余收益的分享，决定了债权人必须首先对其贷款的安全性予以关注。对企业而言，具有长期获利能力及良好的现金流动性是企业按期清偿长期贷款及利息的基础。因此，债权人最为关心的是在债务到期之日，企业是否有足够的支付能力及财务稳定性，以保证其本息能够及时、足额地得以收回。短期债权人对企业现金流动性的关注甚于对获利能力的关心。

3. 从经营者角度看

经营管理者作为受托责任人，肩负着受托经营管理的责任。受托责任的完成和履行情况最终是以财务报表的形式呈现出来的。因此，经营者最为关心企业经营理财的各个方面，包括营运能力、偿债能力、盈利能力、社会贡献能力及未来的发展趋势等信息，以便及时发现问题，为企业可持续发展制定合理的企业发展战略和策略。

4. 从员工角度看

员工通常与企业存在着长久、持续的关系，是最直接的利益相关者。企业的稳定性、职业的保障程度、工作环境的优劣和争取高薪水平的前景，直接影响着员工的切身利益。因此，企业是否具有稳定的获利能力是其关心的重点。

5. 从审计人员角度看

审计人员作为财务报表的鉴证者，要对财务报表的质量作出专业的判断和评价。为规避审计风险，审计人员最关心企业编制的财务报表是否遵守《会计准则》和《公司法》的相关规定，财务报表是否具有可靠性和公允性等。

6. 从政府部门角度看

政府部门既是财务报表编制规范的制定者，又是财务报表的使用者。税务管理部门需要确定企业的纳税所得额，对企业的销售和盈利水平感兴趣；证监会可能对公司的盈利能力和关联方交易感兴趣。

7. 从供应商角度看

供应商如果通过赊销的方式出售产品，即成为公司的债权人。供应商最为关心的是客户的到期支付能力，而客户的信用度取决于客户类别（个人/企业）、规模及信用期限的长短。大多数供应商对客户的短期偿债能力感兴趣，而某些供应商由于与客户存在着较为持久、稳固的经济联系，他们又对客户的长期偿债能力感兴趣。

8. 从竞争对手角度看

竞争对手渴望获取关于公司财务状况的会计信息及其他信息，借以判断公司间的相对效率。同时，还可为未来可能出现的公司兼并提供信息。因此，他们对企业财务状况的各个方面均感兴趣，如毛利率、提供给客户的信用期限、销售增长的速度等。

综上所述，财务报表分析的主要目的，就是说明、评价和预测企业的财务状况、经营成果、现金流量等，为报表使用者提供决策依据。

1.2 财务报表分析的信息基础

财务报表分析的基本依据除财务报表所揭示的会计信息以外，用于揭示与财务报表直接或间接相关的财务或非财务信息，也是财务报表分析的信息基础。

1.2.1 财务报表分析的会计信息

财务报表分析依据的主要信息来自于财务报表。财务报表所提供的信息，不但是报表使用者进行决策的依据，也是国家进行国民经济宏观管理的重要依据。

根据《企业会计准则第 30 号——财务报表列报》的规定，为了达到使财务报表对有关决策有用和评价企业管理层受托责任的目标，一套完整的财务报表至少应当包括"四表一注"，对外报送的财务报告如图 1 - 1 所示。

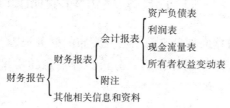

图 1 - 1 对外报送财务报告

以上描述的是对外报送财务报告所提供的会计信息，除此之外，企业还需编制对内报送的成本费用报表，提供成本分析所需的会计信息，如图 1 - 2 所示。

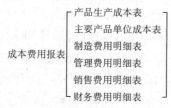

图 1 - 2 对内报送成本费用报表

1.2.2 财务报表分析的其他信息

除财务报表揭示的会计信息外，财务报表分析还需借助其他信息。

1. 审计报告

审计报告是注册会计师根据独立审计准则的要求，对企业财务报表的合法性、公允性和一贯性作出的独立鉴证，可增强财务报表的可信性，是报表使用者判断上市公司财务报表真实程度的重要依据。

2. 政策信息

主要包括产业政策、价格政策、信贷政策、分配政策、税务法规、财务法规、金融法规等，从企业的行业性质、组织形式等方面分析企业财务对政策法规的敏感程度，合理揭示经济政策调整及法律法规变化对企业财务状况与经营业绩的影响。

3. 市场信息

主要包括消费品市场、生产资料市场、资本市场、劳动力市场、技术市场等，其中任何一部分都与企业财务及经营相关。因此，在进行企业财务报表分析时必须关注商品供求与价格对企业的销售数量与收入的影响，劳动力供求与价格对企业的人工费用、企业损益的影响，技术市场的供求与价格对无形资产规模、结构及相关费用和收入的影响，以便能从市场环境的变化中揭示企业财务状况的成因及其变化趋势。

4. 行业信息

主要是企业所处行业的相关产品、技术、规模、财务、经营和效益等方面的情况，以及所处行业竞争对手的情况。因此，在进行企业财务报表分析时，应关注行业平均水平、先进水平及行业前景信息，以便合理预测企业财务状况与经营业绩的变化趋势，为决策者提供可靠的决策依据。

1.3　财务报表分析的基础知识

财务报表分析使用的数据大部分来源于公开发布的财务报表，正确理解财务报表是财务报表分析的前提。因此，要理解财务报表，分析会计信息的质量，就应当掌握会计的基础知识。

1.3.1　会计基本假设

会计基本假设是对会计核算所处的时间、空间环境所作的合理设定。会计核算对象的确定、会计方法的选择、会计数据的搜集等，都以会计基本假设为依据。

1. 会计主体

会计主体是指会计信息所反映的特定单位或者工作组织。在会计主体前提下，会计核算应当以企业发生的各项经济业务为对象，记录和反映企业本身的各项生产经营活动。

会计主体规范了会计工作的空间范围。即划定了会计所要处理的各项交易或事项的范围，明确了会计把握会计处理的立场，进而将会计主体的经济活动与会计主体经营者的经济活动区分开来。

会计主体，可以是独立法人，也可以是非法人（如合伙经营活动）；可以是一个企业，也可以是企业内部的某一单位或企业中的一个特定的部分（如企业的分公司、分厂）；可以是单一企业，也可以是由几个企业组成的企业集团。

2. 持续经营

持续经营是指在可预见的未来，企业将会按当前的规模和状态继续经营下去，不会停业，也不会大规模削减业务。在持续经营前提下，会计人员就可以在此基础上选择会计原则和会计方法。如果能够判断企业不会持续经营，就应当改变会计核算的原则和方法，并应在财务报告中作相应的披露。

会计核算应当以企业持续、正常的生产经营活动为前提。持续经营规范了会计工作的时间范围。

3. 会计分期

会计分期是指会计核算应当划分会计期间，分期结算账目和编制会计报表。会计期间分为年度、半年度、季度和月度。年度、半年度、季度和月度的起讫日期采用公历日期。半年度、季度和月度称为会计中期。

会计分期的目的在于通过会计期间的划分，将持续经营的生产经营活动划分为连续、相等的期间，据以结算盈亏，按期编制财务会计报告，从而及时向各方面提供有关企业财务状况、经营成果和现金流量的信息。

会计分期规范了会计核算的时间间隔。由于有了会计期间，才产生了本期与非本期的区别；由于有了本期与非本期的区别，才产生了权责发生制和收付实现制，才使不同类型的会计主体有了记账的基准，进而出现了应收、预收、预提、待摊等会计处理方法。

4. 货币计量

货币计量是指会计核算应当采用货币作为计量单位，计量、记录和报告会计主体的生产经营活动。

货币计量规范了会计核算采用的计量单位。企业会计核算以人民币为记账本位币。业务收支以外币为主的企业，也可以选定某种外币作为记账本位币，但编制的会计报表应当折算为人民币反映。境外企业向国内有关部门编报会计报表，应当折算为人民币反映。

应注意的是，货币计量是以货币价值不变、币值稳定为前提条件的。

1.3.2　会计基础

企业会计的确认、计量和报告应当以权责发生制为基础。权责发生制基础要求，凡是当期已经实现的收入和已经发生或应当负担的费用，无论款项是否收付，都应当作为当期的收入和费用，计入利润表；凡是不属于当期的收入和费用，即使款项已在当期收付，也不应当作为当期的收入和费用。

收付实现制是与权责发生制相对应的一种会计基础，以收到或支付现金作为确认收入和费用等的依据。目前，我国的行政单位会计采用收付实现制，事业单位会计除经营业务可以采用权责发生制外，其他大部分业务采用收付实现制。

权责发生制是相对于收付实现制的会计基础，贯穿于整个企业会计准则体系的总过程，属于财务会计的基本问题，层次较高，统驭作用强。

1.3.3　会计信息质量要求

会计信息质量要求是对企业财务报告中所提供会计信息质量的基本要求，是使财务报告中所提供的会计信息对投资者等使用者决策有用而应具备的基本特征。

1. 可靠性

可靠性要求企业应当以实际发生的交易或事项为依据进行确认、计量和报告，如实反映符合确认和计量要求的各项会计要素及其他相关信息，保证会计信息真实可靠、内容完整。为了贯彻可靠性要求，企业应当做到以下两点。

① 以实际发生的交易或者事项为依据进行确认、计量，将符合会计要素定义及其确认条件的资产、负债、所有者权益、收入、费用和利润等如实反映在财务报表中，不得根据虚构的、没有发生的或者尚未发生的交易或者事项进行确认、计量和报告。

② 在符合重要性和成本效益原则的前提下，保证会计信息的完整性，其中包括应当编报的报表及其附注内容等应当保持完整，不能随意遗漏或者减少应予披露的信息，与使用者决策相关的有用信息都应当充分披露。

2. 相关性

相关性要求企业提供的会计信息应当与投资者等财务报告使用者的经济决策需要相关，有助于投资者等财务报告使用者对企业过去、现在或者未来的情况作出评价或者预测。

会计信息质量的相关性要求，需要企业在确认、计量和报告会计信息的过程中，充分考虑使用者的决策模式和信息需要。但是，相关性是以可靠性为基础的，两者之间并不矛盾，不应将两者对立起来。也就是说，会计信息在可靠性的前提下，尽可能地做到相关性，以满足投资者等财务报告使用者的决策需要。

3. 可理解性

可理解性要求企业提供的会计信息应当清晰明了，便于投资者等财务报告使用者理解和使用。

会计信息毕竟是一种专业性较强的信息产品，在强调会计信息的可理解性要求的同时，还应假定使用者具有一定的有关企业经营活动和会计方面的知识，并且愿意付出努力去研究这些信息。对于某些复杂的信息，如交易本身较为复杂或者会计处理较为复杂，但其与使用者的经济决策相关，企业就应当在财务报告中予以充分披露。

4. 可比性

可比性要求企业提供的会计信息应当相互可比。这主要包括两层含义。

① 同一企业不同时期可比。是指同一企业不同时期发生的相同或者相似的交易或者事项，应当采用一致的会计政策，不得随意变更。但是，满足会计信息可比性要求，并非表明企业不得变更会计政策，如果按照规定或者在会计政策变更后可以提供更可靠、更相关的会计信息，可以变更会计政策。有关会计政策变更的情况，应当在附注中予以说明。

② 不同企业相同会计期间可比。是指不同企业同一会计期间发生的相同或者相似的交易或事项，应当采用规定的会计政策，确保会计信息口径一致、相互可比，以使不同企业按照一致的确认、计量和报告要求提供有关会计信息。

5. 实质重于形式

实质重于形式要求企业应当按照交易或者事项的经济实质进行会计确认、计量和报告，不仅仅以交易或者事项的法律形式为依据。

在实际工作中，交易或事项的外在法律形式或人为形式并不总能完全真实地反映其实质内容。所以，会计信息要想反映其所拟反映的交易或事项，就必须根据交易或事项的实质和经济现实，而不能仅仅根据它们的法律形式进行核算和反映。例如：融资租入固定资产、售后回购、合并会计报表范围的确定、关联方关系的判断等，就应当按照交易或事项的经济实质进行会计核算，才会为会计信息使用者提供决策有用的会计信息。

6. 重要性

重要性要求企业提供的会计信息应当反映与企业财务状况、经营成果和现金流量有关的所有重要交易或者事项。

如果财务报告中提供的会计信息的省略或者错报会影响投资者等使用者据此作出决策，该信息就具有重要性。重要性的应用需要依赖职业判断，企业应当根据其所处环境和实际情况，从项目的性质和金额大小两方面加以判断。

7. 谨慎性

谨慎性要求企业对交易或者事项进行会计确认、计量和报告时保持应有的谨慎，不应高估资产或者收益、低估负债或者费用。

在市场经济环境下，企业的生产经营活动面临着许多风险和不确定性，如应收款项的可收回性、固定资产的使用寿命、无形资产的使用寿命、售出存货可能发生的退货或者返修等。会计信息质量的谨慎性要求，需要企业在面临不确定性因素的情况下作出职业判断时，应当保持应有的谨慎，充分估计到各种风险和损失，既不高估资产或者收益，也不低估负债或费用。

8. 及时性

及时性要求企业对于已经发生的交易或者事项，应当及时进行确认、计量和报告，不得提前或者延后。

会计信息的价值在于帮助所有者或者其他方面作出经济决策，具有时效性。即使是可靠的、相关的会计信息，如果不及时提供，就失去了时效性，对于使用者的效用就大大降低，甚至不再具有实际意义。在会计确认、计量和报告过程中贯彻及时性，有 3 层含义：一是及时收集会计信息；二是及时处理会计信息；三是及时传递会计信息。

综上所述，可靠性、相关性、可理解性和可比性是会计信息的首要质量要求，是企业财务报告中所提供会计信息应具备的基本质量特征；实质重于形式，重要性、谨慎性和及时性是会计信息的次级质量要求，是对可靠性、相关性、可理解性和可比性等首要质量要求的补充和完善，尤其是在对某些特殊交易或者事项进行处理时，需要根据这些质量要求来把握其会计处理原则；另外，及时性还是会计信息相关性和可靠性的制约因素，企业需要在相关性和可靠性之间寻求一种平衡，以确定信息及时披露的时间。

1.3.4 会计要素

会计要素是根据交易或者事项的经济特征所确定的财务会计对象的基本分类。会计要素的界定和分类可以使财务会计系统更加科学严密，为投资者等财务报告使用者提供更加有用的信息。

1. 资产

资产是指企业过去的交易或者事项形成的、由企业拥有或者控制的、预期会给企业带来经济利益的资源。根据资产的定义，资产具有以下特征。

① 资产应为企业拥有或者控制的资源。

② 资产预期会给企业带来经济利益。

③ 资产是由企业过去的交易或者事项形成的。

将一项资源确认为资产，需要符合资产的定义，还应同时满足以下两个条件。

① 与该资源有关的经济利益很可能流入企业。

② 该资源的成本或者价值能够可靠地计量。

2. 负债

负债是指企业过去的交易或者事项形成的，预期会导致经济利益流出企业的现时义务。根据负债的定义，负债具有以下特征。

① 负债是企业承担的现时义务。

② 负债预期会导致经济利益流出企业。

③ 负债是由企业过去的交易或者事项形成的。

将一项现时义务确认为负债，需要符合负债的定义，还应当同时满足以下两个条件。

① 与该义务有关的经济利益很可能流出企业。

② 未来流出的经济利益的金额能够可靠地计量。

3. 所有者权益

所有者权益是指企业资产扣除负债后，由所有者享有的剩余权益。公司的所有者权益又称为股东权益。所有者权益是所有者对企业资产的剩余索取权，它是企业资产中扣除债权人权益后应由所有者享有的部分，既可反映所有者投入资本的保值增值情况，又体现了保护债权人权益的理念。

所有者权益的来源包括所有者投入的资本、直接计入所有者权益的利得和损失、留存收益等，通常由实收资本（或股本）、资本公积（含资本溢价或股本溢价、其他资本公积）、盈余公积和未分配利润构成。

所有者权益体现的是所有者在企业中的剩余权益，因此，所有者权益的确认主要依赖于其他会计要素，尤其是资产和负债的确认；所有者权益金额的确定也主要取决于资产和负债的计量。

4. 收入

收入是指企业在日常活动中形成的、会导致所有者权益增加的、与所有者投入资本无关的经济利益的总流入。根据收入的定义，收入具有以下特征。

① 收入是企业在日常活动中形成的。

② 收入会导致所有者权益的增加。

③ 收入是与所有者投入资本无关的经济利益的总流入。

收入的确认至少应当符合以下条件。

① 与收入相关的经济利益应当很可能流入企业。

② 经济利益流入企业的结果会导致资产的增加或者负债的减少。

③ 经济利益的流入额能够可靠计量。

5. 费用

费用是指企业在日常活动中发生的、会导致所有者权益减少的、与向所有者分配利润无关的经济利益的总流出。根据费用的定义，费用具有以下特征。

① 费用是企业在日常活动中形成的。

② 费用会导致所有者权益的减少。

③ 费用是与向所有者分配利润无关的经济利益的总流出。

费用的确认除了应当符合定义外，至少应当符合以下条件。

① 与费用相关的经济利益应当很可能流出企业。

② 经济利益流出企业的结果会导致资产的减少或者负债的增加。

③ 经济利益的流出额能够可靠计量。

6. 利润

利润是指企业在一定会计期间的经营成果。通常情况下，如果企业实现了利润，表明企业的所有者权益将增加，业绩得到了提升；反之，如果企业发生了亏损（利润为负数），表明企业的所有者权益将减少，业绩下滑了。利润往往是评价企业管理层业绩的一项重要指标，也是投资者等财务报告使用者进行决策时的重要参考。

利润的来源构成，包括收入减去费用后的净额、直接计入当期利润的利得和损失等。其中收入减去费用后的净额反映的是企业日常活动的经营业绩，直接计入当期利润的利得和损失反映的是企业非日常活动的业绩。企业应当严格区分收入和利得、费用和损失之间的区别，从而更加全面地反映企业的经营业绩。

利润的确认，主要依赖于收入和费用及利得和损失的确认，其金额的确定也主要取决于收入、费用、利得、损失金额的计量。

1.3.5　会计要素计量属性

会计计量是为了将符合确认条件的会计要素登记入账并列报于财务报表而确定其金额的过程。企业应当按照规定的会计计量属性进行计量，确定相关金额。从会计角度，计量属性反映的是会计要素金额的确定基础，主要包括历史成本、重置成本、可变现净值、现值和公允价值等。

1. 历史成本

历史成本，又称为实际成本，就是取得或制造某项财产物资时所实际支付的现金或其他等价物。在历史成本计量下，资产按照其购置时支付的现金或者现金等价物的金额，或者按照购置资产时所付出的对价的公允价值计量。负债按照其因承担现时义务而实际收到的款项或者资产的金额，或者承担现时义务的合同金额，或者按照日常活动中为偿还负债预期需要支付的现金或者现金等价物的金额计量。

2. 重置成本

重置成本又称现行成本，是指按照当前市场条件，重新取得同样一项资产所需支付的现金或现金等价物金额。在重置成本计量下，资产按照现在购买相同或者相似资产所需支付的现金或者现金等价物的金额计量。负债按照现在偿付该项债务所需支付的现金或者现金等价物的金额计量。在实务中，重置成本多应用于盘盈固定资产的计量等。

3. 可变现净值

可变现净值，是指在正常生产经营过程中，以预计售价减去进一步加工成本、预计销售费用及相关税费后的净值。在可变现净值计量下，资产按照其正常对外销售所能收到的现金或者现金等价物的金额扣减该资产至完工时估计将要发生的成本、估计的销售费用，以及相关税费后的金额计量。可变现净值通常应用于存货资产减值情况下的后续计量。

4. 现值

现值是指对未来现金流量以恰当的折现率进行折现后的价值，是考虑货币时间价值的一种计量属性。在现值计量下，资产按照预计从其持续使用和最终处置中所产生的未来净现金流入量的折现金额计量。负债按照预计期限内需要偿还的未来净现金流出量的折现金额计量。现值通常用于非流动资产可收回金额和以摊余成本计量的金融资产价值的确定等。例如，在确定固定资产、无形资产等可收回金额时，通常需要计算资产预计未来现金流量的现值；对于持有至到期投资、贷款等以摊余成本计量的金融资产，通常需要使用实际利率法将这些资产在预期存续期间或适用的更短期间内的未来现金流量折现，再通过相应的调整确定其摊余成本。

5. 公允价值

公允价值，是指在公平交易中，熟悉情况的交易双方自愿进行资产交换或者债务清偿的金额。在公允价值计量下，资产和负债按照在公平交易中熟悉情况的交易双方自愿进行资产交换或者债务清偿的金额计量。公允价值主要应用于交易性金融资产、可供出售金融资产的计量等。

我国引入公允价值是适度、谨慎和有条件的。原因是考虑到我国尚属新兴的市场经济国家，如果不加限制地引入公允价值，有可能出现公允价值计量不可靠，甚至借机人为操纵利润的现象。因此，在投资性房地产和生物资产等具体准则中规定，只有存在活跃市场、公允价值能够取得并可靠计量的情况下，才能采用公允价值计量。

在各种会计要素计量属性中，历史成本通常反映的是资产或者负债过去的价值，而重置成本、可变现净值、现值及公允价值通常反映的是资产或者负债的现时成本或者现时价值，是与历史成本相对应的计量属性。当然这种关系也并不是绝对的。比如，资产或者负债的历史成本有时就是根据交易时有关资产或者负债的公允价值确定的；当资产或者负债需要采用估值技术来确定相关资产或者负债的公允价值时，现值往往是比较普遍的一种估值方法，在这种情况下，公允价值就是以现值为基础确定的。

另外，公允价值相对于历史成本而言，具有很强的时间概念。也就是说，当前环境下某项资产或负债的历史成本可能是过去环境下该项资产或负债的公允价值，而当前环境下某项资产或负债的公允价值也许就是未来环境下该项资产或负债的历史成本。

1.3.6 会计规范体系

会计规范是会计行为的标准，但从其最终效果看，会计规范实际上是会计信息的标准，是对会计人员、会计工作和会计信息处理具有约束、评价和指导作用的一系列标准的总称。

企业会计报表的编制，如果没有一定法规的制约，将会对报表信息质量产生严重影响。会计实务应该遵循一定的会计规范，注册会计师的审计实务也须按照会计规范来检验会计信息的质量。世界各国大都对企业财务报表的编制与报告的内容制定了一些法规，使报表信息的提供者在编制报表时操纵报表信息的可能性受到了限制。为了准确理解财务报表，还要了解与编制财务报表有关的规范。

在我国，会计规范体系是由一系列的会计行为标准组成的完整体系，分为 3 个层次。

我国会计规范的第一层次是会计法律规范。会计法律规范是会计规范体系中的最高层次，对会计行为的约束力最强。我国《会计法》规定："国家统一的会计制度，是指国务院财政部门根据本法制定的有关会计核算、会计监督、会计机构和会计人员及会计管理的制度"，从法律层面上看，除了《会计法》是会计工作的根本大法外，其他的诸如公司法、证券法、税法、银行法、票据法、合同法、担保法和注册会计师法等，都从不同方面对企业财务与会计作出了法律上的规定，为会计理论规范、会计制度规范和会计职业道德规范提供了法律保障。

我国会计规范的第二层次是有关的专业法规和规章等。它包括三套准则一套制度：信息披露准则、独立审计准则、企业会计准则和企业会计制度。对企业会计实务而言，企业会计准则是有关财务会计核算的规范，是会计确认、计量、记录和报告等会计活动所应遵循的标准。

我国会计规范的第三层次是企业自行制定的有关制度。它是各个企业根据第一层次的有关法律、第二层次的有关准则和制度，结合本企业生产、经营和管理的实际情况和特殊要求，设计和制定的本企业内部会计制度，是整个会计规范体系中不可缺少的关键环节。会计规范体系如图 1-3 所示。

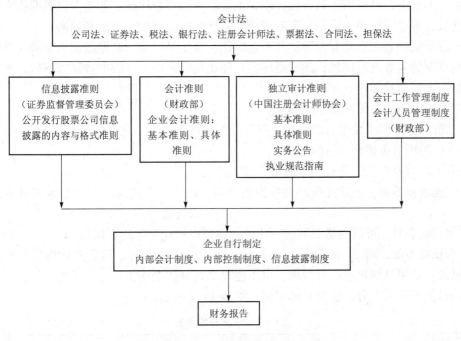

图 1-3　中国会计规范体系

1.4　财务报表分析的基本方法

财务报表分析是应需要而产生的，我国会计准则规定，会计信息应当满足国家宏观经济管理的需要，满足各有关方面了解企业财务状况和经营成果的需要，满足企业加强内部经营管理的需要。面对如此众多的需要，企业编制的财务报表显然只能满足报表使用者的共同需要，其特殊需要只能通过分析得以满足。由于一般的报表使用者不了解财务报表的编制规则，很难直接全面理解财务报表。因此，报表使用者应熟悉财务报表分析的基本方法。

1.4.1　趋势分析法

1. 趋势分析法的含义

趋势分析法是根据企业连续数期的会计报表，比较各个有关项目的金额、增减方向和幅度，从而揭示当期财务状况和经营成果的增减变化及其发展趋势的一种方法。采用这种方法，可以分析识别引起变化的主要原因、变动的性质，并预测企业未来的发展前景。趋势分析可以绘成统计图表，可以采用移动算术平均法、指数滑动平均法等，但通常采用比较法，即将连续几期的同一类型报表加以比较。

趋势分析的目的在于：找出引起企业财务状况和经营成果变动的主要项目；变动趋势的性质是否有利；预测企业将来的发展趋势。

2. 趋势分析法的种类

（1）水平分析法。水平分析法是将企业连续几个会计年度的财务报表上的相同项目进行比较，观察这些项目的变化情况，用以揭露这些项目在各个会计期间增减变化的原因和趋势。在这一方法下，可以用绝对数相比较，也可以用相对数比较。如果能对数期报表的相同项目作比较，可以观察到相同项目带有规律的发展趋势，有助于评价和预测。

水平分析法的表现形式有两种：其一是定比，定比是以某一时期数额为基数，其他各期数额均与该期的基数进行比较；其二是环比，环比是分别以上一时期数额为基数，然后将下一期数额与上一期数额进行比较。

采用水平分析法必须注意以下几点。

① 分析前剔除偶然性因素的影响，以使分析的数据能表述正常的经营情况。

② 分析的项目应适合分析的目的。

③ 分析时需要突出经营管理上的重大特殊问题。

④ 比较数据不限于连续几期的财务报表数据，也可以将实际数与计划数或其他标准数相比较。

⑤ 编制报表时，可以用绝对数进行比较，也可以用相对数进行比较。

⑥ 当基数为负，而下一期间的数额为正（或正好相反）时，就无法计算出有意义的百分比变动值；如果基期根本没有数值，也不能算出百分比变动值。

下面举例说明水平分析法的具体应用，如表 1-1 所示。

表 1-1　水平分析简表　　　　　　　　　　单位：元

项　　目	第 3 年	第 2 年	第 1 年	增加（减少）			
				会计年度 3		会计年度 2	
				金额	%	金额	%
营业收入	80 000	70 000	60 000	10 000	14	10 000	16
利润总额	8 000	6 000	6 600	2 000	33	-600	-9

分析：从表 1-1 中可以看出，会计年度 2、3 的营业收入都增长了 10 000 元，但是其相应的销售增长百分比却呈下降趋势。这是因为在计算百分比时所选择的基年不同，会计年度 2 的基年是第 1 年，营业收入为 60 000 元，而会计年度 3 的基年是第 2 年，营业收入为 70 000元；利润的变化基本上是呈上升趋势，尽管在第 2 年利润有所下降，但在第 3 年利润回升大于营业收入增长幅度。

从上例分析中可以得出，水平分析提供的是财务报表中单个项目及企业整体变化的大小、方向等相对重要的信息。它有助于评估企业在一段时期内经营发展态势是呈上升还是下降趋势，以及需要加以改善和提高的方面。

（2）垂直分析法。垂直分析法是计算财务报表中的各项目占总体的比重，反映财务报表中每一项目与其相关总量之间的百分比及其变动情况，准确地分析企业财务活动的发展趋势。在这一方法下，每项数据都与一个相关的总量对应，并被表示为占这一总量的百分比形式。这种仅有百分比，而不表示金额的财务报表称为共同比财务报表，它是垂直分析的一种重要形式。

采用共同比财务报表进行分析，既可用于同一企业不同时期的纵向比较，又可用于不同企业之间的横向比较。同时，这种方法能消除不同时期（不同企业）之间业务规模差异的影响，有利于分析企业的耗费水平和盈利水平，便于对不同时期报表的相同项目进行比较。

采用垂直分析法必须注意：

① 用于进行对比的各个时期的指标，在计算口径上必须一致；

② 剔除偶发性项目的影响，使作为分析的数据能反映正常的经营状况；

③ 应用例外原则，应对某项有显著变动的指标作重点分析，研究其产生的原因，以便采取对策，趋利避害。

下面采用表1-1中的相同数据，举例说明垂直分析法的具体应用，如表1-2所示。

表1-2　垂直分析简表　　　　　　　　　　　单位：元

项　目	第3年	第2年	第1年	第3年/%	第2年/%	第1年/%
营业收入	80 000	70 000	60 000	100%	100%	100%
利润总额	8 000	6 000	6 600	10%	8.57%	11%

分析：从表1-2中可以看出，利润总额所占的比重由第1年的11%下降为第2年的8.57%，在第3年时回升到10%，表明本企业虽然在第2年经营下滑，但在第3年又有回升态势。

从上例分析中可以得出，垂直分析提供的是财务报表中单个项目占总体的比重。它有助于考察总体中某个部分的形成和安排是否合理，以便协调各项财务活动。

1.4.2　比率分析法

1. 比率分析法的含义

比率分析法是指在同一财务报表的不同项目之间，或在不同财务报表的有关项目之间进行对比，以计算出的比率反映各个项目之间的相互关系，据此评价企业的财务状况和经营成果。比率是相对数，用比率所得出的信息比较准确，且能够把某些条件下的不可比指标变为可以比较的指标。所以这种方法是最受欢迎和运用广泛的财务分析工具。

2. 比率指标的种类

比率指标是根据财务报表中的相关项目计算出来的，根据财务报表计算的比率名目繁多，比率指标主要有以下3类。

（1）构成比率。构成比率又称结构比率，是某项经济指标的各个组成部分与总体的比例，反映部分与总体的关系。利用构成比率，可以识别总体中某个部分的形成和安排是否合理，以便协调各项财务活动。

（2）效率比率。它是某项经济活动中所费与所得的比值，反映投入与产出的关系。利用效率比率指标，可以进行得失比较，考察经营成果，评价经济效益。如将利润项目与营业成本、营业收入、资本等项目加以对比，可计算出成本利润率、营业利润率及资本利润率等利润率指标，可以从不同角度识别比较企业获利能力的高低及其增减变化情况。

（3）相关比率。它是以某个项目和与其有关但又不同的项目加以对比所得的比值，反映有关经济活动的相互关系。利用相关比率指标，可以识别有联系的相关业务安排得是否合理，以保障企业运营活动能够顺畅进行。如将流动资产与流动负债加以对比，计算出流动比率，据以判断企业的短期偿债能力。

3. 比率分析应注意的问题

比率分析法的优点是计算简便，而且可以使某些指标在不同规模的企业之间进行比较，甚至也能在一定程度上超越行业间的差别进行比较。但采用这一方法时应该注意以下 3 点。

（1）计算比率的子项和母项必须具有相关性，把不相关的项目进行对比是没有意义的。

（2）计算比率的子项和母项必须在计算时间、范围等方面保持口径一致。

（3）运用比率分析，仍需要选用一定的标准与之对比，进行趋势分析，以便对企业的财务状况作出评价。通常而言，科学合理的对比标准有以下几点。

① 目标标准，如预算指标、设计指标、定额指标、理论指标等；

② 历史标准，如上期实际、上年同期实际、历史先进水平，以及有典型意义的时期实际水平等；

③ 行业标准，如主管部门或行业协会颁布的技术标准、国内外同类企业的先进水平、国内外同类企业的平均水平等；

④ 公认标准。

1.4.3 因素分析法

1. 因素分析法的含义

因素分析法是指确定影响综合性指标的各个因素，然后按照一定的顺序逐个用实际数替换影响因素的基数，借以计算各项因素影响程度的一种方法，亦称连环替换分析法。

2. 因素分析法的计算步骤

① 确定影响综合性指标变动的各项因素。

② 排列各项因素的顺序（先数量后质量，先实物后价值，先主要后次要）。

③ 以基期指标为基础，将各个因素的基期数按照一定的顺序依次以实际数来替代，尚未替代过的因素，仍保持基期水平。如此替代下去，有几项因素就替换几次。

④ 将每次替换后的计算结果与其前一次替换后的计算结果进行对比，两者的差额就是某一因素的影响程度。将各个因素的影响数值相加，就是实际指标与基期指标之间的总差异。

下面举例说明因素分析法的具体应用，假定 A 产品的直接材料费用等有关资料，如表 1－3 所示。

表 1－3　A 产品的直接材料费用

项　　目	产品产量/件	单位产品消耗量/%	材料单价/元	材料费用总额/元
计划费用	100	20.00	15.00	30 000.00
实际费用	120	18.00	20.00	43 200.00
差异				+13 200.00

采用因素分析法计算各因素对产品直接材料费用的影响程度，如表 1－4 所示。

表1-4 产品直接材料费用差异分析计算表

替换次数	因素			各因素乘积		每次替换的差异		产生差异的因素
	产品产量/件	单位产品消耗量/%	材料单价/元	金额/元	编号	算式	金额/元	
基 数	100	20	15.00	30 000.00	①			
第1次	120	20	15.00	36 000.00	②	②-①	+6 000.00	产品产量
第2次	120	18	15.00	32 400.00	③	③-②	-3 600.00	单位产品消耗量
第3次	120	18	20.00	43 200.00	④	④-③	+10 800.00	材料单价
合 计							+13 200.00	

从表1-4中可以看出，原材料价格上涨是单位产品直接材料费用超支的主要原因，采购部门控制材料采购成本是当务之急。

为简化计算分析，因素分析法还有另外一种形式，即差额计算分析法。差额计算分析法是根据各项因素的实际数与基期数的差额来计算各项因素影响程度的方法。

根据前例，采用差额计算分析法计算如下。

产品数量变动的影响 = $(120-100) \times 20 \times 15 = +6\ 000$

单位产品消耗数变动的影响 = $120 \times (18-20) \times 15 = -3\ 600$ $\Big\}$ $+13\ 200$

材料单价变动的影响 = $120 \times 18 \times (20-15) = +10\ 800$

不难看出，差额分析法的计算结果与因素分析法的计算结果完全相同。在影响因素较少的情况下，由于能够简便、合理地排列影响因素的顺序，差额分析法被普遍采用。

3. 因素分析法的特点

从因素分析法的计算步骤可以看出，因素分析法具有以下3个特点。

（1）按照影响因素同综合性经济指标之间的因果关系，确定影响因素。在企业经济活动中，一些综合性经济指标往往受多种因素的影响。只有按照因果关系确定影响因素，才能说明综合性经济指标的变动是由于哪些因素变化所导致的结果，才能了解指标完成好坏的真正原因。在分析这些综合性经济指标时，就可以从影响因素入手，分析各种影响因素对经济指标变动的影响程度，并在此基础上查明指标变动原因。

（2）计算过程的假设性。在分步计算各个因素的影响数额时，要假定影响数是在某一因素变化而其他因素不变的情况下得出的，这是分别计算确定各个因素影响数的前提条件。

（3）因素替换的顺序性。在运用因素分析法时，要按照影响因素和综合性经济指标的因果关系确定合理的替换顺序。合理的替换顺序要按照因素之间的依存关系，分清数量因素和质量因素、基本因素和从属因素、主要因素和次要因素来加以确定。

1.5　财务报表分析的基本步骤与原则

1.5.1　财务报表分析的基本步骤

财务报表分析不是一种固定程序的工作，不存在唯一的通用分析程序，而是一个研究和探索的过程。但财务报表分析的基本步骤一般按照以下程序进行。

1. 明确分析目标，确定分析方案

明确分析目标是财务报表分析的灵魂，财务报表分析过程中始终围绕着分析目标而进行。分析目标确定之后，就应当根据分析目标确定分析的内容和范围，并明确分析的重点内容，分清主次和难易，并据此制定分析工作方案。

2. 收集数据资料

收集数据资料是保障分析质量和分析工作顺利进行的基础性程序。一般来说，收集资料是根据已经确定的范围收集分析所需要的资料，即在分析的技术性工作开始之前就应占有主要资料。

3. 核实并整理信息资料

核实资料是分析的一个重要环节，其目的是保证资料的真实、可靠和准确无误；整理资料就是分析人员根据分析目的进行选择和修正，使之变得易于理解和使用，以便提高报表分析工作的效率。

4. 选择适宜的分析方法进行分析

分析方法的恰当与否，对分析的结果和分析的质量有重要影响。一般应根据分析的目标、内容选用适宜的分析方法。在分析过程中，对各项数据和原因要作出判断，整个分析过程就是判断过程。分析结束后，要对分析对象作出中肯评价，评价态度要鲜明，切忌模棱两可。

5. 撰写分析报告

分析报告要对分析目的做出明确回答，评价要客观、全面、准确，要作必要的分析，说明评价的依据。分析报告不仅要表达最终的结论，还应包括分析的过程。此外，分析报告中还应包括分析人员针对分析过程中发现的矛盾和问题，提出改进措施或建议。如果能对今后的发展提出预测性意见，则分析报告具有更大的价值。

1.5.2 财务报表分析的基本原则

1. 目的明确原则

财务报表分析的过程，就是为信息使用者解决问题的过程，解决什么问题要明确，也就是分析的目的要明确。分析目的决定了分析所需要的资料、步骤、程序和方法。分析目的不明确，将无法进行分析。

2. 客观真实原则

财务报表分析应该做到从实际出发，坚持实事求是，反对主观臆断和结论先行，不搞数字游戏。因此在进行财务报表分析时，应对财务报表的相关数据进行必要的核实，确保数据的真实和完整；另外，分析者还不应带有明显的倾向性。否则，永远都不可能得出正确的分析结论，并可能误导报表使用者。

3. 全面分析原则

财务报表分析既要注意财务信息又要关注非财务信息，既要分析主观因素又要分析客观因素，也就是说要全面地看问题。

4. 动态分析原则

财务报表分析要采用发展的观点看待问题，就是将企业目前的状况与过去的状况和未来的发展联系起来进行分析，并着眼于目前状况对企业未来发展的影响。

5. 系统分析原则

财务报表分析要注重事物之间的联系，应相互联系地去分析问题，不能简单和孤立地去分析问题。片面和孤立地进行报表分析，最终会导致财务报表分析失败，向信息使用者提供错误的信息，进而对企业未来的发展作出错误的判断。财务报表分析应坚持局部与全局的关系、报酬与风险的关系、偿债能力与收益能力的关系等。

6. 定量分析与定性分析结合原则

财务报表分析应该坚持以定性分析为基础和前提，以定量分析为工具和手段相结合的原则。因为，没有定性分析就弄不清事物的本质、趋势和与其他事物的联系；而没有定量分析就弄不清数量界限、阶段性和特殊性。财务报表分析要透过数字看本质，对于能够定量分析的事项应坚持以定量分析为主，对于无法直接进行量化分析的事项应通过定性分析作出必要的解释。两者缺一不可。

 **综合案例**

从年报中看中石油的投资价值

沃伦·爱德华·巴菲特（Warren Edward Buffett，1930 年 8 月 30 日）是享誉世界的价值投资大师，2002 年至 2003 年间，巴菲特执掌的伯克希尔公司投资 4.88 亿美元购入中国石油（00857.HK，简称"中石油"）13.35% 股份。自 2007 年 7 月开始，巴菲特连续七次减持中石油 H 股，并在 2007 年 11 月 5 日中石油登陆 A 股市场的前一个月将所持的 23.4 亿股中石油 H 股全部清空，收获 40 亿美元，获利近七倍。巴菲特投资中石油所取得的巨大成功，生动诠释了通过阅读年报进行价值投资的简单逻辑。

1. 中石油上市逆势上涨却少人问津

中石油 2000 年 4 月 7 日在香港主板上市，发行价 1 港元/股。刚刚上市，恰逢网络科技股泡沫破裂，香港股市经历了 3 年的暴涨之后转为暴跌，恒生指数从 2000 年 3 月 28 日最高的 18397 点一路狂跌到 2003 年 4 月 25 日最低的 8331 点，3 年时间累计跌幅高达 55%。但中石油从 2000 年 4 月 7 日到 2003 年 4 月 7 日的三年内却大涨了 65%。其中的原因很简单，国际原油价格大涨。2002 年国际原油价格从 19.96 美元上涨到 31.21 美元/桶，涨幅超过50%。可是由于香港股市持续大跌 3 年，投资者非常恐惧，所以就连中石油这个中国甚至是亚洲最赚钱的公司也少人问津。

2. 巴菲特买中石油的依据：读年报

2003 年 4 月 1 日，巴菲特控股的伯克希尔公司却突然公告，已经大量买入 11.09 亿股中石油 H 股，持股比例达到 6.31%。4 月 25 日，伯克希尔发布公告披露，宣称持有 23.39 亿股中石油 H 股，占流通股的 13.35%，成为仅次于中石油集团的第二大股东。根据伯克希尔 2003 年年报，其中石油累计买入成本 4.88 亿美元，每股买入成本 0.208 美元，以当时汇率 1 美元兑 7.80 港元计算，每股买入成本 1.62 港元。巴菲特买入中石油的依据是什么呢？读年报。巴菲特 2007 年接受央视采访时说："我读年报像其他人读报纸一样，每年我都读几千份年报，我不知道我读了多少。我读了中石油 2002 年 4 月发布的年报，而且又读了 2003 年发布的年报，然后我决定投资 5 亿美元买中石油股票，仅仅是根据我读的年报，我没有见过管理层，也没有见过分析家的报告，但公司的年报非常通俗易懂。"

3. 巴菲特在中石油的年报中看到了什么

巴菲特在中石油的年报中究竟看到了什么可能只有他本人才知道。2009年9月29日，在央视的节目上巴菲特说："在我阅读中石油年报的时候，我认为这家公司当时价值1 000亿美元，我再看看市值，它当时核心业务的股票市值只是350亿美元，所以我觉得很值，我就买入了。事实上，通过阅读中石油2001年年报和2002年年报不难发现，中石油的价值与其拥有的油气资产的价值密切相关。与此同时，巴菲特对于2003年原油在30美元/桶的价格非常有信心。2007年10月，原油价格已经接近100美元/桶。巴菲特接受央视经济半小时采访时说："石油公司的利润主要依赖于油价，当原油在30美元一桶的时候，我们对未来盈利前景很乐观……中石油的收入在很大程度上依赖于未来十年原油的价格，不过30美元一桶的时候我非常肯定。"

2002年年末，中石油的资产为4 831亿元，负债为1 616亿元，股东权益为3 215亿元，油气资产账面价值为1 560亿元，是开发油气井、支持设备和设施及油气物业中已探明矿产权益所有成本的资本化。因此，将油气资产公允价值近似视为中石油所有者权益的公允价值丝毫不影响分析结论。中石油的油气资产公允价值几何呢？答案不需投资者费力，中石油在年报中已经按照美国会计准则第69号，呈列了有关探明油气储量未来现金流量的标准化度量（折现率为10%），即油气资产的公允价值。通过对比中石油每股油气资产的公允价值和中石油股价，中石油的投资价值已是不言自明。表1-5是2000—2006年年末中石油每股油气资产"标准化度量"和收盘价。

表1-5　2000—2006年年末中石油每股油气资产"标准化度量"和收盘价

	2000 年	2001 年	2002 年	2003 年	2004 年	2005 年	2006 年
探明油气储量的贴现的未来现金流量标准化度量/亿元	7 388.87	4 059.99	6 153.86	6 953.20	9 712.76	13 861.94	11 553.45
股本/亿股	1 758.24	1 758.24	1 758.24	1 758.24	1 758.24	1 790.21	1 790.21
每股油气资产的价值/（元/股）	4.20	2.31	3.50	3.95	5.52	7.74	6.45
年末收盘价/（元/股）	1.30	1.38	1.55	4.45	4.15	6.35	11.02
收盘价/油气资产价值	30.93%	59.76%	44.29%	112.53%	75.12%	82.01%	170.76%

 讨论

1. 从投资者的角度看，财务报表分析的主要目的是什么？

2. 巴菲特购买中石油H股时可能关注中石油2001年年报和2002年年报的哪些方面？

3. 结合中国石油（601857）最新年报数据及国际油价的变化，谈谈你对中国石油投资价值的看法。

▶▶▶**复习思考题**◀◀◀

1. 什么是财务报表分析？财务报表分析的目的是什么？

2. 试述财务报表分析的基本方法及各方法应注意的问题。

3. 简述财务报表分析的基本步骤。

4. 财务报表分析的基本原则有哪些?

►►► 练　习　题 ◄◄◄

一、单选题

1. 财务报表分析依据的主要信息来自于(　　)。
　　A. 财务报表　　　　　　　　　　B. 非财务信息
　　C. 企业外部环境　　　　　　　　D. 其他报告

2. 财务报表分析的主要目的是(　　)。
　　A. 监督评价　　　　　　　　　　B. 业绩考核
　　C. 提供决策依据　　　　　　　　D. 评价发展趋势

3. 会计报表解读一般不包括的内容是(　　)。
　　A. 会计报表质量分析　　　　　　B. 会计报表要素分析
　　C. 会计报表趋势分析　　　　　　D. 会计报表结构分析

4. 下列财务信息的内容中,属于会计信息的是(　　)。
　　A. 市场信息　　　　　　　　　　B. 公司治理信息
　　C. 财务报告　　　　　　　　　　D. 审计报告

5. 信息供给差异的主要来源是(　　)。
　　A. 强制性披露信息　　　　　　　B. 自愿性披露信息
　　C. 表内披露信息　　　　　　　　D. 表外披露信息

6. 目标标准一般可用于(　　)。
　　A. 外部分析　　　　　　　　　　B. 内部分析
　　C. 行业分析　　　　　　　　　　D. 趋势分析

7. 下列有关会计信息质量特征的表述中,正确的是(　　)。
　　A. 企业提供的历史成本信息与使用者的经济决策需要完全相关
　　B. 可理解性要求使用者具有一定的有关企业经营活动和会计方面的知识,并愿意付出努力去研究这些信息
　　C. 可比性是指不同企业在相同期间所提供的会计信息能够可比
　　D. 实质重于形式要求企业应当按照交易或者事项的法律形式进行会计确认、计量和报告

8. 下列有关财务分析的表述中,错误的是(　　)。
　　A. 确立分析目标是财务分析的起点,它决定了后续分析内容和分析结论
　　B. 行业标准不适合垄断型企业的财务分析
　　C. 水平分析法用绝对数比较可以解决相对数比较的缺陷
　　D. 比率分析法主要分为构成比率分析、效率比率分析和相关比率分析

9. 关注企业收益稳定性及支付能力的信息主体是(　　)。
　　A. 股东及潜在投资者　　　　　　B. 债权人

    C. 内部管理者   D. 政府

10. 下列与因素分析法密不可分的是(   )。

    A. 指标计算   B. 指标分析

    C. 指标分解   D. 指标预测

二、多项选择题

1. 财务报表分析的基本方法有(   )。

    A. 水平分析法   B. 垂直分析法

    C. 比率分析法   D. 因素分析法

    E. 杜邦分析法

2. 比率分析的评价标准主要有(   )。

    A. 行业标准   B. 历史标准

    C. 目标标准   D. 风险收益标准

    E. 公认标准

3. 因素分析法的特点是(   )。

    A. 按照因果关系确定影响因素   B. 计算过程的假设性

    C. 因素替换的顺序性   D. 计算过程的推理性

    E. 因素替换的逻辑性

4. 下列属于内部非公开信息的有(   )。

    A. 财务报告   B. 财务预算

    C. 市场信息   D. 企业成本构成

    E. 审计报告

5. 财务报表分析的基本原则包括(   )。

    A. 目标明确与全面分析原则   B. 系统分析与动态分析原则

    C. 定量分析与定性分析相结合的原则   D. 成本效益原则

    E. 客观与真实原则

三、判断题

1. 利用定比报表可以看出哪个项目的变化比较重要。(   )

2. 定比动态比率可以观察指标的变动速度,环比动态比率可以观察指标总体的变动趋势。(   )

3. 资产负债表各项目占资产总额的比重,在财务报表分析中被称为效率比率。(   )

4. 差额计算分析法是连环替换分析法的简化形式。(   )

5. 在采用因素分析法时,既可以按照各因素的依存关系排列成一定的顺序并依次替代,也可以任意颠倒顺序,其结果是相同的。(   )

第2章

财务报表的背景资料分析

学 习 提 要

　　财务报表分析的基本依据，除了财务报表揭示的信息外，还包括与财务报表相关联的其他背景资料。本章在介绍了与财务报表分析有关的背景资料的基础上，着重介绍了如何利用附注、审计报告、合并财务报表和上市公司公开披露的信息进行财务报表分析。

2.1　附注分析

2.1.1　附注的作用

　　附注是对会计报表本身无法或难以充分表达的内容和项目所作的补充说明与详细解释，是财务报表的重要组成部分。编制附注是改善会计报表的一种手段，是充分披露原则的体现。有人称目前的财务报表已进入了"注释时代"，但是注释不能代替会计报表的正常内容和项目分类、计价或描述。

　　会计报表是按规定的内容进行编制的，具有一定的固定性和规定性，只能提供定量的会计信息，其所能反映的会计信息受到一定的限制，一些对企业有重要影响的项目不能在会计报表中列示。附注是为帮助财务报表使用者理解会计报表的内容而对会计报表的编制基础、编制依据、编制原则和编制方法及主要项目等所作的解释，因而有利于报表使用者对企业财务状况和经营成果的了解，其主要作用如下。

1. 提高报表内信息的可比性

　　财务报表是依据会计准则编制而成的，由于会计准则在诸多方面规定了多种处理方法，并允许公司根据本行业特点及其所处的经济环境选择最恰当的、能公允地反映财务状况和经营成果的会计原则、程序和方法，结果导致不同行业或同一行业各公司所提供的会计信息具有较大差异。另外，会计准则还规定公司应慎重选择其所采用的会计程序、方法与原则，不得随意变更，但这并不意味着这些程序、方法与原则在确定后就绝对不能变更。只要新的经济环境表明，采用另一种会计原则、程序和方法，更能恰当地反映公司的财务状况和经营成果，那么改变原来的会计方法或程序就是合理的。然而，改变会计方法或程序必然会影响会计信息的可比性。因此，在财务报表中通过注释的方式，说明公司所采用的会计方法及其变更对公司经营成果的影响，才有助于提高财务报表的可比性。

2. 增进报表内信息的可理解性

　　财务报表的使用者千差万别，他们出于不同目的，其所关心的问题是不相同的，因而，会计信息需求及侧重点会有所不同。而财务报表本身很难满足所有财务报表使用者的需求，对表内有关数据进行解释，将一个抽象的数据分解为若干个具体的项目，并说明各项目生成的会计方法，则有助于财务报表的使用者理解财务报表中的信息。

3. 突出财务报表信息的重要性

财务报表中所披露的会计信息数量多、内容丰富，财务报表的使用者可能会抓不住重点，对重要信息的了解可能会不够全面、详细。通过注释，可将财务报表中重要的数据进一步予以分解、说明，这样会有助于财务报表的使用者清楚哪些是应当引起注意的会计信息，对财务报表的使用者进行决策会有参考价值。

4. 提供更详细的会计信息

财务报表由于形式的限制只能按大类设置项目，反映总括的情况，至于各项目内部的情况，以及项目背后的情况往往难以在表内反映。例如，资产负债表中的应收账款只是一个年末净值，至于各项应收账款的账龄情况就无从得知，而这方面的信息对财务报表使用者了解企业信用资产质量却是必要的，所以往往需要在财务报表附注中提供应收账款账龄方面的信息。

2.1.2 附注的主要内容

1. 企业的基本情况

（1）企业注册地、组织形式和总部地址。

（2）企业的业务性质和主要经营活动，如企业所处的行业、所提供的主要产品或服务、客户的性质、销售策略、监管环境的性质等。

（3）母公司及集团最终母公司的名称。

（4）财务报告的批准报出者和财务报告批准报出日。

2. 财务报表的编制基础

企业应予说明是否以持续经营为基础编制财务报表。

3. 遵循企业会计准则的声明

企业应当声明编制的财务报表符合企业会计准则的要求，真实、完整地反映了企业的财务状况、经营成果和现金流量等有关信息。

4. 重要会计政策和会计估计

根据财务报表列报准则的规定，企业应当披露采用的重要会计政策和会计估计，不重要的会计政策和会计估计可以不披露。

1）重要会计政策的说明

（1）财务报表项目的计量基础。要求企业披露财务报表中的项目是按何种计量基础予以计量的。

（2）会计政策的确定依据。要求企业披露有助于使用者理解企业选择和运用会计政策的背景，增加财务报表的可理解性。

2）重要会计估计的说明

要求企业应当披露会计估计中所采用的关键假设和不确定因素的确定依据，这些关键假设和不确定因素在下一会计期间内很可能导致对资产、负债账面价值进行重大调整。

5. 会计政策和会计估计变更及差错更正的说明

企业应当按照《企业会计准则第 28 号——会计政策、会计估计变更和差错更正》及其应用指南的规定，披露会计政策和会计估计变更及差错更正的有关情况。

6. 报表重要项目的说明

企业应当以文字和数字描述相结合、尽可能以列表形式披露报表重要项目的构成或当期增减变动情况，并且报表重要项目的明细金额合计，应当与报表项目金额相衔接。在披露顺序上，一般应当按照资产负债表、利润表、现金流量表、所有者权益变动表的顺序及其项目列示的顺序。

7. 或有事项

企业应当按照《企业会计准则第 13 号——或有事项》及其应用指南的规定，披露与或有事项有关的信息。

8. 资产负债表日后非调整事项

① 每项重要的资产负债表日后非调整事项的性质、内容及其对财务状况和经营成果的影响，无法做出估计的，应当说明原因。

② 资产负债表日后，企业利润分配方案中拟分配的及经审议批准宣告发放的股利或利润。

9. 关联方关系及其交易

企业应当按照《企业会计准则第 36 号——关联方披露》及其应用指南的规定，披露其母公司和子公司的名称、业务性质、注册地、注册资本及其变化，持股比例和表决权比例；企业与关联方发生关联交易的，披露该关联方关系的性质、交易类型及交易要素等。

2.1.3　附注的局限性

尽管附注可以通过灵活的披露方式丰富财务报告所提供信息的数量和内容，使其提供的信息更加完整和全面，但附注仍存在着无法弥补的局限性。

① 由于直观性不强，只有经过仔细研究才容易理解。

② 与报表中高度概括的数量信息相比，注释中过多采用文字，会给用户的判断和分析带来不便，甚至会产生误导。

③ 由于市场环境的变化、公司业务的发展，会计人员往往难以把握究竟哪些项目、事项或业务需要注释，在理论上也存在分歧，这就使充分披露原则和重要性原则在运用上有一定的困难。

④ 注释不像报表本身的数据那样，在列示、陈述上限制性较强，它具有较大的弹性，因而往往会有滥用注释的情况。在我国，近些年来上市公司年报注释中的避重就轻、注而不释及释不解惑的现象不乏其例。

2.1.4　附注重点项目分析

一般情况下，在对财务报表分析之前，应首先阅读和分析附注。在分析财务报表过程中，需要经常地结合附注分析，寻找辨别财务报表真实程度的调查分析重点。附注涉及的内容较多，对附注进行分析，可以从关注企业背景及主营业务、关注会计处理方法对企业利润的影响、分析子公司及关联方交易对利润总额的影响程度、分析会计报表重要项目的明细资料、关注企业其他重要项目的说明等方面入手。下面对以下内容进行重点分析。

1. 会计政策、会计估计变更和差错更正的分析

1）会计政策、会计估计变更的条件分析

企业所处的经营环境并不是一成不变的，经营环境的变化很可能导致企业会计核算中原有的某些会计政策不再符合现实的要求，在这种情况下企业应当寻找一种能够更加有效地反映自身财务状况和经营成果的会计政策。

我国的《企业会计准则第 28 号——会计政策、会计估计变更和差错更正》规定除以下两种特定的条件之外，企业是不能随意变更会计政策的。

① 法律或会计准则等行政法规、规章的要求，主要是指当前的会计准则、会计制度等相关法规对企业现行的会计政策做出新的调整要求之后，那么企业应当完全按照有关法规来执行新的会计政策。

② 变更会计政策以后，能够使所提供的有关企业财务状况、经营成果和现金流量的信息更可靠、更相关。

随着外部环境的变化，原有的会计估计已经不再适合当时的情况，这就需要做出新的合理估计。如坏账损失中的账龄分析法，随着时间的推移，同一笔应收账款发生坏账的概率会增加，因此计提的坏账比例也应该相应地上升。这样，对于同一个会计事项在不同的会计期间做出不同的会计估计并不代表前后之间的哪一种会计估计是错误的，它们都符合当时特定的情况，只是后来针对不同环境作出了调整。

本着客观性和谨慎性的原则，一般情况下，合理的会计政策、会计估计变更往往会挤去经营成果中存在的水分，使得会计信息的质量更为合理与可靠。虽然企业会计政策、会计估计的变更将直接影响到企业的财务状况和经营成果，但只要符合上述条件，这种会计政策、会计估计的变更就是合理的，也是无可非议的。

对于非法律法规要求的非强制性会计政策变更，人们通常很难判断哪一种会计政策更能真实、公允地反映企业的财务状况、经营成果和现金流量，于是一些企业就利用会计政策变更的这一特征随意变更会计政策。因而，企业可能会出于盈余管理的目的，选择对自身更为有利的会计政策，在对其财务报表进行分析时，应引起注意。

从实务中看，运用会计政策、会计估计变更来调整利润的具体形式主要包括以下 5 种。

（1）折旧政策变更。折旧政策变更是最为常见的一种会计政策变更。

案例 2 - 1

2012 年 11 月 AG 公司发布公告称，公司决定从 2013 年 1 月 1 日起延长部分固定资产折旧年限。本次会计估计变更预计 2013 年将比 2012 年少提折旧费用 12 亿元，预计公司 2013 年净利润和所有者权益分别增加 9 亿元。值得注意的是，该公司 2011 年亏损 20 多亿元，2012 年度亏损几成定局，若 2013 年继续亏损，公司面临可能退市的风险。AG 公司变更固定资产折旧年限的目的也就不言而喻了。

（2）存货计价方法变更。存货计价方法很多，包括个别认定法、加权平均法、移动加权平均法、先进先出法等。但不同方法对企业利润和期末存货价值的影响是不一样的。在上市公司中，改变存货计价方法也比较常见。

某生产彩电的上市公司 FRGF 在 1999 年的招股说明书中披露，该公司对存货核算施行了会计政策变更，即从"先进先出法"的存货计价政策变更为"后进先出法"。

存货的计价方式从"先进先出法"改为"后进先出法"一般是在发生通货膨胀、存货进价上升的经营背景之下进行的。而当时的环境并没有发生所谓的通货膨胀和原材料价格上升的状况，相反，此时的国内彩电业和彩管也正在经历一场持续激烈的价格大战，彩电价格和彩管价格出现了持续下调的情形。对此可以做出这样的分析：由于彩电整机价格的大幅下跌导致了公司经营业绩的不断下滑，为了在招股过程中向投资者呈现一份较为理想的财务报告，公司将存货计价方法变更为"后进先出法"，从而利用当期彩管价格较为低廉的情形来降低当期的生产成本，提高经营利润。可见，企业可以利用存货计价方法的变更任意调节当期利润水平。新会计准则取消了发出存货计价的后进先出法，从另一层面上看，限制了企业变更存货计价方法的选择权。但取消后进先出法的理由，不在于它的计算烦琐或者企业可以利用这种计价方法调节利润，而在于这种方法不符合日常存货发出的实物流转顺序，不能提供与企业实际发生的交易或者事项相一致的会计信息。

（3）权益性金融资产归类的改变。权益性金融资产，是指企业对股票及其他权益性金融工具投资而形成的金融资产，在资产负债表中分为"交易性金融资产"和"其他权益工具投资"。不同的权益性金融资产的会计核算方法不同，对上市公司会计信息的影响存在差异。但这种会计信息的差异只是会计政策选择的结果，并未实质上改变公司的内在价值。如果资本市场是强有效的，权益性金融资产的不同归类不影响公司的股票价格，但在资本市场有效性不强，人们识别、利用会计信息的能力不高，只能简单使用少数几个财务指标进行决策的情况下，这种由会计政策选择引起的会计指标的差异传导到资本市场，对公司的股票价格、关联公司的股票价格乃至整个股票市场可能产生深刻的影响。由于新准则没有明确界定交易性金融资产与其他权益工具投资的划分标准，某项金融资产的具体分类，主要取决于企业管理层的风险管理、投资目的等因素，但外界很难判断这种意图的动机。这为企业管理层对权益性金融资产的归类留下了选择空间，很多上市公司利用这个概念来调节和平滑利润，但这种会计处理方法却是符合会计准则的。

（4）长期股权投资核算方法改变。对长期股权投资的核算，由成本法改为权益法或由权益法改为成本法均会对企业的利润产生较大的影响。

某上市公司在 1995 年持有被投资企业 10% 的股权，采用成本法核算。1996 年末，新股东参股被投资企业，该上市公司持股比例降为 7.31%，却采用权益法核算，使长期投资和投资收益多计 687 万元。

（5）合并政策的改变。在合并政策中，最为重要的是合并范围的确定。如果合并范围改变，将大大影响公司的财务状况和经营成果。

案例 2 - 4

　　HL 公司 2003 年主营业务收入为 2.33 亿元，净利润为 1 048.97 万元，其中除传统业务外，本年度纳入合并报表范围的某房地产开发公司实现主营业务收入和净利润分别为 1.01 亿元和 392 万元，占合并报表的 43.26% 和 37.37%。经查验，公司对该子公司持有股份比例为 49%，2002 年度未纳入合并报表范围。2003 年，公司以在该房地产开发公司董事会中拥有半数以上投票权为由，将其纳入 2003 年度的合并会计报表。再回头看看 HL 公司 2002 年度仅 1.80% 的净资产收益率，就不难理解合并该房地产开发公司对 HL 公司 2003 年业绩的重要性。

　　2）会计政策、会计估计变更和差错更正的会计处理方法分析

　　会计政策、会计估计变更和差错更正之间的界线往往较为模糊，所涉及的不同会计处理方法会对上市公司的财务状况和经营成果产生不同的影响。因此，在分析上市公司的财务报表时要注意分析企业披露的变更是属于会计政策、会计估计的变更，还是属于会计差错的更正，以便分析企业是否选择了合理的会计处理方法。这样才能够较好地把握企业或上市公司的真实财务状况和经营成果。

　　追溯调整法和未来适用法是会计政策、会计估计变更和差错更正所采用的两种不同会计处理方法。由于追溯调整法是将损益影响数额调整变更年度的期初留存收益，而未来适用法不必调整变更当年的期初留存收益。显然，这两种会计处理方法会对企业的损益状况产生不同的影响。因此，企业必须根据自身的实际情况，选择合理的会计处理方法。

　　（1）当前后期具有一致性和相关性的会计政策发生变更之后，以前年度到未来的会计信息都将受到影响，这就需要采用追溯调整法来调整以前年度到最近年度的资产负债表和损益表中的相关数据。1999 年财政部要求上市公司必须计提 4 项准备，并且要求所有上市公司都必须追溯调整 3 年的财务数据。

　　（2）当会计政策的变更只适用于当期和未来的相关会计要素和经济事项时，应当采取未来适用法对当期的有关数据进行调整，并不涉及以前年度的会计数据调整。例如，存货计价的会计处理方式从先进先出法改为后进先出法等。此外，如果会计政策变更后的累积影响数由于种种原因无法合理确定，则应当以未来适用法进行相关的会计处理。

　　（3）对于会计估计变更，企业应当采用未来适用法的会计处理方式，即不改变以前年度的会计估计，也不调整以前年度的报表内容，只需要计算此次会计估计变更后对当期损益的影响。在会计实务中，有时很难区分会计估计变更和会计政策变更的区别，如果发生这种混淆不清的问题，则应当按会计估计的变更进行会计处理。

　　（4）对于会计差错的会计处理，要区分不同的情形。

　　① 本期发现的，属于本期的会计差错，应调整本期相关项目。

　　② 本期发现的，属于以前年度的非重大会计差错，不调整会计报表相关项目的期初数，但应调整发现当期与前期相同的相关项目，属于影响损益的，应直接计入本期与上期相同的净损益项目；属于不影响损益的，应调整本期与上期相同的相关项目。

　　③ 本期发现的，属于以前年度的重大会计差错，应当采用追溯调整法。如果影响损益，应将其对损益的影响数调整发现当期的期初留存收益，会计报表的其他相关项目期初数也应一并调整；如不影响损益，应调整会计报表相关项目的期初数。

④ 资产负债表日至财务报告批准报出日之间发现的报告年度的会计差错及报告年度前的非重大会计差错，应当按照资产负债表日后事项中的调整事项进行处理，即调整报告年度与前期相同的相关项目。

⑤ 资产负债表日至财务报告批准报出日之间发现的报告年度前的重大会计差错，应当采用追溯调整法，调整报告年度期初留存收益及相关项目。

案例 2 - 5

2011年10月24日，青海明胶披露的三季报预计公司2011年度归属上市公司股东净利润为2 800万元，2012年1月18日，公司发布业绩修正预告，将2011年度净利润下调至1 600万~1 800万元，同比增幅为2 786.9%~3 147.76%。而令人大跌眼镜的是，2012年2月7日公司再度发布业绩修正预告，净利润骤降为-1 600万元至-1 500万元，同比下滑2 986.9%~2 806.47%。在短短20天内，青海明胶两度发布业绩修正预告，所披露的2011年净利润数据出现大幅变动，而引起业绩剧变的一个重要原因便是会计差错。

据公司披露，因财务人员对会计准则理解偏差，在确认出售子公司股权投资收益的问题上产生差错，在编制合并报表时未按权益法核算四川禾正的长期股权投资成本计算投资收益，仍按初始投资成本计算，从而导致合并报表多确认投资收益3 391.1万元。由于此项差错，青海明胶的2011年半年报、三季报业绩亦大幅"变脸"。更正后青海明胶2011年上半年的净利润由3 314.8万元调整至-76.4万元；2011年前三季度净利润由2 714.3万元调低至-677万元。

这些上市公司的中期报告补充公告都涉及同一个问题，那就是4项计提的比例发生了大幅的变化，而且由于没有采取追溯调整的会计处理方式而严重影响了中期的经营业绩。财政〔1999〕35号文件——《关于印发股份有限公司会计制度有关会计处理问题补充规定的通知》中规定，所有股份有限公司从1999年年报开始都应该计提相关的资产跌价准备，并规定变更相关会计政策的，应采用追溯调整法。上述案例所涉及的公司在2000年中期大幅计提4项准备之后并没有采用追溯调整法，那么这种会计处理方式是否合理呢？这就要辨别这一行为到底是属于会计政策的变更还是会计估计的变更或者是原有会计政策和会计估计的错误。

仔细分析ABC实业1999年年报和2000年中报的报表附注内的"主要的会计政策、会计估计及合并会计报表的编制方法"，都披露只在年底才计提4项准备。由此可见，公司相关的会计政策并没有发生变化，那么就应当属于会计估计发生变化。的确，1999年年末公司只对账龄在7年以上的应收账款按100%计提，提取44万余元的坏账准备，另外对2.66亿元的其他应收款即便剔除了与关联公司内部之间的往来款项、公司内部之间（包括企业职工借款）往来款项、其他不涉及资金回收的挂账后，只提取了不到19万的坏账准备。至于5.97亿元的存货，该公司当时认为不存在成本低于可变现净值的情况，因此未计提存货跌价准备。而到2000年中期公司对应收款项和存货突然大幅计提了相关资产损失准备，其中坏账准备补提了1 622.27万元，存量房地产也因在半年内"突然快速贬值"而一次计提了4 251.12万元存货跌价准备。总的计提数额达到了5 800余万元。

对此会计估计在短期内出现的大幅变化到底是属于会计估计的合理变更还是会计估计的明显错误或滥用呢？如果是前者应当采用未来适用法并主要影响当期业绩。若是后者应当采用追溯调整法调整期初的留存收益，在实际操作中，公司采取了未来适用法。

从注册会计师和投资者的角度来分析，在如此短的时间内 4 项计提的数额出现大幅变化，很可能是受到了监管当局的监督压力，而且大量的存货丝毫未计提跌价准备也确实值得怀疑，因此公司在 1999 年末是存在会计估计的错误或滥用的可能性的。但基于这种判断的不可靠性，公司以会计估计变更基础采用了未来适用法也并无明显不妥。

另外，上市公司如果涉及会计政策、会计估计变更，则必须要在报表附注中进行披露。披露会计政策、会计估计变更的内容和理由、变更的影响数（主要为对当期损益的影响）和变更的影响数不能确定的理由。因此，我们只要仔细阅读会计报表附注，就能够准确地了解企业会计政策、会计估计变更的理由是否充分，借以分析会计政策、会计估计变更的会计处理方法的合理性，是否存在混淆追溯调整法和未来适用法的行为。

2. 关联方交易的分析

1）分析关联方交易的目的

关联方交易广泛地存在于我国上市公司的生产经营中，这与我国国有企业改制的特殊情况有关。关联方交易与会计报表粉饰实际上并不存在必然的联系，如果关联方交易确实以公允价格定价，则不会对交易双方产生异常影响。如果关联方交易采取协议定价的原则，定价的高低取决于公司的需要，使得利润在公司之间转移。这样关联方交易就成为上市公司调整利润最常用也是最为有效的手段。

通过关联方交易调整利润的主要目的：一是通过关联方交易将利润从子公司转出；二是母公司利用此种方式包装上市公司业绩，成为一些业绩差的公司迅速扭亏为盈的方法；三是通过关联方交易达到避税的目的。关联方通过转移支付，高买低卖等手段，可以将利润私自隐藏在企业内部，而对外界呈现出低利润或亏损状况，以达到少纳税的目的。另外，由于政府对兼并重组具有税收优惠政策，关联方可以通过虚假的兼并重组得到真正的税收减免。

关联方之间利用关联方交易调整利润的手法可能有以下几种。

（1）关联购销。上市公司与关联方之间存在着大比例的购销往来已经不是秘密，关联方之间利用协议定价的方式确定关联购销的价格，并借以改变上市公司利润的情况在以往年度上市公司公布的财务报告中得到了反映。

案例 2−6

2008 年度 WLY 公司销售货物的关联交易金额为 41.64 亿元，占营业收入比例达到53.16%，其中，与进出口公司（与 WLY 受控于同一母公司）的关联销售交易金额 41.36亿元，占总销售关联交易比重的 99.31%。而该公司与进出口公司的产品结算价格却远远低于市场价，约 8 亿元的利润由此渠道流入了集团公司。

（2）转让、置换和出售资产。由于我国对公司价值的评估方法缺乏相应的理论体系及操作规范，公司并购的法律和财务处理不够完善，同时也由于地方政府部门和国有资产经营公司的刻意参与，使得资产转让和置换基本上表现为不等价交换和利润转移。其具体形式有3 种：一是上市公司将不良资产和等额债务剥离出上市公司，以降低财务费用和避免不良资产经营所产生的亏损或损失；二是上市公司将不良资产转卖给母公司，这里不良资产的价值十分有限，但却能卖得好的价钱，在转让过程中上市公司往往获得一笔可观的收益；三是母公司将优质资产低价卖给上市公司，或是与上市公司的不良资产进行置换。第三种形式往往具有以下特征：一是购买母公司优质资产的款项挂往来账，不计利息或资金占用费，上市公司一方面获得了优质资产的经营收益，另一方面不需要付出任何代价；二是对优质资产或不良资产的评估，不考虑资产的质量和获利能力，一律按照成本法评估其价值，这显然对上市公司大大有利。

> **案例 2 - 7**
>
> 　2000 年 10 月 30 日，SCL 公司以每股 1 元的价格获得其大股东持有的 SF 公司 1000 万股股权，同年 11 月 22 日，该公司以每股 8 元的价格将这些股权转让给 MY 公司，通过两次股权转让，该公司获得了 7 000 万元的投资收益，占当年利润总额 1 604 万元的436.4%。若别除该笔投资收益，公司将亏损 5 396 万元。

　（3）受托经营。在我国目前的证券市场上，由于缺乏受托经营方面的法规，托管经营的操作往往服务于公司调整利润，成为会计报表粉饰的一种新方法。其具体表现形式是：上市公司将不良资产委托给母公司经营，定额收取回报，以在避免不良资产亏损的同时，凭空获得一块利润；母公司将稳定、获利能力高的资产以较低的托管费用委托上市公司经营，虚构上市公司的经营业绩。

> **案例 2 - 8**
>
> 　1997 年 7 月 18 日，上市公司蜀都 A 与其第一大股东市国有资产投资经营公司签订了《宾馆部分客房经营权转让承包和承包经营合同》，将大厦东楼 18、19、20 层三层的经营权转让给母公司，转让期 5 年（自 1997 年 8 月 1 日至 2002 年 7 月 31 日），转让费 1 200 万元一次性支付，列入 1997 年年度收入。同时，在合同期内，蜀都 A 又代母公司经营该部分客房，并须向母公司每年支付承包利润 300 万元。

　（4）资金往来。在我国，企业之间相互拆借资金是有关法规所不允许的，但从实际情况来看，上市公司同关联公司之间进行资金拆借的现象比比皆是。随之而来的是，一些上市公司往往就利用计收资金占用费来粉饰会计报表。通常，一些上市公司将募集到的资金借给母公司使用，由母公司向上市公司支付一定的资金占用费，或公司通过向那些不纳入合并会计报表范围的被投资公司拆借资金，以收取资金占用费来粉饰会计报表。

> **案例 2 - 9**
>
> 　PD 公司在 1998 年中期实现利润 2 837.04 万元中，应收母公司的资金占用费就高达559.73 万元（母公司报告期期末欠上市公司的款项为 2 916.52 万元）。

　（5）费用分担。由于许多上市公司与母公司之间存在着接受服务和提供服务的关系，在上市改组时，双方往往签订了有关协议，明确了有关费用支付和分摊标准。但从实际情况看，一些上市公司在利润水平不佳时，通过改变费用分担方式和标准，如母公司调低上市公司应交纳的费用标准，或承担上市公司的管理费用、广告费用、离退休人员的费用，或是将上市公司以前年度交纳的有关费用退回等，以提高公司的利润。

> **案例 2-10**
>
> CL 公司 2001 年年报披露，2000 年 7 月公司与销售公司（与 CL 受控于同一母公司）签订协议，免交 2000 年 7—12 月约 7 542 万元的销售费用；同时，按照公司《2000 年生产经营计划》，公司应按销售净额的 1% 上缴母公司 2000 年度的研究发展费用，但经母公司同意，豁免了公司当年 860 万元的研发费。以上两项金额合计 8 402 万元，占公司当年净利润的 31.23%，若剔除关联方分担的两项费用，公司 2000 年度的净利润将同比下降 31.11%，CL 公司也将失去自 1994 年上市后在证券市场上树立起来的绩优股的形象。

2）关联方交易剔除法分析

关联方交易中滋生了大量的不等价交易、虚假交易，损害了大量中小投资者的利益，并有可能造成国有资产的流失。因此，在关联方交易的分析中，重点应关注关联方交易的实质、关联方交易对企业财务状况和经营成果的影响。运用关联方交易剔除法可以较为真实地了解上市公司的实际盈利能力。

所谓关联方交易剔除法，是指将来自关联企业的营业收入和利润总额从公司利润表中予以剔除。通过这种分析，可以了解一个上市公司自身获取利润能力的强弱，判断该公司的盈利在多大程度上依赖关联企业，从而判断其利润来源是否稳定、未来的成长性是否可靠等。

如果上市公司来源于关联企业的营业收入和利润所占比例过高，投资者就应当特别关注关联方交易的定价政策、关联方交易发生的时间、关联方交易发生的目的等，以判断上市公司是否运用了不等价交换的关联方交易来进行利润操纵。

> **案例 2-11**
>
> 陕长岭（0561）2000 年利润总额仅为 1 336 万元，扣除因关联方交易获得的投资收益 7 000 万元，该公司实际每股收益为 -0.14 元。可见陕长岭的扭亏完全是建立在母公司明显吃亏的关联方交易的基础之上，其目的是为了逃避连续亏损而被 ST 的窘境，而非其生产经营有了实质性的改善。
>
> 世纪中天（0540）2000 年每股收益高达 1.19 元，但剔除关联方交易后，每股收益约为 0.24 元，可见世纪中天并非如其报表数据所显示的那样已经成为一只高成长的绩优股。

综上所述，不合理的关联方交易，其核心是利用不合理的价格来转移资产、负债等，以达到调节利润的目的，而利益驱动是关联方交易中存在价格问题的主要原因。因此，报表使用者必须对关联方关系及其交易予以足够的重视。关联方交易是否正常，应当通过报表附注中披露的交易内容、特别是定价政策等信息来判断。

3. 资产负债表日后事项的分析

资产负债表日后事项是指自年度资产负债表日至财务会计报告的批准报出日之间发生的需要调整或者说明的事项，包括调整事项和非调整事项。

资产负债表日后事项分析的核心内容是判断资产负债表日后事项是调整事项还是非调整事项。因为，调整事项还是非调整事项在会计处理上是完全不同的。对于调整事项，必须进行相关的账务处理，并调整资产负债表、利润表和利润分配表的有关项目。而对于非调整事项，因其对报表使用者有重大影响，需要在会计报表附注中进行披露。

显然，调整事项与非调整事项的判断是否正确，将直接影响到公司某一年度的财务状况和经营成果。所以，在实务中正确判断具有同一性质的事件是调整事项还是非调整事项，对评价公司的经营业绩具有非常重要的意义。

对于调整事项而言，这种状况具有阶段性和发展性的特点。也就是说在资产负债日或资产负债日之前，这种状况的迹象已经出现，处于继续发展的过程中，但在报表批准日之前这种状态日益明朗并且最终结束。而对于非调整事项而言，在资产负债表日之前并没有出现这种状况的任何迹象，这种状况完全发生在资产负债表日之后到报告批准报出日之前。

如因债务人破产而使应收账款发生损失。如果债权人在 12 月 31 日或之前根据所掌握的资料判断债务人有破产清算的可能，或债务人正处于破产清算的过程中，在资产负债表日债权人已经按该项应收账款 10% 计提了坏账准备。在资产负债表日后至财务报告批准报出日之间，接到债务人通知已宣告破产清算，债权人无法收回全部应收账款，由于应收账款可能受到损失的状况在资产负债表日已经存在，只是在资产负债表日后提供了受损的进一步证据，表明原估计的坏账准备不足，应重新调整。因此，这一事项应当作为调整事项。如果在 12 月 31 日债务人财务状况良好，没有任何财务情况恶化的信息，债权人按照当时所掌握的资料按应收账款的 2% 计提了坏账准备。但在债权人财务报告批准报出前，有资料证明债务人由于火灾发生重大损失，债权人的应收账款有可能收不回来，由于这一情况在资产负债表日并不存在，是资产负债表日后才发生或存在的事项。因此，应作为非调整事项在会计报表附注中进行披露。

又如债务人由于遇到自然灾害而导致无法偿还债权人的应收账款。对于这一事项，如果债务人是在资产负债表日或资产负债表日以前即发生自然灾害，但由于种种原因，债权人在资产负债表日或之前不知道这一情况，在资产负债表日后才得知，应将这一事项作为调整事项，因为不论债权人知道与否，债务人遇到自然灾害的事实在资产负债表日已经存在，资产负债表日之后发生的情况只是对这一情况提供了进一步的证据；如果债务人的自然灾害是在资产负债表日后才发生的，即使债权人在灾害发生后立即得到消息，也应作为非调整事项在会计报表附注中披露，因为这是资产负债表日后才发生或存在的事项，与资产负债表日存在状况无关，不能据此对资产负债表日存在状况的有关金额进行调整。

2.2　审计报告分析

2.2.1　审计报告的含义

审计报告是指注册会计师根据独立审计准则的要求，在完成必要的审计程序以后而出具的对被审计单位财务报表表示意见的具有法定证明效力的书面文件。

财务报表向报表使用者提供了公司财务状况、经营成果与资金变动等方面的信息，但财务报表是由公司经营管理层编制和提供的，如果没有注册会计师对其审计、监督，财务报告提供信息的可靠性、真实性就值得怀疑。财务报告的使用者就可能在不可靠信息的指引下做出错误的判断与决策。

审计报告是审计工作的结果，是注册会计师以第三者身份，对企业管理当局提供的财务报表进行检查，并对财务报表的合法性、公允性和一贯性做出独立鉴证，以增强会计报表的可信性，是报表使用者判断上市公司财务报表真实程度的重要依据。

2.2.2　审计报告的内容与格式

审计报告的内容与格式，共分为 7 部分。

1. 标题

审计报告的标题统一规范为"审计报告"。

2. 收件人

审计报告的收件人是指审计业务委托人。审计报告应当载明收件人的全称，如"××股份有限公司全体股东"、"××有限责任公司董事会"等。

3. 范围段

审计报告的范围段应当说明以下内容：

① 已审计会计报表的名称、反映的日期或期间；

② 会计责任和审计责任；

③ 审计依据，即《中国注册会计师独立审计准则》；

④ 已实施的主要审计程序。

4. 意见段

审计报告的意见段应说明以下内容：

① 会计报表的编制是否符合《企业会计准则》和国家其他有关财务会计法规的规定；

② 会计报表在所有重大方面是否公允地反映了被审计单位资产负债表日的财务状况和所审计期间的经营成果、现金流量情况；

③ 会计处理方法的选用是否遵循了一贯性原则。

5. 说明段

当注册会计师出具保留意见、否定意见或无法表示意见的审计报告时，应当在范围段和意见段之间增加一个说明段，清晰地说明所持意见的理由，并在可能的情况下，指出其对会计报表反映的影响程度。

当注册会计师出具无保留意见的审计报告时，如果认为必要，可以在意见段之后，增加对重要事项的说明。

6. 签章和审计组织地址

7. 报告日期

审计报告日期是指注册会计师完成外勤审计工作的日期。

2.2.3　审计报告的类型及分析

按照我国《独立审计准则》的规定，注册会计师在完成其报表审计任务后可以视实际情况形成不同的审计意见，审计报告分为 4 种类型。

1. 无保留意见的审计报告

无保留意见是注册会计师对上市公司的会计报表进行全面审计以后，发表肯定性意见的一种审计报告。无保留意见意味着注册会计师认为上市公司的会计报表和有关会计记录在所有重大方面符合我国的《企业会计准则》和《企业会计制度》的规定，合法、公允和一致性地反映了上市公司在某一时点上的财务状况和某一期间内的经营成果及现金流量情况。

　　一般而言，具有下列几种情况之一，注册会计师对上市公司出具无保留意见的审计报告。

　　① 会计报表的编制符合《企业会计准则》和国家其他财务会计法规的规定。

　　② 会计报表在所有重要方面恰当地反映了被审计单位的财务状况、经营成果和现金流量情况。

　　③ 会计处理方法遵循了一贯性原则。

　　④ 注册会计师已按照独立审计准则的要求，完成了必要的审计程序，在审计过程中未受阻碍和限制。

　　⑤ 不存在影响会计报表的重要的未确定事项。

　　⑥ 不存在应调整而被审计单位未予调整的重要事项。

　　案例 2-12 为无保留意见的审计报告示例。

案例 2-12

审计报告

普华永道中天审字（2012）第 10001 号

中国石油天然气股份有限公司全体股东：

　　我们审计了后附的中国石油天然气股份有限公司（以下简称"贵公司"）的财务报表，包括 2011 年 12 月 31 日的合并及公司资产负债表，2011 年度的合并及公司利润表、合并及公司股东权益变动表和合并及公司现金流量表以及财务报表附注。

　　1. 管理层对财务报表的责任

　　编制和公允列报财务报表是贵公司管理层的责任。这种责任包括：

　　① 按照企业会计准则的规定编制财务报表，并使其实现公允反映；

　　② 设计、执行和维护必要的内部控制，以使财务报表不存在由于舞弊或错误导致的重大错报。

　　2. 注册会计师的责任

　　我们的责任是在执行审计工作的基础上对财务报表发表审计意见。我们按照中国注册会计师审计准则的规定执行了审计工作。中国注册会计师审计准则要求我们遵守中国注册会计师职业道德守则，计划和执行审计工作以对财务报表是否不存在重大错报获取合理保证。

　　审计工作涉及实施审计程序，以获取有关财务报表金额和披露的审计证据。选择的审计程序取决于注册会计师的判断，包括对由于舞弊或错误导致的财务报表重大错报风险的评估。在进行风险评估时，注册会计师考虑与财务报表编制和公允列报相关的内部控制，以设计恰当的审计程序。审计工作还包括评价管理层选用会计政策的恰当性和作出会计估计的合理性，以及评价财务报表的总体列报。我们相信，我们获取的审计证据是充分、适当的，为发表审计意见提供了基础。

　　3. 审计意见

　　我们认为，上述贵公司的财务报表在所有重大方面按照企业会计准则的规定编制，公允反映了贵公司 2011 年 12 月 31 日的合并及公司财务状况以及 2011 年度的合并及公司经营成果和现金流量。

普华永道中天会计师事务所有限公司	注册会计师：×××
中国·上海市	注册会计师：×××
	2012 年 3 月 29 日

无保留意见意味着注册会计师认为会计报表反映是恰当的，能满足报表使用者的需要，并对表示的意见负责。这种审计报告对公司极为有利，当然也是投资者希望得到的信息。对于注册会计师出具无保留意见的财务报告，仍然需要运用其他分析方法对财务报告进行认真的分析。

2. 有保留意见的审计报告

有保留意见是注册会计师对上市公司的会计报表进行全面审计以后，发表的在整体上对公司的会计报表予以肯定，但在个别方面提出了与上市公司董事会和经营者不一致的意见，认为公司可能存在某些不符合我国《企业会计准则》和《企业会计制度》规定的做法。

一般而言，具有下列几种情况之一，注册会计师对上市公司出具保留意见的审计报告。

① 个别重要会计事项的处理或个别重要会计报表项目的编制不符合《企业会计准则》或《企业会计制度》和其他法规的要求，上市公司又拒绝调整。

② 因审计范围受到重要的局部限制，无法按照独立审计准则的要求取得相应的审计依据。

③ 个别会计处理方法的选用不符合一贯性原则的要求。

④ 存在影响会计报表的个别重大或有损失或未确定事项。

案例 2-13 为有保留意见的审计报告示例。

案例 2-13

审计报告

寅会〔2012〕1556 号

杭州天目山药业股份有限公司全体股东：

我们审计了后附的杭州天目山药业股份有限公司（以下简称天目药业公司）财务报表，包括 2011 年 12 月 31 日的合并及公司的资产负债表，2011 年度合并及公司的利润表、合并及公司的现金流量表和合并及公司的所有者权益变动表以及财务报表附注。

1. 管理层对财务报表的责任

编制和公允列报财务报表是贵公司管理层的责任。这种责任包括：①按照企业会计准则的规定编制财务报表，并使其实现公允反映；②设计、执行和维护必要的内部控制，以使财务报表不存在由于舞弊或错误导致的重大错报。

2. 注册会计师的责任

我们的责任是在执行审计工作的基础上对财务报表发表审计意见。我们按照中国注册会计师审计准则的规定执行了审计工作。中国注册会计师审计准则要求我们遵守中国注册会计师职业道德守则，计划和执行审计工作以对财务报表是否不存在重大错报获取合理保证。

审计工作涉及实施审计程序，以获取有关财务报表金额和披露的审计证据。选择的审计程序取决于注册会计师的判断，包括对由于舞弊或错误导致的财务报表重大错报风险的评估。在进行风险评估时，注册会计师考虑与财务报表编制和公允列报相关的内部控制，以设计恰当的审计程序，但目的并非对内部控制的有效性发表意见。审计工作还包括评价管理层选用会计政策的恰当性和作出会计估计的合理性，以及评价财务报表的总体列报。

我们相信，我们获取的审计证据是充分、适当的，为发表审计意见提供了基础。

3. 导致保留意见的事项

经审计，我们发现：

①天目药业公司有 5 笔业务于 2010 年年底发货、2011 年确认收入，共计金额 6 630 981.23 元，对应成本 945 088.75 元，其毛利率明显高于同期公司对外销售产品的水平，我们无法采用满意的程序对该 5 笔业务的真实性或是否存在关联交易获取充分、适当的审计证据；

②天目药业公司子公司杭州天目医药有限公司因销售退货原始资料的不完整而未进行账务处理，涉及销售自有产品期末应收款 364.17 万元，我们无法获取充分、适当的审计证据以确定退货产品对应应收账款的单位及金额；该退回药品已无法再次出售。

4. 保留意见

我们认为，除"3. 导致保留意见的事项"段所述事项可能产生的影响外，上述财务报表在所有重大方面按照企业会计准则的规定编制，公允反映了天目药业公司 2011 年 12 月 31 日的合并财务状况以及 2011 年度的合并经营成果和合并现金流量，以及天目药业公司 2011 年 12 月 31 日的财务状况以及 2011 年度的经营成果和现金流量。

5. 强调事项

我们提醒财务报表使用者关注，如财务报表附注八·39 所述，公司本年投资收益 2 987.74 万元（其中转让两家子公司形成的投资收益为 2 704.48 万元），扣除投资收益后其主营业务为亏损，今后能否持续盈利具有不确定性。转让两家子公司的价款计 1 500 万元，尚有 697.50 万元未收回；公司期末应收已转让两家公司的应收账款余额为 3 403.57 万元。本段内容不影响已发表的审计意见。

华寅会计师事务所有限责任公司　　　中国注册会计师：×××

中国·北京　　　　　　　　　　　　中国注册会计师：×××

2012 年 4 月 27 日

有保留意见的审计报告是注册会计师认为上市公司的经营活动和会计报表在整体上公允，但在个别方面存在重要错误或问题而给予的一种大部分肯定、局部否定或不表态的评价意见。报表使用者对有保留意见的审计报告应引起足够的重视，因为对有保留意见的会计事项进行调整后的会计信息才是真实客观的，而这一调整并非由注册会计师执行，最终还是由上市公司自行调整。如有必要，报表使用者也可自行根据保留意见的内容对会计报表数据进行必要的调整，否则错误的会计信息将会使报表使用者决策失误。

3. 否定意见的审计报告

否定意见是注册会计师对上市公司的会计报表进行全面审计以后，发表的全盘否定公司会计报表的审计报告。否定意见意味着注册会计师认为上市公司的会计报表和有关会计记录不符合我国的《企业会计准则》和《企业会计制度》的规定，没有合法、公允和一致性地反映公司在某一时点上的财务状况和某一期间内的经营成果及现金流量情况，这是对上市公司会计报表的全面否定。

一般而言，具有下列情况之一，注册会计师会对上市公司出具否定意见的审计报告。

① 会计处理方法的选用严重违反《企业会计准则》和《企业会计制度》，以及国家其他财务会计法规的规定，被审计单位拒绝进行调整。

② 会计报表严重歪曲了公司的财务状况、经营成果及现金流量情况，被审计单位拒绝进行调整。

案例 2-14 为否定意见的审计报告示例。

案例 2-14

审计报告

成都红光实业股份有限公司全体股东：

我们接受委托，审计了贵公司 1998 年 12 月 31 日的资产负债表（母公司及合并），1998 年度利润及利润分配表（母公司及合并）和 1998 年度的现金流量表（母公司及合并）。这些会计报表由贵公司负责，我们的责任是对这些会计报表发表审计意见。我们的审计是依据《中国注册会计师独立审计准则》进行的，在审计过程中，我们结合贵公司实际情况，实施了包括抽查会计记录等我们认为必要的审计程序。

审计中发现：

① 由于贵公司彩管生产线因彩管玻壳池炉超期运行导致大量废品，于 1998 年 3 月初停产待修。现彩管玻壳池炉已于 1999 年 1 月拆除。该条生产线是贵公司的主要产品生产线之一，何时恢复生产尚难以确定。

② 贵公司的主要产品黑白显像管、黑白显像管玻壳、彩色显像管玻壳等的市场售价远低于其生产成本，现黑白显像管系列生产线于 1999 年 2 月开始间歇性停产，黑白显像管玻壳池炉处于保温状态。

③ 贵公司因严重亏损导致财务状况恶化，流动比率仅为 56.30%，流动负债超过流动资产 3.62 亿元，公司的偿债及融资能力大幅下降。

④ 贵公司账面累计应收成都红光实业集团有限公司离退休人员费用 2 362.30 万元，因公司改制过程中未对离退休人员在股份公司和集团公司之间作适当划分，我们难以确认该笔债权的合理性及可回收性，以及对 1998 年度损益的影响。

⑤ 至 1998 年 12 月 31 日止，贵公司账面尚有待处理流动资产损失 1 993.3 万元，因未查明原因，未列入 1998 年度损益。

由于上述问题造成的重大影响，贵公司依据持续经营假设和历史成本计价基础编制的上述会计报表不符合《企业会计准则》和《股份有限公司会计制度》的有关规定，未能公允地反映贵公司 1998 年 12 月 31 日的财务状况及 1998 年度的经营成果和现金流量情况。

四川君和会计师事务所	中国注册会计师：×××
地址：四川·成都	中国注册会计师：×××
	1999 年 4 月 23 日

注册会计师出具否定意见，表明被审计上市公司会计报表的表达是不公允、不客观的，注册会计师不得已而给予的否定性评价。也就是说，上市公司会计报表的可靠性是不值得信赖的。是否出具否定意见的审计报告，取决于注册会计师对重要性原则的理解和掌握。如果注册会计师认为被审上市公司的未调整事项、未确定事项或违反一贯性原则的事项等对会计报表的影响超过一定范围，会严重影响报表使用者的决策与判断，被审上市公司的会计报表已失去使用价值，注册会计师就会发表否定意见的审计报告，对被审公司的会计报表给予整体否定。

普遍认为，否定意见审计报告的提出会使上市公司陷入窘境，报表使用者对其财务报表中的内容就不能用正常的思维方式和方法进行阅读和分析。

4. 无法表示意见的审计报告

无法表示意见是注册会计师对上市公司的会计报表进行全面审计以后，不能发表肯定意见和保留意见，又不能发表否定意见的一种审计报告。无法表示意见也是一种审计意见，意味着注册会计师的审计范围受到了重大限制，在审计中无法取得充分而有效的审计证据，因而就无法对被审公司的会计报表发表意见，也就是不知道被审公司的会计报表是否符合我国的《企业会计准则》和《企业会计制度》的规定。

一般而言，注册会计师在审计过程中由于受委托人、被审计单位或客观环境的严重限制，不能获取必要的审计证据，以致无法对会计报表整体表示审计意见时，应当出具无法表示意见的审计报告。

案例 2 – 15 为无法表示意见的审计报告示例。

案例 2 – 15

审计报告

洛阳春都食品股份有限公司全体股东：

我们接受委托，审计了洛阳春都食品股份有限公司（以下简称"贵公司"）2001 年 12 月 31 日的资产负债表、2001 年度利润及利润分配表和 2001 年度的现金流量表。这些会计报表由贵公司负责，我们的责任是对这些会计报表发表审计意见。

经审计，我们发现：① 贵公司自 2000 年起连续两年亏损，累计亏损数额达 25 269.60 万元。2001 年度亏损数额为 22 780.60 万元，其中，计提坏账准备、存货跌价准备和固定资产减值准备共计 14 780.79 万元。② 贵公司在 2001 年上半年部分停产，下半年大面积停产。如果没有资产重组或其他财务支持，将难以持续经营。③ 截止到 2001 年 12 月 31 日，原大股东春都集团有限责任公司及其他关联单位其他应收款余额为 35 304.07 万元。其中，账龄为二年以上者占 88.55%。我们无法依据贵公司提供的资料对这些款项的可收回性做出合理的估计。④ 截止到 2001 年 12 月 31 日，贵公司外部应收账款余额为 6 193.80 万元，我们无法依据贵公司提供的资料对这些款项的可收回性做出合理的估计。⑤ 截止到 2001 年 12 月 31 日，贵公司异地存货余额为 1 174 万元，我们无法依据贵公司提供的资料对这些资产的存在性作出合理的判断。⑥ 截止到 2001 年 12 月 31 日，贵公司固定资产账面原价为 40 678.10 万元，提取固定资产减值准备 5 321.60 万元。根据贵公司的实际情况，我们无法估计贵公司固定资产减值准备计提金额是否足够谨慎且充分。

我们认为，由于上述原因，我们无法确认贵公司依据持续经营原则编制的会计报表的合理性。我们无法对上述会计报表是否符合《企业会计准则》、《企业会计制度》的有关规定，以及是否在所有重大方面公允地反映了贵公司 2001 年 12 月 31 日的财务状况及 2001 年度经营成果和现金流量的情况发表审计意见。

亚太（集团）会计师事务所有限公司　　　　　　中国注册会计师：×××

中国·郑州　　　　　　　　　　　　　　　　　中国注册会计师：×××

2002 年 4 月 12 日

注册会计师出具无法表示意见的审计报告，不是注册会计师拒绝上市公司的委托，而是注册会计师实施了必要的审计程序后表示的一种特殊审计意见的方式，说明自身不宜对被审计的上市公司会计报表发表审计意见。主要是注册会计师在审计过程中，由于审计范围受到重大限制，对某些重要事项未取得充分而有效的证据，没有完成取证工作，不能判断问题的归属，因而不能对上市公司会计报表发表确切的审计意见，也就是无法判断所审计的会计报表是否符合《企业会计准则》和《企业会计制度》的规定。这是一种注册会计师自我保护的"无声沉默"，以避免可能的审计风险。实际上此处无声胜有声。

从理论上讲，注册会计师出具无法发表意见的审计报告，只是注册会计师自己的看法，并不一定代表被审计的上市公司就肯定存在经营管理混乱、有许多违法违纪行为、财务报表的资料就不公允、不真实等。

综上所述，如果把审计报告视为是一份体检报告单的话，无保留意见的审计报告表明体检者是健康的；保留意见的审计报告表明体检者局部有病；否定意见的审计报告表明体检者全身有病；无法表示意见的审计报告表明无法判断体检者的病源。可见审计报告蕴涵了丰富的信息，为进一步分析财务报表提供了重要线索。

2.2.4　审计报告的局限性

审计报告是注册会计师在对上市公司财务报表的合法性、公允性及会计政策的一贯性进行审计后所出具的报告，报表使用者在阅读审计报告时须重点关注审计意见。

实际上，注册会计师的审计意见受多种因素制约，既有注册会计师业务水平方面的主观因素，也有企业左右注册会计师意见形成的客观因素。也就是说，注册会计师出具的审计报告有其固有的局限性。

1. 从被审计企业角度来看

首先，随着现代企业经济活动的日趋复杂，客观上要求注册会计师从面面俱到的详细检查向抽样审计转变，抽样误差和风险增多，因而注册会计师不可能对审计对象的真实面貌作出完全准确的评价和意见。其次，会计作为一种人工信息系统，是主观见诸于客观的活动，他不可能完全真实正确地反映客观存在的经济活动，会计主体本身所存在的尚未完全证明的假设和原则，在一定程度上限制了会计反映的客观性，审计意见不可能超越这种客观现实性。最后，被审企业客观存在着管理舞弊和非管理舞弊，而现代审计不是以查错防弊为主要目标，而是以设计和执行审计计划为依据。对"精心策划"影响较大的舞弊行为，必然存在未能查出的风险。

2. 从注册会计师角度来看

首先，受经济因素的制约，注册会计师只能在一定合理的期间内，对会计记录及其支持性资料，执行有选择的测试或审查选出样本完成审计工作。这种成本限制，就有可能产生不能发现报表所有错误、舞弊和违法行为的风险。其次，注册会计师的审计工作，通常要求在资产负债表日后4个月内签署审计报告，这一时间限制，就会使注册会计师对报表的交易和事项无法取得足够的证据，对一些不确定事项匆匆作出处理。再者，审计过程中有许多问题需要高度的专业判断，注册会计师观察问题和分析问题的能力所限和问题本身的错综复杂，也会使注册会计师的判断发生偏差。再者，各种审计方法的特点和优缺点不同，其适用范围和方式也不同，因而在操作过程中也可能会发生运用不当、配合失调等，造成工作失误。最后，注册会计师的审计工作也受编制财务报表所使用的既定会计框架的限制。

由此可见，在使用审计报告时必须对其局限性有充分的认识，不能认为审计报告是对被审计企业长期的、全部的经营管理活动的一种绝对的评价意见，也不能认为是对被审计企业持续经营、获利能力和偿债能力的一种保证。因此，注册会计师往往会要求委托人按照审计业务约定书的要求使用审计报告，委托人或其他报表使用者因使用审计报告不当或误解审计报告所造成的后果，应由使用者或误解者负责，与注册会计师及其所在的会计师事务所无关。

2.3 合并财务报表分析

2.3.1 合并财务报表及作用

1. 合并财务报表的含义

合并财务报表，是指反映母公司和其全部子公司形成的企业集团整体财务状况、经营成果和现金流量的财务报表。

合并财务报表最早出现于美国。早在第一次世界大战期间，大部分控股公司都开始编制合并财务报表。1940年，美国证券交易委员会规定证券上市公司必须编制和提供合并财务报表，使编报合并财务报表成为上市公司的法定义务，由此编报合并财务报表的企业越来越多。受美国合并财务报表的影响，一些发达资本主义国家在第二次世界大战后也逐步开始重视合并财务报表的作用。国际会计准则委员会也在20世纪70年代中期，即开始制定发布合并财务报表方面的准则。随着我国企业制度改革的深入，一些股份制企业开始公开发行股票，并在上海、深圳证券交易所上市交易，或到香港、纽约等海外证券市场上市交易。为了满足海内外证券上市的需要，这些股份制企业均已对外编报合并财务报表。中国证券监督管理委员会为规范上市企业会计信息的披露，规定上市公司必须披露其合并财务报表。

2. 合并财务报表的作用

对于上市公司来说，合并财务报表是非常重要的报表。合并财务报表的作用主要表现在两个方面。

（1）合并财务报表能够对外提供反映由母子公司组成的企业集团整体经营情况的会计信息。

母公司和子公司都是独立的法人实体，其个别财务报表并不能够有效地反映整个企业集团的会计信息。为此，要了解企业集团整体经营情况，就需要将母公司与子公司的会计报表进行合并，通过编制合并财务报表提供反映企业集团整体经营的会计信息，以满足企业集团管理当局强化对子公司管理的需要。

（2）合并财务报表有利于避免一些母公司利用控制关系，人为粉饰会计报表情况的发生。

控股公司的发展也带来了一系列新的问题，一些控股公司利用对子公司的控制和从属关系，运用内部转移价格等手段，如低价向子公司提供原材料、高价收购子公司产品，出于避税考虑而转移利润；再如通过高价对企业集团内的其他企业销售，低价购买其他企业的原材料，转移亏损。通过编制合并财务报表，可以将企业集团内部交易所产生的收入及利润予以抵消，使会计报表反映企业集团客观真实的财务和经营情况，有利于防止和避免控股公司人为操纵利润，粉饰会计报表现象的发生。

2.3.2　合并财务报表的特点及种类

1. 合并财务报表的特点

合并财务报表不同于个别财务报表，其特点如下。

（1）合并财务报表反映的是母公司和子公司所组成的企业集团整体的财务状况和经营成果，反映的对象是由若干个法人组成的会计主体，是经济意义上的会计主体，而不是法律意义上的主体。个别财务报表反映的则是单个企业法人的财务状况和经营成果，反映的对象是企业法人。对于由母公司和若干个子公司组成的企业集团来说，母公司和子公司编制的个别财务报表分别反映母公司或子公司本身各自的财务状况和经营成果，而合并财务报表则反映母公司和子公司组成的集团这一会计主体综合的财务状况和经营成果。

（2）合并财务报表由企业集团中对其他企业有控制权的控股公司或母公司编制。也就是说，并不是企业集团中所有企业都必须编制合并财务报表，更不是社会上所有企业都需要编制合并财务报表。与此不同，个别财务报表是由独立的法人企业编制，所有企业都需要编制个别财务报表。

（3）合并财务报表以个别财务报表为基础编制。企业编制个别财务报表，从设置账簿、审核凭证、编制记账凭证、登记会计账簿到编制会计报表，都有一套完整的会计核算方法体系。而合并财务报表不同，它是以纳入合并范围的企业个别财务报表为基础，根据其他有关资料，抵消有关会计事项对个别财务报表的影响编制的，它并不需要在现行会计核算方法体系之外单独设置一套账簿体系。

（4）合并财务报表编制有其独特的方法。个别财务报表的编制有其自身固有的一套编制方法和程序。合并财务报表则是在对纳入合并范围的个别财务报表的数据进行加总的基础上，通过编制抵消分录将企业集团内部的经济业务对个别财务报表的影响予以抵消，然后合并财务报表各项目的数额编制而成。

合并财务报表不同于汇总财务报表，其特点如下。

（1）编制目的不同。汇总财务报表的主要目的是满足有关行政部门或国家掌握了解整个行业或整个部门所属企业的财务经营情况的需要；而合并财务报表则主要是满足公司所有者、债权人及其他相关方面了解企业集团整体财务状况和经营成果的需要。

（2）编报范围的依据不同。汇总财务报表的编报范围，主要是以企业的财务隶属关系作为确定的依据，即以企业是否归其管理，是否属于其下属企业作为确定编报范围的依据，凡属于其下属企业，在财务上归其管理，均包括在汇总财务报表的编报范围之内。合并财务报表所涉及的企业并不是集团内的所有企业，而是以母公司对另一企业的控制关系作为确定编报范围（合并范围）的依据，即凡是通过投资关系或协议能够对其实施有效控制的企业都属于合并财务报表的编制范围。

（3）编报方法不同。汇总财务报表主要采用简单加总方法编制，而合并财务报表则必须采用抵消内部投资、债权债务及内部销售等内部会计事项对个别会计报表的影响后编制，它剔除了集团内交易对报表整体的影响。

2. 合并财务报表的种类

合并财务报表主要包括合并资产负债表、合并利润表、合并现金流量表、合并所有者权益变动表和合并财务报表附注，与企业个别财务报表一样，这些合并财务报表及附注分别从不同的方面反映企业集团这一会计主体的经营情况，构成一个完整的合并财务报表体系。

（1）合并资产负债表。合并资产负债表是以母公司和纳入合并范围的子公司的个别资产负债表为基础，抵消企业集团内部经济业务对个别资产负债表的影响，合并各项目的数额编制。反映母公司和子公司所形成的企业集团在某一特定日期的财务状况的会计报表。

（2）合并利润表。合并利润表是以母公司和纳入合并范围的子公司的个别利润表为基础，抵消内部销售业务对个别利润表的影响，合并各项目的数额编制。反映母公司和子公司所形成的企业集团整体在一定会计期间内经营成果的会计报表。

（3）合并现金流量表。合并现金流量表是以合并资产负债表、合并利润表、合并利润分配表及其他有关影响企业集团一定会计期间现金流入、现金流出的资料为依据编制的。反映母公司和子公司所形成的企业集团在一定会计期间现金流入、流出量及现金净流量增减变动情况的会计报表。

（4）合并所有者权益变动表。合并所有者权益变动表应当以母公司和子公司的所有者权益变动表为基础，在抵消母公司与子公司、子公司相互之间发生的内部交易对合并所有者权益变动表的影响后，由母公司合并编制。合并所有者权益变动表也可以根据合并资产负债表和合并利润表进行编制。反映构成企业集团所有者权益的各组成部分当期的增减变动情况的财务报表。

（5）合并财务报表附注。合并财务报表附注是对合并资产负债表、合并利润表、合并现金流量表、合并所有者权益变动表本身无法或难以充分表达的内容和项目所作的补充说明与详细解释，是合并财务报表的重要组成部分。

2.3.3　合并财务报表的合并范围

编制合并财务报表，必须确定纳入合并财务报表编报的子公司的范围。从理论上讲，合并范围的确定取决于编制合并财务报表所运用的合并理论。依据母公司理论，确定合并范围要以是否拥有控制权作为基本条件，一般来说，如果投资企业实际上控制了被投资单位，则该被投资单位应纳入合并财务报表的合并范围。在会计实务中，各国会计准则或制度都对合并范围有比较明确的规定。

根据我国《企业会计准则第 33 号——合并财务报表》的规定，母公司应当将其全部子公司纳入合并财务报表的合并范围。即，只要是由母公司控制的子公司，不论子公司的规模大小、子公司向母公司转移资金能力是否受到严格限制，也不论子公司的业务性质与母公司或企业集团内其他子公司是否有显著差别，都应当纳入合并财务报表的合并范围。所谓子公司是指被另一企业控制的企业。所谓控制是指能够统驭一个企业的财务和经营政策，并拥有能以此取得收益的权力。根据该规定，我国合并财务报表的具体范围如下。

1. 母公司拥有其半数以上表决权的被投资单位

在投资者按其拥有的权益性资本的比例享有决策权的情况下，投资企业如果拥有被投资单位半数以上表决权，就一般可以实际控制被投资单位的经营活动。被投资单位的经营活动事实上成为投资企业经营活动的一个组成部分，即投资企业与被投资单位实质上实现了经营活动的一体化。因此，一般应将这种被投资单位纳入合并范围（特殊情况除外）。

在会计实务中，母公司拥有其半数以上表决权的情形，主要有以下 3 种。

（1）母公司直接拥有被投资单位半数以上表决权。例如，甲公司直接持有乙公司普通股份的 60%。

（2）母公司间接拥有被投资单位半数以上表决权。母公司可能通过子公司而对子公司的子公司拥有半数以上表决权，在这种情况下，子公司的子公司也应纳入合并范围。例如，甲公司持有乙公司 90% 的股份，而乙公司又拥有丙公司 80% 的股份，甲公司通过乙公司而间接持有丙公司 80% 的股份，或者说通过乙公司而间接取得了对丙公司的控制权。在这种情况下，丙公司也是甲公司的子公司，也应纳入甲公司所编合并财务报表的范围。

（3）母公司直接和间接方式合计拥有被投资单位半数以上表决权。直接和间接方式合计拥有半数以上表决权，是指母公司以直接方式拥有某一被投资单位半数以下表决权，同时又通过其他方式如通过子公司拥有被投资单位一部分表决权，两者合计拥有该被投资单位半数以上的表决权。例如，甲公司拥有乙公司 60% 的股份，并拥有丙公司 40% 的股份，而乙公司又拥有丙公司 30% 的股份，则甲公司通过乙公司间接拥有丙公司 30% 的股份，甲公司直接和间接拥有丙公司的股份合计为 70%，超过半数。更确切地说，甲公司直接和间接拥有丙公司 70% 的表决权，因而实际控制了丙公司。在这种情况下，丙公司也是甲公司的子公司，也应纳入合并财务报表的编制范围。

这里必须注意的是，甲公司间接拥有丙公司的股份是以乙公司为甲公司的子公司作为前提的。在上例中，如果甲公司只拥有乙公司 40% 的股份，则不能将丙公司作为甲公司的子公司处理，不能将其纳入甲公司的合并范围。

2. 被母公司控制的其他被投资单位

在母公司未能通过直接或间接方式拥有被投资单位半数以上表决权的情况下，如果母公司能够通过其他方式对被投资单位的财务和经营政策实施控制，则这些被母公司实际控制的被投资单位，也应认定为子公司，纳入合并财务报表的合并范围。一般认为，母公司与被投资单位之间存在下列情况之一者，就可以认为母公司能够实际控制被投资单位，就应当将被投资单位视为子公司，纳入合并财务报表的合并范围。

（1）通过与被投资单位的其他投资者之间的协议，持有被投资单位半数以上的表决权。

在母公司与其他投资者共同投资于某企业的情况下，如果母公司与其中的某些投资者签有协议，受托管理和控制这些投资者在该被投资单位的股权，从而拥有该被投资单位股东大会的半数以上表决权，则母公司对被投资单位的经营管理拥有实际控制权，因而该被投资单位成为事实上的子公司，应纳入合并财务报表的合并范围。

（2）根据章程或协议，母公司有权控制被投资单位的财务和经营政策。这种情况是指在被投资单位章程等文件中明确母公司对其财务和经营政策能够实施管理和控制。企业的财务和经营政策直接决定着企业的生产经营活动，决定着企业的未来发展。能够控制企业财务和经营政策也就是基本上等于能够控制整个企业，因而该被投资单位成为事实上的子公司，应纳入合并财务报表的合并范围。

（3）母公司有权任免被投资单位董事会等类似权力机构的多数成员。这种情况是指母公司能够通过任免公司董事会的董事，从而控制被投资单位的决策权。此时，该被投资单位也处于母公司的控制下进行生产经营活动，被投资单位成为事实上的子公司，应纳入合并财务报表的合并范围。

（4）母公司在被投资单位的董事会或类似权力机构会议上有半数以上的表决权。这种情况是指母公司能够通过投票权控制董事会等权力机构的会议，从而实际控制被投资单位的经营决策，使该公司的生产经营活动在母公司的间接控制下进行，则该被投资单位成为事实上的子公司，应纳入合并范围。

3. 不纳入母公司的合并财务报表的特殊规定

母公司应当将其全部子公司纳入合并财务报表的合并范围。即，只要是由母公司控制的子公司，不论子公司的规模大小、子公司向母公司转移资金能力是否受到严格限制，也不论子公司的业务性质与母公司或企业集团内其他子公司是否有显著差别，都应当纳入合并财务报表的合并范围。

需要说明的是，受所在国外汇管制及其他管制，资金调度受到限制的境外子公司，在这种情况下，如果该被投资单位的财务和经营政策仍然由本公司决定，资金调度受到限制并不妨碍本公司对其实施控制，应将其纳入合并财务报表的合并范围。

下列被投资单位不是母公司的子公司，不应当纳入母公司的合并财务报表的合并范围。

（1）已宣告被清理整顿的原子公司。已宣告被清理整顿的原子公司，是指在当期宣告被清理整顿的被投资单位，该被投资单位在上期是本公司的子公司。在这种情况下，根据2005年修订的《公司法》第一百八十四条的规定，被投资单位实际上在当期已经由股东、董事或股东大会指定的人员组成的清算组或人民法院指定的有关人员组成的清算组对该被投资单位进行日常管理，在清算期间，被投资单位不得开展与清算无关的经营活动，因此，本公司不能再控制该被投资单位，不能将该被投资单位继续认定为本公司的子公司。

（2）已宣告破产的原子公司。已宣告破产的原子公司，是指在当期宣告破产的被投资单位，该被投资单位在上期是本公司的子公司。在这种情况下，根据《企业破产法》的规定，被投资单位的日常管理已转交到由人民法院指定的管理人，本公司不能控制该被投资单位，不能将该被投资单位认定为本公司的子公司。

（3）母公司不能控制的其他被投资单位。母公司不能控制的其他被投资单位，是指母公司不能控制的除上述情形以外的其他被投资单位，如联营企业等。

2.3.4 合并财务报表的局限性

合并财务报表固然能够反映整个企业集团的财务状况和经营成果,能反映合并主体的经营规模,但合并财务报表也存在着不可回避的局限性。

1. 合并财务报表不能满足债权人的信息要求

合并财务报表中的数据实际上是母公司和各子公司的合并数,并不能反映每个法律实体的长期和短期偿债能力。而母公司和子公司的债权人对企业的债权清偿权通常是针对独立的法律主体,而不是针对经济实体。例如,母公司债权人的债权要求只能从母公司的资产得到满足,不能直接向子公司去索要;子公司债权人的债权要求也仅仅局限于子公司的资产,而不能追溯到合并财务报表中列示的总资产。可见,合并财务报表所反映的资产不能满足母、子公司债权人的信息要求。

2. 合并财务报表不能满足股东的信息要求

合并财务报表虽然能向母公司的股东提供整个集团的财务状况、经营成果和资金变动情况的信息,但合并财务报表并不能为股东预测和评价母公司和所有子公司将来的股利分派提供依据。股利分派取决于每个企业的留存利润、资产构成、对股利分派的法律限制,以及企业将来的财务状况。所以,合并资产负债表中存在大量的合并留存利润及较强的现金流转能力,并不能保证纳入合并财务报表中的每个公司能够分派现金股利。同样,母、子公司在法律上是独立的,子公司所实现的净利润在股利分派之前,母公司并不能动用。

合并财务报表将母公司及其所有符合条件的子公司的个别财务报表合并起来,子公司的少数股东难以从合并财务报表中直接得到他们进行决策所需的有用信息。例如,他们所投资的子公司的资金运用信息。

3. 合并财务报表对其他外部信息使用者不具有决策依据性

对于信息使用者而言,他们需要作出的决策(如交易、投资等决策)是针对集团内的母公司或子公司,而不是针对并不实际开展经营活动的虚拟的"集团"这一会计主体的。因此,合并财务报表对他们的决策不具有重要参考价值。

4. 合并财务报表不能真实反映境外有子公司的企业集团的经济信息

企业集团的子公司如果设在中国境外,其所编报的会计报表是用当地的货币作为记账本位币编制的,当编制合并财务报表时,往往需按规定的汇率对不同国家的货币折算成人民币金额。由于在不同的国家和地区,以及不同的时间里,货币的购买力水平是不同的,通过人为的方式,使用单一汇率将多种货币折算为单一货币,在经济上没有什么实际意义,尤其是在外汇市场汇率波动幅度较大时,不能准确列示企业集团的实际情况,容易误导报表阅读者作出错误决策。

5. 合并财务报表会使计算的财务比率失去实际意义

就个别企业而言,采用常规的比率分析方法进行分析,可以真实地反映企业的财务状况和经营成果。但是,根据合并财务报表进行常规的比率分析,在很大程度上会使对个别报表有意义的信息在合并过程中或者消失或者失去意义。

案例 2 – 16

母公司流动资产180万元,子公司流动资产50万元,母公司流动负债60万元,子公司流动负债 40 万元，则母公司和子公司的流动比率分别为 3.0（180÷60）和 1.25（50÷40），而合并后的流动比率为 2.3（230÷100）。可见，合并流动比率既不能反映母公司较高的流动比率，也没有体现出子公司较低的流动比率。

2.3.5　合并财务报表重点项目分析

对合并财务报表进行分析，除了采用分析个别会计报表的常规方法外，还应结合各企业集团的背景和社会环境理解和分析合并财务报表，而且，在充分利用报表资料的同时，应结合能收集到的其他各方面资料进行综合分析。除此之外，还应特别注意以下问题。

1. 关注合并财务报表的会计主体

合并财务报表的会计主体是母公司与子公司所组成的企业集团，企业集团不是独立的企业法人，而仅是观念上的会计主体。

由于组成集团的母、子公司均是独立核算，有各自独立的财务、经营体系，独立对其股东出具财务报告。所以，母、子公司等均有效地支配着各自报表所展示的资源，并运用各自报表所披露的资源获取各自的经营成果。而以股权关系为纽带形成的企业集团，其合并财务报表所列示的资源，企业集团不能支配，也不能通过对这种资源的有效运用或支配来谋求经济利益。

2. 关注合并财务报表的编制方法

母、子公司的个别报表与账簿、凭证及实物等有"可验证性"的对应关系。报表编制的正确与否，可以通过这种"可验证性"来检验。但是，以母、子公司个别报表为基础编制的合并财务报表，集团内部交易被抵消了，使合并财务报表与分散在子公司的账簿、凭证及实物就不存在"可验证性"了。也就是说，合并财务报表编制的正确性不再体现为个别报表的"可验证性"，而是体现为编制过程逻辑关系的正确性，合并财务报表的外在表现呈现出弹性化的特性。

另外，合并财务报表编制过程中对集团内部交易的剔除，以及大部分项目的直接相加，使得对个别报表有意义的信息在合并财务报表中或者消失、或者失去意义。结果，合并财务报表中的数字在很大程度上具有了"汇总"味道，失去其原有的"鲜活"味道。

3. 关注合并财务报表的合并范围

各国会计准则或制度都对合并范围有比较明确的规定。我国在《企业会计准则第 33 号——合并财务报表》中也明确规定了哪些子公司应纳入合并财务报表，哪些子公司不应纳入合并财务报表。在会计实务中，是否把某个特定的子公司排除在合并范围以外，主要取决于母公司对该子公司是否符合合并范围的判断。在一定条件下，母公司可能出于某种考虑，而故意把某些子公司排除在合并范围以外，应引起注意。

案例 2-17

2001 年 11 月爆发的安然公司会计丑闻，就是不恰当地利用"特殊目的主体"（SPE）——符合特定条件可以不合并其报表的案例，将本应纳入合并财务报表的 3 个 SPE 排除在合并财务报表编制范围之外，导致 1997 至 2000 年期间高估了 4.99 亿美元的利润，而低估了数十亿美元的负债。

4. 关注合并财务报表所揭示的信息含量

（1）合并财务报表可以揭示内部关联方交易的程度。这里的内部关联方，是指以上市公司为母公司所形成的纳入合并财务报表编制范围的有关各方。内部关联方交易的特点是：在进行合并财务报表编制时均被剔除，在合并财务报表中不予包括。如果应收款项、存货、长期投资、应付款项、营业收入、营业成本、投资收益等项目，合并前后变化很大，越合并越小的话，说明集团存在大量内部关联交易，而关联交易又是上市公司进行盈余管理、内部资金拆借的重要手段，应予以关注。

（2）合并财务报表可以展示以上市公司为母公司所形成的纳入合并财务报表编制范围的企业集团所"存在"的资源规模及其结构。在上市公司较少进行经营活动、以对外股权投资为主的条件下，仅仅分析上市公司自身的报表将难以分析企业的资产结构。此时，对合并财务报表的分析将十分重要。

（3）可以通过比较相关资源的相对利用效率来揭示企业集团内部管理的薄弱环节。例如，可以通过比较合并财务报表与上市公司报表的固定资产、存货、货币资金、营业收入、营业成本等项目，了解在上市公司和上市公司以外的其他纳入合并财务报表编制范围的公司之间，哪一部分资产的利用效率更高一些。

2.4 上市公司公开披露的信息分析

2.4.1 上市公司信息披露的基本原则

上市公司的信息披露是指将影响股东、债权人或潜在投资者等对公司目前和将来作出理性判断的、进而影响其决策行为的公司经济信息，公布于众。

上市公司的信息披露可以使股东、债权人和潜在投资者在平等的基础上获得必要的信息，这不仅有助于增强他们对企业的信心、预测企业的未来，从而有利于稳定资本市场，而且也有助于企业提高管理水平、创造更大的公司价值。为保证上市公司的信息披露能满足报表使用者的需要，上市公司的信息披露必须要遵循一定的原则。

1. 可靠性原则

可靠性原则要求上市公司必须保证所披露的信息真实、准确、完整，须经得起注册会计师或有关专业人员的验证和评价，这是对上市公司信息披露提出的最基本的要求。因为只有可靠的信息，才能使信息使用者作出正确的决策；一切误导、粉饰、报道失实的信息，均会损害投资者和社会公众的利益。

2. 相关性原则

相关性原则要求具有三层含义。首先，要求上市公司披露的信息要与过去预测的信息相关联，以将过去的预测与目前的公司实绩相对照；其次，要求上市公司披露的信息要与预测相关联，使信息使用者根据所披露的信息可以作出正确的决策；最后，要求上市公司及时披露有关信息，以增强信息的有用性。

3. 重要性原则

重要性原则要求上市公司披露信息时，要重点披露有助于信息使用者更好地理解公司过去的业绩、未来发展趋势，尤其是可能会对公司股票的市场价格产生较大影响的事项，而无需事无巨细，面面俱到，因为不重要的具体信息反而会掩盖重要信息。

4. 充分披露原则

充分披露原则要求上市公司披露的信息要让信息使用者足以了解公司的全貌、事件的实质和问题的处理结果，而不应隐瞒或者掩饰任何会影响信息使用者决策的事项。

5. 统一性原则

统一性原则要求上市公司按照国家及有关部门颁布的信息披露规范文件的统一要求披露会计信息，以使信息使用者对各上市公司的股票品质作出合理的比较和判断，使证券市场得到规范化发展。

2.4.2　上市公司信息披露的主要内容及分析

依法在一定的范围内、以一定的方式披露信息，是上市公司的法定义务之一。为了保证上市公司信息披露的合理性，中国证监会先后披露了一系列与信息披露有关的法规，形成了一套规范上市公司信息披露的制度体系。

我国证券市场经过 20 多年的发展，已基本形成了一套比较完善的规范上市公司信息披露的法律法规体系。该体系的核心是第十届全国人民代表大会常务委员会 2005 年修订并于 2006 年 1 月 1 日起实施的《证券法》和《公司法》，以及 2006 年和 2007 年以证监会规章形式发布的《首次公开发行股票并上市管理办法》和《上市公司信息披露管理办法》，这些法律与行政法规规定了上市公司及其有关主体信息披露的义务和法律责任。根据规定，上市公司必须公开披露的信息主要是招股说明书、上市公告书、定期报告及临时报告。

1. 招股说明书

招股说明书是上市公司发起人为向社会募集股份而制作的文件。为保护认股人的利益，防止发起人或公司欺诈，发起人或公司在申请公开发行股票时，必须编制招股说明书。

招股说明书主要包括：发售新股的有关当事人、风险因素与对策、募集资金的运用、股利分配政策、发行人情况、发行人至少在过去 3 年中的经营业绩、发行人股本的有关情况、财务会计资料、资产评估、盈利预测、公司发展规划等。

2. 上市公告书

当上市公司股票获准在证券交易所交易时，上市公司应当编制上市公告书，向社会公开披露有关信息。

上市公告书的主要内容为：总股本、可流通股本、本次上市流通股本、证券编码、上市地、上市时间、登记机构和发行公司、上市推荐人、股票发行及承销、董事与监事及高级管理人员持股情况、董事会上市承诺、重要事项提示等。

3. 定期报告

定期报告是公司上市后定期公开的信息，它包括年度报告和中期报告。

（1）年度报告。年度报告是反映上市公司在整个会计年度内生产经营状况及其他各方面基本情况的文件。年度报告应当提交的期限为每一会计年度结束之日起 4 个月内，如果有特殊情况，经国务院证券监督管理机构批准，可推迟提交的时间。提交的同时还应在证券监督管理机构所指定的报纸或刊物上予以登载。

年度报告是最常见的信息披露形式，年度报告的主要组成部分是：公司简介、会计数据和业务数据摘要、股本变动及股东情况介绍、股东大会简介与董事会工作报告、监事会工作报告、业务报告、财务报告、审计报告，以及公司在报告年度发生的重大事件及其披露情况要览。

（2）中期报告。中期报告包括季报、半年报。季报应当在每一会计季度结束之日起1个月内提交，半年报应当在半年度结束之日起2个月内提交。根据中国证监会发布的《中期报告的内容与格式（试行）》的规定，企业中期报告的内容与格式包括：财务报告、经营情况的回顾与展望、重大事件揭示、发行在外股票的变动和股权结构的变化、临时股大会简介。

4. 临时报告

上市公司在生产经营过程中可能会发生对股价产生较大影响、而投资者尚未得知的重大事件或公司收购事件，上市公司应当立即将有关该重大或收购事件的情况以临时报告的形式向国务院证券监督管理机构和证券交易所报告，说明事件的真相和实质，同时在证券监督管理机构指定的报纸或刊物上予以披露。临时报告披露制度的目的是使投资者在充分掌握同等信息的前提下及时作出决策，而不至于让大股东利用其在公司中的特殊地位或资金优势形成事实上的消息垄断和股价操纵。这一制度是防止内幕交易、保护中小投资者利益和维护市场"三公"原则的有效措施。临时报告披露的内容包括重大事件披露和公司收购公告。

（1）重大事件披露。重大事件是指可能对公司股票价格产生重大影响的事件。例如：① 公司订立重要合同，该合同可能对公司的资产、负债、股东权益和经营成果中的一项或者多项产生显著影响；② 公司的经营政策或者经营项目发生重大变化；③ 公司发生重大的投资行为或者购置金额较大的长期资产；④ 公司发生重大的债务；⑤ 公司可能归还到期重大债务的违约情况；⑥ 公司发生重大经营性或者非经营性亏损；⑦ 公司资产遭受重大损失；⑧ 公司生产经营环境发生重要变化；⑨ 新颁布的法律、法规、政策、规则等可能对公司的经营有显著影响；⑩ 董事会、30%以上的董事或者总经理发生变动；⑪ 持有公司5%以上的发行在外的普通股的股东，其持有该种股票的增减变化每达到该种股票发行在外总额的2%以上的事实；⑫ 涉及公司的重大诉讼事项；⑬ 公司进入清算、破产状态等。

（2）公司收购公告。公司收购是指投资者公开收购股份有限公司已依法发行上市的股份，以达到对该股份有限公司控股或者兼并目的的行为。依照《证券法》规定，通过证券交易所的证券交易，投资者持有一上市公司已发行股份的5%时，应当在该事实发生之日3日内，向国务院证券监督管理机构、证券交易所做出报告，通知该股份有限公司并予以公告。当投资者持有上市公司已发行股份的5%以后，其所持该公司已发行的股份比例每增减2%，都应当依照前款规定进行报告和公告。

 **综合案例**

春兰股份关联方交易的盛宴

在中国众多的上市公司中，春兰股份（600854）的关联方交易内容可谓丰富，金额可谓巨大。在其2005年年报中，与日常经营相关的关联交易总金额达到21.03亿元。其中，关联销售11亿元，占主营业务收入的35%；关联采购9亿元，占主营业务成本的33%。大股东春兰集团通过掌握着商标权、科技创新核心、原材料与配件制造以及内外双向的营销渠道，将春兰股份牢牢掌控，通过关联交易使其服务于集团公司多元化产业布局。

1. 关联方占款

　　春兰股份于 1994 年 4 月在上交所挂牌上市，2005 年公司亏损 2 595 万元，结束了长达 11 年的持续盈利，2007 年公司因 2005、2006 年亏损被 ST，同年江苏衡天会计师事务所出具了保留意见审计报告。会计师事务所出具保留意见的理由是：春兰股份 2007 年年末应收泰州春兰销售公司（春兰集团子公司，负责集团公司及子公司销售产品）7.86 亿元的应收账款，其中账龄 2～3 年的欠款余额 4 亿元，春兰集团为应收账款提供担保，承诺 2008 年 12 月 31 日还清欠款，但会计师无法进一步实施审计程序以了解和评估担保方的财务状况和履行担保承诺的能力。事实上，泰州春兰占用春兰股份资金的情况由来已久，2005 年年末，春兰股份应收泰州春兰款项为 8.38 亿元，应付泰州春兰款项为 2.58 亿元，净应收款项为 5.80 亿元；在 2004 年年末与 2003 年年末，此数额分别为 7.04 亿元与 5.64 亿元。

2. 重大资产交易

　　春兰集团是春兰股份控股股东，春兰商标持有人，20 世纪 90 年代春兰空调连续 9 年全国销量第一，2001 年集团公司开始涉足摩托车、卡车、电动自行车、压缩机等领域，但随着多元化经营策略的失败，春兰集团逐步陷入财务危机。2001 年，春兰股份通过增发募集资金 11.17 亿元，其中 8.22 亿元用于收购泰州春兰空调器厂和春兰集团下属春兰制冷技术研究所，其余近 3 亿元用于增资江苏春兰电子商务公司。根据资产评估结果并与春兰集团协商确定，泰州春兰空调器厂收购价为 7.40 亿元，春兰制冷技术研究所收购价为 0.82 亿元，通过此次收购，春兰集团将 8.22 亿元资金收入囊中。2005 年度，春兰股份以现金 1.8 亿元对春兰动力追加投资，占注册资本的 54.25%。2009 年，春兰股份再次出资 4 600 万受让春兰集团持有的春兰动力 15% 的股权，最终持股比例达到 69.25%。通过上述关联交易，为春兰集团提供了大量资金。

3. 股权转让套现

　　春兰集团一方面将自身资产注入春兰股份以维持持股份额，另一方面又将其持有的春兰股份部分转让，变现换取资金。1998 年配股时，春兰集团应配 1 940.4 万股，应投入资金 2.91 亿元，春兰集团以其拥有的苏州春兰空调器有限公司 75% 的股权和泰州春兰电子有限公司 39.58% 的股权投入。这两项股权按收益现值法评估作价共计 2.91 亿元，而当时相应的账面净资产仅为 4 281 万元，股权投资差额高达 2.48 亿元。2000 年，春兰集团将其持有的春兰股份 18% 的股权转让给泰州市国有资产经营有限公司，转让总价款为 2.76 亿元。通过这种运作，春兰集团一方面变现了资金，另一方面又维持着对春兰股份的控制。2007 年年末，春兰集团拥有春兰股份 24.92% 的股份，截至 2013 年 6 月，春兰集团仍拥有春兰股份 25.34% 的股份，虽非绝对控股，却仍是第一大股东。

4. 销售费用分担

　　春兰股份向关联方泰州春兰公司支付销售费用没有固定的市场化方式，如有些年度是通过净销售额的一定比例来支付，有些年度又通过降价方式体现，相关比例以及降价幅度没有披露一个可以参照的市场基准，并且净销售比例与降价等方式的改变也没有任何规律与理由。与此同时，自 2001 年春兰股份主营产品毛利率开始初步下滑的同时，期间费用率占销售收入的比重却在逐年上升，通过分析春兰股份的 2001—2007 年的利润表不难发现，期间费用中销售费用所占比重接近八成。通过毛利率与营业费用率的对比，可以在一定程度上验证对春兰股份通过关联方交易控制销售费用、进而调整利润的质疑。

 讨论

1. 我国上市公司关联方交易的主要形式有哪些？
2. 关联方交易对上市公司财务状况、经营成果和现金流量有何影响？
3. 运用关联方交易剔除法分析春兰股份的真实盈利能力如何。

▶▶▶复习思考题◀◀◀

1. 试述附注分析的内容。
2. 如何对关联方交易进行分析？
3. 注册会计师在什么情况下出具不同的审计意见？
4. 简述对合并财务报表的认识。
5. 上市公司信息披露的主要内容有哪些？

▶▶▶练 习 题◀◀◀

一、单选题

1. 资产负债表日后事项的会计处理经常涉及的科目不包括(   )。
    A. 以前年度损益调整的借方　　　　B. 利润分配——未分配利润
    C. 以前年度损益调整的贷方　　　　D. 管理费用
2. 审计报告对企业财务报告起到的作用是(   )。
    A. 鉴证与核实　　　　　　　　　　B. 鉴证与证明
    C. 核实与证明　　　　　　　　　　D. 核实与修改
3. 下列选项中，错误的是(   )。
    A. 企业应当在附注中披露与该企业之间存在直接控制关系的母公司和子公司信息
    B. 企业与关联方发生关联方交易的，应当在附注中披露该关联方关系的性质、交易类型和交易要素
    C. 关联方性质是指关联方与该企业的关系，即关联方是该企业的子公司、合营企业、联营企业等
    D. 对外提供合并报表的，对于已经包含在合并范围内各企业之间的交易予以披露
4. 在资产负债表日至财务报告批准报出日之间发生的事项中，属于资产负债表日后非调整事项的是(   )。
    A. 日后期间发生的产品销售
    B. 日后期间发现一项自行研发的无形资产在报告年度达到预定可使用状态，但未将“研发支出”科目中可以资本化的金额进行结转
    C. 日后期间发生的诉讼
    D. 日后期间资本公积转增资本
5. 下列交易或事项中，属于会计政策变更的是(   )。

A. 固定资产折旧方法由直线法改为双倍余额递减法

B. 期末存货跌价准备由单项计提改为分类计提

C. 年末根据当期产生的递延所得税负债调整本期所得税费用

D. 投资性房地产核算由成本模式改为公允价值模式

6. 下列各项中，属于会计政策变更的是(　　)。

A. 投资性房地产的后续计量从成本模式改变为公允价值模式

B. 将应收账款的坏账提取比例由 3% 改为 5%

C. 根据新获得的信息，将某电子设备使用年限由 5 年改为 3 年

D. 将固定资产按直线法计提折旧改为年数总和法计提折旧

7. 股份有限公司自资产负债表日至财务会计报告批准报出日之间发生的事项中，属于调整事项的是(　　)。

A. 资产负债表日后发生重大诉讼

B. 发生资产负债表所属期间所售商品的退回

C. 资产负债表日后发生巨额亏损

D. 一幢厂房因地震发生倒塌，造成公司重大损失

8. 某公司发生的下列前期差错事项中，会影响其年初未分配利润的是(　　)。

A. 前期少计管理费用 1 000 万元　　　B. 前期少计财务费用 1 000 元

C. 前期应收账款的坏账比率调整　　　D. 前期少计工资费用 500 元

9. 资产负债表日后的调整事项是(　　)。

A. 上年度销售商品发生退货　　　　　B. 发生重大企业并购

C. 发生重大诉讼　　　　　　　　　　D. 发生巨额亏损

10. 固定资产的预计使用寿命和净残值发生变更，这一事项属于(　　)。

A. 会计政策变更　　　　　　　　　　B. 会计估计变更

C. 一般会计差错　　　　　　　　　　D. 重大会计差错

二、多项选择题

1. 企业涉及预计负债的主要事项包括 (　　)。

A. 未决诉讼　　　　　　　　　　　　B. 产品质量担保债务

C. 亏损合同　　　　　　　　　　　　D. 重组义务

E. 辞退福利

2. 非财务报表信息利用与分析的内容包括(　　)。

A. 审计报告分析　　　　　　　　　　B. 资产负债表日后事项分析

C. 关联方交易分析　　　　　　　　　D. 会计政策、会计估计变更分析

E. 前期差错更正分析

3. 下列各项中，属于资产负债表调整事项的有(　　)。

A. 资产负债表日后发生诉讼案件

B. 资产负债表日后发现财务报表舞弊或差错

C. 资产负债表日后发生巨额亏损

D. 资产负债表日后资产价格或税收政策发生重大变化

E. 资产负债表日后诉讼案件结案

4. 关联方企业之间若发生借款、担保和抵押业务，在进行财务分析时，应重点分析的内容有(　　)。

　　A. 被担保企业的偿债能力　　　　　B. 被担保企业的资产负债比

　　C. 担保企业的流动比率　　　　　　D. 担保企业的速动比率

　　E. 被担保企业的营运能力

5. 下列不属于会计政策变更的项目是(　　)。

　　A. 本年度起新租赁设备改为融资租赁

　　B. 本企业新增的建造合同业务采用完工百分比法

　　C. 存货发出的计价方法由后进先出法改为加权平均法

　　D. 固定资产的净残值率由 5% 提高到 10%

　　E. 应收账款计提坏账准备的比例由 10% 上升到 15%

三、判断题

1. 根据企业会计准则的要求，资产负债表日后非调整事项不作任何处理。(　　)

2. 债务重组的方式包括以资产清偿债务、债务转为资本或减少债务本金、债务利息等，不论采用何种方式，都会减轻债务人的偿债压力。(　　)

3. 会计估计变更的会计处理应该采用追溯调整法。(　　)

4. 在分析企业财务状况时，可完全采信无保留意见的审计报告，因为它表明企业的会计处理与会计准则的要求完全符合。(　　)

5. 母公司占用上市公司巨额资金会导致上市公司的盈利能力、资产质量和偿债能力出现下降的趋势。(　　)

第3章

资产负债表分析

学习提要

　　资产负债表可以反映企业资产、负债和所有者权益的全貌，因而，可以帮助报表使用者全面了解企业的财务状况。本章在简单介绍资产负债表性质、作用及结构的基础上，重点阐述了资产负债表的质量分析、水平分析和垂直分析。

3.1　资产负债表概述

3.1.1　资产负债表的性质

1. 资产负债表的概念

　　资产负债表是反映企业在某一特定日期财务状况的报表。由于它反映的是某一时点的情况，所以又称为静态报表。

2. 资产负债表的局限性

　　① 不能全面反映资产、负债和所有者权益的现行市场价值。

　　② 难免遗漏许多无法用货币计量的重要经济资源和义务的信息。

　　③ 资产负债表的信息包含了许多估计数。

　　④ 理解资产负债表的含义必须依靠报表阅读者的判断。

3.1.2　资产负债表的作用

　　资产负债表是企业对外提供的一张基本报表，是报表使用者借以了解企业情况、作出相应决策的重要工具，资产负债表的作用主要体现在以下4个方面。

1. 提供企业拥有或控制的经济资源及其分布情况的信息

　　通过资产负债表可以提供某一日期资产总额及其结构，表明企业拥有或控制的经济资源及其分布情况，即有多少资源是流动资产、有多少资源是长期投资、有多少资源是固定资产等，是分析企业生产经营能力的重要途径。

2. 反映企业资金来源和构成情况的信息

　　通过资产负债表可以提供某一日期负债和所有者权益总额及其结构，表明企业未来需要用多少资产或劳务清偿债务及清偿的时间，即流动负债、长期负债有多少，长期负债中有多少需要用当期流动资金进行偿还，以及所有者权益对负债的保障程度，资本保值、增值的情况等。

3. 提供财务报表分析的基本资料

资产负债表还可以提供财务报表分析所需的基本资料，如将流动资产与流动负债进行比较，计算出流动比率，将速动资产与流动负债进行比较，计算出速动比率等，可以表明企业的变现能力、偿债能力和资金周转能力，从而有助于会计报表使用者作出经济决策。

4. 可据以解释、评价和预测企业的财务弹性

企业的财务弹性是指企业应付各种挑战、适应各种变化的能力，包括进攻性适应能力和防御性适应能力。主要表现为：资产的流动性或变现能力；在不影响正常经营的前提下，变卖现有资产、取得现金的能力；由经营活动产生现金流入的能力；向投资者和债权人筹措资金的能力。财务弹性强的企业不仅能够通过经营活动获取大量资金，而且可以借助于债权人的长期贷款和所有者的追加资金扩大经营。资产负债表所展示的资源分布情况及对资源的所有权拥有情况，是解释、评价和预测企业财务弹性的主要依据。

3.1.3　资产负债表的结构

资产负债表由表首、正表两部分构成。

1. 表首

表首主要说明报表名称、编制单位、编制日期、报表编号、货币计量单位等。

2. 正表

正表是资产负债表的主体，有 3 种格式。

（1）报告式。报告式的资产负债表，其资产、负债和所有者权益项目是依据书面报告的形式从上到下依次排列，也称垂直式。如表 3-1 所示。

表 3-1　资产负债表（报告式）　　　　　　会企 01 表

编制单位：	年　月　日	单位：元
资　　产	期末余额	年初余额
资产：		
流动资产		
非流动资产		
资产总计		
负债和股东权益：		
流动负债		
非流动负债		
股东权益		
负债和股东权益总计		

（2）账户式。账户式的资产负债表分为左右两方，左方列示资产各项目，右方列示负债和所有者权益各项目。从形式上看，这种排列方式与会计常用的丁字账相似，故称账户式，如表 3-2 所示。

表3-2　资产负债表（账户式）

会企01表

编制单位：JDSN 股份有限公司　　　　　　2007 年 12 月 31 日　　　　　　单位：元

资　　产	期末余额	年初余额	负债和股东权益	期末余额	年初余额
流动资产：			流动负债：		
货币资金	433 389 998.36	380 944 847.48	短期借款	1 402 417 000.00	740 000 000.00
交易性金融资产			交易性金融负债		
应收票据	214 440 100.00	143 949 381.24	应付票据	36 220 000.00	152 500 000.00
应收账款	89 200 828.45	99 328 080.88	应付账款	65 891 237.03	70 884 736.30
预付账款	443 238 682.39	29 151 536.28	预收账款	37 562 859.88	43 455 301.76
应收利息			应付职工薪酬	2 326 673.36	7 720 786.74
应收股利			应交税费	30 381 405.79	12 145 704.47
其他应收款	552 348 172.52	201 467 809.28	应付利息	13 725 000.00	
存货	125 855 503.48	143 597 969.94	应付股利	2 704 643.72	2 686 148.52
一年内到期的非流动资产			其他应付款	64 659 184.18	65 487 039.00
其他流动资产			一年内到期的非流动负债	260 000 000.00	290 000 000.00
流动资产合计	1 858 473 285.20	998 439 625.10	其他流动负债		
非流动资产：			流动负债合计	1 915 888 003.96	1 384 879 716.79
可供出售金融资产			非流动负债：		
持有至到期投资	78 600.00	74 650.00	长期借款	615 000 000.00	480 000 000.00
长期应收款			应付债券	575 402 717.60	
长期股权投资	2 004 002 227.72	1 740 678 516.33	长期应付款		
投资性房地产			预计负债	14 058 196.31	17 342 951.72
固定资产	1 078 566 992.60	1 159 426 957.16	递延收益		
在建工程	230 481 742.13	10 125 497.07	递延所得税负债		
工程物资	150 973 114.85	11 096 998.68	其他非流动负债	8 560 000.00	
固定资产清理			非流动负债合计	1 213 020 913.91	497 342 951.72
生产性生物资产			负债合计	3 128 908 917.87	1 882 222 668.51
油气资产			股东权益：		
无形资产	7 139 985.00	7 139 985.00	实收资本（或股本）	962 770 614.00	962 770 614.00
开发支出			其他权益工具		
商誉			其中：优先股		
长期待摊费用	2 714 500.00	2 806 000.00	永续债		
递延所得税资产	23 532 539.80	29 201 052.67	资本公积	742 437 889.37	742 414 207.40
其他非流动资产			减：库存股		
非流动资产合计	3 497 489 702.10	2 960 549 656.91	其他综合收益		
			专项储备		
			盈余公积	289 053 640.68	264 399 557.14
			未分配利润	232 791 925.38	107 182 234.96
			股东权益合计	2 227 054 069.43	2 076 766 613.50
资产总计	5 355 962 987.30	3 958 989 282.01	负债和股东权益总计	5 355 962 987.30	3 958 989 282.01

注：JDSN 是冀东水泥（000401）上市公司的简称，下同。本书第3章至第11章引用了冀东水泥 2007 年报母公司的财务报表数据，在后面的分析评价中也参考了冀东水泥 2007 年报。

（3）财务状况式。财务状况式的资产负债表是按照下列等式编制而成的。

$$营运资金 = 流动资产 - 流动负债$$

$$营运资金 + 非流动资产 - 非流动负债 = 所有者权益$$

该格式突出了营运资金项目，能够使报表使用者非常清楚企业支付能力的情况，亦称营运资金式。如表3-3所示。

表3-3　资产负债表（财务状况式）　　　　　　　　会企01表

编制单位：	年　月　日	单位：元
项　目	期末余额	年初余额
流动资产：		
减：流动负债		
营运资金		
加：非流动资产		
减：非流动负债		
所有者权益		

3.2　资产负债表的质量分析

通过阅读、关注资产负债表各个项目的性质及数额的变化，准确理解报表各项目数据的含义，分析项目具体构成、确认和计量是否合理、总量或结构变动的趋势，以及有无调整项目等。目的是理解资产负债表的项目及其变动趋势，预测企业未来的财务状况。

3.2.1　资产的质量分析

1. 货币资金

货币资金反映企业以货币形态存在的资金，包括库存现金、银行存款、其他货币资金。货币资金本身就是现金，其特点是：有着极强的流动性，在企业持续经营过程中随时有增减的变化；收支活动频繁，在一定程度上货币资金收支数额的大小反映企业业务量的多少、企业规模大小。

为维持企业经营活动的正常运转，企业必须持有一定量的货币资金。由于货币资金是一种非盈利资产，持有量过多，表明企业资金使用效率低，会降低企业的盈利能力，则在浪费投资机会的同时，还会增加企业的筹资成本，同时也必然会造成资金浪费；持有量过少，则意味着企业缺乏资金，不能满足企业交易性动机、预防性动机、投机性动机的需要，将会影响企业的正常经营活动、制约企业发展、并进而影响企业的商业信誉，增加企业财务风险。在对货币资金进行分析时，应结合下列因素判断企业货币资金持有量是否合理。

（1）资产规模与业务量。一般来说，企业资产规模越大，相应的货币资金规模也就越大；业务量越大，处于货币资金的形态的资产也就越多。

（2）筹资能力。如果企业有良好信誉，筹资渠道通畅，就没有必要持有大量的货币资金，因为货币资金的盈利性通常较低。

（3）运用货币能力。货币资金如果仅停留在货币形态，则只能用于支付，这意味着企业正在丧失潜在的投资机会，也可能表明企业的管理人员生财无道。如果企业经营者利用货币资金能力较强，则货币资金比重可维持较低水平，将货币资金从事其他经营活动，企业的获利水平有可能提高。

（4）行业特点。处于不同行业的企业，货币资金合理规模存在差异，有的甚至差别很大，在相同的总资产规模条件下，不可能保持相近规模货币资金。

2. 交易性金融资产

交易性金融资产反映企业持有的以公允价值计量且其变动计入当期损益的，为了近期内出售而持有的债券投资、股票投资、基金投资、权证投资等金融资产。交易性金融资产极易变现，流动性仅次于货币资金。企业持有交易性金融资产的目的是利用暂时闲置的资金来获得高于银行存款利率的收益。因此，交易性金融资产具有容易变现、持有时间较短、盈利与亏损难以把握等特点。对交易性金融资产进行投资分析时，可以从以下几个方面进行。

（1）要特别关注交易性金融资产的划分是否具有合理性。企业取得金融资产首先要了解管理者的意图，如持有的目的是为了在近期内出售以获取差价，则划分为交易性金融资产。由于《企业会计准则第22号——金融工具确认和计量》中未界定交易性金融资产的持有时间，即只要符合为赚取价差为目的的投资，就可以作为交易性金融资产核算。持有的交易性金融资产的市价波动会影响到净利润和净资产。因此，应注意企业有无将可供出售金融资产、持有至到期投资等划分为交易性金融资产来改善其流动比率、调整本期利润的行为。这种手法可以通过交易性金融资产在报表中表现出来的特点进行观察。

（2）要注意交易性金融资产的构成。企业的交易性金融资产包括债券投资、股票投资、基金投资、权证投资等金融资产。通常情况下，债券投资风险小，股票投资风险较大。在资产的风险分析中应该注意交易性金融资产的构成，及时发现风险，予以防范。

案例 3 - 1

2007 年报的统计数据显示，持有交易性金融资产前 20 家上市公司共持有 3 802 亿元，占全部已披露年报公司持有总金额的 95%。其中，中国银行以持有 1 246.65 亿元交易性金融资产拔得头筹，其后是中国平安持有 849.38 亿元和工商银行持有 343.21 亿元。在公允价值变动净收益排行榜上，上市保险公司中国平安和上市券商中信证券当仁不让，2007 年公允价值变动收益分别达到 68.85 亿元、33.51 亿元。

3. 应收票据

应收票据是企业因销售商品、产品或提供劳务等所收到的商业汇票，包括银行承兑汇票和商业承兑汇票。商业汇票作为一种结算手段和信用工具，在企业之间被使用得越来越频繁的原因，一方面是商业债权回收的安全性较高；另一方面是利用应收票据贴现这种途径不失为一个变相获得借款的好渠道，其实质相当于企业从银行获得更多贷款额度。但应注意，企业采用商业汇票结算的合理性和合法性，具体表现如下。

（1）在具有良好的业务合作关系的企业之间，特别是在关联企业之间，目前比较流行的一种做法就是互相开具商业承兑汇票，让债权企业用商业承兑汇票向银行贴现，然后再将从银行取得的贴现款转划给原票据债务企业，从而达到原票据债务企业间接从银行融资的目的。值得一提的是，因此时开具商业承兑汇票的目的主要是向银行融资，故这种票据金额可能是真实的交易，也可能不是真实的交易。

（2）在接近会计期末时，通过将部分应收账款转化为应收票据，而少提坏账准备。由于对应收票据可不计提坏账准备，企业可能会让债务企业给自己开具商业承兑汇票，从而将应收账款转化为应收票据。这样应收账款的期末余额就减少了，从而按固定比例计提的金额也就随之而减少了。

4. 应收账款

应收账款是企业因销售商品、产品或提供劳务等，应向购货单位或接受劳务单位收取的款项。

应收账款就其性质来讲，是企业为了扩大销售和增加盈利而发生的一项资金垫支。应收账款增多，一方面表现为公司收入增加，另一方面也表现为公司管理不力，使机会成本、坏账损失和收账费用增加。因此，应尽量减少其占用数额。那么，应收账款应控制在多大数额为宜呢？影响应收账款规模的主要因素如下。其一，企业的经营方式及所处的行业特点，如商品零售企业，相当一部分业务是现金销售业务，因而商业债权较少；而工业企业则往往采用赊销方式，从而形成商业债权。其二，企业的信用政策，放松信用政策将会刺激销售，增大销售规模；紧缩信用政策，则又会制约销售，减少销售规模。而应收账款规模的大小又与发生坏账的可能性成正比。因此，合理确定信用政策，在刺激销售和减少坏账间寻找赊销政策的最佳点是企业营销策略中必须解决的问题。对应收账款进行分析，可以从以下几个方面进行。

1）对债权的账龄进行分析

债权的账龄分析就是对客户所欠账款时间的长短进行分析。由于债权的账龄长短与发生坏账可能性的大小成正比，据此可对不同账龄的债权判断其质量的高低，也可为制定或调整企业的信用政策提供依据，为企业组织催账工作和估计坏账提供依据。

2）对债务人的构成进行分析

（1）从债务人的区域构成来看。经济发展水平较高、法制建设条件较好的地区，债务人具有较好的债务偿还心态和偿还能力，债权可收回性强；反之，债务人的还款能力较差。

（2）从债权人与债务人的关联关系来看。债权人对非关联方债务人的债务求偿的主动性较强，回款的可能性大；由于关联方彼此之间在债权债务方面可能存在人为的操纵，债权人对关联方债务人的债务偿还状况应予以足够的重视。

（3）从债务人的稳定程度来分析。具有稳定往来关系的债务人的偿债能力一般较好把握，而临时性或不稳定的债务人的偿债能力一般较难把握。

案例 3-2

四川长虹（600839）自 2001 年 7 月起开始拓展海外市场，将彩电发往美国销售，由 Apex 公司在美国直接提货。然而彩电发出去了，货款却未能收回。四川长虹 2003 年主营收入 141.33 亿元，净利润只有 2.06 亿元，期末应收账款余额高达 50.84 亿元，在这笔巨额应收账款中，仅 Apex 公司的欠款就高达 44.51 亿元。大量的应收账款集中于一家经销商，其风险不言而喻，尽管四川长虹按账龄分析法已经为此计提了 0.93 亿元的坏账准备，但应收账款给公司带来的风险已经开始显现。

2004 年，四川长虹对 Apex 公司所欠货款的坏账准备计提方法进行了变更，由账龄分析改为个别认定法，该项会计估计变更对 2004 年利润总额的影响数约 -22.36 亿元；同时，四川长虹出现了公司上市以来的首次年度亏损，亏损额高达 36.81 亿元。2004 年 12 月 14 日，四川长虹以与 Apex 于 2004 年 10 月签订的一系列协议为据，向美国加利福尼亚州洛杉矶高等法院申请临时禁止令，要求禁止 Apex 转移资产及修改账目。公司在上报法院的资料中称，按照"协议"，Apex 共欠长虹 4.72 亿美元货款。自此开始了漫长的追讨历程。

3）坏账准备的分析

分析应收账款确定发生减值的客观依据及计算确定应收账款减值损失使用的具体方法是否具有合理性。《企业会计准则第 22 号——金融工具确认和计量》规定，应收账款采用未来现金流量折现法计提减值准备。对单项金额重大的应收账款应当单独进行减值测试，即个别认定法；对单项金额不重大的应收账款，可以单独进行减值测试，或包括在具有类似信用风险特征的金融资产组合中进行减值测试。这里所说的具有类似信用风险特征的金融资产组合，应根据企业对应收账款的风险关联程度进行深入分析，例如，以相同账龄的应收账款为具有类似信用风险特征，或者以同一企业集团、同一地区或国家的企业的应收账款为具有类似信用风险特征。因此，应注意企业进行减值测试的客观依据是否具有一贯性，是否存在人为调节减值测试方法，达到调整利润的目的。另外，由于资产组的划分缺乏明确的标准，划分方法不同，直接影响到资产减值准备应该计提及计提多少等问题，容易诱发盈余管理行为。

案例 3-3

2003 年，华菱管线（000932）实现净利润 7.59 亿元，比上年增长 42%，经济效益超过历史最好水平。公司从 2003 年 1 月 1 日起将应收账款坏账准备的计提由原"账龄在 1 年以内的计提 5%，1~2 年的计提 10%，2~3 年的计提 15%，3~4 年的计提 20%，4~5 年的计提 25%，5 年以上的计提 30%"调整为"账龄在 1 年以内的计提 5%，1~2 年的计提 15%，2~3 年的计提 25%，3~4 年的计提 35%，4~5 年的计提 50%，5 年以上的计提 100%"。变更后，公司计提的坏账准备金额大幅增加，如公司原来对 7 646.59 万元的 5 年以上应收账款仅计提了 2 293.98 万元的坏账准备，而 2003 年公司对 1.03 亿元的 5 年以上的应收款项全额计提了坏账准备。此项会计变更减少了华菱管线 2003 年度利润 8 125.4 万元，使得应收账款不能收回的风险在 2003 年集中释放。

另外，在分析应收账款项目时，还应注意企业是否有利用应收账款调节利润的行为。利用应收账款粉饰利润具有易于操纵和隐蔽性强两大特点，主要手法是利用应收账款虚构收入。近年来上市公司财务报表的一个突出特点是应收账款居高不下，呈现高速增长的态势，多数上市公司应收账款增长幅度远远超过其主营业务收入的增长幅度。

案例 3-4

银广夏，近几年的赊账比率一直居高不下，且增长迅速，2001 年中期为 2.55，比上年同期的 0.77 增长了 231.17%，比期初的 0.60 增长了 325%，由此看来，公司的主营业务收入在很大程度上依赖于应收账款。而从其财务数据来看：1999 年公司应收账款净额出现了高速增长，增幅达 84.44%，净利润也增长了 43.82%，但是经营活动现金流入出现负增长，为 -16.57%。2000 年，公司净利润出现高速增长，期末应收账款也增长了 54.22%，达 8.96 亿元，而经营活动现金流入仅为 5.82 亿元，表明构成主营业务收入主要来源的应收账款的收回状况值得怀疑，公司具有虚构销售的潜在嫌疑。

由以上案例可以看出，对应收账款的分析不应是孤立的，而是要结合利润表和现金流量表来进行综合分析。

5. 预付账款

预付账款是企业按照购货合同规定预付给供应单位的款项。预付账款与应收账款都是企业的一项债权，二者的区别在于：应收账款是由销售或提供劳务所产生的债权，将来通过收回货币资金实现；而预付账款则是由购货所产生的债权，将来通过收回货物实现，在未来会计期间一般不会导致现金流入。

预付账款是一种特殊的流动资产，是外单位占用本企业的资金，因此预付账款越少越好，一般情况下预付账款的债权不会构成流动资产的主体部分。如果企业的预付账款较高，则可能是企业向有关单位提供贷款信号。

6. 其他应收款

其他应收款是指企业发生的非购销活动的应收债权，包括：企业应收的各种赔款、存出保证金、备用金及应向职工收取的各种垫付款项等。

如果企业生产经营活动正常，其他应收款的数额不应该接近于或大于应收账款，若其他应收款数额过大，属于不正常的现象，容易产生一些不明原因的占用，报表使用者应注意识别企业是否将其他应收款与由于购销业务而发生的应收账款区分开来。因此，应深入了解情况，及时发现问题，找出原因，采取措施。

分析其他应收款时，要通过报表附注仔细分析它的构成、内容和发生时间，特别是其中金额较大、时间较长的款项，要警惕企业利用该项目粉饰利润、让大股东无偿占用资金，以及转移销售收入偷逃税款等。

在实际工作中，一些企业为了种种目的，常常把其他应收款作为企业调整成本费用和利润的手段，把一些本应该计入当期费用的支出或本应计入其他项目的内容放在其他应收款中。因此，分析其他应收款时，最主要的是观察其他应收款的增减变动趋势，如果发现企业的其他应收款余额过大甚至超过应收账款，就应注意分析是否存在操纵利润的情况。

其他应收款多指与企业生产经营相关性不大的拖欠款。关联方尤其是大股东占用上市公司资金是目前证券市场上最为常见的一种现象。若长期不归还，可能导致上市公司资产质量恶化。

案例 3-5

截至 2003 年 12 月 31 日，*ST 江纸（600053）的大股东江西纸业集团累计拖欠公司 9.36 亿元，占公司总资产的 129%，由于江纸集团已不具备偿还巨额欠款的能力，公司只得对大股东的欠款计提坏账准备。2001—2003 年间 *ST 江纸针对其他应收款分别计提了 2.26 亿元、1.18 亿元和 2.37 亿元坏账准备，与此同时，2001—2003 年间公司分别亏损 2.99 亿元、3.32 亿元和 4.58 亿元，可见，大股东占用资金不仅严重影响了公司资产的质量，也是导致公司连续巨亏的重要原因。

7. 存货

存货是指企业在生产经营过程中为销售或者耗用而储存的各种资产，包括商品、产成品、半成品、在产品及各类材料、燃料、包装物、低值易耗品等。存货项目在流动资产中所占比重较大，是企业收益形成的直接基础或直接来源，可以从以下几个方面加强对存货的分析。

1）存货真实性分析

存货是企业重要的实物资产，因此，首先应经常对库存的实物存货价值与其账面价值进行核对，看其是否相符；其次，应检查其待售商品是否完好无损，产成品的质量是否符合相应的产品等级要求，库存的原材料是否属于生产所需等，以保证存货的真实性、合理性。

对存货真实性的分析，可以初步确定企业存货的状态，为分析存货的被利用价值和变现价值奠定基础。

2）存货计价分析

了解存货的计价方法对存货项目的分析是非常重要的，存货发出采用不同的计价方法，对企业财务状况、盈亏情况会产生不同的影响，主要表现在以下3个方面。

（1）存货计价对企业损益的计算有直接影响。表现在：① 期末存货如果计价（估价）过低，当期的收益可能因此而相应减少；② 期末存货计价（估价）如果过高，当期的收益可能因此而相应增加；③ 期初存货计价如果过低，当期的收益可能因此而相应增加；④ 期初存货计价如果过高，当期的收益可能因此而相应减少。因此，如果企业利用存货计价方法的变更，在几个会计年度之间调节利润，表明企业存货的质量不高。

（2）存货计价对于资产负债表有关项目数额计算有直接影响，包括流动资产总额、所有者权益等项目，都会因存货计价的不同而有不同的数额。

（3）存货计价方法的选择对计算缴纳所得税的数额有一定的影响。因为不同的计价方法，对结转当期销售成本的数额会有所不同，从而影响企业当期应纳税所得额的确定。

上市公司利用存货计价方法调节利润的案例也不胜枚举。

案例 3-6

南洋实业的 1997 年年报显示，由于发出存货的计价方法由原来的加权平均法改为先进先出法，公司的销售毛利率由 1996 年的 17.6% 上升到 1997 年的 18.9%。由于销售毛利率的变化，使得公司 1997 年的主业利润增加了 2 474 万元。

福日股份是一家经销家电的上市公司，存货记账采用的是先进先出法。由于公司委托理财出现巨额亏损，无法向投资者交代。鉴于当时国内彩电企业正在经历一场持续的价格下跌，不仅彩电整机价格大幅下跌，而且彩电零部件价格也大幅下跌，于是，将原先存货的先进先出法改为后进先出法。福日股份销售的彩电便可以按照价格下跌后的零部件核算当期经营成本，由此可以导致在彩电价格下跌后，公司仍可保持一定的盈利。但账面上没有卖出去的家电成本却大大地虚增一把。如此会计政策变更只能导致该公司的会计信息更加不可靠，理由是大大高估了盈利能力，同时大大忽视了存货风险。不久后，该上市公司因巨额亏损临近退市。

3）存货构成的项目分析

存货主要分为库存材料、在产品、产成品等项目。分析存货构成的项目时，应仔细阅读报表附注中披露的存货构成项目和金额，还应结合市场销售情况，关注库存材料是否保持在再生产正常进行的最低水平；在产品是否保持在一个稳定的水平而使生产过程持续进行；产成品不同品种的盈利能力、技术状态、市场发展前景等的状况不同，企业是否过分依赖某一种产品或几种产品，否则极有可能因产品出现问题而使企业受到重创。

现代企业都尽量通过各种有效的管理手段来降低存货规模，不仅可以减少资金占用，而且还可以减少仓储费用，降低市场变化可能带来的风险，企业待售的产品尤其要少。

4）存货跌价准备的分析

分析存货跌价准备时，应注意存货可变现净值确定的合理性、期末存货数量的准确性、存货用途划分的规范性。也就是说，企业是否存在出于某种动机而使前后会计期间存货跌价准备确定的标准不一致的情况。

另外，还应注意观察存货跌价准备各年变化的情况，以判断存货质量的高低。

8. 可供出售金融资产

可供出售金融资产，是指初始确认时即被指定为可供出售的非衍生金融资产，以及没有划分为持有至到期投资、贷款和应收款项、以公允价值计量且其变动计入当期损益的金融资产。可供出售金融资产并不是利用短期之内的公允价值变动赚取差价，而是准备长期持有。可以从以下几个方面对可供出售金融资产进行分析。

（1）可供出售金融资产的公允价值变动对企业业绩的影响分析。可供出售金融资产在资产负债表日公允价值与原账面价值之间的差额要计入资本公积，也就是说企业持有的可供出售金融资产的市价波动会影响企业的净资产。只有在可供出售金融资产出售时，原计入资本公积的部分需要转出，计入投资收益，影响企业的净利润，进而会影响企业的业绩。由此可见，在交易性金融资产的市价波动影响当期业绩的前提下，管理层显然更倾向于将股票投资划分为可供出售金融资产，避免盈利受公允价值变动的波动影响。

（2）可供出售金融资产计提减值准备的分析。尽管可供出售金融资产以公允价值计量，但公允价值变动形成的利得或损失并未计入损益，而是直接计入所有者权益，当公允价值显著且长期低于账面价值时，不将损失确认为损益有违谨慎原则，因此也要进行减值测试和核算，以避免利润虚增。需要注意的是，可供出售金融资产的公允价值下滑并非是计提减值准备的充分条件，只有存在减值的客观证据时，才应确认为减值损失，否则，公允价值下滑仅在权益中反映，并只有在终止确认后才可以将损失转入损益。另外，对于按公允价值核算的可供出售类权益工具，准则不允许通过损益转回已在损益中确认的减值损失，而是在权益中确认公允价值的增加。因此，应注意企业是否存在将资产减值准备可以转回作为迅速改善财务状况、粉饰其经营业绩的主要手段。

9. 持有至到期投资

持有至到期投资是指到期日固定、回收金额固定或可确定，且企业有明确意图和能力持有至到期的非衍生金融资产。通常情况下，企业持有的、在活跃市场上有公开报价的国债、企业债券、金融债券等，可以划分为持有至到期投资。可以从以下几个方面对持有至到期投资进行分析。

（1）持有至到期投资的账龄分析。对持有至到期投资按照债权投资的账龄长短进行分类分析，一般来说，超过合同约定偿还期越长的债权投资，其可回收性就越差，质量也就越低。

（2）持有至到期投资的债务人分析。对持有至到期投资而言，虽然投资者按照约定，将定期收取利息、到期收回本金，但是债务人能否定期支付利息、到期偿还本金，取决于债务人在需要偿还的时点是否有足够的现金。因此，有必要对持有至到期投资的投资对象的构成进行分析，并在此基础上对债务人的偿债能力作进一步的分析，有利于评价企业持有至到期投资的质量。

（3）持有至到期投资的投资收益分析。企业购买国债或其他企业债券是持有至到期投资的主要内容，其投资收益为定期收取的利息，即在持有期间按照摊余成本和实际利率计算确认的利息收入，无论投资企业是否收到利息，都要按应收利息计入投资收益。应注意的是，由于投资收益的确定通常先于利息的收取，因此将会导致投资收益与现金流入出现不一致的情况。

（4）对持有至到期投资的能力进行分析。有能力持有至到期，是指企业有足够的财务资源，并不受外部因素影响将投资持有至到期。如果企业将持有至到期投资在到期前处置或重分类，通常表明其违背了将投资持有到期的最初意图。通常企业没有能力将具有固定期限的金融资产投资持有至到期的情况：一是因被投资单位信用状况严重恶化，将持有至到期投资予以出售；二是因相关税收法规取消了持有至到期投资的利息税前可抵扣政策，或显著减少了税前可抵扣金额，将持有至到期投资予以出售；三是因发生重大企业合并或重大处置，为保持现行利率风险头寸或维持现行信用风险政策，将持有至到期投资予以出售；四是因法律、行政法规对允许投资的范围或特定投资品种的投资限额作出重大调整，将持有至到期投资予以出售；五是因监管部门要求大幅度提高资产流动性，或大幅度提高持有至到期投资在计算资本充足率时的风险权重，将持有至到期投资予以出售。因此，应当于每个资产负债表日对企业持有至到期投资的意图和能力进行评价，分析究竟是主观原因还是客观原因导致企业没有能力持有至到期投资。

（5）持有至到期投资减值准备的分析。持有至到期投资是以摊余成本进行后续计量的，其发生减值时，应当在将该持有至到期投资的账面价值与预计未来现金流量现值之间的差额，确认为减值损失，计入当期损益。已计提减值准备的持有至到期投资价值以后又得以恢复，应在原已计提的减值准备金额内，准予按恢复增加的金额转回。应注意的是，预计未来现金流量现值的估计要具有可靠性。

10. 长期股权投资

长期股权投资是指通过投资取得被投资单位的股份，投资企业成为被投资单位的股东，按所持股份比例享有权益并承担责任。企业进行长期股权投资的目的有多种多样，依据对被投资单位产生的影响，分为 4 种类型：一是投资企业能够对被投资单位实施控制的权益性投资，即对子公司投资；二是投资企业与其他合营方一同对被投资单位实施共同控制的权益性投资，即对合营企业投资；三是投资企业对被投资单位具有重大影响的权益性投资，即对联营企业投资；四是投资企业持有的对被投资单位不具有控制、共同控制或重大影响，并且在活跃市场中没有报价、公允价值不能可靠计量的权益性投资。由于长期股权投资通常具有投资大、投资期限长、风险大，以及能为企业带来较大的利益等特点，因而对企业的财务状况影响很大。对于企业来说，进行长期股权投资意味着企业的一部分资金，特别是现金投出后在很长时间内将无法收回。如果企业资金不是十分充裕，或者企业缺乏足够的筹集和调度资金的能力，那么长期股权投资将会使企业长期处于资金紧张状态，甚至陷入困境。另外，由于长期股权投资时期长，期间难以预料的因素很多，因而风险也会很大，一旦失败，将会给企业带来重大的、长期的损失和负担，有时可能是致命的打击。当然风险与报酬是相对应的，长期股权投资的收益有时也较高。同时，也应注意企业是否有通过长期股权投资进行盈余管理的行为。因此，在进行报表分析时，应对长期股权投资给予足够的重视。长期股权投资的分析可以从以下几个方面进行。

（1）长期股权投资构成分析。主要是从企业投资对象、投资规模、持股比例等方面进行分析。通过对它构成的分析，可以了解企业投资对象的经营状况及其收益等方面的情况，来判断企业长期股权投资的质量。

（2）投资收益分析。企业对外投资的主要目的是为了追求投资收益，股权投资收益分为两部分：一是股利收益；二是股权转让的差价收益。

长期股权投资采用成本法核算，所确认的投资收益与现金是一致的；在采用权益法确认投资收益时，企业所确认的投资收益通常会大于所收到的现金，形成投资收益与现金流入不一致的情况。这也是为什么企业有利润，而没有钱的原因之一。而股权转让的差价收益具有高度不确定性，也不容易计量。

（3）长期股权投资减值准备分析。长期股权投资应当在资产负债表日判断是否存在可能发生减值的迹象，企业在对资产进行减值测试并计算了资产可收回金额后，如果资产的可收回金额低于其账面价值的，应当计提相应的资产减值准备。这样的规定，既防止了企业于年底一次性计提减值准备，操纵利润的做法，又避免了企业计提资产减值准备时间上的随意性。另外，长期股权投资减值损失一经确认，在以后会计期间不得转回的不可逆性，也减少了企业操纵利润的灰色空间。应注意的是，在长期股权投资计提减值准备时，应准确区分资产与资产组，如果将本应单项计提减值准备的资产误作为资产组来处理，则会少计提减值准备，虚增了利润；相反，如果将本是密切相关的一组资产仍按单项资产计提，则会多计提减值准备，虚减了利润，从而减少了纳税。可见，对资产组的理解不同，从而产生对资产组的划分方法不同，因而就会使会计信息缺乏可比性。

11. 投资性房地产

投资性房地产，是指为赚取租金或资本增值，或两者兼有而持有的房地产。投资性房地产应当能够单独计量和出售。主要包括：已出租的土地使用权、持有并准备增值后转让的土地使用权和已出租的建筑物。投资性房地产可以从以下几个方面进行分析。

（1）投资性房地产构成的项目分析。企业投资性房地产主要包括：已出租的土地使用权、持有并准备增值后转让的土地使用权和已出租的建筑物。在分析时，应注意企业确定的投资性房地产范围是否符合有关规定，尤其是房地产开发公司是否将存货的房地产作为投资性房地产。

（2）投资性房地产计量模式分析。企业通常应当采用成本模式对投资性房地产进行后续计量，也可以采用公允价值模式对投资性房地产进行后续计量。由于房地产缺乏像股票、基金那样的定价平台，并且未必所有的房地产都能有公允价值。所以，企业只有存在确凿证据表明投资性房地产的公允价值能够持续、可靠地取得，才可以采用公允价值模式对投资性房地产进行后续计量，且公允价值计量模式不能转换为成本模式。采用公允价值模式进行后续计量，一方面，由于不计提折旧或摊销，将使费用减少，各期利润增加；另一方面，在资产负债表日公允价值与原账面价值之间的差额要计入当期损益即公允价值变动损益中，增加了公司业绩的不稳定性。公允价值的应用，给上市公司利润调节提供了一定的空间。因此，投资者就要结合宏观环境、行业政策、投资性房地产所在地等因素进行具体分析。注意企业是否存在将不满足条件的投资性房地产也采用公允价值模式对其进行后续计量，虚增当年利润。据有关资料显示，2007年报绝大部分上市公司采用成本模式计量，仅有5家上市公司对投资性房地产采用公允价值计量。

案例 3-7

ST万鸿（600681）在2011年中报中披露，将部分自用房地产转换为投资性房地产，并采用公允模式计量，截至2011年6月30日，投资性房地产公允价值为1.25亿元，增值0.94亿元，考虑到公司不足0.2亿元的净资产，如果公司不进行此次转换，公司的净资产仍将为负值。

12. 固定资产

固定资产是指为生产商品、提供劳务、出租或经营管理而持有的，使用寿命超过一个会计年度的有形资产。固定资产具有占用资金数额大、资金周转时间长的特点，是资产管理的重点。对固定资产的分析，可从以下几个方面进行。

（1）固定资产分布和利用的合理性分析。在各类固定资产中，生产用固定资产，特别是其中的生产设备，同企业生产经营直接相关，在全部资产中应占较大的比重。非生产用固定资产应在发展生产的基础上，根据实际需要适当增加，但增长速度一般不应超过生产用固定资产增长速度，它的比重降低应当认为是正常现象。未使用和不需用的固定资产，对固定资产的有效使用是不利的，应该查明原因，采取措施，积极处理，压缩到最低的限度。要对固定资产的配置作出切合实际的评价，必须结合会计报表附注中的说明和企业的生产技术特点。固定资产分布和利用的合理，可以为企业合理配置固定资产，挖掘固定资产利用潜力提供依据。

（2）固定资产规模分析。固定资产的规模必须和企业生产经营的总体规模相适应，同时和流动资产保持一定的比例关系。企业为了保持一定的生产规模和生产能力，而购置新设备是合理的，如果购置新设备只是为盲目地扩大生产，就不合理了。因此，企业应根据生产经营的计划任务，核定固定资产需用量，添置新设备，扩大固定资产规模，并在此基础上合理配置固定资产和流动资产的比例关系。

（3）固定资产会计政策分析。固定资产会计政策主要是指计提固定资产折旧和固定资产减值准备两个方面。由于计提固定资产折旧和固定资产减值准备具有一定的灵活性，所以如何进行固定资产折旧，以及如何计提固定资产减值准备，会给固定资产账面价值带来很大的影响。因此，在实际工作中，一些企业往往利用固定资产会计政策选择的灵活性，虚增或虚减固定资产账面价值和利润，结果造成会计信息失真。因此，财务分析人员必须认真分析固定资产会计政策，正确评价固定资产账面价值的真实性。

在进行固定资产折旧分析时，应分析以下3个方面。

① 分析企业固定资产预计使用年限和预计净残值确定的合理性。分析时，应注意固定

资产预计使用年限和预计净残值的估计是否符合国家有关规定，是否符合企业的实际情况。在实际当中，一些采用直线法折旧的企业在固定资产没有减少的情况下，通过延长折旧年限，使得折旧费用大量减少，转眼之间就"扭亏为盈"。对于这样的会计信息失真现象，报表使用者在分析时应持谨慎态度，并予以调整。

② 分析企业固定资产折旧方法的合理性。企业会计制度规定，企业应当根据科技发展、环境及其他因素，选择合理的折旧方法，但是在实际当中企业往往利用折旧方法的选择，来达到调整固定资产净值和利润的目的。

③ 观察企业的固定资产折旧政策前后是否一致。因为固定资产预计使用年限和预计净残值、折旧方法等一经确定，除非企业的经营环境发生变化，一般不得随意变更。企业变更固定资产折旧方法，可能隐藏一些不可告人的动机。

虽然固定资产折旧政策的变化对企业现金流量没有任何影响，但对当期利润和财务状况产生影响。延长固定资产的折旧年限（降低折旧率），当期折旧费用减少，相应减少当期的成本费用，从而增加了当期账面利润，同时可能高估资产价值。对固定资产占总资产比重大的企业，折旧政策的调整对当期的利润影响十分重大，成为某些上市公司调节利润的重要手段。

> **案例 3 - 8**
>
> 武钢股份（600005）2012 年 6 月 29 日公告称，拟对房屋建筑物及机器设备类的固定资产折旧年限延长 3 年，预计增加公司 2012 年度净利润不超过 5.4 亿元。武钢股份 2012 年前三季度净利润为 3.28 亿元。
>
> 新钢股份（600782）在 2012 年 6 月 25 日完成了固定资产折旧年限的调整，将通用设备和专用设备的折旧年限从 8 ～ 12 年调至 8 ～ 14 年和 12 ～ 14 年，仅这两项调整就让新钢股份综合折旧率由 2011 年的 8.32% 下降到 6.90%，公司预计 2012 年度减少固定资产折旧 1.92 亿元，增加 2012 年度所有者权益及净利润约 1.44 亿元。新钢股份 2012 年前三季度净利润为 -7.66 亿元。

在进行固定资产减值准备分析时，应注意企业是否依据《企业会计准则第 8 号——资产减值》规定计提固定资产减值准备，计提是否准确。在实际工作中，往往存在这种现象，如固定资产实质上已发生了减值，即固定资产由于技术进步已不能使用，但企业却不提或少提固定资产减值准备，这样不但虚夸了固定资产，而且还虚增了利润，结果造成企业会计信息失真，潜亏严重。

13. 在建工程

在建工程是指企业进行基建工程、安装工程、技术改造工程、大修理工程等所发生的实际支出，包括需要安装设备的价值。

在建工程占用的资金属于长期资金，但是投入前属于流动资金。如果工程管理出现问题，会使大量的流动资金沉淀，甚至造成企业流动资金周转困难。因此，在分析该项目时，应深入了解工程的工期长短，及时发现存在的问题。

对在建工程进行分析时，应关注企业借款费用资本化的合理性。上市公司通过借款费用资本化来操纵利润的表现有两种：一是以某项资产还处于试生产阶段为借口，甚至拿出当地政府职能部门对"在建工程"的定性，利息费用年年资本化，虚增资产价值和利润；二是在建工程中利息费用资本化数额和损益表中反映的财务费用，远远小于企业平均借款余额应承担的利息费用，利息费用通过其他方式被消化利用，最终都被拐弯抹角地资本化并形成资产。

> **案例 3 – 9**
>
> 渝钛白公司 1997 年年报中将该年度钛白粉工程项目建设期间的借款利息及应付债券利息 8 064 万元资本化为在建工程成本。然而，实际上钛白粉工程已于 1995 年下半年开始试产，1996 年已经生产出合格的产品。因此，注册会计师认为，这 8 064 万元应当作为财务费用，计入当期损益。而公司由于此举会导致巨额亏损不同意这样处理，使我国证券市场上出现第一份否定意见审计报告。

14. 无形资产

无形资产是指企业拥有或者控制的没有实物形态的可辨认的非货币性资产。对无形资产的分析，可从以下几方面进行。

（1）无形资产规模分析。无形资产尽管没有实物形态，但随着科技进步特别是知识经济时代的到来，对企业生产经营活动的影响越来越大。在知识经济时代，企业控制的无形资产越多，其可持续发展能力和竞争能力就越强，因此企业应重视培育无形资产。

> **案例 3 – 10**
>
> XD 公司 2012 年三季度财报显示，前三季度归属于母公司所有者的净利润为 302.4 万元，较上年同期减少 97.86%，其中第三季度净亏损 372.94 万元。值得注意的是，公司资产负债表中的"研发支出"自 2007 年后首次发生变化，在第三季度增加了 1 500 万元。若公司今年对研发支出进行费用化处理，假定企业所得税率为 15%，那么公司前三季度净亏损或为 942.6 万元，第三季度净亏损或为 1 617.94 万元。可见，无形资产研发支出资本化的会计处理方法使得公司业绩扭亏为盈。

（2）内部研究开发形成无形资产的分析。企业内部研究开发无形资产，研究阶段的支出全部费用化，计入当期损益；开发阶段的支出符合条件的才能资本化。允许开发支出资本化计入无形资产成本，无疑会增加科技及创新类企业的利润调整空间。虽然《企业会计准则第 6 号——无形资产》对企业的研究阶段和开发阶段的定义进行了区分，但是在实际操作中，由于无形资产研发业务复杂、风险大，准确区分研究和开发两个阶段存在一定的难度。因此，报表使用者需要注意甄别企业是否存在利用研究和开发阶段的划分进行利润操纵的行为。

（3）无形资产价值分析。企业的无形资产主要有外购和自创，尽管自创无形资产的实际成本就是开发阶段符合条件的资本化支出，但其研究阶段的支出毕竟全部费用化了。因此，资产负债表上所反映的无形资产价值有偏颇之处，无法真实反映企业所拥有的全部无形资产价值。所以，在对无形资产项目进行分析时，要详细阅读报表附注及其他有助于了解企业无形资产来源、性质等情况的说明。

（4）无形资产会计政策分析。

① 无形资产摊销分析。无形资产摊销金额的计算正确与否，会影响无形资产价值的真

实性。因此，在分析无形资产时应仔细审核无形资产摊销是否符合《企业会计准则第6号——无形资产》的有关规定。此外在分析时还应注意企业是否有利用估计无形资产使用寿命调整利润的行为。

② 无形资产计提减值准备的分析。在分析无形资产时应注意分析企业是否按照《企业会计准则第6号——无形资产》规定计提了无形资产减值准备及计提的合理性。因为，如果企业应该计提无形资产减值准备而没有计提或者少提，不仅会导致无形资产账面价值的虚增，而且会虚增当期的利润总额。一些企业往往通过少提或多提无形资产减值准备，来达到虚增或虚减无形资产账面价值和利润的目的。因此，对此现象应进行分析与调整。

15. 长期待摊费用

长期待摊费用，是指企业已经支出，摊销期限在一年以上（不含一年）的各项费用。主要包括筹建期间发生的费用，待企业开始生产经营起一次计入开始经营当期的损益；经营租入固定资产的改良支出。

长期待摊费用本质上是一种费用，没有"变现性"，其数额越大，表明企业的资产质量越低。因此，对企业而言，这类资产数额应当越少越好，占资产总额比重越低越好。

在分析长期待摊费用时，应注意企业是否存在根据自身需要将长期待摊费用当作利润的调节器。即在不能完成利润目标或者相差很远的情况下，企业将一些影响利润的且不属于长期待摊费用核算范围的费用转入；而在利润完成情况超目标时，企业也会出于"以丰养欠"考虑，或为了减少税收，加快长期待摊费用的摊销速度，将长期待摊费用大量提前转入摊销，以达到降低和隐匿利润的目的，为以后各期经营业绩的提高奠定基础。

案例 3-11

东北药（0597）1996年年度报告中有近2 000万元的净利润，但该公司根据当地财政部门的批复，将已经发生的折旧费用、管理费用、退税损失、利息支出等累计14 000万元挂列为"长期待摊费用"。如果没有14 000万元的长期待摊费用挂账，该公司则陷入亏损行列，且亏损严重。

还应注意长期待摊费用与利润总额增长趋势是否相适应，一般情况下，长期待摊费用规模应当呈减少的趋势，如果企业长期待摊费用规模增加幅度较大，则应关注会计报表附注中关于长期待摊费用确认标准和摊销的会计政策，重点检查会计报表附注中的各类长期待摊费用项目的明细表，核查每个项目产生及摊销的合理性；同时应特别注意本年度增加较大和未予正常摊销的项目。

16. 递延所得税资产

递延所得税资产是指对于可抵扣暂时性差异，以未来期间很可能取得用来抵扣可抵扣暂时性差异的应纳税所得额为限确认的一项资产。一方面递延所得税资产会抵减企业当期的所得税费用，进而会增加企业的净利润；另一方面，递延所得税资产又会增加企业未来的所得税费用，进而会减少企业的净利润。而企业在可预见的将来是否有足够的应纳税所得额来抵扣可抵扣差异，有赖于相关人员的专业判断，这就给所得税费用的确认造成了相当大的可裁量性，从而对股东权益也将产生重要影响，因此，我们有理由关注上市公司对差异可转回的证据披露是否确凿、完整。

案例 3 - 12

在 2006 年年报中，S*ST 数码披露，由于在可预见的将来无足够的应纳税所得额转回可抵减时间性差异，故未确认对子公司深圳信诚科技股权投资差额摊销产生的递延所得税资产 1 161.38 万元。另如 S*ST 百花，认为差异是可以转回的，仅所得税一项即为该上市公司增加所有者权益 1 247.37 万元。但 S*ST 百花和 S*ST 数码一样都是巨额亏损，那么 S*ST 百花是否有确凿的证据可以证明其在未来期间很可能获得足够的应纳税额用来抵扣这 1 247.37 万元的可抵扣暂时性差异呢？而 S*ST 数码又是如何判断，其在可预见的将来无足够的应纳税所得额呢？对 ST 公司而言，差异可转回性是具有高度不确定性的，而这种巨额的影响公司是如何判断的，我们无法在现有的信息披露中找到答案。

17. 其他长期资产

其他长期资产是指由于某种特殊原因企业不能自由支配的资产，主要包括：特准储备物资、银行冻结存款和冻结物资。

银行冻结存款和冻结物资，在解除前是无法支用或处置的。对于其他长期资产的分析，主要是对特准储备物资的分析，可从以下 3 个方面进行：

① 特准储备物资是否未经批准被擅自动用了，是否被作为经营物资销售了；

② 特准储备物资是否已经设专库存放、专人管理；

③ 特准储备物资是否定期进行盘点检查，如果有短缺、霉变、差异等现象是否及时向上级进行了汇报。

特准储备物资是专为特大自然灾害所储备的，因此非常重要，任何单位、个人未经有关部门批准不得随意处理。

3.2.2 流动负债质量分析

流动负债是指在一年（含一年）或者超过一年的一个营业周期内偿还的债务，具有利率低、期限短、金额小、到期必须偿还的特点。流动负债一般适合企业流转经营中短期的、临时的资金需要，不适合购置非流动资产。因为，投入非流动资产上的资金需要在较长时期后才能一次或分期收回，从而会使企业资金的日常流转发生困难。

1. 短期借款

短期借款是指企业向银行或其他金融机构等借入的期限在一年以下（含一年）的各种借款。

在企业自有流动资金不足的情况下，企业可以向金融机构举借一定数量的短期借款，以保证生产经营对资金的短期需要。通常短期借款占流动负债总额的比重较大，表明企业拥有较好的商业信用。由于短期借款期限较短，企业经营者在举借时，应当充分测算借款到期时企业的现金流量，保证借款到期时企业有足够的现金偿还本息。因此，在对短期借款进行分析时；应关注短期借款的数量是否与流动资产的相关项目相适应。其中有无不正常之处，应关注短期借款的偿还时间，预测企业未来的现金流量，评价企业偿付短期借款的能力。

2. 应付票据

应付票据是指企业因购买材料、商品和接受劳务供应等而开出的商业汇票，包括银行承兑汇票和商业承兑汇票。

应付票据付款时间更具有约束力，如果到期不能支付，不仅会影响企业的信誉，影响企业以后的资金筹集，而且还会招致银行的处罚。按照规定，如果应付商业承兑汇票到期，企业的银行存款账户不足以支付票款，银行除退票外，比照签发空头支票的规定，按票面金额处以 1% 的罚金；如果银行承兑汇票到期，企业未能足额交存票款，银行将支付票款，并对企业执行扣款，并按未扣金额每天加收 0.5‰ 的罚息。因此，在进行报表分析时，应当认真分析企业的应付票据，了解应付票据的到期情况，预测企业未来的现金流量，保证按期偿付应付票据。

3. 应付账款

应付账款是指企业因购买材料、商品或接受劳务供应等而应付给供应单位的款项。

对于企业来说，应付账款属于企业的一种短期资金来源，是企业最常见、最普遍的流动负债，一般都在 30～60 天之间，而且一般不用支付利息，有的供货单位为刺激客户及时付款而规定了现金折扣。许多企业认为应付账款是占他人便宜，因而即使有现金也不愿意按期偿付。其实这是一种目光短浅的行为。如果不按期偿付应付账款，不仅不能利用现金折扣优惠，而且严重影响企业信誉，使企业以后无法再充分利用这种资金来源，影响企业未来发展。一旦引起法律诉讼，会使企业遭受更大损失，甚至导致企业破产。因此，在对应付账款进行分析时，应注意观察其中有无异常情况，测定未来的现金流量，以保证及时偿付各种应付账款。

4. 预收账款

预收账款是指企业按照合同规定向购买单位预收的款项。

对于企业来说，预收账款是越多越好。因为预收账款作为企业的一项短期资金来源，在企业发送商品或提供劳务前，可以无偿使用，在企业发送商品或提供劳务后立即转为企业的收入；同时也预示着企业的产品销售情况很好，供不应求。但除了某些特殊的行业或企业外，在进行报表分析时，应当对预收账款引起足够的重视，因为预收账款一般是按收入的一定比例预交的，通过预收账款的变化可以预测企业未来营业收入的变动。

5. 应付职工薪酬

应付职工薪酬是指企业为获得职工提供的服务而给予各种形式的报酬及其他相关支出。职工薪酬包括：职工工资、奖金、津贴和补贴；职工福利费；医疗保险费、养老保险费、失业保险费、工伤保险费和生育保险费等社会保险费；住房公积金；工会经费和职工教育经费；非货币性福利；因解除与职工劳动关系给予的补偿；其他与获得职工提供的服务相关的支出。企业应根据职工提供服务的受益对象，将应确认的职工薪酬（包括货币性薪酬和非货币性福利）计入相关资产成本或当期损益。因此，在分析应付职工薪酬时，应注意企业是否存在利用职工薪酬的成本费用化与资本化的选择进行盈余管理。对于辞退福利，应关注企业是否存在根据当年经营业绩情况，利用提前或延后确认因解除与职工劳动关系给予补偿而产生的预计负债来进行盈余管理。

案例 3－13

浦发银行 2007 年年度财务报告显示，年末应付职工薪酬余额 62.9 亿元，根据浦发银行 2007 年末公司员工 1.4 万人计算，人均工资结余高达 44.93 万元！而该行年初余额 40.3 亿元，因此，年末余额较期初余额增加了 22.6 亿元。由于浦发银行应付职工薪酬余额较大，公众开始质疑职工薪酬波动的合理性。根据该公司 2007 年度现金流量表，2007 年该公司支付给职工及为职工支付的现金为 35 亿元，这其中包括了为职工支付的养老保险、企业年金、住房公积金及其他福利性支出，剔除福利性支出（以实发工资 65% 计），当年实际发放给员工的工资约为 21.21 亿元。因此，其年末应付职工薪酬余额相当于该行当年实际发放给员工工资总额的 2.97 倍！或者说，其应付薪酬余额可以供该公司向全体员工发放近 3 年的工资。显然，这笔巨额应付职工薪酬不是一般的应付薪酬结余。到底是如何形成的？该公司为何计提如此巨额应付款项？计提的依据是否充分？浦发银行解释："绝对不存在隐藏并操纵利润的情况，对应付职工薪酬的提取都是按照公司章程并通过董事会决议做出的。至于提取应付职工薪酬的比例，如果与税前利润相比，在同业中也是相对合理的水平。"

6. 应交税费

应交税费是企业应交纳的增值税、消费税、所得税、资源税、土地增值税、城市维护建设税、房产税、土地使用税、车船使用税、个人所得税等。

由于应交税费涉及的税种较多，在分析此项目时，报表使用者应当了解欠税的内容，有针对性地分析企业欠税的原因。如该项目为负数，则表示企业多交的应当退回给企业或由以后年度抵交的税金。

7. 预计负债

预计负债是企业承担的现时义务。常见的预计负债有：未决诉讼或仲裁、债务担保、产品质量保证（含产品安全保证）、承诺、亏损合同、重组义务、环境污染整治等。对预计负债可以从以下几个方面进行分析。

（1）预计负债确认的充分性分析。与或有事项相关的义务同时满足下列条件的，应当确认为预计负债：该义务是企业承担的现时义务；履行该义务很可能导致经济利益流出企业；该义务的金额能够可靠地计量。预计负债是企业需要确认的或有负债，并作为负债在资产负债表中单列反映，还须在报表附注中披露。显然，确认预计负债会弱化企业的偿债能力，增大企业的财务风险，同时还会影响当期损益。尽管明确了预计负债的确认条件，但在实际确认时不免会带有一定的灵活性，所以报表使用者应保持职业谨慎态度，关注企业是否存在故意隐瞒预计负债的情况，以及企业所确认的预计负债证据是否充分。不容回避的是，预计负债如果管理到位，也有可能不发生。因此，在对预计负债进行分析时，报表使用者也应当关注会计报表附注中各项预计负债形成的原因及金额，了解预计负债的内容和可能给企业带来的损益，强化管理和做好预防，防患于未然。

案例 3－14

远大智能（002689）的主营产品为电梯，此类产品在销售过程中必然存在质保和保修条款，通常需要确认相应的预计负债。2011 年远大智能实现营业收入金额为 14.88 亿元，同比增加了 11.04%。但 2011 年年末预计负债余额却仅有 102.45 万元，同比 2010 年年末余额 120.62 万元还减少了 18.17 万元。远大智能 2011 年年末预计负债余额占营业收入的比重仅为 0.07%。但同属于电梯制造类上市公司的康力电梯，该比例为 0.63%，计提水平约是远大智能的 10 倍。

> **案例 3 - 15**
>
> 2004 年年报显示，截至 2003 年 12 月 31 日，新疆众和为 ST 啤酒花提供了 8 500 万元银行借款担保，其中逾期担保 2 500 万元。鉴于 ST 啤酒花目前财务风险存在较大的不确定性，公司按 10% 的比例计提预计负债 850 万元，从而影响当期利润 850 万元。

（2）预计负债计量的合理性分析。由于预计负债导致经济利益流出企业的可能性尚未达到基本确定的程度，因此计提预计负债而确认的损失金额往往需要估计。而计提预计负债的金额是否合理，直接影响相关各期的损益。与资产减值计提一样，一些企业利用"预计负债"多提、少提、转回或补提操纵利润，尽管《企业会计准则第 13 号——或有事项》中对预计负债账面价值的复核作了明确规定，但在实际运用时仍然带有一定的主观性，所以应注意企业是否存在着利用预计负债转回调整相关年度损益的现象。值得注意的是，企业在对预计负债进行计量时，需要谨慎从事，既不能忽略风险和不确定性对或有事项计量的影响，也要避免对风险和不确定性进行重复调整，从而在低估和高估预计负债金额之间寻找平衡点。

> **案例 3 - 16**
>
> ST 幸福（600743）涉及两桩重大担保案件，一是与农业银行潜江支行的担保案；另一个是与温州国投的债权债务转让合同纠纷案。前者涉案金额 1.75 亿元，后者 360 万美元，两案一审在湖北高院都获得胜诉，但原告不服告之最高法院，ST 幸福在 2001 年报及 2002 年半年报中都对这两起未决诉讼按诉讼标额的 30%～40% 计提了预计负债，但 2002 年底，这两起案件终审判决都宣告 ST 幸福败诉，要承担连带的担保责任。对此引发的问题是，ST 幸福当期实际发生的担保诉讼损失金额与已计提的相关预计负债之间的差额如何进行会计处理？即是进入当期的"营业外支出"还是追溯调整？如果是进入当期损益，则退市成定局；如果是追溯调整，则盈利有可能。
>
> 留给 ST 幸福的生路只有一条，承认自己在 2001 年末计提预计负债时"未合理预计损失"，然后按照重大会计差错更正的方法进行会计处理。果不其然，为了保证 2002 年报盈利，ST 幸福使出"重大会计差错"绝招，理由：其一，担保事项是一个以前年度的历史旧账，可以作为以前年度损益调整；其二，两级法院的不同结论是造成重大会计差错的前提；其三，从事实结论看，原会计处理已属于重大会计差错；其四，重大会计差错，首先必须是金额十分巨大，1.7 亿元所谓"担保贷款"，本身就很"重大"。于是，湖北大信会计师事务所又形成了一份《关于对湖北幸福实业股份有限公司 2002 年度会计报表出具无保留带解释性说明审计报告的说明》，结论是："基于以上理解，股份公司在 2002 年的年报中，拟将此事项作为重大会计差错，并调整期初留存收益。"于是，遭遇退市风险、曾被预言"死定了"的 ST 幸福，在湖北大信会计师事务所谨慎执业和据理力争下，终于经财政部、中国证监会和上海证券交易所批准，于 9 月 15 日复牌交易而"重获幸福"，且一连三天涨停板。此事在证券界、注册会计师界引发强烈反响，并成为业内正确处理上市公司"重大会计差错"事宜的一个典型案例。ST 幸福能"死里逃生"不得不引发我们的思考。

3.2.3　非流动负债质量分析

非流动负债是指偿还期在 1 年或者超过 1 年的 1 个营业周期以上的负债，包括长期借款、应付债券、长期应付款等。与流动负债相比，非流动负债具有债务金额大、偿还期限长、分期偿还的特征。非流动负债主要用于企业生产经营的投资建设，满足企业扩大再生产的需要。

1. 长期借款

长期借款是企业向银行及其他金融机构借入的期限在 1 年以上（不含 1 年）的各种借款。长期借款期限长、利率高，主要是用于补充非流动资产需要。它可以一次性还本付息，也可以分次还本付息。相对于长期债券而言，长期借款有较多的限制和约束，企业必须严格按借款协议规定的用途、进度等使用借款。在进行报表分析时，应对企业长期借款的数额、增减变动及其对企业财务状况的影响给予足够的重视。

2. 应付债券

应付债券是企业为筹集长期资金而实际发行的债券及应付的利息。

长期债券的利率较高而且固定，利息可以分次支付，也可以期满后一次性支付。相对于长期借款而言，发行债券需要经过一定的法定手续，但对款项的使用没有过多的限制和约束。某些可转换债券可在一定时期后按规定比率将债券转换为股票而不需偿还，反而减轻了企业的偿债压力。在进行报表分析时，应对应付债券的金额、增减变动及其对财务状况的影响给予足够的关注。

3. 长期应付款

长期应付款包括融资租入固定资产应付款、采用补偿贸易方式引进国外设备的应付引进设备款等。这也是企业筹集长期资金的两种重要方式。与长期借款和应付债券相比，融资租赁方式在取得资产的同时借到一笔资金然后分期偿还资金及其利息，有利于减轻一次性还本付息的负担；采用补偿贸易方式引进设备，其特点是用企业的产品偿还债务，既销售了产品又偿还了债务。在进行报表分析时，应对长期应付款的数额、增减变动及其对企业财务状况的影响给予足够的关注。

综上所述，在对企业举借经营进行分析时应注意：第一，应避免利用非流动负债来充作短期流转使用，否则会使资金成本上升，得不偿失；第二，在资产报酬率高于负债利率的前提下，适当增加非流动负债可以增加企业的获利能力，提高投资者的投资报酬率，同时负债具有节税作用，从而使投资者得到更多的回报；但在资产报酬率下降甚至低于负债利率的情况下，举借非流动负债将加大企业还本付息负担，在企业盈利不多时还会导致亏损，因而使企业的风险增大；第三，应对非流动负债的增减变动及其对企业财务状况的影响给予足够的重视，企业举借非流动负债会使企业当期营运资金增加，而企业偿还非流动负债，会使企业当期营运资金减少，对于其中发现的异常情况及时进行研究和处理。

3.2.4　所有者权益质量分析

所有者权益包括实收资本、其他权益工具、资本公积、其他综合收益、专项储备、盈余公积、未分配利润 7 个部分。所有者权益分析，可以向投资者、债权人等提供有关资本来源、净资产的增减变动、分配能力等与其决策有用的信息。因此，在进行报表分析时，应对所有者权益的金额、增减变动及其对企业财务状况的影响引起足够的重视。

1. 实收资本（或股本）

实收资本（或股本）是指投资者投入资本形成法定资本的价值，所有者向企业投入的资本，在一般情况下无需偿还，可以长期使用。按照《公司法》规定，实收资本（或股本）同注册资本在数额上是相等的，注册资本是企业承担有限责任的限度。实收资本（或股本）具有以下特点。

（1）没有固定的利率。投资者投入企业的资本，只有盈利时才能分配利润，没有盈利或盈利较少时可以不分配利润，但也可能分配利润很高。相对于长期负债而言，实收资本的资金成本较高，但其利率并不固定，在企业盈利不多或没有盈利的情况下，企业可以不分配利润。

（2）期限长。投资者投入资本对于企业来说是永久性的资本，可以长期占用，无须到期还本。

（3）金额相对固定不变。除非企业出现增资、减资等情况，实收资本（或股本）在企业正常经营期间一般不发生变动。实收资本（或股本）的变动将会影响企业原有投资者对企业的所有权和控制权，而且对企业的偿债能力、获利能力等都会产生重大影响。

应注意，企业投资者增加投入资本，会使营运资金增加，表明投资者对企业未来的生产经营充满信心。将实收资本（或股本）与企业注册资本数额相比较，如果该项目的数额小于注册资本的数额，说明该企业的注册资本存在不到位的现象，对此应做出进一步的了解，搞清资本金未到位的原因，查清楚企业注册资本是否可靠，对此应予以高度重视。

2. 其他权益工具

其他权益工具核算企业发行的除普通股以外的归类为权益工具的各种金融工具，比如优先股、永续债等。

企业发行的金融工具应当按照金融工具准则进行初始确认和计量；其后，于每个资产负债表日计提利息或分派股利，按照相关具体企业会计准则进行处理。即企业应当以所发行金融工具的分类为基础，确定该工具利息支出或股利分配等的会计处理。

对于归类为权益工具的金融工具，无论其名称中是否包含"债"，其利息支出或股利分配都应当作为发行企业的利润分配，其回购、注销等作为权益的变动处理；对于归类为金融负债的金融工具，无论其名称中是否包含"股"，其利息支出或股利分配原则上按照借款费用进行处理，其回购或赎回产生的利得或损失等计入当期损益。

3. 资本公积

资本公积是企业收到投资者的超出其在企业注册资本（或股本）中所占份额的投资，以及直接计入所有者权益的利得和损失等。主要包括资本溢价（或股本溢价）和直接计入所有者权益的利得和损失等。

在对资本公积进行分析时，应注意资本公积构成的合理性。资本溢价（或股本溢价）

是"准资本";而直接计入所有者权益的利得和损失是具有"损益性质"的资本公积,主要由5方面引起:① 采用权益法核算的长期股权投资;② 以权益结算的股份支付;③ 存货或自用房地产转换为投资性房地产;④ 可供出售金融资产公允价值的变动;⑤ 金融资产的重分类。由此膨胀和沉淀下来的资本公积,在企业可以停留多长时间?是否可以转赠资本?都具有不确定性。所以报表使用者必须深入认识资本公积的性质,了解资本公积信息的充分性及股本扩张能力,借此才能评价所有者权益各组成部分的结构是否合理,避免过度使用资本公积。

4. 其他综合收益

其他综合收益是指企业根据其他会计准则规定未在当期损益中确认的各项利得和损失。包括以后会计期间不能重分类进损益的其他综合收益和以后会计期间满足规定条件时将重分类进损益的其他综合收益两类。

(1) 以后会计期间不能重分类进损益的其他综合收益项目,主要包括:重新计量设定受益计划净负债或净资产导致的变动、按照权益法核算的在被投资单位以后会计期间不能重分类进损益的其他综合收益中所享有的份额等。

(2) 以后会计期间在满足规定条件时将重分类进损益的其他综合收益项目,主要包括:按照权益法核算的被投资单位可重分类进损益的其他综合收益变动中所享有的份额、其他债权投资的公允价值变动形成的利得或损失、债权投资重分类为其他债权投资形成的利得和损失、现金流量套期工具产生的利得或损失中属于有效套期的部分、外币财务报表折算差额以及自用房地产或作为存货的房地产转换为以公允价值模式计量的投资性房地产在转换当日的公允价值大于原账面价值部分等。

5. 专项储备

专项储备用于核算高危行业企业按照规定提取的安全生产费以及维持简单再生产费用等具有类似性质的费用。如企业使用提取的安全生产费时,属于费用性支出的,直接冲减专项储备,即借记"专项储备"科目,贷记"银行存款"科目。

6. 留存收益

留存收益是指企业从历年实现的净利润中提取或形成的留存于企业的内部积累,由盈余公积和未分配利润两部分构成。留存收益是留存在企业的一部分净利润,一方面可以满足企业维持或扩大再生产经营活动的资金需要,保持或提高企业的获利能力;另一方面可以保证企业有足够的资金用于偿还债务,保护债权人的权益。所以,留存收益的增加,将有利于资本的保全、增强企业实力、降低筹资风险、缓解财务压力。留存收益的增减变化及变动金额的多少,取决于企业的盈亏状况和企业的利润分配政策。对留存收益分析的主要内容是:了解留存收益的变动总额、变动原因和变动趋势;分析留存收益的组成项目,评价其变动的合理性。

(1) 盈余公积。是指企业按照规定从净利润中提取的各种积累资金,是净利润的转化形式。企业的盈余公积可以用于弥补亏损、转增资本(或股本)和扩大企业生产经营。

对于企业来说,在所有者权益中,盈余公积最为稳定,既无使用期限又无需支付利息。企业尽可能多地计提盈余公积,既可以提高企业的偿债能力,又能提高企业的获利能力。但考虑到投资者的经济利益,盈余公积的提取数额又受到一定的限制。因此企业提取盈余公积及盈余公积转增资本等虽然不影响营运资本，但对企业当期和未来的财务状况也有重大影响。

（2）未分配利润。未分配利润是历年留存在企业的净利润，用于以后年度向投资者进行分配。由于未分配利润相对于盈余公积而言，属于未确定用途的留存收益，所以企业在使用未分配利润上有较大的自主权，且无须支付利息，受国家法律法规的限制较少。

3.3　资产负债表趋势分析

3.3.1　资产负债表水平分析

资产负债表水平分析是将资产负债表中各项目不同时期的数据进行比较，计算其增减百分比，分析其增减变化的原因，借以判断企业财务状况的变化趋势。

采用水平分析法，要联系企业生产经营活动的发展变化，将各项目的增减变化同企业产值、销售收入等生产成果指标的增减变化相对比，判断增资与增产、增收之间是否协调，资产营运效率是否提高。

1. 货币资金增减变动的分析

企业货币资金的增减变动，可能受以下因素的影响。

（1）销售规模的变动。企业销售规模发生变动，货币资金规模也会随之发生变动，二者之间具有一定的相关性。

（2）信用政策的变动。如果企业采用严格的信用政策，提高现销比例，可能会导致货币资金规模提高。

（3）为支出大笔现金做准备。如准备派发现金股利，偿还将要到期的巨额银行借款，或集中购货等，这都会增加企业货币资金规模。但是这种需要是暂时的，货币资金规模会随着企业现金的支付而降低。

2. 应收账款增减变动分析

在流动资产和销售收入不变的情况下，应收账款的绝对额增加了，表明企业变现能力在减弱，承担的风险增大，其占用比重就不合理；如果应收账款的增长与流动资产增长和销售收入增长相适应，表明应收账款占用相对合理。

3. 存货增减变动分析

各类存货在企业再生产过程中的作用是不同的。其中，材料存货是维持再生产活动的必要物质基础，所以应把它限制在能够保证再生产正常进行的最低水平上；产成品存货是存在于流通领域的存货，它不是保证再生产过程持续进行的必要条件，因此必须压缩到最低限度；而在产品存货是保证生产过程持续进行的存货，企业的生产规模和生产周期决定了在产品存货的存量，在企业正常经营条件下，在产品存货应保持一个稳定的比例。

一个企业在正常情况下，其存货结构应保持相对稳定性。分析时，应特别注意对变动较大的项目进行重点分析。存货增加应以满足生产、不盲目采购和无产品积压为前提，存货减少应以压缩库存量加速周转、不影响生产为前提。

4. 固定资产增减变动分析

固定资产增减变动分析，主要是对固定资产增长情况、更新情况、报废情况及损失情况进行分析。在评价企业固定资产更新的规模和速度时，也应结合企业的具体情况进行分析，如果企业是为了保持一定的生产规模和生产能力，必须对设备进行更新是合理的；如果更新设备只是为盲目扩大生产，就不合理了。

5. 无形资产增减变动分析

无形资产增减变动，从发展趋势上看，应当呈上升态势，无形资产增幅越大，表明企业可持续发展能力越强。

6. 流动负债增减变动分析

流动负债增减变动分析，主要是通过流动负债各项目的增减变动，分析企业短期融资渠道的变化情况及偿债压力的大小，借以判断企业短期资金的融资能力，对企业的生产经营活动的影响。

7. 非流动负债增减变动分析

非流动负债增减变动分析，主要是通过非流动负债各项目的增减变动，分析企业长期融资渠道的变化情况，借以判断企业长期资金的融资能力。

8. 所有者权益增减变动分析

引起所有者权益增减变动的主要原因有：增加（或减少）注册资本，资本公积发生增减变化、留存收益的增加（或减少）等。通过对所有者权益增减变动分析，可进一步了解企业对负债偿还的保证程度和企业自己积累资金和融通资金的能力与潜力。

下面以 JDSN 股份有限公司 2007 年 12 月 31 日资产负债表的有关资料为例，进行水平分析，如表 3-4 所示。

表 3-4　资产负债表（水平分析）　　　　　会企01表

编制单位：JDSN 股份有限公司　　　2007 年 12 月 31 日　　　单位：元

资　产	2007.12.31	2006.12.31	增（减）/%
流动资产：			
货币资金	433 389 998.36	380 944 847.48	13.77
交易性金融资产			
应收票据	214 440 100.00	143 949 381.24	48.97
应收账款	89 200 828.45	99 328 080.88	-10.20
预付账款	443 238 682.39	29 151 536.28	1 420.46
应收利息			
应收股利			
其他应收款	552 348 172.52	201 467 809.28	174.16
存货	125 855 503.48	143 597 969.94	-12.36
一年内到期非流动资产			

资　产	2007. 12. 31	2006. 12. 31	增（减）/%
其他流动资产			
流动资产合计	1 858 473 285. 20	998 439 625. 10	86. 14
非流动资产：			
可供出售的金融资产			
持有至到期投资	78 600. 00	74 650. 00	5. 29
长期应收款			
长期股权投资	2 004 002 227. 72	1 740 678 516. 33	15. 13
投资性房地产			
固定资产	1 078 566 992. 60	1 159 426 957. 16	− 6. 97
在建工程	230 481 742. 13	10 125 497. 07	2 176. 25
工程物资	150 973 114. 85	11 096 998. 68	1 260. 49
固定资产清理			
生产性生物资产			
油气资产			
无形资产	7 139 985. 00	7 139 985. 00	0. 00
商誉			
长期待摊费用	2 714 500. 00	2 806 000. 00	− 3. 26
递延税款资产	23 532 539. 80	29 201 052. 67	− 19. 41
其他非流动资产			
非流动资产合计	3 497 489 702. 10	2 960 549 656. 91	18. 14
资产总计	5 355 962 987. 30	3 958 989 282. 01	35. 29

负债及股东权益	2007. 12. 31	2006. 12. 31	增（减）/%
流动负债：			
短期借款	1 402 417 000. 00	740 000 000. 00	89. 52
交易性金融负债			
应付票据	36 220 000. 00	152 500 000. 00	− 76. 25
应付账款	65 891 237. 03	70 884 736. 30	− 7. 04
预收账款	37 562 859. 88	43 455 301. 76	− 13. 56
应付职工薪酬	2 326 673. 36	7 720 786. 74	− 69. 86
应交税费	30 381 405. 79	12 145 704. 47	150. 14
应付利息	13 725 000. 00		
应付股利	2 704 643. 72	2 686 148. 52	0. 69
其他应付款	64 659 184. 18	65 487 039. 00	− 1. 26
一年内到期的长期负债	260 000 000. 00	290 000 000. 00	− 10. 34
其他流动负债			
流动负债合计	1 915 888 003. 96	1 384 879 716. 79	38. 34

续表

负债及股东权益	2007.12.31	2006.12.31	增（减）/%
非流动负债：			
长期借款	615 000 000.00	480 000 000.00	28.13
应付债券	575 402 717.60		
长期应付款			
专项应付款			
预计负债	14 058 196.31	17 342 951.72	−18.94
递延所得税负债			
其他非流动负债	8 560 000.00		
非流动负债合计	1 213 020 913.91	497 342 951.72	143.90
负债合计	3 128 908 917.87	1 882 222 668.51	66.23
股东权益：			
股本	962 770 614.00	962 770 614.00	0.00
资本公积	742 437 889.37	742 414 207.40	0.00
盈余公积	289 053 640.68	264 399 557.14	9.32
未分配利润	232 791 925.38	107 182 234.96	117.19
股东权益合计	2 227 054 069.43	2 076 766 613.50	7.24
负债及股东权益总计	5 355 962 987.30	3 958 989 282.01	35.29

　　分析评价：从表 3−4 可以看出，JDSN 股份有限公司总资产比年初增加 35.29%。从资产分布上看，主要表现为流动资产增加 86.14%、在建工程增加 2 176.25% 和工程物资增加 1 260.49%，且均超过资产的涨幅；从资金来源上看，主要是负债增加 66.23% 所致，本年实现净利润仅使股东权益比年初增加 7.24%。

　　就流动资产而言，应收票据增加 48.97%，而且全部为银行承兑汇票，债权质量比较高；预付账款增加 1 420.46%，由于基数较小，所以增幅较大，2007 年预付账款为 4.4 亿元，其中预付给关联方的金额为 3.4 亿元，在企业资金不太充裕的情况下，应对预付账款发生的必要性进行论证，另外煤等大宗原燃材料供应紧张也是预付账款增加的因素之一；其他应收款增加 174.16%，主要是对子公司的债权，附注中没有对此进行详细说明，子公司为何占用上市公司资金应是分析重点。应注意的是，在公司营业收入增加的情况下，应收账款减少了 10.20%，主要是公司在销售商品时，更多地采用银行承兑汇票结算方式所致，虽然应收账款总额呈减少趋势，但账龄 3 年以上的应收账款所占比例达到了 53.24%，对此应引起重视；存货减少了 12.36%，一方面表明存货管理加强了，另一方面表明存货占用的资金减少了。

　　再来看非流动资产，长期股权投资增加了 15.13%，主要是公司为扩大公司经营规模，本年度通过投资设立新公司，以及为支持各子公司二期项目的建设而增加原有子公司资本金。通过股权向水泥需求地直接投资，有利于削减地方保护主义对公司的不利影响，有利于扩大产品的市场占有率；在建工程和工程物资分别增加了 2 176.25% 和 1 260.49%，主要是 2007 年公司开工建设了马头山等 7 条熟料水泥生产线项目，这些生产线将于 2008 年下半年相继投产，届时公司的水泥产能将达到 4 000 万吨以上。未来固定资产增加意味着公司对产品的市场前景比较看好，就水泥行业目前的良好前景和公司现有的竞争力来看，用于在建工程的资金不会大量沉淀，并有良好前景，将一部分资金投入到公司的扩大生产规模中，此举较为明智。

从负债所有者权益来看，短期借款增加 89.52%，与流动资产的增加同步，表明新增的短期借款主要用于补充流动资产；非流动负债增幅为 143.90%，主要是长期借款增加 28.13% 和 2007 年发行债券所致。另外，2007 年净利润的增长使未分配利润增加了 117.19%。而非流动负债和净利润所形成的资金主要用于长期股权投资和筹建固定资产。从资金占用与资金来源来看，比较合理。

值得注意的是，该公司近年投资增长过快，无论是长期股权投资还是固定资产投资，所需资金主要是通过负债筹集。因此，偿债压力较大，公司应加强投资项目的管理，避免投资风险。另外，公司负债增幅较大，且流动资产小于流动负债，短期偿债压力大，值得重视。此外，通过附注了解到，企业为其控股或参股公司提供借款担保，公司担保总额为 131 793 万元，占净资产的比例为 49.40%，这也是潜在的庞大负债，应对此加强管理。

3.3.2　资产负债表垂直分析

资产负债表垂直分析也称构成分析，是将资产负债表各项目与总额相比，计算出各项目占总体的比重，并将各项目构成与历年数据、与同行业水平进行比较，分析其变动的合理性及其原因，借以进一步判断企业财务状况的发展趋势。

通过垂直分析，可以看出企业的行业特点、经营特点和技术装备特点，如工业企业的非流动资产往往大于流动资产，而商业企业的情况正好相反。另外，在同一行业中，流动资产、长期股权投资所占的比重的大小，也可以反映出企业的经营特点，流动资产和负债较高的企业稳定性差，却较灵活；而那些非流动资产和负债占较大比重的企业底子较厚，但调头难；长期股权投资较高的企业，投资收益和风险要高；无形资产持有多的企业，开发创新能力强；而固定资产折旧比例较高的企业，技术更新换代快，技术装备水平高。

1. 流动资产构成分析

判断流动资产构成比重是否合理，没有一个绝对的标准。必须与固定资产和其他资产构成比重结合起来，联系生产经营额的变化进行分析。在固定资产和其他资产不变的情况下，流动资产比重提高使生产经营额大幅度增长，说明流动资产在资产总额中所占比重较为合理。但如果流动资产比重提高速度快于生产的增长速度，使单位增加值占用的资产额比上期增加，说明资金利用效益下降，流动资产在资产总额中所占比重不合理。

流动资产构成比重是否合理还应结合企业利润进行分析。如果流动资产在资产总额中比重提高了，企业的营业利润也相应地增长了，说明流动资产在资产总额中所占比重较为合理。如果流动资产比重提高了，生产额增长了，利润却不增长，说明企业生产的产品销售可能不畅，经营状况趋势不好。

保持流动资产的合理结构有利于增强资产的流动性和应变能力、增强企业的偿债能力。由于各行业生产经营情况不一样，流动资产在资产总额中所占的比重也不一样，应根据行业、企业的具体情况来判断分析合理的程度。

此外，企业还可通过货币资金、交易性金融资产、应收账款、其他应收款、存货等项目占流动资产总额的比重，分析各项流动资产内部各项目发生了哪些变化，各项目构成的合理性。

2. 长期股权投资构成分析

判断长期股权投资比重是否合理，首先要看企业将资金对外投资，有没有影响企业生产资金周转，能不能获得较高收益。长期股权投资占资产总额比重提高，有可能是企业资金来源充足，在不影响生产的情况下，对外长期投资以取得更多的收益。但也有可能是企业内部发展受到了限制，目前产业或产品利润率较低，需要寻求新的发展目标。由于被投资项目的收益是个不确定数，长期股权投资比重高，风险也高。企业管理者应根据投资项目作具体分析研究，慎重行事，以便回避风险，提高投资的安全性。企业长期股权投资比重不宜过高。

3. 固定资产构成分析

固定资产构成比重决定着企业的行业特点、生产规模和发展方向。判断固定资产比重是否合理，应弄清企业自身的生产经营特点，制定相适宜的比重标准，比重过高会造成资金浪费；过低又会影响生产经营业务的发展。一般来说，工业企业的固定资产构成比重较高，为40%左右；而商品流通企业较低，为30%左右。

固定资产构成分析还可从以下 3 个方面进行：① 分析生产用固定资产与非生产用固定资产构成的变化情况；② 考察未使用和不需用固定资产构成的变化情况，查明企业在处置闲置固定资产方面的工作是否具有效率；③ 分析生产用固定资产内部结构是否合理。

固定资产构成分析，只有结合企业的生产技术特点，才能对固定资产的配置作出切合实际的评价。

4. 无形资产构成分析

一般情况下，企业持有较多无形资产，表明开发创新能力强。判断无形资产构成比重是否合理，也应结合企业的具体情况进行分析。一般来说，工业企业、商品流通企业的无形资产构成比重较低，在10%以下；而高新技术企业则较高，为30%左右，甚至更高。

由此可以看出，各类资产如何配置，对企业取得最佳的经济效益关系重大。在企业资产结构体系中，固定资产与流动资产之间的结构比例是最重要的内容。在企业经营规模一定的条件下，如果固定资产存量过大，则正常的生产能力不能充分发挥出来，造成固定资产的部分闲置或生产能力利用不足；如果流动资产存量过大，则又会造成流动资产闲置，影响企业的盈利能力。那么，固定资产与流动资产之间应保持怎样的结构比例，主要取决于企业对风险的态度、行业特点和经营规模。

如果企业敢于冒险，就可能采取较高的固定资产构成比例；反之，则采取较高的流动资产构成比例。从行业特点看，创造附加值低的企业，如商业企业，需要保持较高的资产流动性；而创造附加值高的企业，如制造业企业，需要保持较高的固定资产比重。从经营规模看，规模较大的企业，因其筹资能力强，固定资产比例相对高些；规模较小的企业，流动资产比例相对高些。除此之外，同一行业内部，生产组织、生产特点、生产方式的差异对固定资产与流动资产之间的结构比例也会产生影响。

5. 流动负债构成分析

流动负债构成反映企业依赖短期债权人的程度。流动负债所占的比重越高，说明企业对短期资金的依赖性越强，企业偿债的压力也就越大，要求企业资金周转的速度要快；反之，说明企业对短期资金的依赖程度较小，企业面临的偿债压力也就越小。因此，如果企业的流动资产周转速度快，在短期负债的资金成本较低的情况下，企业可融通的流动负债就可以多些；反之，流动负债融资就可以少些。一般来说，成长型企业流动负债占负债总额的比重较低，成熟型企业这一比例较高。

另外，企业还可通过短期借款、应付票据、应付账款、其他应付款等项目占流动负债总额的比重，分析各项流动负债构成的合理性。

6. 非流动负债构成分析

非流动负债构成反映企业依赖长期债权人的程度。非流动负债所占的比重越高，表明企业在经营中借助于长期资金的程度越高；反之，说明企业借助于长期资金的程度较小，企业面临的偿债压力也就越小。一般来说，非流动负债占负债总额的比重，成长型企业较高，成熟型企业较低。

另外，企业还可通过非流动负债各项目占非流动负债总额的比重，分析非流动负债的构成情况。

7. 所有者权益构成分析

所有者权益构成可以反映企业承担风险能力的大小，所有权益构成比重越大，企业的财务状况越稳定，发生债务危机的可能性也越小。另外，经营者对企业前景的信心和对风险所持有的态度也影响着所有者权益构成。

还可以通过所有者权益各项目占所有者权益总额的比重，分析企业的经济实力和风险承担能力。

下面以 JDSN 股份有限公司 2007 年 12 月 31 日资产负债表的有关资料为例，进行垂直分析，垂直分析表如表 3-5 所示。

表 3-5　资产负债表（垂直分析）　　　　　　会企 01 表

编制单位：JDSN 股份有限公司	2007 年 12 月 31 日		单位：元	
资　　产	2007. 12. 31	2006. 12. 31	结构/%	
			2007	2006
流动资产：				
货币资金	433 389 998.36	380 944 847.48	8.09	9.62
交易性金融资产			0.00	0.00
应收票据	214 440 100.00	143 949 381.24	4.00	3.64
应收账款	89 200 828.45	99 328 080.88	1.67	2.51
预付账款	443 238 682.39	29 151 536.28	8.28	0.74
应收利息			0.00	0.00
应收股利			0.00	0.00
其他应收款	552 348 172.52	201 467 809.28	10.31	5.09
存货	125 855 503.48	143 597 969.94	2.35	3.63
一年内到期非流动资产			0.00	0.00
其他流动资产			0.00	0.00
流动资产合计	1 858 473 285.20	998 439 625.10	34.70	25.22
非流动资产：				
可供出售的金融资产			0.00	0.00

续表

资　产	2007. 12. 31	2006. 12. 31	结构/%	
			2007	2006
持有至到期投资	78 600.00	74 650.00	0.00	0.00
长期应收款			0.00	0.00
长期股权投资	2 004 002 227.72	1 740 678 516.33	37.42	43.97
投资性房地产			0.00	0.00
固定资产	1 078 566 992.60	1 159 426 957.16	20.14	29.29
在建工程	230 481 742.13	10 125 497.07	4.30	0.26
工程物资	150 973 114.85	11 096 998.68	2.82	0.28
固定资产清理			0.00	0.00
生产性生物资产			0.00	0.00
油气资产			0.00	0.00
无形资产	7 139 985.00	7 139 985.00	0.13	0.18
商誉			0.00	0.00
长期待摊费用	2 714 500.00	2 806 000.00	0.05	0.07
递延税款资产	23 532 539.80	29 201 052.67	0.44	0.74
其他非流动资产			0.00	0.00
非流动资产合计	3 497 489 702.10	2 960 549 656.91	65.30	74.78
资产总计	5 355 962 987.30	3 958 989 282.01	100.00	100.00

负债及股东权益	2007. 12. 31	2006. 12. 31	结构/%	
			2007	2006
流动负债：				
短期借款	1 402 417 000.00	740 000 000.00	26.18	18.69
交易性金融负债			0.00	0.00
应付票据	36 220 000.00	152 500 000.00	0.68	3.85
应付账款	65 891 237.03	70 884 736.30	1.23	1.79
预收账款	37 562 859.88	43 455 301.76	0.70	1.10
应付职工薪酬	2 326 673.36	7 720 786.74	0.04	0.20
应交税费	30 381 405.79	12 145 704.47	0.57	0.31
应付利息	13 725 000.00		0.26	0.00
应付股利	2 704 643.72	2 686 148.52	0.05	0.07
其他应付款	64 659 184.18	65 487 039.00	1.21	1.65
一年内到期的长期负债	260 000 000.00	290 000 000.00	4.85	7.33
其他流动负债			0.00	0.00
流动负债合计	1 915 888 003.96	1 384 879 716.79	35.77	34.98
非流动负债：				
长期借款	615 000 000.00	480 000 000.00	11.48	12.12
应付债券	575 402 717.60		10.74	0.00
长期应付款			0.00	0.00
专项应付款			0.00	0.00
预计负债	14 058 196.31	17 342 951.72		

负债及股东权益	2007.12.31	2006.12.31	结构/%	
			2007	2006
递延所得税负债			0.00	0.00
其他非流动负债	8 560 000.00		0.16	0.00
非流动负债合计	1 213 020 913.91	497 342 951.72	22.65	12.56
负债合计	3 128 908 917.87	1 882 222 668.51	58.42	47.54
股东权益：				
股本	962 770 614.00	962 770 614.00	17.98	24.32
其他权益工具				
其中：优先股				
永续债				
资本公积	742 437 889.37	742 414 207.40	13.86	18.75
其他综合收益				
专项储备				
盈余公积	289 053 640.68	264 399 557.14	5.40	6.68
未分配利润	232 791 925.38	107 182 234.96	4.35	2.71
股东权益合计	2 227 054 069.43	2 076 766 613.50	41.58	52.46
负债及股东权益总计	5 355 962 987.30	3 958 989 282.01	100.00	100.00

分析评价：从表3-5中可以看出，JDSN资产结构方面，流动资产所占的比重由上年的25.22%上升为34.70%；非流动资产所占比重由上年的74.78%下降为65.30%。

虽然企业流动资产所占比重增加了，但主要是预付账款和其他应收款的增加，预付账款所占的比重由上年的0.74%上升为8.28%；其他应收款所占比重由上年的5.09%上升为10.31%，与水平分析得出的结论是一致的，在企业资金紧张的情况下，应对这两项资金占用加强管理。非流动资产所占的比重下降了，其中长期股权投资所占比重由上年的43.97%下降为37.42%，表明公司放慢了股权投资的速度；而固定资产所占比重由上年的29.29%下降为20.14%，表明公司2007年用在固定资产上的投资还没有形成新的生产能力，从在建工程和工程物资所占比重增加就能得到证明。值得一提的是，该公司的资产结构是否合理，还应根据公司的经营性质、规模、公司经营状况、市场环境等因素进行分析判断。

JDSN公司资本结构方面，负债所占比重由上年的47.54%上升为58.42%，其中：非流动负债所占比重由上年的12.56%上升为22.65%；流动负债所占比重2007年为35.77%、2006年为34.98%，两年变化不大。但短期借款所占比重由上年的18.69%上升为26.18%；2007年发行的公司债券所占比重达到了10.74%；股东权益所占的比重由上年的52.46%下降为41.58%。

不难看出，公司依靠大量举债来支撑资产的增长。资产负债率的升高，说明企业债权的保障程度在减弱。另外，公司流动资产所占的比重上升为34.70%，流动负债所占的比重上升为35.77%，说明公司营运资金短缺，表明企业短期偿债的压力较大，短期偿债的风险应引起重视。

显然，水平分析和垂直分析的结论是一致的，在对资产负债表进行分析时，往往将这两种分析方法结合起来，以避免重复。

 **综合案例**

四川长虹应收账款居高不下的隐患

应收款项居高不下一直是严重困扰我国家电行业上市公司的主要问题之一，从当初PT水仙（原600625，现已终止上市）的巨亏，一直到2003年ST长岭（000561）等家电行业上市公司的巨亏，无一不和巨额的应收款项密切相关。四川长虹（600839）也存在着应收账款居高不下的隐患。

四川长虹2003年的财务状况让人们无法乐观起来。应收账款高达50亿元，加上应收票据25亿元，两项合计占营业收入的53%，可以预见，公司的现金缺口必然巨大。打开现金流量表发现，其现金净流量竟然是净增加1.16亿元，再看下去，其现金净流量净增加的原因主要是借款流入，借款高达50亿元，而其经营活动现金净流量为-7亿元。当分析四川长虹应收账款回收的可能性时，一家叫作Apex的美国经销商进入了视线。

1. 海外扩张与巨额应收账款的形成

从1998年开始，彩电价格战愈演愈烈，使得彩电业的利润很快被稀释掉，而且市场上已出现了供大于求的局面，此时四川长虹的经营业绩开始直线下降，1998年、1999年、2000年的净利润分别为20亿元、5.3亿元和2.7亿元。

为遏制经营业绩的下滑以及由此而带来的股价下跌，2001年2月，原四川长虹集团总经理倪润峰再度出山，选择了走海外扩张之路，力求成为"全球彩电霸主"，欲为四川长虹寻找一个新的利润来源。数次赴美考察后，四川长虹与美国Apex Digital Inc公司进行了商谈开始合作。四川长虹自2001年7月开始将彩电发向海外，由Apex公司在美国直接提货。然而彩电发出去了，货款却未收回。按照出口合同，接货后90天内Apex公司就应该付款，否则长虹方面就有权拒绝发货。然而，四川长虹一方面提出对账的要求，另一方面继续发货，直到2004年年初，四川长虹又发出了3 000多万美元的货给Apex公司。而且无疑在四川长虹的海外销售额中，Apex公司作为四川长虹对美出口最大的经销商，一直占有较高的比例。

Apex公司1997年由季龙粉与徐安克共同创建，主要销售Apex品牌的DVD，但仅用一年时间就超越了索尼和松下等知名品牌，成为美国DVD市场的新霸主。Apex品牌的DVD销量从1997年的10多万台，骤增至2002年的900万台。美国头号连锁超市沃尔玛，当时每星期Apex的DVD播放机售量高达6万台。据Apex公司估计，平均每1.2秒，就有一位美国消费者抱着Apex的DVD播放机到沃尔玛的柜台结账。季龙粉本人因此被美国《时代》杂志评为当年全球最具影响力的15位企业家之一。然而，Apex公司虽然表面辉煌，实际经营上却存在着严重的问题。其主要通过小额交易建立信誉，然后用赊账的方式与供应商交易，拖欠了国内多家DVD制造商数千万美元的货款。如此一家劣迹斑斑的销售商，却作为四川长虹对美出口最大的经销商，这实在是一个巨大的风险。

2. 巨额坏账准备与四川长虹年度巨亏

截至2003年年底，应收账款的期末余额高达50.84亿元，而在这笔巨额应收账款中，仅Apex公司一家的欠款就高达44.51亿元。大量的应收账款集中于一家经销商，其风险不言而喻。而在2002年年报时，Apex公司拖欠四川长虹的货款金额为38.29亿元，当时就已经受到市场很大的质疑，而公司2003年年报应收Apex公司的欠款不仅比年初时增加了

6.22亿元，同时还出现了9.34亿元账龄在一年以上的欠款。四川长虹虽已经为此计提了9 338万元的坏账准备，但应收账款给公司带来的风险已经开始显现。

终于，在2004年12月28日，四川长虹发布了年度预亏提示性公告。在公告中首次承认，受坏账准备和短期投资损失的影响，预计2004年度将出现大的亏损。2005年4月，四川长虹披露的年报报出上市以来的首次亏损，2004年全年实现主营业务收入115.38亿元，同比下降18.36%。全年亏损36.81亿，每股收益 - 1.701元。截至2004年年底，公司对Apex公司所欠货款按个别认定法计提坏账准备的金额约25.97亿元，该项会计估计变更计提的坏账准备对2004年利润总额的影响数约22.36亿元。

同时，在2004年12月14日，四川长虹以一组与Apex于2004年10月签订的一系列协议为据，向美国加利福尼亚州洛杉矶高等法院申请临时禁止令，要求禁止Apex转移资产及修改账目。四川长虹在上报法院的资料中称，按照"协议"，Apex共欠长虹4.72亿美元货款。自此开始了漫长的追讨历程。

 讨论

1. 应收账款质量分析的要点及注意事项。

2. 结合四川长虹2001—2004年度资产负债表，分析公司应收账款变化趋势及坏账准备的计提是否合理？

3. 分析四川长虹的巨额应收账款对资产质量及现金流量的影响。

▶▶▶复习思考题◀◀◀

1. 你认为资产负债表中哪些项目是分析的重点？重点项目分析的内容是什么？

2. 试说明企业应收账款异常增加的手段及动机。

3. 怎样进行资产负债表的水平分析？

4. 怎样进行资产负债表的垂直分析？

5. 试以某上市公司的年报为例，对该公司的资产负债表进行趋势分析。

6. 某公司2005年、2006年年末的比较资产负债表中有关数据如表3-6所示。

表3-6 比较资产负债表（简表）

编制单位：B公司　　　　　　　　　　　　　　　　　　　　　　单位：万元

项　　目	2005 年	2006 年	增减差额	增（减）/%
流动资产：				
速动资产	3 000	2 800	− 200	− 6.67
存货	5 000	6 200	1 200	24.00
流动资产合计	8 000	9 000	1 000	12.5
固定资产	14 000	16 000	2 000	14.29
资产总计	22 000	25 000	3 000	13.64
负债：				
流动负债	4 000	4 600	600	15.00

续表

项　　目	2005 年	2006 年	增减差额	增（减）/%
非流动负债	2 000	2 500	500	25.00
所有者权益：				
实收资本	13 000	13 000	—	—
公积金	1 800	2 700	900	50.00
未分配利润	1 200	2 200	1 000	83.33
所有者权益合计	16 000	17 900	1 900	11.88
负债及权益合计	22 000	25 000	3 000	13.64

要求：根据表3-6中的资料对该公司资产和权益的变动情况进行分析。

▶▶▶ 练 习 题 ◀◀◀

一、单选题

1. 资产负债表质量分析是对（　　）。
    A. 财务状况质量分析　　　　　　B. 财务成果质量分析
    C. 现金流量运转质量分析　　　　D. 产品质量分析

2. 资产负债表定比分析与环比分析，属于资产负债表的（　　）。
    A. 质量分析　　　　　　　　　　B. 比率分析
    C. 趋势分析　　　　　　　　　　D. 因素分析

3. 影响应收账款坏账风险加大的因素是（　　）。
    A. 账龄较短　　　　　　　　　　B. 客户群分散
    C. 信用期限较长　　　　　　　　D. 信用标准严格

4. 企业持有至到期投资对其进行质量分析中不必关注的分析内容是（　　）。
    A. 债务人的偿债能力　　　　　　B. 持有期内投资收益的确认
    C. 债权相关条款的履约行为　　　D. 投资的公允价值

5. 在对企业的资产进行分析时，财务分析人员的正确做法是（　　）。
    A. 对于存货项目，只要对企业的产成品或商品进行分析
    B. 对于货币资金，关注企业是否有外币或被冻结的资金
    C. 对于应收账款，要关注债务人的分布，客户较多较为分散，会增加应收账款坏账风险
    D. 可供出售金融资产的分析与交易性金融资产是不同类的金融资产，所以进行分析时，不能参照进行

6. 若企业占用过多的存货和应收账款，一般不会直接影响企业的（　　）。
    A. 资金周转　　　　　　　　　　B. 获利能力
    C. 偿债能力　　　　　　　　　　D. 长期资本结构

7. 下列有关无形资产的表述中，正确的是（　　）。
    A. 无形资产是指企业拥有或控制的没有实物形态的非货币性资产

B. 企业需要在每个会计期末对无形资产进行减值测试

C. 无形资产的摊销方法包括加速摊销法和直线摊销法

D. 商誉是无形资产

8. 如果一个企业资本扩张来源于留存收益的增长，说明（　　）。

A. 该企业以发行新股方式获得外部资金的加入

B. 该企业以自身获利经营活动产生了资本积累

C. 该企业以发行股票股利方式增加流通在外的股份

D. 该企业以配股方式获得资本扩张

9. 一般地说，属于保守型资产结构的是（　　）。

A. 企业持有数量较多的流动资产，并有充裕的货币性资产

B. 企业流动资产与长期资产保持适中水平

C. 企业持有数量较多的长期资产，资金利润率较低

D. 企业持有数量较多的长期资产，资金利润率较高

10. 甲、乙公司固定资产规模相等，如果甲公司采用直线法折旧，乙公司采用双倍余额递减法折旧，则对固定资产成新率的影响是（　　）。

A. 甲公司固定资产成新率大于乙公司固定资产成新率

B. 乙公司固定资产成新率大于甲公司固定资产成新率

C. 甲公司平均固定资产原值大于乙公司平均固定资产原值

D. 乙公司平均固定资产原值大于甲公司平均固定资产原值

二、多项选择题

1. 影响货币资金持有量的因素包括（　　）。

A. 企业规模 　　　　　　　　　B. 融资能力

C. 资产结构 　　　　　　　　　D. 行业特征

E. 负债结构

2. 存货质量分析中，应当关注是否存在可变现净值低于账面价值的情况，下列属于这种情况的有（　　）。

A. 市价下跌

B. 企业使用该项原材料生产的产品成本大于产品的销售价格

C. 企业因产品更新换代，原有库存原材料已不适应新产品的需要，而该原材料的市场价格又低于其账面成本

D. 因企业所提供的商品或劳务过时使市场需求发生变化，导致市场价格逐渐下跌

E. 因消费者偏好改变而使市场需求发生变化，导致价格逐渐下跌

3. 下列各项中，风险型资本结构的特点有（　　）。

A. 权益资金较少而资产负债率较高 　　B. 资产负债率较低而权益资金较多

C. 流动负债较多而长期负债较少 　　　D. 长期负债较多而流动负债较少

E. 资金成本较低而投资收益较高

4. 通过资产负债表分析可以达到的目的有（　　）。

A. 评价企业利润的质量 　　　　　B. 分析债务的期限结构和数量

C. 预测企业未来的现金流量 　　　D. 分析资产的结构

E. 判断所有者的资本保值增值情况

5. 资产负债表解读中，对应收账款质量的判断包括(　　　)。

A. 应收账款的账龄　　　　　　　　B. 应收账款的数额

C. 应收账款的债务人分布　　　　　D. 应收账款的债权人分布

E. 坏账准备的计提

三、判断题

1. 资产负债表结构分析就是指各个项目相对于总体的比例或比重，最常用的方式就是建立共同比资产负债表。(　　　)

2. 总资产增长率指标越高，表明企业一个经营周期内资产经营规模扩张的速度越快，企业发展后劲也就越大。(　　　)

3. 在借款费用资本化期间内，建造资产的累计支出金额未超过专门借款金额的，发生的专门借款利息扣除该期间与专门借款相关的收益后的金额，应当计入所建造资产成本。(　　　)

4. 企业拥有的各种资产都可以作为偿还债务的保证。(　　　)

5. 在保守结构形式中，流动负债不仅用于满足流动资产的资金需要，还用于满足部分长期资产的资金需要。(　　　)

第**4**章

利润表分析

学 习 提 要

利润表可以从总体上反映企业的收入、成本费用及净利润的实现情况，它是企业经营业绩的综合体现。本章在对利润表作简要介绍的基础上，对利润表主要项目的质量进行了分析，阐述了企业利润质量恶化的迹象表现，描述了利润表分析的水平分析和垂直分析。

4.1 利润表概述

4.1.1 利润表的性质

1. 利润表的概念

利润表是反映企业在一定会计期间经营成果的报表。由于它反映的是某一期间的情况，又称为动态报表。由于利润是企业经营业绩的综合体现，因此，利润表是会计报表中的主要报表。

2. 编制利润表的两种不同观点

在编制利润表时，纳入利润表中的项目应包括哪些？有两种不同的观点，即本期营业观和损益满计观。

（1）本期营业观。本期营业观是指本期利润表中所列示的利润仅包括本期由营业活动所产生的各项成果，即仅反映本期经营性的业务收支，营业外收支不列入利润表。本期营业观的理论依据如下。

① 纳入利润表的项目应以能反映管理部门可控制的、表明企业努力程度的当期营业活动的成果为限。

② 股东和潜在股东对利润表最感兴趣的是当期正常营业活动所产生的损益。

③ 利润表如果包括与当期营业活动无关的收支业务，就不能反映企业实际的盈利水平。

由于本期营业观只将本期正常活动所取得的利润列入利润表，忽略了本期影响股东权益的其他项目，因此，往往导致报表使用者忽略没有列入净利润的其他项目的重要性。

（2）损益满计观。损益满计观是指本期利润表中应包括所有由本期确认的业务活动引起的损益项目。在这种观点下，所有当期营业项目、营业外收支及前期损益调整项目等均应包括在利润表中。损益满计观的理论依据如下。

① 营业与非营业项目，以及本期确认与非本期确认的收支项目不是一成不变的，是人为划分的结果，而且有时极难划分。

② 若将营业外收支及前期损益调整项目排除在本期损益计算之外，管理当局会故意混淆营业与非营业项目，无形中为管理当局创造了操纵各年损益的机会。

③ 在损益满计观下，利润表较易编制及理解，即使不易分清营业与非营业项目，也不会影响利润表的完整性，使用者可按其个人需要加以分类和分析。

3. 我国会计实务采取的做法

我国会计实务利润表是以损益满计观为基础编制的，但在具体应用中对损益满计观进行了修正，企业本年度发生的调整以前年度损益的事项，应当调整本年度会计报表相关项目的年初数或上年实际数，企业在年度资产负债表日至财务会计报告批准报出日之间发生的调整报告年度损益的事项应当调整报告年度会计报表相关项目的数字，以前年度损益调整的各事项不再计入调整年度的利润总额，这样就无法通过"以前年度损益调整"项目来调整年度之间的利润水平，同时使"利润总额"、"所得税"和"净利润"真正体现出其应有的时期性概念。从制度上根除了企业在技术上对各年度利润进行随意调整的可能性。

但为反映企业实际的盈利水平，要求上市公司在披露有关指标时，要将非经常性损益扣除，即采用双重方法进行列示，以弥补损益满计观的不足。

4.1.2 利润表的作用

利润表主要提供有关企业经营成果方面的信息，通过利润表可以反映企业一定会计期间的收入实现情况、费用耗费情况、净利润实现情况等。利润表的作用主要体现在 4 个方面。

1. 可据以解释、评价和预测企业的经营成果和获利能力

通过利润表可以反映企业一定会计期间的收入实现情况，即实现的营业收入、投资收益、营业外收入各有多少；可以反映企业一定会计期间的费用耗费情况，即耗费的营业成本、营业税金及附加、销售费用、管理费用、财务费用、营业外支出各有多少；可以了解企业生产经营活动的成果，即净利润的实现情况，据以判断资本保值、增值情况。将利润表与资产负债表中的信息相结合，如将净利润与资产总额进行比较，可以反映企业资金周转情况及企业的盈利能力和盈利水平。

2. 可据以解释、评价和预测企业的偿债能力

企业的偿债能力受多种因素的影响，而获利能力的强弱又是决定偿债能力大小的一个重要因素。企业的获利能力不强，影响资产的流动性，会使企业的财务状况逐渐恶化，进而影响企业的偿债能力。

3. 企业管理人员可据以作出经营决策

通过比较分析利润表中各项数据，可以了解企业各项收入、费用和利润的升降趋势及其变化幅度，找出原因所在，发现经营管理中存在的问题；通过比较分析利润表中各项构成要素，对利润的形成进行结构分析，找出形成利润的主要来源渠道，为企业的经营决策提供依据。

4. 可据以评价和考核管理人员的绩效

利润表中各项数据，实际上体现了企业在生产、经营和理财等方面的管理效率和效益，是对企业经营绩效的直接反映，是经营者受托责任履行情况的真实写照，因而是所有者考评经营者受托责任履行情况的重要依据。

4.1.3 利润表的结构

利润表是通过一定的表格来反映企业的经营成果。由于不同的国家和地区对会计报表的信息要求不完全相同，利润表的结构也不完全相同。

利润表一般由表首、正表两部分组成。

1. 表首

表首主要说明报表名称、编制单位、编制日期、报表编号、货币名称、计算单位等。

2. 正表

正表是利润表的主体，反映形成经营成果的各个项目和计算过程。利润表正表的结构有两种：单步式和多步式。

（1）单步式。单步式利润表是将当期所有的收入列在一起，然后将所有的费用列在一起，两者相减得出当期净利润。由于净利润的计算只有一个抵减步骤，故称为单步式利润表。如表 4 - 1 所示。

表 4 - 1 利润表（单步式） 会企 02 表

编制单位：　　　　　　　　　　年　月　　　　　　　　　　单位：元

项　　　目	本期金额	上期金额
一、收入		
营业收入		
公允价值变动收益		
投资收益		
营业外收入		
收入合计		
二、成本费用		
营业成本		
税金及附加		
销售费用		
管理费用		
财务费用		
资产减值损失		
营业外支出		
所得税费用		
成本费用合计		
三、净利润（净亏损以"－"号填列）		

单步式利润表的优点是收入和费用归类清楚，比较直观、简单，编制方便。但其缺点是收入、费用的性质不加区分，硬性归为一类，不能揭示利润表中各要素之间的内在联系，不

能提供一些重要的中间信息，如营业利润、利润总额等，不便于报表使用者对其盈利进行分析与预测，也不利于同行业之间进行比较评价。只适用于业务量不多、生产经营的产品或商品单一、规模较小的企业。

（2）多步式。多步式利润表是将企业的收益和费用项目按性质适当分类，并以不同的方式将收益与费用项目结合起来，以提供各种各样的中间信息。由于净利润的计算需要经过几个抵减步骤，故称为多步式利润表。如表4-2所示。

表4-2 利润表（多步式）　　　　　　　　　　　　　　　　会企02表

编制单位：JDSN 股份有限公司　　　　　2007 年　　　　　　　　（单位：元）

项　目	本期金额	上期金额
一、营业收入	1 392 006 156.20	1 203 589 577.02
减：营业成本	1 143 691 919.50	962 179 635.02
税金及附加	10 318 836.22	9 491 240.81
销售费用	57 129 669.06	48 348 899.70
管理费用	66 071 979.21	76 865 674.46
研发费用		
财务费用	84 491 570.83	72 717 833.98
其中：利息费用		
利息收入		
加：其他收益		
资产减值损失	8 087 650.87	2 154 041.53
加：公允价值变动收益（损失以"－"号填列）		
投资收益（损失以"－"号填列）	189 080 787.28	79 462 027.50
其中：对联营企业和合营企业的投资收益	54 671 837.28	54 775 808.97
二、营业利润（亏损以"－"号填列）	211 295 317.79	111 294 279.02
加：营业外收入	78 073 427.35	61 900 136.85
减：营业外支出	6 631 169.78	6 194 685.30
其中：非流动资产处置损失	6 200 423.18	6 200 423.18
三、利润总额（亏损总额以"－"号填列）	282 737 575.36	166 999 730.57
减：所得税费用	36 196 740.00	27 772 752.90
四、净利润（净亏损以"－"号填列）	246 540 835.36	139 226 977.67
五、每股收益：		
（一）基本每股收益	0.256	0.145
（二）稀释每股收益	0.256	0.145
六、其他综合收益		
七、综合收益总额		

多步式利润表将企业经营过程中发生的收入和费用，根据一定的标准，经过分类整理和浓缩，按利润形成的主次排列，列示了中间的计算过程，提供了十分丰富的中间信息，便于

报表使用者对企业的经营业绩进行分析比较，预测企业的经营趋势，弥补了单步式利润表的不足。我国一般采用多步式利润表格式。

但多步式利润表也存在一定的不足，主要表现在：报表编制较为烦琐，且易使人产生收入与费用的配比有先后顺序的误解；收入、费用的分类带有主观性。

不难看出，单步式与多步式利润表的主要区别在于具体结构不同，揭示的中间信息不一样，实际上它们所包含的内容是一致的，而且二者可相互转换。

4.2　利润表的质量分析

利润表是分析企业盈利能力和评价企业经营管理状况的重要依据。对利润表进行质量分析，应当从企业利润构成的主要项目入手。通过对利润表的重点项目进行分析，可以具体了解企业利润形成的主要因素，影响利润额的主要原因，从而进一步分析企业的利润结构，为企业的经营管理和决策提供依据。

4.2.1　利润表的重点项目分析

众所周知，利润的形成过程用公式表示为"利润 = 收入 - 费用"。因此，应关注利润表构成的以下主要项目。

1. 营业收入

这里的营业收入是指企业在销售商品、提供劳务及让渡资产使用权等日常活动中形成的经济利益的总流入，包括主营业务收入和其他业务收入。

由于收入的大小直接关系到企业的生存和发展，所以应当关注收入在何时确认、收入的金额如何计量，并分析其中存在的问题，为企业的经营决策服务。

1）营业收入的确认

按照《企业会计准则第 14 号——收入》的规定，收入确认的核心原则为"企业应当在履行了合同中的履约义务，即在客户取得相关商品或服务的控制权时确认收入"。基于该原则，新收入准则下收入确认分五步走：一是识别客户合同、二是识别合同中包含的各单项履约义务、三是确定交易价格、四是把交易价格分摊至各单项履约义务、五是根据各单项履约义务的履行确认收入。

当企业与客户之间的合同同时满足下列条件时，企业应当在客户取得相关商品控制权时确认收入：

（1）合同各方已批准该合同并承诺将履行各自义务。

（2）该合同明确了合同各方与所转让商品或提供劳务（以下简称"转让商品"）相关的权利和义务。

（3）该合同有明确的与所转让商品相关的支付条款。

（4）该合同具有商业实质，即履行该合同将改变企业未来现金流量的风险、时间分布或金额。

（5）企业因向客户转让商品而有权取得的对价很可能收回。

在实务中，上市公司常常采用提前确认收入的手段直接操纵利润。如提前开具销售发票；在未来存在巨大不确定性时仍确认为收入；收入的赚取过程未完成，还需要提供未来服务时仍确认为收入等。

> **案例 4－1**
>
> 　　1997 年 5 月国嘉实业与美国一家公司签订协议，以 3 500 万元的价格向美国公司购买了一批软件和硬件，同时，美国公司同意以 12 000 万元的价格购买开发出的软件，合同约定交货的时间为 1998 年 6 月和 9 月，1998 年 12 月质量鉴定后予以验收。1997 年 12 月 25 日，该上市公司与一家外贸公司签订协议，以 9 600 万元的价格"卖断"软件，同时确认 6 100 万元的利润。显然，国嘉实业在尚未提供商品时，就确认收入实现违背了《企业会计制度》。
>
> 　　闽东电机公司与冠顺公司合建的闽东大厦。在该大厦已经销售但尚未最终决算时，双方经协商确认了 1997 年度预分配利润 251 万元，占公司当年利润总额 120.3 万元的 208.65%。
>
> 　　北京中燕 1999 年报虽然显示公司扭亏，但公司年末通过协议出售库存商品所得的收入占当年总收入的 92%，由此可见公司的经营前景不容乐观，果然，2000 年中期该公司再度出现亏损。

　　2）营业收入的分析

　　在对企业的营业收入进行分析时，应从以下几个方面入手。

　　（1）企业营业收入的品种构成。从目前的情况来看，大多数企业都从事多种商品或劳务的经营活动。在从事多品种经营的条件下，企业不同品种商品或劳务的营业收入构成对信息使用者有十分重要的意义：占总收入比重大的商品或劳务是企业过去业绩的主要增长点。此外，信息使用者还可以通过对体现企业过去主要业绩的商品或劳务的未来发展趋势进行分析，来判断企业的未来发展。

　　将收入进行分类对于分析企业的经营成果是非常有用的。如果企业的利润主要来源于主营业务收入，那就说明企业的经营成果是稳定的；如果企业的利润大多来自非营业收入，哪怕当年利润再高，企业的经营都可能是不稳定的，也可能是不好的，多角化经营的企业主营业务收入可能不止一种，如果企业改变经营方向，主营业务收入也会发生变化。

> **案例 4－2**
>
> 　　青岛海尔（600690）2012 年中期主营业务收入 401.57 亿元，销售收入占比前五的主营产品构成为电冰箱、空调、洗衣机、渠道综合服务业务和装备部品，占主营业务收入的比重分别为 34.57%、22.86%、13.75%、11.96% 和 9.66%，海尔的多元化经营思路显露无疑。而海信电器（600060）2012 年中报显示其主营业务收入为 93.64 亿元，其中电视机的销售收入占比高达 96.49%，显然，海信电器更加专注于电视机的专业化经营。

　　（2）企业营业收入的地区构成。当企业为不同地区提供产品或劳务的情况下，企业在不同地区商品或劳务的营业收入构成对信息使用者也具有重要价值：占总收入比重大的地区是企业过去业绩的主要地区增长点。从消费者的心理与行为表现来看，不同地区的消费者对不同品牌的商品具有不同的偏好，不同地区的市场潜力则在很大程度上制约企业的未来发展。

> **案例 4 – 3**
>
> 全聚德（002186）2012 年中报显示，公司的营业收入按照商品或劳务的品种构成来看，餐饮业和零售业收入分别为 7.25 亿元和 1.57 亿元，占营业收入总额的比重分别为 79.71% 和 17.28%；按照营业收入的地区构成来看，北京和新疆地区的营业收入分别为 7.13 亿元和 1.06 亿元，占营业收入总额的比重分别为 78.41% 和 11.56%。可见，全聚德营业收入主要源自北京地区的餐饮业务。

（3）与关联方交易的收入在总收入中的比重。在企业形成集团化经营的条件下，集团内各个企业之间就有可能发生关联交易。由于关联方之间的密切联系，关联方之间就有可能为了"包装"某个企业的业绩而人为地制造一些业务。当然，关联方之间的交易也有企业正常交易的成分。但是，信息使用者必须关注以关联方销售为主体形成的营业收入在交易价格、交易的实现时间等方面的非市场化因素。

> **案例 4 – 4**
>
> 某笔类生产上市公司 1998 年上半年与冠生园（集团）有限公司进行资产重组后增加了食品经营业务，并在 1998 年中期报表中反映出公司业绩大幅度回升，其中食品销售收入 14 476 万元占主营业务收入的 82.12%。但是该公司上半年的食品经营基本上属于关联购销，公司上半年向关联公司冠生园食品供销公司购进 14 798 万元食品，又向其控股股东冠生园集团出售 14 476 万元食品。

（4）部门或地区行政手段对企业业务收入的影响。在我国社会主义市场经济的发展过程中，部门或地区行政手段对企业营业收入的影响也不容忽视。

应该说，对于那些新兴产业，在其发展的初级阶段，是很需要部门或地区行政手段的支持的。但是，在企业处于稳定的发展阶段，或者企业所处的行业已经发展成熟的条件下，部门或地区行政手段的影响应当逐步淡化。显然，这种地区行政部门参与的企业销售活动，会对企业的当年营业收入有较大的积极影响。但是，这种违背市场经济规律的活动到底能够持续多长时间？在地区政府部门受各种条件的制约不能再为企业的销售做出贡献的时候，企业将如何生存？

我们认为，部门或地区行政手段对企业收入影响越大的企业，其形成的利润即使在过去是好的，其未来发展前景也不一定乐观。

2. 营业成本

营业成本是指与营业收入相关的、已经确认了归属期和归属对象的成本。在不同类型的企业里，营业成本有不同的表现形式。在制造业或工业企业，营业成本表现为已销售产品的生产成本；在商品流通企业里，营业成本表现为已销商品成本。

从企业利润的形成过程来看，企业的营业收入减去营业成本后的余额为毛利。企业必须有毛利，才有可能形成营业利润。因此，追求一定规模的毛利和较高的毛利率是企业的普遍心态，也是关注企业信息使用者的普遍心理期望。应注意企业是否人为调节结转销售产品的数量，从而达到少转成本、调剂利润的目的。

案例 4 – 5

　　H 钛白粉厂 1999 年主营业务收入（甲钛）120 万元、主营业务成本（甲钛）90 万元。分析毛利率为 25%，与行业毛利率 23% 差异不大，无异常。但经查该厂销售甲钛数量为 450 t，而企业结转成本的数量为 400 t，少转成本数量 50 t，从而调剂利润 11.25 万元，因此，审查收入与成本的配比不仅要重视金额的配比，而且要关注成本结转数量是否配比；同时注意加强异常产成品项目的盘点，收集相关的销售、生产、出入库等原始资料，与统计报表相互印证及分析以辨别异常的现象。

　　必须指出，企业的营业成本水平的高低，既有企业不可控的因素（如受市场因素的影响而引起的价格波动），也有企业可以控制的因素（如在一定的市场价格水平条件下，企业可以通过选择供货渠道、采购批量等来控制成本水平），还有企业通过成本会计系统的会计核算对企业制造成本的处理。因此，对营业成本降低和提高的质量评价，应结合多种因素来进行。

案例 4 – 6

　　作为干散货船队世界排名第一的中国远洋（601919）2011 年度巨亏损 104.49 亿，成为 A 股年度"亏损王"。究其巨额亏损的原因，除去运力过剩、船运市场供需失衡、运价下挫等原因外，成本上升，特别是燃油成本上升也冲击了航运企业利益。据统计，2011 年新加坡 380CST 燃料油平均价格为每吨 639.1 美元，比 2010 年每吨 462.2 美元上涨了 38.3%。根据中国远洋 2011 年财报数据，公司营业收入为 689.08 亿元，营业成本为 780.78 亿元，毛利率为 –13.31%，可见，营业成本增加是导致公司亏损的主要原因。

3. 销售费用

　　销售费用是指企业在销售商品和材料、提供劳务的过程中发生的各种费用，包括企业在销售商品过程中发生的保险费、包装费、展览费和广告费、商品维修费、预计产品质量保证损失、运输费、装卸费等，以及为销售本企业商品而专设的销售机构（含销售网点、售后服务网点等）的职工薪酬、业务费、折旧费、固定资产修理费用等费用。

　　从企业管理层对各项费用的有效控制来看，尽管管理层对诸如广告费、营销人员的薪酬等可以采取控制或降低其规模等措施，但是，这种控制或降低或者对企业的长期发展不利，或者影响有关人员的积极性。因此，我们认为，在企业业务发展的条件下，企业的销售费用不应当降低。片面追求在一定时期的费用降低，有可能对企业的长期发展不利。

　　对销售费用进行分析，应注意广告费数额的合理性。

案例 4 – 7

　　酒鬼酒（000799）2011 年度实现销售收入 9.62 亿元，净利润 1.92 亿元，而销售费用中的广告费就高达 1.41 亿元，接近公司的净利润，占销售收入的 14.67%。根据 2011 年报数据，贵州茅台、五粮液、洋河股份的广告费用分别为 5.25 亿元、14.09 亿元、6.62 亿元，占销售收入的比重分别为 2.85%、6.92%、5.20%，可见，酒鬼酒的广告费用占比明显偏高，巨额广告投入是否能够获得预期的效果值得商榷。

在理想状态下，我们希望用资本化的方法，使广告费用和广告收益能得到配比，但是由于实现配比要研究太多的不确定性因素（如摊销期、摊销方法等），无论从成本效益原则的角度考虑，还是从稳健主义的角度考虑，资本化的做法始终不能令人满意。因此，无论是国际还是国内会计界，最终都选择了费用化来处理广告费用。

4. 管理费用

管理费用是指企业为组织和管理企业生产经营所发生的管理费用，包括企业在筹建期间内发生的开办费，董事会和行政管理部门在企业的经营管理中发生的或者应由企业统一负担的公司经费、工会经费、董事会费（包括董事会成员津贴、会议费和差旅费等）、聘请中介机构费、咨询费（含顾问费）、诉讼费、业务招待费、技术转让费、矿产资源补偿费、排污费及企业生产车间（部门）和行政管理部门等发生的固定资产修理费用等。

管理费用属于固定性费用，尽管管理层可以对某些管理费用采取控制或降低其规模等措施，但是，在企业业务发展的条件下，企业的管理费用不应当降低。片面追求在一定时期的费用降低，有可能对企业的长期发展不利。同时，管理费用与营业收入两者之间也存在一定的比例关系，如果营业收入增长而管理费用下降，应注意企业是否存在操纵利润之嫌。

案例 4 - 8

2013 年 5 月 7 日网易财经发布的《2012 上市公司招待费和会务费排行榜》，中国铁建图 8.37 亿元招待费支出的绝对数额位列第一的，成为媒体和社会关注的焦点。中国铁建公司 2012 年的业务招待费平均每天用掉 229 万元。对此，中国铁建对媒体回应称，该公司近年来发展较快、点多、线长、面广，而且市场竞争非常激烈，为生产经营需要而支付的业务招待费在相应增加，绝对值相对较大。2012 年度的业务招待费，就是从分布于全国各地以及全球 60 多个国家和地区的 1.1 万多个核算单位逐级汇总上来的，每个核算单位平均约7.6 万元。

5. 财务费用

财务费用指企业筹集生产经营所需资金而发生的费用。包括：利息净支出（减利息收入）、汇兑净损失（减汇兑收益）、金融机构手续费及筹集生产经营资金发生的其他费用等。其中，经营期间发生的利息支出构成了企业财务费用的主体。

企业利息水平的高低，主要取决于以下 3 个因素。

（1）贷款规模。在贷款利率一定的前提下，企业的利息费用将随着贷款规模而波动。如因贷款规模降低而使计入利润表的财务费用下降，我们不应对这种盈利能力的改善进行欢呼，企业有可能因贷款规模的降低而限制了发展。

（2）贷款利率。贷款利率水平主要受一定时期资本市场的利率水平的影响，既有企业不可控制的因素，也有企业可以选择的因素。在不考虑贷款规模和贷款期限的条件下，企业的利息费用将随着利率水平而波动。我们不应对企业因贷款利率的宏观下调而导致的财务费用降低给予过高的评价。

（3）贷款期限。从总体上来说，贷款期限对企业财务费用的影响，主要体现在利率因素上。

案例 4 – 9

柳钢股份 2012 年上半年财务费用合计 4.49 亿元，同比增长 41.09%。公司称，报告期借款利率同比上升，公司借款规模增大，导致融资成本上升。中国钢铁工业协会的数据也显示，会员钢企 2012 年上半年财务费用支出同比上升了 37%。企业仍面临融资贵、融资难的问题，主要表现为贷款利息支出过多、贴现利息支出较大等。

中国国航 2011 年度财务费用为 –15.50 亿元，2012 年前三个季度财务费用高达 20.77 亿元，究其原因，除借款利率同比上升之外，2012 年上半年人民币汇率变化在一定程度上也影响了公司的财务费用。与 2011 年人民币与美元之间的汇率大幅单边升值的趋势相比，2012 年人民币汇率较为稳定，这对于以美元结算的进口型企业和拥有外币负债的企业产生一定影响，中国国航的汇兑收益较上年同期大幅减少也在情理之中。

财务费用对企业业绩的影响不可低估，这样一来，利息资本化在某种程度上也成为上市公司用来调控利润的"法宝"。上市公司通过借款费用资本化来操纵利润的表现有两种：一是以某项资产还处于试生产阶段为借口，甚至拿出当地政府职能部门对"在建工程"的定性，将利息费用资本化，虚增资产价值和利润；二是在建工程中利息费用资本化数额和损益表中反映的财务费用，远远小于企业平均借款余额应承担的利息费用，利息费用通过其他方式被消化利用，最终都被拐弯抹角地资本化并形成资产。

案例 4 – 10

沧州化工（600722）1998 年末在建工程余额为 8.27 亿元，1999 年末增加到 10.94 亿元，相应的长期借款 1998 年末为 4.16 亿元，1999 年末为 8.47 亿元。到 2000 年中期，该公司在建工程余额为 12.3 亿元，长期借款为 9.2 亿元。从 1998 年度、1999 年度财务费用分别为 467 万元、975 万元来判断，该公司对当期借款费用采取了资本化的会计处理。那么，根据新的《借款费用》准则，假如资本化的条件消失，而必须将借款费用记入当期财务费用，则沧州化工 2000 年报必须对借款费用资本化问题给予详细披露。可以预计，一旦停止或大部分停止借款费用资本化，其业绩必将受到影响。

值得注意的是，我国上市公司出现了一种怪现象，就是很多上市公司的财务费用为负数，也就是说公司的利息收入大于利息费用。根据 2012 年中报统计显示，2 281 家公司中有 788 家上市公司的财务费用为负数。其中，五粮液和贵州茅台两大酒企的财务费用负数最大，分别为 –4 亿元和 –1.87 亿元。另外，财务费用负值超过亿元的还有中国化学、江铃汽车、海普瑞和上海机电，他们的财务费用分别为 –1.19 亿元、–1.13 亿元、–1.12 亿元和 –1.03 亿元。不难看出，是上市公司资金闲置所导致的。

6. 资产减值损失

资产减值损失是指企业计提各项资产减值准备所形成的损失。《企业会计准则第 8 号——资产减值》规定，资产存在减值迹象的，应当估计其可收回金额，然后将所估计的资产可收回金额与其账面价值相比较，以确定资产是否发生了减值，以及是否需要计提资产减值准备并确认相应的减值损失。由于缺乏客观的标准，财务人员和审计人员在计提各项资产减值准备时，仍然包含了太多的主观判断因素。所以，在对资产减值损失进行分析时，应注意企业管理当局是否存在为进行盈余管理而多提或少提资产减值损失的情况。另外，资产减值准则中还明确规定，除金融工具以外的非流动资产，资产减值损失一经确认，在以后会计期间不得转回。这个规定大大地收缩了以往利用"资产减值转回"制造虚假利润的弹性空间，有助于减少企业管理当局粉饰财务报告的可能性，进一步提高了会计信息质量的可靠性，提高了会计信息的决策相关性。

案例4－11

2003年10月，南方证券爆发信用危机，委托理财客户纷纷上门索要投资本金和收益，公司处于生死攸关的紧要时刻，参股南方证券的上市公司也开始对长期股权投资计提减值准备，但计提的结果却相差甚远。上海汽车和首创股份的投资额均为3.96亿元，投资比例完全一样，并列公司的第一大股东，上海汽车计提了100%的减值准备，首创股份计提了15%的减值准备，两者相差85%，金额相差3.37亿元。那么到底哪个计提比例是准确的？然而如果给一个确定的比例，可能不符合每个企业的具体情况，如果任由企业自己判断，也可能出现更大的问题。不过，上海汽车虽然遭受了损失，但对于公司积极稳健的做法，市场人士给予了肯定；另外，公司庞大的净利润数额以及近年来行业的景气，也为公司高比例计提减值提供了财力基础。

7. 公允价值变动收益（或损失）

公允价值变动收益（或损失）是指企业交易性金融资产等公允价值变动形成的应计入当期损益的利得（或损失）。公允价值变动收益，反映的是企业交易性金融资产的浮盈状况，属于未实现损益。所谓未实现损益，就是账面上还未实现的利润或未发生的损失，若确认未实现损益，会虚增企业的未分配利润。所以如果想正确分析上市公司的价值，应该去掉这一部分对利润的影响。在对公允价值变动损益进行分析时，一定要清楚交易性金融资产给公司带来的损益都是非主营的，变化也非常快。

案例4－12

银河动力2007年报公司实现净利润987万元，而其公允价值变动收益就高达1 030万元。公允价值变动收益超过了净利润，上市公司的公允价值变动收益无疑是举足轻重的。

8. 投资收益（或损失）

投资收益（或损失）是指企业以各种方式对外投资所取得的收益（或发生的损失）。主要是投资持有期间享有的收益及投资转让处置所得。

由于长期股权投资采用权益法核算所确认的投资收益可能是没有现金流入的，却要进行利润分配，所以会导致企业现金流转困难。因此，对投资收益进行分析，应当关注企业所确认的投资收益是否有现金流入？另外，还应注意投资收益占净利润的比例，占比偏高且分布集中，则不利于公司盈利质量与可持续性的提升。虽然公司以闲置资金投入证券市场有其合理性，但对普通投资者来说，这种投资收益也具有"两面性"和"不稳定性"的特点。在整个市场向好时，它能够为公司的经营业绩锦上添花，但遇到市场不好的时候，它会令公司的经营雪上加霜，造成公司业绩大起大落，不利于公司的长远稳定发展。

案例 4 - 13

金陵药业以生产和销售中西药原料和制剂、生化制品等而出名，其发布的 2007 年年报显示，公司实现营业收入 154 896.89 万元，利润总额 42 406.76 万元，净利润 30 746.57 万元，分别较 2006 年上涨 11.8%、50.4% 和 46.2%，每股收益 0.61 元。然而，仔细研读年报不难发现，2007 年金陵药业的投资收益高达 26 838.67 万元，占净利润的比例达到 87.3%。2007 年度投资收益比 2006 年增长了 173.33%。2007 年金陵药业的主营业务利润率和非主营业务利润率均较之 2006 年分别呈现 11.78% 和 21.70% 的下降。面对主营业务利润与投资收益所形成的巨大反差，人们不免要问：金陵药业到底是医药股还是券商股？

案例 4 - 14

风华高科 2005 年、2006 年、2007 年的年报显示，其在股票市场上的投资收益分别占营业利润的 34.83%、60.56%、75.19%，投资收益在营业利润中所占比例越来越重，然而随着股市的一再下挫，风华高科因此带来的损失也显而易见。早在 2007 年第二季度，风华高科的投资性收益还高达 6 767.83 万元，而在 2008 年 4 月 12 日的公告中，风华高科却不得不承认受证券市场波动的影响，一季度的投资性收益损失高达 7 300 万元，这也使得该公司今年一季度整体净利润损失 7 300 万元。

9. 营业外收入

营业外收入是指企业发生的与其日常活动无直接关系的各项利得。此项利得虽不具有经常性的特点，但不需要企业付出代价，实际上是一种纯收入，常常成为利润的"调节器"，对企业业绩的影响也不可小视。有资料显示：截至 2007 年年底，深市主板公司中 ST、*ST 公司总计 103 家，存在债务重组收益的 ST、*ST 公司高达 50 家，占 ST、*ST 公司总数的比例近 50%；债务重组收益过亿元的有 11 家，其中债务重组收益最高的两家 *ST 公司债务重组收益均高达 8.6 亿元。这 11 家公司中，*ST 有 7 家，ST 有 3 家，未被实施特别处理的公司仅有 1 家。

案例 4 - 15

*ST 新天（600084）2006 年的每股收益是负的 1.6 元，2007 年是 0.016 元，它是怎么实现扭亏为盈的？2007 年公司本身的营业利润亏损了 3.2 亿元，但营业外收入高达 3.26 亿元，其中政府补贴了 2.06 亿元，股东豁免债务 1.2 亿元，正是这两项营业外收入才让它的净利润为正数，实现了扭亏为盈。值得大家重视的是，政府补贴和债务重组收益，具有一次性的特点，属于非经常性损益，并不具有持续性。另外，报表使用者应从财务信息里面思考，政府给他补贴的原因是什么？债务重组收益对于处于财务困境的上市公司，尤其是面临退市风险的 *ST 公司难道不是在提供扭亏为盈的"捷径"吗？

> **案例 4 - 16**
>
> *ST 德棉（002072）2010 年实现净利润 654.04 万元，营业外收入竟高达 8 027.86 万元，其中政府补助 8026.97 万元，主要是公司获得了困难企业社保补助 1 061.63 万元，德州市政府给予公司的可持续发展补助 4 300 万元，德州运河经济开发区管委会给予公司的一次性财政补助 2 480 万元。如果没有巨额营业外收入，*ST 德棉 2010 年度将继续亏损，就要面临终止上市的风险。

10. 营业外支出

营业外支出是指企业发生的与其日常活动无直接关系的各项损失。此项损失也不具有经常性的特点，但对企业业绩的影响也不可小视。

上市公司担保风险在 2001 年突然被放大。在一批亏损上市公司的年报中发现，预计负债损失成为导致巨额亏损的一个重要因素，担保"地雷"的杀伤力也因此突兀地显现出来。根据新会计准则和会计制度关于"或有事项"的规定，从 2001 年起，上市公司为他人担保发生的损失及风险，按照到期是否收回及预期收回的可能性，计提预计损失，计入"营业外支出"，减少当期利润。据不完全统计，2001 年上市公司因此产生的担保损失总额是 1999 年的 19.24 倍，而平均每家公司的担保损失是 1999 年的 9.23 倍，担保损失的锐增使担保风险成倍放大。巨额对外担保不慎给上市公司带来了严重后果。

> **案例 4 - 17**
>
> ST 九州 2001 年净利润亏损 4.7 亿元，其中依据已经判决的对外担保所承担的连带责任计提了 2.54 亿元预计损失，并计入 2001 年度损益。
>
> 又如 ST 英达，公司 9.95 亿元的亏损中有 4.12 亿元是担保损失造成的。
>
> 再如 ST 中华，虽然导致其亏损 22.71 亿元的主要原因是坏账的提取，但 1.63 亿元的担保损失也使公司雪上加霜。

另一个值得注意的现象是，上市公司之间互保行为逐渐扩张，担保链渐渐交织成错综复杂的"担保网"，这些非关联的上市公司因为相互之间的担保而形成了特殊的关联关系。而这种互保已经形成难以解开的"死结"，纠缠在一起的这些死结使多米诺骨牌效应也逐步开始显现。

> **案例 4 - 18**
>
> ST 兴业不仅自己受担保所困，以其为轴心的"兴业系"担保圈中其他公司，如中国高科、上海九百、ST 中西等，均因为其提供担保牵涉其中。例如，上海九百截至 2001 年末对外担保额为 7.1 亿元，其中为 ST 兴业提供担保 9 285 万元，且承担连带担保责任支付了 3 500 多万元，为此公司年报共计提预计负债 9 960.6 万元，并计入当期损益。

11. 所得税费用

企业缴纳的所得税和其他费用一样，也属于一项费用，所以称为所得税费用。利润表中的所得税费用由两个部分组成：当期所得税和递延所得税资产或负债。当期所得税是指企业按照企业所得税法规定针对当期发生的交易和事项，确定应纳税所得额计算的应纳税额，即应缴所得税。所得税费用则依据当期应交所得税和递延所得税资产或负债的期末、期初余额相比加以确定。因此，只能将期末暂时性差异与期初暂时性差异的应纳税影响额之间的差额视为对本期所得税费用的调整。企业在所得税方面的节约，属于企业税收筹划的范畴，与企业常规的费用控制具有明显的不同。因此，我们认为，企业对所得税不存在常规意义上的降低或控制问题。

4.2.2　利润质量恶化的表现形式

利润质量是指企业利润的形成过程及利润结果的质量。高质量的企业利润，应当表现为资产运转状况良好、企业所依赖的业务具有较好的市场发展前景、企业所依赖的业务具有较好的交纳税金和支付股利等支付能力、利润所带来的净资产的增加能够为企业的未来发展奠定良好的资产基础。反之，低质量的企业利润，则表现为资产运转不灵、企业所依赖的业务具有企业的主观操纵性或没有较好的市场发展前景、企业对利润具有较差的支付能力、利润所带来的净资产的增加不能为企业的未来发展奠定良好的资产基础。

利润质量恶化，必然会反映到企业的各个方面。对于信息使用者而言，可以从以下方面来判断企业的利润质量是否正在恶化。

1. 企业扩张过快

企业发展到一定程度以后，必然在业务规模、业务种类等方面寻求扩张。在企业的创业发展过程中，企业有自己熟悉的业务领域。正是由于对自己业务领域的熟悉，企业才有了发展的基础。但是，在走向多元化经营的过程中必然出现的一个问题就是企业对开拓其他领域不论从技术、管理还是市场等多方面的规律都有逐步适应、探索的过程。如果企业在一定时期内扩张过快、涉及的领域过多、过宽，那么，企业在这个时期所获得的利润状况可能正在恶化。

2. 企业反常压缩酌量性成本

酌量性成本是指企业管理层可以通过自己的决策而改变其规模的成本，如研究费用、广告费支出等。在前面的分析中已经指出，此类支出对企业的未来发展有利。如果企业在总规模或相对于营业收入的规模而降低此类成本的话，应该属于反常压缩。这种压缩有可能是企业为了当期的利润规模而降低或推迟了本应发生的支出。

3. 企业变更会计政策和会计估计，并因此提高了企业业绩

按照我国《企业会计准则第28号——会计政策、会计估计变更和差错更正》，会计政策，指企业在会计核算时所遵循的具体原则及企业所采纳的具体会计处理方法。会计估计，则指企业对其结果不确定的交易或事项以最近可利用的信息为基础所作的判断。

按照会计的一贯性原则的要求，企业的企业变更会计政策和会计估计前后各期应保持一致，不得随意变更。按照我国《企业会计准则第28号——会计政策、会计估计变更和差错更正》的要求，会计政策的变更，必须符合下列条件之一：

① 法律或会计准则等行政法规、规章的要求；

② 这种变更能够提供有关企业财务状况、经营成果和现金流量等更可靠、更相关的会计信息。

如果企业赖以进行估计的基础发生了变化，或者由于取得新的信息、积累更多的经验及后来的发展变化，企业也可以对会计估计进行修订。

但是，企业有可能在不符合上述要求的条件下变更会计政策和会计估计。此时的目的就有可能是为了改善企业的报表利润。因此，在企业面临不良的经营状况、而企业会计政策和会计估计恰恰又有利于企业报表利润的改善状态下的会计政策和会计估计的变更，应当被认为是企业利润状况恶化的一种信号。

4. 应收账款规模的不正常增加、应收账款平均收账期的不正常变长

应收账款是因企业赊销而引起的债权。在企业赊销政策一定的条件下，企业的应收账款规模应该与企业的营业收入保持一定的对应关系，企业的应收账款平均收账期应保持稳定。但是，必须注意，企业应收账款规模还与企业在赊销过程中采用的信用政策有关（尤其对那些产品在市场上可替换性强、市场竞争激烈的企业）。放宽信用政策（放松对顾客信誉的审查、放宽收账期），将会刺激销售，增加应收账款的规模，延长应收账款平均收账期。

因此，企业应收账款的不正常增加、应收账款平均收账期的不正常变长，有可能是企业为了增加营业收入而放宽信用政策的结果。过宽的信用政策，可以刺激企业营业收入的立即增长。但是，企业也面临着未来大量发生坏账的风险。

5. 企业存货周转过于缓慢

存货周转过于缓慢，表明企业在产品质量、价格、存货控制或营销策略等方面存在一些问题。在一定的营业收入的条件下，存货周转越慢，企业占用在存货上的资金也就越多。过多的存货占用，除了占用资金、引起企业过去和未来的利息支出增加以外，还会使企业发生过多的存货损失及存货保管成本。

6. 应付账款规模的不正常增加、应付账款平均付账期的不正常延长

应付账款是因企业赊购商品或其他存货而引起的债务。在企业供货商赊销政策一定的条件下，企业应付账款规模应该与企业的采购规模保持一定的对应关系。在企业产销较为平稳的条件下，企业的应付账款规模还应该与企业的营业收入保持一定的对应关系，企业的应付账款平均付账期应保持稳定。但是，如果企业的购货和销售状况没有发生很大变化、企业的供货商也没有主动放宽赊销的信用政策，则企业应付账款规模的不正常增加、应付账款平均付账期的不正常延长，就是企业支付能力恶化、资产质量恶化、利润质量恶化的表现。

7. 企业无形资产规模的不正常增加

企业自行进行的研究开发项目，对于研究阶段和开发阶段分界点的划分，企业有较大的主动权。如果企业出现无形资产的不正常增加，则有可能是企业为了减少研究费用对利润表的冲击而进行的一种处理。

8. 企业的业绩过度依赖非主营业务

企业多元化经营并不是意味着没有中心和主导产品，但主业萎缩却是公司陷入财务困境的一个普遍现象。在企业主要利润增长点潜力挖尽的情况下，企业为了维持一定的利润水平，不是通过开发新产品、提高产品质量、扩大市场占有率等手段，来实现企业主营业务收入的增长，而只是通过非主营业务实现的利润来弥补主营业务利润、投资收益的不足。例如，通过对企业固定资产的出售利得来增加利润，或大量从事主营业务以外的其他业务以求近期盈利等。显然，这类活动在短期内使企业维持住表面繁荣的同时，还会使企业的长期发展战略受到冲击，很难可持续发展。

9. 企业计提的各种准备过低

从企业目前的会计实践来看，企业计提各项资产减值准备，需要企业会计人员根据现实情况作出的主观职业判断。在资产减值的会计处理上留给了企业很大的自由处理的空间，各项准备中都存在着被一些企业频繁地当作调节企业利润、粉饰会计报表的工具。在企业期望利润高估的会计期间，企业往往选择计提较低的准备。这就等于把应当由现在或以前负担的费用或损失人为地推移到企业未来的会计期间，从而导致企业的后劲不足。因此，以计提过低准备的方法使企业利润得到的业绩，不应获得好评。

10. 企业利润表中的销售费用、管理费用等项目出现不正常的降低

企业利润表中的销售费用、管理费用等基本上可以分成固定部分和变动部分，其中，固定部分包括折旧费、人头费等不随企业业务变化而变化的费用；变动部分则是指那些随企业业务变化而变化的费用。这样，企业各个会计期间的总费用将随企业业务的变化而变化，不太可能发生随着企业业务的增长而降低费用的情况。但是，在实务中，经常会发现在一些企业的利润表中，收入项目增加、费用项目降低的情形。在这种情况下，信息使用者完全可以怀疑那是企业在报表中"调"出利润的痕迹。

11. 企业举债过度

企业举债过度，除了发展、扩张性原因以外，还有可能是企业通过正常经营活动、投资活动难以获得正常的现金流量的支持。在回款不利、难以支付经营活动所需的现金流量的情况下，企业只能依靠扩大贷款规模来解决。

12. 注册会计师（会计师事务所）变更、审计报告出现异常

在所有权与经营权相分离的情况下，企业的经营者应当定期向企业的股东报送财务报告。企业的股东也将聘请注册会计师对企业的财务报告进行审计，并出具审计报告。应该指出的是，注册会计师的主要任务是向企业的股东就企业报表编制情况出具意见。

对于注册会计师而言，企业是注册会计师的客户。注册会计师一般不会轻易失去客户，只有在审计过程中，注册会计师的意见与企业管理者就报表编制出现重大意见分歧、难以继续合作的情况下，注册会计师才有可能主动放弃客户。因此，对于变更注册会计师（会计师事务所）的企业，会计信息使用者应当考虑企业的管理层在报表编制上的行为是否符合企业会计准则的要求。

在注册会计师（会计师事务所）出具的审计报告方面，注册会计师（会计师事务所）将根据自己的审计情况出具无保留意见的审计报告、保留意见的审计报告、否定意见的审计报告或无法表达意见的审计报告之中的一种。应该说，注册会计师（会计师事务所）出具无保留意见的审计报告，表明企业会计信息的质量较高、会计信息的可信度较高。如果出现其他三种报告中的任何一种，均表明企业与注册会计师在报表编制上出现重大分歧或者注册会计师难以找到相关的审计证据。在这种情况下，会计信息的使用者很难对企业利润的质量作出较高的评价。

13. 企业有足够的可供分配的利润，但不进行现金股利分配

企业的股东投资建立企业，或者出资购买企业的股权，主要目的有：获取现金股利；控制被持股企业以实现企业的战略目标；耐心持有以实现投资的增值等。企业的经营者满足上述股东目标的主要手段就是支付现金股利。但是，企业要想向股东支付现金股利，必须具备两个条件：第一，企业应有足够的可供分配利润；第二，企业要有足够的货币支付能力。显然，企业如果出现有足够的可供分配的利润、但不进行现金股利分配的情况，不论企业如何解释，首先应当考虑企业没有现金支付能力，或者表明企业的管理层对未来的前景信心不足。

4.3 利润表趋势分析

4.3.1 利润表水平分析

利润表水平分析是将表内不同时期的项目进行对比，既可以了解企业目前的利润状况，也可以分析其发展趋势。如果企业的经营活动处于持续健康发展的状态，那么利润表中的各项数据应呈现出持续稳定发展的趋势。若利润表中的主要项目数据出现异动，突然大幅度上下波动，各项目之间出现背离，或者出现恶化趋势，那么表明企业的某些方面发生了重大变化，为判断企业未来的发展趋势提供了重要线索。

下面以 JDSN 公司2007年的利润表为例，进行水平分析，如表4-3所示。

表4-3　利润表（水平分析）　　　　　　　会企02表

编制单位：JDSN 股份有限公司	2007 年		单位：元
项　　目	2007 年	2006 年	增（减）/%
一、营业收入	1 392 006 156.00	1 203 589 577.00	15.65
减：营业成本	1 143 691 920.00	962 179 635.00	18.86
税金及附加	10 318 836.22	9 491 240.81	8.72
销售费用	57 129 669.06	48 348 899.70	18.16
管理费用	66 071 979.21	76 865 674.46	-14.04
研发费用			
财务费用	84 491 570.83	72 717 833.98	16.19
其中：利息费用			
利息收入			
加：其他收益			
资产减值损失	8 087 650.87	2 154 041.53	275.46
加：公允价值变动收益			
投资收益	189 080 787.30	79 462 027.50	137.95
其中：对联营企业和合营企业的投资收益	54 671 837.28	54 775 808.97	-0.19
二、营业利润	211 295 317.80	111 294 279.00	89.85
加：营业外收入	78 073 427.35	61 900 136.85	26.13
减：营业外支出	6 631 169.78	6 194 685.30	7.05
其中：非流动资产处置损失	6 200 423.18	6 200 423.18	0.00
三、利润总额	282 737 575.40	166 999 730.60	69.30
减：所得税费用	36 196 740.00	27 772 752.90	30.33
四、净利润	246 540 835.40	139 226 977.70	77.08
五、每股收益：			
（一）基本每股收益	0.256	0.145	76.55
（二）稀释每股收益	0.256	0.145	76.55
六、其他综合收益			
七、综合收益总额			

分析评价：从表 4 – 3 可以看出，JDSN 公司除净利润 2007 年较 2006 年上涨了 77.08%外，营业利润、利润总额也都有不同程度的上升，什么原因所致？

营业利润增长了 89.85%，主要是营业收入和投资收益较上年分别上涨了 15.65% 和137.95%，虽然营业成本上涨了 18.86%，销售费用、财务费用和资产减值损失都有不同程度的上涨，且都超过了营业收入的增长幅度，尤其是资产减值损失上升了 275.46%，但管理费用却下降了 14.04%，使营业利润仍有较大幅度的上涨。在成本费用上涨中，营业成本的上涨对营业利润的影响最大，上涨的主要原因有二：其一是煤等大宗原燃材料价格提高，其二是按新会计准则要求生产人员社会保险费用 11 222 千元计入。而生产人员社会保险费用计入生产成本则是管理费用下降的主要原因；销售费用的上涨与营业收入的增长同步，主要是销售量增加所致，属正常情况；而财务费用的上涨是由于借款增加所致，通过举债扩大公司的生产能力，符合国家对水泥行业的宏观调控，淘汰落后产能，增加大型新型干法装置，随着投资项目的完成，公司的主营业务规模将会进一步扩大，公司业绩还会有大幅增长的潜力。

利润总额增长了 69.30%，主要是 2007 年营业外收入较上年上涨了 26.13%，但营业外支出也有所上涨，为 7.05%，所以利润总额没有超过营业利润的上涨幅度。由于营业外收支是不可持续的，没有稳定性，分析公司未来盈利能力时，必须要将其剔除。

公司净利润保持继续增长的势头，除了上述原因外，2007 年水泥价格普遍呈现出上涨态势，公司在扩大水泥内销的基础上，加大了水泥外销的力度，水泥销售量提高，增加了营业收入；另外，前期以股权投资方式扩大经营规模，在 2007 年得到了回报，实现投资收益18 908 万元，长期股权投资收益率为 9.44%，对净利润的贡献功不可没。但应注意的是，在附注中，2006、2007 年公司采用成本法核算的长期股权投资金额变化不大，但在 2006 年却没有确认投资收益，而 2007 年却确认了 13 441 万元的投资收益，这种巨大波动的原因是什么？

值得一提的是，在营业收入上涨的前提下，管理费用下降了，看似公司费用控制的成果，其实是国家有关政策导致的，而不是企业自身努力的结果。

4.3.2　利润表垂直分析

利润表垂直分析是将表内每个项目都与一个关键项目营业收入相比，用于发现有显著问题的项目，揭示进一步分析的方向。

采用垂直分析法，剖析利润表中各相关项目之间的内在勾稽关系，可以获取大量的有用信息。如将企业的营业成本与营业收入相比较，就可以推算出企业的毛利率，进而可以了解企业的产品或劳务的技术含量和市场竞争力；将营业利润、投资收益、营业外收入、营业外支出与利润总额相比较，可以对企业获利能力的稳定性及可靠性作出基本判断。只有营业利润占利润总额的比重较大时，企业的获利能力才较稳定、可靠；而投资收益反映的是建立在资本运营前提下的产业或产品结构的调整情况及其相应的获利能力；但通过营业外收入或关联交易的方式提高上市公司的利润水平，却是不稳定、不可靠的，对此企业的报表使用者应予以重点关注。

下面仍以 JDSN 公司 2007 年利润表为例，通过垂直分析对水平分析作进一步的补充。如表 4 – 4 所示。

表 4 – 4　利润表（垂直分析）　　　　　会企 02 表

编制单位：JDSN 股份有限公司　　　　　　2007 年　　　　　　　　单位：元

项　目	2007 年	2006 年	结构/%	
			2007 年	2006 年
一、营业收入	1 392 006 156.00	1 203 589 577.00	100.00	100.00
减：营业成本	1 143 691 920.00	962 179 635.00	82.16	79.94
税金及附加	10 318 836.22	9 491 240.81	0.74	0.79
销售费用	57 129 669.06	48 348 899.70	4.10	4.02
管理费用	66 071 979.21	76 865 674.46	4.75	6.39
研发费用				
财务费用	84 491 570.83	72 717 833.98	6.07	6.04
其中：利息费用				
利息收入				
加：其他收益				
资产减值损失	8 087 650.87	2 154 041.53	0.58	0.18
加：公允价值变动收益			0.00	0.00
投资收益	189 080 787.30	79 462 027.50	13.58	6.60
其中：对联营企业和合营企业的投资收益	54 671 837.28	54 775 808.97	3.93	4.55
二、营业利润	211 295 317.8	111 294 279.00	15.18	9.25
加：营业外收入	78 073 427.35	61 900 136.85	5.61	5.14
减：营业外支出	6 631 169.78	6 194 685.30	0.48	0.51
其中：非流动资产处置损失	6 200 423.18	6 200 423.18	0.45	0.52
三、利润总额	282 737 575.40	166 999 730.60	20.31	13.88
减：所得税费用	36 196 740	27 772 752.90	2.60	2.31
四、净利润	246 540 835.40	139 226 977.70	17.71	11.57
五、每股收益：				
（一）基本每股收益	0.256	0.145		
（二）稀释每股收益	0.256	0.145		
六、其他综合收益				
七、综合收益总额				

　　分析评价：从表 4 – 4 可以看出，2007 年的净利润由 2006 年的 11.57% 上升为 17.71%，表明公司获利能力在增强，这是什么原因所致呢？

　　尽管在水平分析中，管理费用有所下降，营业成本、销售费用、财务费用都有不同程度的上涨，但超过营业收入的增长幅度不大。所以，三项费用所占比重由 16.45% 下降为 14.92%，表明公司在费用控制上还是有一定成效的；只是营业成本所占比重由 79.94% 上升为 82.16%，是煤电价格上涨和生产人员社会保险费用增加所导致的。另外，由于投资收益远远大于收入的增长幅度，所占比重由 2006 年的 6.60% 上升为 13.58%，且占净利润的 77%。因此，可以说投资收益对公司的净利润产生了有力支持，完全可以抵补成本费用的增长，使净利润所占比重大幅上升。

显然，水平分析和垂直分析的结论是一致的，在对利润表进行分析时，往往将这两种分析方法结合起来，以避免重复。

上述分析也进一步证明了，前几年的对外股权投资策略比较正确，符合水泥行业的区域性特点。随着国家对水泥业进入门槛的严格控制，作为水泥行业的龙头，公司的主营业务规模将会进一步扩大，公司业绩也将会有大幅度增长，未来仍有较大的发展空间。

 **综合案例**

身陷"双面胶"困局之中的两面针

"一口好牙，两面针。"这句消费者曾经耳熟能详的广告语，如今对于多数人来说只剩回忆。不曾料想，这家头顶"国产牙膏第一品牌"的柳州企业，在短短数年便从巅峰滑落，虽然公司做过不少品牌复兴的努力，但收效甚微。如今，两面针（600249）一方面主业持续不振，另一方面多元化也陷入泥潭，可谓是陷入了"双面胶"的困局之中。

1. 牙膏产品的营业收入直线下降

2004年，两面针中药牙膏年产销量突破5亿支，在国内同类产品中保持第一位；两面针牙膏的营业收入也直线上升，2004年为2.92亿元、2005年为2.23亿元、2006年为3.12亿元。但在2007年，营业收入骤降至1.78亿元，2008年和2009年虽然有所提升，但提升幅度非常有限，2010年和2011年，牙膏的营业收入基本维持在1亿元，2012年更是创下了0.77亿元的历史新低，仅相当于2004年上市之初的1/4。显然，在外资牙膏品牌的围剿之下，两面针牙膏的营业收入在2006年达到顶峰之后就开始直线下降。

2. 多元化战略深陷泥潭

为了挽回牙膏产品营业收入下降带来的不利影响，两面针公司试图以多元化来弥补业绩下滑，然而结果却适得其反。自2004年上市以来，两面针公司的经营范围多次发生变更，曾涉足日化、医药、精细化工、造纸和房地产等多个业务领域。2007年，两面针共有7家涉及牙膏、药品、家庭卫生用品、洗涤用品、房地产等业务的主要控股及参股公司，其中有5家亏损。主要控股及参股公司大面积亏损的局面长期没有改变，2013年上半年，两面针的主要子公司及参股公司共有8家，仍然有5家公司亏损。从营业利润的角度上看，两面针多元化战略最大的败笔莫过于进军造纸业。2009年3月11日，两面针发布公告，拟以2.2亿元投资组建柳州两面针纸品有限公司，亏损严重的柳州造纸厂被注入两面针。收购后的第一年，柳州两面针纸品有限公司便亏损2 376万元；2011年营业收入为2.45亿元，但成本高达2.70亿元，仍处在亏损状态；2012年亏损5 310万元。造纸业务的严重亏损不仅拖累了两面针的主营业务，而且也令公司的多元化战略举步维艰。

3. 出售中信证券获得喘息

面对如此困局，在2004—2012年的9年内，两面针公司仅在2005年出现过一次年度亏损，有惊无险的原因是什么呢？翻开这9年的年报则不难发现，投资收益、营业外收入等是公司净利润的主要来源。两面针公司自1999年开始投资中信证券，最初的投资成本为2.63亿元，截至2012年12月31日，账面价值已经达到7.31亿元。在此期间，两面针公司不仅从中信证券获得巨额的投资收益，还不定期地出售中信证券的股票，从中获得了丰厚回报，同时也为两面针公司换取了大量的现金，更为两面针公司实施长期发展战略提供了难得的喘息之机。表4-5反映的是两面针公司2007—2012年间净利润的构成情况。

表4-5　两面针公司2007—2012年间净利润的构成情况　　　　单位：亿元

年份 项目	2007	2008	2009	2010	2011	2012
投资收益	8.87	0.68	1.30	1.24	1.84	1.56
营业利润	7.39	-0.39	0.03	-0.25	-0.04	0.38
营业外收入	0.06	0.47	0.27	0.38	0.20	0.17
净利润	6.25	0.05	0.16	0.07	0.03	0.34

 讨论

1. 结合两面针公司多元化战略分析其营业收入及利润的质量。
2. 根据公司报表数据及其他资料，总结两面针公司利润质量恶化的表现形式有哪些？
3. 结合公司2007—2012年的年报数据分析公司未来利润变化的趋势。

▶▶▶复习思考题◀◀◀

1. 利润质量恶化的表现有哪些？
2. 影响主营业务利润增减的因素有哪些？
3. 简述分析利润表的意义。
4. 怎样进行利润表的水平分析？
5. 怎样进行利润表的垂直分析？
6. 试以某上市公司的年报为例，对该公司的利润表进行趋势分析。
7. 美雅公司2001—2004年连续4年的销售额及净利润的资料如表4-6所示。

表4-6　销售额与净利润　　　　单位：万元

项　目	2001	2002	2003	2004
销售额	5 000	5 100	6 000	7 000
净利润	400	430	620	750

要求：① 以2001年为基年，对美雅公司4年的经营趋势作出分析；
　　　② 说明选择基年应注意什么问题。

▶▶▶练　习　题◀◀◀

一、单选题

1. 下列选项中，反映利润质量较高的事项是(　　　)。
　　A. 利润的含金量较低　　　　　　B. 利润来源于未来持续性较强的业务
　　C. 利润没有较多的现金支持　　　D. 利润来源于未来具有可预测性的业务

2. 下列选项中，不会影响企业利润的是(　　)。

    A. 交易性金融资产公允价值变动

    B. 交易性金融负债公允价值变动

    C. 以公允价值模式计量的投资性房地产价值变动

    D. 其他债权投资公允价值变动

3. 企业利润的来源中，未来可持续性最强的是(　　)。

    A. 主营业务收入　　　　　　　　B. 投资收益

    C. 营业外收支　　　　　　　　　D. 资产价值变动损益

4. 对企业今后的生存发展至关重要的是(　　)。

    A. 营业收入的区域构成　　　　　B. 营业收入的品种构成

    C. 关联方收入的比重　　　　　　D. 行政手段增加的营业收入

5. 2007 年 1 月 6 日某公司以赚取差价为目的，从二级市场购入一批股票作为交易性金融资产，取得时公允价值为 525 万元，含已宣告尚未领取的现金股利 15 万元，另支付交易费用 10 万元，全部价款以银行存款支付。2007 年 12 月 31 日该股票公允价值为 530 万元。假设所得税率 25%，因交易性金融资产公允价值变动对本年净利润的影响额为(　　)。

    A. −15 万元　　　　　　　　　　B. 10 万元

    C. 15 万元　　　　　　　　　　　D. 30 万元

6. 产生销售折让的原因是(　　)。

    A. 激励购买方多购买商品　　　　B. 促使购买方及时付款

    C. 进行产品宣传　　　　　　　　D. 产品质量有问题

7. 下列对良好的利润质量特征描述错误的是(　　)。

    A. 资产运转状况良好　　　　　　B. 企业对利润具有较好的支付能力

    C. 资产结构和融资结构不断优化　D. 企业利润具有稳定性和成长性

8. 下列选项中与财务费用大小无关的是(　　)。

    A. 贷款利率　　　　　　　　　　B. 贷款规模

    C. 经营成果　　　　　　　　　　D. 贷款期限

9. 下列利润来源中，数额比例大，则可以说明企业利润质量较高的是(　　)

    A. 营业利润　　　　　　　　　　B. 投资收益

    C. 营业外收入　　　　　　　　　D. 补贴收入

10. 下列关于收入的合理性分析，错误的有(　　)。

    A. 水平分析　　　　　　　　　　B. 垂直分析

    C. 与应收账款的对比分析　　　　D. 日后退货事项分析

二、多项选择题

1. 下列关于利润表分析的说法，正确的有(　　)。

    A. 利润表的趋势分析可以分析单一项目在连续期间的变化

    B. 利润表的趋势分析可以从整体角度把握各项目之间的关系

    C. 利润表的结构分析可以分析利润产生的过程和结构

    D. 利润表的结构分析可以分析利润的来源及构成

    E. 共同比报表可以分析利润表结构随时间的变化情况

2. 企业的利润来源包括(　　　)。

  A. 主营业务收入   B. 其他业务收入

  C. 投资收益   D. 营业外收支

  E. 资产价值变动损益

3. 甲股份有限公司 2010 年实现净利润 8 500 万元。该公司 2010 年发生和发现的下列交易或事项中，会影响其年初未分配利润的有(　　　)。

  A. 发现 2008 年少计管理费用 4 500 万元

  B. 发现 2009 年少提财务费用 0.10 万元

  C. 为 2008 年售出的设备提供售后服务发生支出 550 万元

  D. 因客户资信状况明显改善，将应收账款坏账准备计提比例由 10% 改为 5%

  E. 发现 2008 年对外投资的长期股权投资误用成本法核算

4. 甲公司应收乙公司货款 800 万元。经磋商，双方同意按 600 万元结清该笔货款。甲公司已经为该笔应收账款计提了 100 万元坏账准备。假设甲、乙公司重组前利润总额与股份总数相等，则债务重组日，该事项对甲、乙公司的影响分别为(　　　)。

  A. 甲公司营业外支出增加 100 万元，乙公司营业外收入增加 200 万元

  B. 甲公司营业外支出增加 200 万元，乙公司营业外收入增加 200 万元

  C. 甲公司利润总额减少 100 万元，乙公司利润总额增加 200 万元

  D. 甲公司资本公积减少 100 万元，乙公司资本公积增加 200 万元

  E. 甲公司每股收益小于乙公司的每股收益

5. 下列可能引起企业利润恶化的现象是(　　　)。

  A. 非正常的会计政策变更   B. 企业扩张过快

  C. 频繁更换会计师事务所   D. 过度负债导致财务风险高

  E. 存货周转速度快

三、判断题

1. "公允价值变动损益"科目出现正值，表明企业当期获得的是未实现的投资收益；反之为负值，表明发生的是未实现的投资损失。(　　　)

2. 主营业务收入并不能很好地代表总资产、流动资产和固定资产的周转额，以此为依据计算出来的周转率意义不大。(　　　)

3. 企业净资产规模与收入之间存在正比例关系。(　　　)

4. 对于企业来讲，企业的经常性营业利润应该是构成净利润的最主要部分。(　　　)

5. 销售费用与企业产品的产量和制造过程直接相关，与企业的营销管理制度和产品的销售没有关系。(　　　)

第5章

现金流量表分析

学习提要

现金流量表反映企业在一定期间内经营活动、投资活动和筹资活动所产生的现金流量，并揭示了现金流入和流出的原因。本章在对现金流量表作简要介绍的基础上，对现金流量表重点项目进行了分析，阐述了现金流量表的质量特征、水平分析和垂直分析。

5.1　现金流量表概述

现金流量表是我国会计制度与国际接轨改革过程中，要求企业编制和提供的一张报表。它以现金（包括现金等价物，除非特别说明，以下所说现金均包括现金等价物）为编制基础，反映企业一定期间内经营活动、投资活动和筹资活动所引起的现金流入和流出，表明企业的获利能力。同时，现金流量表对于报表使用者正确分析企业的财务状况和经营成果也更加容易和直观。

5.1.1　现金流量表的性质

现金流量表是以现金为基础编制的，反映企业一定期间内现金和现金等价物（以下简称现金）流入和流出的会计报表。与利润表一样，它也是一张动态报表。

现金流量表中的现金是一个广义概念，它不仅包括库存现金，还包括可以随时用于支付的存款及现金等价物。现金具体包括以下4个方面的内容。

1. 库存现金

库存现金是指企业持有的、可以随时用于支付的现金限额，也就是"库存现金"账户核算的现金。

2. 银行存款

银行存款是指企业存在银行或其他金融机构随时可以用于支付的存款，它与"银行存款"账户核算的银行存款基本一致，区别在于：如果存在金融企业的款项中有不能随时用于支付的存款，如不能随时支取的定期存款，就不作为现金流量表中的现金，但提前通知金融企业便可支取的定期存款，则可包括在现金流量表中的现金范围。

3. 其他货币资金

其他货币资金是指企业存放在金融企业有特定用途的资金，也就是"其他货币资金"账户核算的银行存款，如外埠存款、银行汇票存款、银行本票存款、信用证保证金存款、信用卡存款、存出投资款等。

4. 现金等价物

现金等价物是指企业持有的期限短、流动性强、易于转换为已知金额现金、价值变动很小的短期投资。现金等价物虽然不是现金，但其支付能力与现金的差别不大，可视为现金。现金等价物通常是指购买日至到期日在 3 个月或更短时间内即可转换为已知现金金额的短期债券。

5.1.2　现金流量表的作用

现金流量表主要提供有关企业现金流量方面的信息，编制现金流量表的主要目的是为会计报表使用者提供企业一定会计期间内现金和现金等价物流入和流出的信息，以便于会计报表使用者了解和评价企业获取现金和现金等价物的能力，并据以预测企业未来现金流量。所以，现金流量表在评价企业经营业绩、衡量企业财务资源和财务风险，以及预测企业未来前景方面，有着十分重要的作用。

1. 有助于评价企业支付能力、偿债能力和对外筹资的能力

通过现金流量表，可以了解企业的现金能否偿还到期债务、支付股利和进行必要固定资产投资，了解企业现金流转效率和效果等，从而便于投资者作出投资决策、债权人作出信贷决策。

2. 有助于预测企业未来的现金流量

评价过去是为了预测未来。通过现金流量表所反映的企业过去一定期间的现金流量及其他生产经营指标，可以了解企业现金的来源和用途是否合理，了解经营活动产生的现金流量有多少，了解企业在多大程度上依赖外部资金，就可以据以预测企业未来现金流量，从而为企业编制现金流量计划、组织现金调度、合理节约地使用现金创造条件，为投资者和债权人评价企业未来现金流量、作出投资和信贷决策提供必要信息。

3. 有助于分析企业收益质量及影响现金净流量的因素

利润表中列示的净利润指标，反映了一个企业的经营成果，这是体现企业经营业绩的最重要的一个指标。但是，利润表是按照权责发生制原则编制的，它不能反映企业经营活动产生了多少现金，并且没有反映投资活动和筹资活动对企业财务状况的影响。通过现金流量表，可以掌握企业经营活动、投资活动和筹资活动的现金流量；将经营活动产生的现金流量与净利润相比较，就可以从现金流量的角度了解净利润的质量，并进一步判断，是哪些因素影响现金流入，从而为分析和判断企业的财务前景提供信息。

5.1.3　现金流量表的结构

现金流量表一般有表首、正表两部分。

1. 表首

表首说明报表名称、编制单位、编制日期、报表编号、货币名称、计量单位等。

2. 正表

正表是现金流量表的主体，采用报告式的上下结构，按直接法编制，有 6 项内容：一是经营活动产生的现金流量；二是投资活动产生的现金流量；三是筹资活动产生的现金流量；四是汇率变动对现金的影响；五是现金及现金等价物净增加额；六是期末现金及现金等价物余额。

除现金流量表反映的信息外，企业还应在附注中以现金流量表补充资料的形式披露，将净利润调节为经营活动的现金流量，也就是说要在补充资料中采用间接法报告经营活动产生的现金流量信息、不涉及现金收支的投资和筹资活动、现金及现金等价物净变动情况等信息。

现金流量表及补充资料有关项目之间存在勾稽关系，正表第一项经营活动产生的现金流量净额，与补充资料第一项经营活动产生的现金流量净额，应当核对相符。正表中的第五项现金及现金等价物净增加额，与补充资料中的第三项现金及现金等价物净增加额，金额应当一致。正表中的数字是流入与流出的差额，补充资料中的数字是期末数与期初数的差额，计算依据不同，但结果应当一致，两者应当核对相符。

现金流量表及补充资料的结构，如表5-1、表5-2所示。

表5-1　现金流量表 会企03表

项　目	本期金额	上期金额
编制单位：JDSN 股份有限公司	2007 年	单位：元
一、经营活动产生的现金流量：		
销售商品、提供劳务收到的现金	1 204 930 716.90	1 182 023 301.40
收到的税费返还	75 130 399.39	57 886 729.70
收到的其他与经营活动有关的现金	141 085 797.81	175 567 881.88
经营活动现金流入小计	1 421 146 914.10	1 415 477 912.98
购买商品、接受劳务支付的现金	938 150 419.46	603 765 517.83
支付给职工及为职工支付的现金	90 613 239.45	85 235 948.87
支付的各项税费	120 781 811.20	126 494 592.48
支付的其他与经营活动有关的现金	93 223 335.03	161 253 344.74
经营活动现金流出小计	1 242 768 805.14	976 749 403.92
经营活动产生的现金流量净额	178 378 108.96	438 728 509.06
二、投资活动产生的现金流量：		
收回投资收到的现金		122 692 193.53
取得投资收益收到的现金	162 670 737.35	49 295 000.00
处置固定资产、无形资产和其他长期资产收到的现金净额	5 164 268.29	8 312 848.00
处置子公司及其他营业单位收到的现金净额		
收到的其他与投资活动有关的现金		
投资活动现金流入小计	167 835 005.64	180 300 041.53
购建固定资产、无形资产和其他长期资产支付的现金	753 846 433.75	18 231 344.09
投资支付的现金	683 723 252.32	370 443 500.00
取得子公司及其他营业单位支付的现金净额		
支付的其他与投资活动有关的现金		
投资活动现金流出小计	1 437 569 686.07	388 674 844.09
投资活动产生的现金流量净额	- 1 269 734 680.43	- 208 374 802.56

续表

项　目	本期金额	上期金额
三、筹资活动产生的现金流量：		
吸收投资收到的现金		
发行债券收到的现金	574 702 844.65	
取得借款收到的现金	1 887 417 000.00	960 000 000.00
收到的其他与筹资活动有关的现金		
筹资活动现金流入小计	2 462 119 844.65	960 000 000.00
偿还债务支付的现金	1 120 000 000.00	974 000 000.00
分配股利、利润或偿付利息支付的现金	198 318 122.30	87 225 448.28
支付的其他与筹资活动有关的现金		180 000.00
筹资活动现金流出小计	1 318 318 122.30	1 061 405 448.28
筹资活动产生的现金流量净额	1 143 801 722.35	− 101 405 448.28
四、汇率变动对现金及现金等价物的影响		
五、现金及现金等价物净增加额	52 445 150.88	128 948 258.22
加：期初现金及现金等价物余额	380 944 847.48	251 996 589.26
六、期末现金及现金等价物余额	433 389 998.36	380 944 847.48

表 5－2　现金流量补充资料　　　　　　　　　　　单位：千元

补充资料	本期金额	上期金额
1. 将净利润调节为经营活动现金流量：		
净利润	246 541	139 227
加：资产减值准备	8 088	2 156
固定资产折旧、油气资产折耗、生产性生物资产折旧	130 208	129 030
无形资产摊销		1 190
长期待摊费用摊销	92	122
处置固定资产、无形资产和其他长期资产的损失（收益以"−"号填列）	1 476	1 228
固定资产报废损失（收益以"−"号填列）		
公允价值变动损失（收益以"−"号填列）		
财务费用（收益以"−"号填列）	101 870	87 500
投资损失（收益以"−"号填列）	− 189 081	− 79 462
递延所得税资产减少（增加以"−"号填列）	5 669	− 13
递延所得税负债增加（减少以"−"号填列）	—	—
存货的减少（增加以"−"号填列）	17 742	9 304
经营性应收项目的减少（增加以"−"号填列）	− 13 893	136 607
经营性应付项目的增加（减少以"−"号填列）	− 130 334	11 840

补充资料	本期金额	上期金额
其他		
经营活动产生的现金流量净额	178 378	438 729
2. 不涉及现金收支的重大投资和筹资活动：		
债务转为资本		
一年内到期的可转换公司债券		
融资租入固定资产		
3. 现金及现金等价物净变动情况：		
现金的期末余额	433 389 998.36	380 944 847.48
减：现金的期初余额	380 944 847.48	251 996 589.26
加：现金等价物的期末余额		
减：现金等价物的期初余额		
现金及现金等价物净增加额	52 445 150.88	128 948 258.22

5.2 现金流量表重点项目分析

5.2.1 经营活动产生的现金流量分析

1. 经营活动的现金流入项目分析

（1）销售商品、提供劳务收到的现金。该项目反映企业在主营业务和其他业务活动中实际收到的现金，包括销售收入和应向购买者收取的增值税销项税额。具体包括：收到本期销售商品、提供劳务的款项，收到前期销售商品、提供劳务的款项，收到本期预收的款项等。但因销售退回而支付的现金应从销售商品、提供劳务收到的现金中扣除。

此项目应是企业现金流入的主要来源，通常具有数额大，所占比重大的特点。其与利润表中的营业收入总额相对比，可以判断企业销售收现率的情况。较高的收现率表明企业产品定位正确、适销对路，并已形成卖方市场的良好经营环境。但应注意也有例外的情况。

> **案例 5 – 1**
>
> 蓝田股份 2000 年年报现金流量表中"销售商品、提供劳务收到的现金"为 20.4 亿元，大于利润表中的"主营业务收入"18.4 亿元，而"当期销售商品或提供劳务收到的现金"占"主营业务收入"的大约 99%，收现率如此之高，不免会让人生疑。

（2）收到的税费返还。该项目反映企业收到返还的各种税费。如收到的增值税、所得税、消费税、关税和教育费附加返还款等。

此项目通常数额不大，对经营活动现金流入影响也不大。

（3）收到的其他与经营活动有关的现金。该项目主要包括罚款收入、流动资产损失中由个人赔偿的现金收入及企业实际收到的政府补助等。

此项目具有不稳定性，数额不应过多，对经营活动现金流入的影响可不予考虑。

2. 经营活动的现金流出项目分析

（1）购买商品、接受劳务支付的现金。该项目反映企业在主营业务和其他业务活动中实际流出的现金，包括支付的货款及增值税进项税额。具体包括：当期购买材料、商品、接受劳务支付的款项，本期支付前期购买商品、前期接受劳务未付的款项，本期预付的款项等。

此项目应是企业现金流出的主要方向，通常具有数额大，所占比重大的特点。将其与利润表中的营业成本相比较，可以判断企业购买商品付现率的情况，借此可以了解企业资金的紧张程度或企业的商业信用情况，从而可以更加清楚地认识到企业目前所面临的形势是否严峻。

（2）支付给职工及为职工支付的现金。该项目反映企业以现金方式支付给职工的工资及为职工支付的其他事项。具体包括：支付给职工的工资、奖金、各种津贴和各种补贴、养老金和失业等社会保险基金、补充养老保险、住房公积金、住房困难补助、交纳的商业保险金及其他福利费等。不包括支付给离退休人员的各项费用和支付给在建工程人员的工资及其他事项。企业支付给离退休人员的各项费用，包括支付的统筹退休金及未参加统筹的退休人员费用，在"支付的其他与经营活动有关的现金"项目中反映；支付给在建工程人员的工资及其他事项，在"购建固定资产、无形资产和其他长期资产所支付的现金"项目反映。

此项目也是企业现金流出的主要方向，金额波动不大。

（3）支付的各项税费。该项目反映企业当期实际上缴税务部门的各种税金及支付的教育费附加、矿产资源补偿费、印花税、房产税、土地增值税、车船使用税等。不包括计入固定资产价值、实际支付的耕地占用税等。

此项目会随着企业销售规模的变化而变动。

（4）支付的其他与经营活动有关的现金。该项目主要包括支付给离退休人员的统筹退休金，以及未参加统筹的退休人员的费用、罚款支出、支付的差旅费、业务招待费、保险费等。

此项目不具有稳定性，数额不应过多。

5.2.2　投资活动产生的现金流量分析

1. 投资活动的现金流入项目分析

（1）收回投资所收到的现金。该项目反映企业出售、转让或到期收回除现金等价物以外的短期投资、长期股权投资而收到的现金，以及收回长期债权投资本金而收到的现金。本项目不包括长期债权投资收回的利息，以及收回的非现金资产。

此项目不能绝对地追求数额较大，投资扩张是企业未来创造利润的增长点，缩小投资可能意味着企业在规避投资风险或企业存在资金紧张的问题。

案例 5-2

东方电子（000682）于1997年1月21日挂牌上市，公司为提高公司业绩和企业形象，利用公司掌控的大量内部职工股，将内部职工股出售，再将出售后的收入装进主营业务利润。自1997年股票上市至2001年8月间，公司还根据自己所掌握的中期财务报表、年度财务报表以及成立北京东方网络管理公司等内幕消息，买卖本公司股票及其他公司股票，共计虚增主营业务收入 17.0499 亿元，占历年销售收入总额的 47%，也就是说，东方电子一半的主营收入是虚假的。与此同时，东方电子也将属于收回投资所收到的现金 17.0499 亿元，名正言顺地计入了销售商品收到的现金，给人以公司经营活动创造现金能力非常强的假象，误导投资者。

（2）取得投资收益收到的现金。该项目反映企业因对外投资而分得的现金股利、分回利润而收到的现金、取得的现金利息。

此项目表明企业进入投资回收期，通过分析可以了解投资回报率的高低。

（3）处置固定资产、无形资产和其他长期资产收到的现金。该项目反映企业出售固定资产、无形资产和其他长期资产所收到的现金扣除为处置这些资产而支付的有关费用后的净额。由于自然灾害所造成的固定资产等长期资产损失而收到的保险赔偿收入，也在本项目中反映。

此项目一般金额不大，如果数额较大，表明企业产业、产品结构将有所调整，或者企业未来的生产能力将受到严重的影响、已经陷入深度的债务危机之中，靠出售设备来维持经营。

（4）处置子公司及其他营业单位收到的现金净额。该项目反映企业处置子公司及其他营业单位所取得的现金减去子公司或其他营业单位持有的现金和现金等价物，以及相关处置费用后的净额。

此项目表明企业在缩小经营范围，一般数额较大，但在企业发生的并不频繁。

（5）收到的其他与投资活动有关的现金。该项目反映企业除了上述各项之外，收到的其他与投资活动有关的现金流入，如收到的工程前期款、工程往来款等。

此项目一般数额较小，如果数额较大，应分析其合理性。

2. 投资活动的现金流出项目分析

（1）购建固定资产、无形资产和其他长期资产支付的现金。该项目反映企业购买、建造固定资产，取得无形资产和其他长期资产所支付的现金。

此项目表明企业扩大再生产能力的强弱，可以了解企业未来的经营方向和获利能力，揭示企业未来经营方式和经营战略的发展变化。应注意的是，如果处置固定资产的收入大于购置固定资产的支出，则表明企业可能正在缩小生产经营规模或正在退出该行业，应进一步分析是由于企业自身的原因，还是行业的原因，以便对企业的未来进行预测。

（2）投资支付的现金。该项目反映企业进行权益性投资和债权性投资所支付的现金。如果企业购买的债券所支付的价款包括债券利息，或者是以溢价或折价购入的，均按实际支付的金额反映。

此项目表明企业参与资本市场运作、实施股权及债权投资能力的强弱，分析投资方向与企业的战略目标是否一致。

（3）取得子公司及其他营业单位支付的现金净额。该项目反映企业取得子公司及其他营业单位购买出价中以现金支付的部分，减去子公司或其他营业单位持有的现金和现金等价物后的净额。

此项目表明企业在扩大经营范围，一般数额较大，但在企业发生的并不频繁。

（4）支付的其他与投资活动有关的现金。该项目反映企业除了上述各项以外，支付的其他与投资活动有关的现金流出。

此项目一般数额较小，如果数额较大，应注意分析其合理性。

5.2.3 筹资活动产生的现金流量分析

1. 筹资活动的现金流入项目分析

（1）吸收投资收到的现金。该项目反映企业以发行股票、债券等方式筹集资金实际收到的现金净额。前者是投资人投入的，代表了企业外延式扩大再生产；后者是债权人投入的，在一定程度上代表了企业商业信用的高低。

此项目表明企业通过资本市场筹资能力的强弱。

（2）取得借款收到的现金。该项目反映企业举借各种短期、长期借款而收到的现金。

此项目数额的大小，表明企业通过银行筹集资金能力的强弱，在一定程度上代表了企业商业信用的高低。

（3）收到的其他与筹资活动有关的现金。该项目反映企业除了上述各项外，收到的其他与筹资活动有关的现金流入。

此项目一般数额较小，如果数额较大，应分析其合理性。

2. 筹资活动的现金流出项目分析

（1）偿还债务支付的现金。该项目反映企业以现金偿还债务的本金。主要包括：归还金融企业借款本金、偿还企业到期的债券本金等。

此项目表明企业自身资金周转是否已经进入良性循环状态。

（2）分配股利、利润或偿付利息支付的现金。该项目反映企业以现金方式实际支付的现金股利、支付给投资单位的利润、支付的借款利息及债券利息等。

此项目表明企业的现金是否充足。

（3）支付的其他与筹资活动有关的现金。该项目反映企业除了上述各项以外，支付的其他与筹资活动有关的现金流出，如捐赠现金支出、支付融资租入固定资产的租赁费等。

此项目一般数额较小，如果数额较大，应注意分析其合理性。

5.2.4 汇率变动对现金的影响分析

汇率变动对现金的影响，反映企业外币现金流量及境外子公司的现金流量折算为人民币时，所采用的现金流量发生日的汇率或平均汇率折算为人民币金额与"现金及现金等价物净增加额"中外币现金净增加额按期末汇率折算为人民币金额之间的差额。

此项目如果数额较大，需要借助于附注的相关内容分析其原因及其合理性。

5.2.5 补充资料分析

补充资料是采用间接法报告经营活动产生的现金流量。采用间接法报告现金流量，可以揭示净利润与现金净流量的差别，有利于分析收益的质量和企业的营运资金管理状况。对现金流量表补充资料予以深入剖析，可以从中挖掘出更多的有用信息。

1. 将净利润调节为经营活动现金流量

（1）资产减值准备。本期计提各项资产减值准备时，减值损失已计入本期利润表中的相关损益项目，但实际上与经营活动现金流量无关。因此，在净利润的基础上进行调整计算时，应将其加回到净利润中。

（2）固定资产折旧。由于固定资产折旧并不影响经营活动现金流量，在净利润基础上调整计算时，应将其全部加回到净利润中。固定资产折旧项目的调整数与附注中"固定资产原值"项目的年初数相比计算的折旧率，与主要会计政策中有关固定资产分类折旧率相比较，可对该企业固定资产折旧政策的实际执行情况作出基本判断，通过降低折旧率来操纵利润的行为就会被发现。

（3）无形资产摊销、长期待摊费用摊销。无形资产、长期待摊费用摊销，增加了成本费用，并在计算净利润时从中扣除，由于没有发生现金流出，所以在将净利润调节为经营活动现金流量时应加回。可将无形资产摊销的数额与附注中"无形资产"的年初数相比计算的摊销率，与主要会计政策中无形资产摊销政策相比较，借此对摊销政策的实际执行情况作出判断。

（4）处置固定资产、无形资产和其他长期资产的损失。处置固定资产、无形资产和其他长期资产业务，与经营活动及其现金流量无关，因此，在以净利润基础计算经营活动现金流量时应加回或扣除。对此类业务进行分析，既可以了解其对企业本期现金流量状况的影响，又可以对今后的生产经营变化趋势作出判断。

（5）固定资产报废损失。企业发生的固定资产报废损益，属于投资活动产生的损益，不属于经营活动产生的损益，所以，在将净利润调节为经营活动现金流量时需要予以调节。

（6）公允价值变动损失。企业发生的公允价值变动损益，通常与企业的投资活动或筹资活动有关，而且并不影响企业当期的现金流量。为此，应当将其从净利润中剔除或加回。

（7）财务费用。企业发生的财务费用可以分别归属于经营活动、投资活动和筹资活动。对属于经营活动产生的财务费用，若既影响净利润又影响经营活动现金流量，如到期支付应付票据的利息，则不需进行调整；对属于投资活动和筹资活动产生的财务费用，则只影响净利润，不影响经营活动现金流量，应在净利润的基础上进行调整。

（8）投资损失。投资损益是因为投资活动所引起的，与经营活动无关。因此无论是否有现金流量，该项目应全额调节净利润。但不包括计提的减值准备。

（9）递延所得税资产减少。递延所得税资产减少会使计入所得税费用的金额大于当期应交的所得税金额，其差额没有发生现金流出，但在计算净利润时已经扣除，所以应当将其从净利润中加回。同理，递延所得税资产增加应当将其从净利润中扣除。

（10）递延所得税负债增加。递延所得税负债增加会使计入所得税费用的金额大于当期应交的所得税金额，其差额没有发生现金流出，但在计算净利润时已经扣除，所以应当将其从净利润中加回。同理，递延所得税负债减少应当将其从净利润中扣除。

（11）存货。经营活动的存货增加，说明现金减少或经营性应付项目增加；存货减少，说明销售成本增加，净利润减少。所以在调节净利润时，应减去存货的净增加数，或加上存货的净减少数。至于赊购增加的存货，通过同时调整经营性应付项目的增减变动而进行自动抵消。若存货的增减变动不属于经营活动，则不作调整，如接受投资者投入的存货应作扣除。

（12）经营性应收项目。经营性应收项目是指与经营活动有关的应收账款、应收票据和其他应收款等项目。经营性应收项目增加，则收入增加，净利润增加；经营性应收项目减少，则收回现金，现金增加。所以在调节净利润时，应减去经营性应收项目的增加数，或加上经营性应收项目的减少数。通过该项目的本期增加额与本期"营业收入"的发生额相比较，结合企业的经营规模，对货款的回收情况、合理性作出判断。

（13）经营性应付项目。经营性应付项目是指与经营活动有关的应付账款、应付票据、应付福利费、应交税金等。经营性应付项目增加，一般情况下，则存货增加，导致销售成本增加，净利润减少。经营性应付项目减少，一般情况下，表示现金支付而减少。所以，在调节净利润时，应减去应付项目的减少数，或加上应付项目的增加数。应结合企业的经营规模，对其合理性进行判断。

2. 不涉及现金收支的重大投资和筹资活动分析

根据实质重于形式的原则，现金流量表应披露不涉及现金收支的投资和筹资活动信息。这些投资和筹资活动虽然不涉及现金收支，但可能在未来对企业的现金流量有重大影响。

（1）债务转为资本。反映企业本期转为资本的债务金额，表明其对今后生产经营活动可能产生的影响。

（2）一年内到期的可转换公司债券。反映企业一年内到期的可转换公司债券的本息，表明其对今后现金流量的影响。如果到期债券转换为股份，则减少了企业现金流出。

（3）融资租入固定资产。反映企业本期融资租入固定资产计入"长期应付款"科目的金额，表明企业具有较强的融资能力，同时也可看出其对企业未来生产规模或产品品种结构的影响，另外在以后各期必须为此支付现金。也就是说，在企业的未来一定期间形成了一项固定的现金支出。

3. 现金及现金等价物净增加额分析

现金及现金等价物净增加额会有正负数两种情况，当现金及现金等价物净增加额为正数，即期末现金流量大于期初现金流量，表示企业可能处于以下 4 种状况。

① 企业经营活动有较大积累，完全可以对外投资或归还到期债务，表明企业的财务状况良好，投资风险较小。

② 经营活动正常，对外投资得到高额回报，暂时不需要外部资金，而且还有能力归还借款本息，表明企业有足够的经营能力和获利能力，是企业的最佳时机。

③ 企业经营持续稳定，投资项目成效明显但未到投资回收高峰期，企业信誉良好，外部资金不时流入，表明企业成熟而平稳地持续经营，投资风险不大。

④ 企业经营每况愈下，不得不尽力收回对外投资，同时大笔筹集维持生产所需的资金，表明企业将面临财务风险。

当现金及现金等价物净增加额为负数，即期末现金流量小于期初现金流量，也表示企业可能处于以下 2 种状况。

① 企业经营活动正常、投资和筹资起伏不大，企业仅靠期初现金余额维持财务活动。

② 企业经营活动、投资活动和筹资活动现金流量都为负数，表明企业财务状况异常危险。

5.3 现金流量表的质量分析

所谓现金流量的质量，是指企业的现金流量能够按照企业的预期目标进行运转的质量。具有较好质量的现金流量应当具有如下特征：第一，企业现金流量的状态体现了企业发展战略的要求；第二，在稳定发展阶段，企业经营活动的现金流量应当与企业经营活动所对应的利润有一定的对应关系，并能为企业的扩张提供现金流量的支持。

5.3.1　经营活动产生的现金流量的质量分析

经营活动现金流量是企业现金的主要来源，与净利润相比，经营活动现金流量能够更确切地反映企业的经营业绩。可通过以下表现形式进行质量分析。

1. 经营活动产生的现金流量小于零

经营活动产生的现金流量小于零，意味着企业通过正常的商品购、产、销所带来的现金流入量，不足以支付因上述经营活动而引起的货币流出。企业正常经营活动所需的现金支付，则通过以下几种方式解决。

① 消耗企业现存的货币积累。

② 挤占本来可以用于投资活动的现金，推迟投资活动的进行。

③ 在不能挤占本来可以用于投资活动的现金的条件下，进行额外贷款融资，以支持经营活动的现金需要。

④ 在没有贷款融资渠道的条件下，只能用拖延债务支付或加大经营活动引起的负债规模来解决。

从企业的成长过程分析，在企业处于生产经营活动的初期，各个环节都处于"磨合"状态，设备、人力资源的利用率相对较低，材料的消耗量相对较高，导致企业的成本消耗较高。同时，为了开拓市场，企业有可能投入较大资金，采用各种手段将自己的产品推向市场，从而有可能使企业在这一时期的经营活动现金流量表现为"入不敷出"的状态。

显然，如果是由于上述原因导致的经营活动现金流量小于零，应该认为这是企业在发展过程中不可避免的正常状态。但是，如果企业在正常生产经营期间仍然出现这种状态，说明企业通过经营活动创造现金流量的能力下降，应当认为企业经营活动现金流量的质量不高。

2. 经营活动产生的现金流量等于零

经营活动产生的现金流量等于零，意味着企业通过正常的商品购、产、销所带来的现金流入量，恰恰能够支付因上述经营活动而引起的货币流出。企业的经营活动现金流量处于"收支平衡"的状态。企业正常经营活动不需要额外补充流动资金，企业的经营活动也不能为企业的投资活动及融资活动贡献现金。

必须注意的是，在企业的成本消耗中，有相当一部分属于按照权责发生制原则的要求而确认的非现金消耗性成本，如无形资产摊销、长期待摊费用摊销，固定资产折旧等。显然，在经营活动产生的现金流量等于零时，企业经营活动产生的现金流量不可能为这部分非现金消耗性成本的资源消耗提供货币补偿。因此，从长期来看，经营活动产生的现金流量等于零的状态，根本不可能维持企业经营活动的货币"简单再生产"。

因此，我们认为，如果企业在正常生产经营期间持续出现这种状态，企业经营活动现金流量的质量仍然不高。

3. 经营活动产生的现金流量大于零

经营活动产生的现金流量大于零，意味着企业创造现金的能力和稳定性较好，企业生产经营状况较好。但企业经营活动产生的现金流量仅大于零是不够的。

经营活动产生的现金流量大于零并在补偿当期的非现金消耗性成本后仍有剩余，才意味着企业通过正常的商品购、产、销所带来的现金流入量，不但能够支付因经营活动而引起的货币流出、补偿全部当期的非现金消耗性成本，而且还有余力为企业的投资等活动提供现金流量的支持。表明企业所生产的产品适销对路，市场占有率高，销售回款能力较强，同时企业的付现成本、费用控制在较适宜的水平上。企业经营活动产生的现金流量将对企业经营活动的稳定与发展、企业投资规模的扩大起到重要的促进作用。

5.3.2 投资活动产生的现金流量的质量分析

从投资活动的目的分析，企业的投资活动主要有 3 个目的。

① 为企业正常生产经营活动奠定基础，如购建固定资产、无形资产和其他长期资产等。

② 为企业对外扩张和其他发展性目的进行权益性投资和债权性投资。

③ 利用企业暂时不用的闲置货币资金进行短期投资，以赚取差价。

1. 投资活动产生的现金流量小于零

意味着企业在购建固定资产、无形资产和其他长期资产、权益性投资以及债权性投资等方面所支付的现金之和，大于企业因收回投资、分得股利或利润、取得债券利息收入，以及处置固定资产、无形资产和其他长期资产而收到的现金净额之和。表明企业扩大再生产的能力较强、产业及产品结构有所调整、参与资本市场运作、实施股权及债权投资能力较强。在企业投资活动的现金流量处于"入不敷出"的状态下，投资活动所需资金的"缺口"，可以通过以下几种方式解决。

① 消耗企业现存的货币积累。

② 挤占本来可以用于经营活动的现金，削减经营活动的现金消耗。

③ 利用经营活动积累的现金进行补充。

④ 在不能挤占本来可以用于经营活动的现金的条件下，进行额外贷款融资，以支持经营活动的现金需要。

⑤ 在没有贷款融资渠道的条件下，只能采用拖延债务支付或加大投资活动引起的负债规模来解决。

在企业的投资活动符合企业的长期规划和短期计划的条件下，表明企业扩大再生产的能力较强，体现了企业经营活动发展和企业扩张的内在需要，也体现了企业在扩张方面的努力与尝试。

2. 投资活动产生的现金流量大于或等于零

投资活动产生的现金流量大于或等于零，意味着企业在投资活动方面的现金流入量大于流出量。

这种情况的发生，如果是企业在本会计期间的投资回收的规模大于投资支出的规模，表明企业资本运作收效显著、投资回报及变现能力较强；如果是企业处理手中的长期资产以求变现，则表明企业产业、产品结构将有所调整，或者未来的生产能力将受到严重影响、已经陷入深度的债务危机之中。因此，必须对企业投资活动的现金流量原因进行具体分析。

必须指出的是，企业投资活动的现金流出量，有的需要由经营活动的现金流入量来补偿。例如，企业的固定资产、无形资产购建支出，将由未来使用有关固定资产和无形资产会计期间的经营活动的现金流量来补偿。因此，即使在一定时期企业投资活动产生的现金流量小于零，也不能对企业投资活动产生的现金流量的质量简单作出否定的评价。

5.3.3　筹资活动产生的现金流量的质量分析

筹资活动现金流量反映了企业的融资能力和融资政策，可以通过以下表现形式进行质量分析。

1. 筹资活动产生的现金流量大于零

筹资活动产生的现金流量大于零，意味着企业在吸收权益性投资、发行债券及借款等方面所收到的现金之和大于企业在偿还债务、支付筹资费用、分配股利或利润、偿付利息、融资租赁及减少注册资本等方面所支付的现金之和。表明企业通过银行及资本市场的筹资能力较强，但应密切关注资金的使用效果，防止未来无法支付到期的负债本息而陷入债务危机。

在企业处于发展的起步阶段、投资需要大量资金、企业经营活动的现金流量小于零的条件下，企业的现金流量的需求，主要通过筹资活动来解决。因此，分析企业筹资活动产生的现金流量大于零是否正常，关键要看企业的筹资活动是否已经纳入企业的发展规划，是企业管理层以扩大投资和经营活动为目标的主动行为还是企业因投资活动和经营活动的现金流出失控不得已而为之的被动行为。

2. 筹资活动产生的现金流量小于零

筹资活动产生的现金流量小于零，意味着企业在吸收权益性投资、发行债券及借款等方面所收到的现金之和小于企业在偿还债务、支付筹资费用、分配股利或利润、偿付利息、融资租赁及减少注册资本等方面所支付的现金之和。

这种情况的出现，如果是企业在本会计期间集中发生偿还债务、支付筹资费用、分配股利或利润、偿付利息、融资租赁等业务，则表明企业经营活动与投资在现金流量方面运转较好，企业自身资金周转已经进入良性循环阶段，企业债务负担减轻、经济效益趋于增强，自身有能力支付各项筹资活动的现金流出。但是，企业筹资活动产生的现金流量小于零，也可能是企业在投资和企业扩张方面没有更多作为的一种表现，或者是银行信誉已经丧失、未来资金周转将更趋紧张，此时，现金流量质量较差。

5.3.4　现金及现金等价物净增加额的质量分析

1. 现金及现金等价物净增加额为正数

如果主要是经营活动产生的现金流量净额引起的，可以反映出企业收现能力强，坏账风险小，其营销能力通常也不错；如果主要是投资活动产生的，甚至是由处置固定资产、无形资产和其他长期资产引起的，这可能反映出企业生产经营能力衰退，从而处置非流动资产以缓解资金矛盾，但也可能是企业为了走出不良境地而调整资产结构，还须结合资产负债表和利润表作深入分析；如果主要是筹资活动引起的，这意味着企业将支付更多的利息或股利，未来只有创造更大的现金流量净增加额，才能满足偿付的需要，否则，企业就可能承受较大的财务风险。

2. 现金及现金等价物净增加额为负数

现金及现金等价物净增加额为负数，一般是一个不良信息，因为至少企业的短期偿债能力会受到影响。但如果企业经营活动产生的现金流量净额是正数，且数额较大，而企业整体上现金流量净减少主要是固定资产、无形资产或其他长期资产引起的，或主要是对外投资引起的，这一般是由于企业进行设备更新或扩大生产能力或投资开拓更广阔的市场。那么，现金流量净减少并不意味着企业经营能力不佳，而是意味着企业未来可能有更大的现金流入。如果企业现金流量净减少主要是由于偿还债务及利息引起的，这就意味着企业未来用于满足偿付需要的现金可能将减少，企业财务风险变小，只要企业营销状况正常，企业不一定就会走向衰退。当然一个较短时期内过多的现金用于偿债，可能引起企业资金周转困难。

5.3.5 净利润质量的分析

现金流量表补充资料中，第一项是将净利润调节为经营活动的现金流量，揭示此项目的目的是，便于将净利润与经营活动产生的现金流量净额进行比较，了解净利润与经营活动产生的现金流量差异的原因，从现金流量的角度分析净利润的质量。

净利润是利润表上的数字，是企业根据权责发生制原则确定的，净利润质量往往受到一定影响，它并不能反映企业生产经营活动产生了多少现金，而现金流量表中的经营活动产生的现金流量净额是以收付实现制原则为基础确定的，结果是净利润与收到的现金不完全一致。为了防止一方面净利润较多，另一方面企业现金严重短缺的局面出现，将经营活动的现金流量净额与净利润进行对比，就可以了解净利润与经营活动产生的现金流量差异的原因，从而对净利润质量进行评价。如经营活动产生的现金流量净额与净利润之比若大于1或等于1，说明会计收益的收现能力较强，净利润质量较好，若小于1，则说明净利润可能受到人为操纵或存在大量应收账款，净利润质量较差。

> **案例 5 - 3**
> 上市公司银广夏，2000 年每股收益为 0.827 元，每股经营活动现金流量为 0.25 元；1999 年每股收益是 0.51 元，每股经营活动现金流量为 - 0.02 元。银广夏正是通过直接虚增应收账款操纵利润，净利润质量存在问题。

5.3.6 企业未来状况分析

评价过去是为了预测未来，虽然现金流量表反映的是企业过去一定时期内现金流量变化的动态信息，但它却为预测企业未来的财务状况提供了可靠的数据。

1. 企业未来获取现金能力的预测

如根据本期销售商品收到的现金，参考下一期间的销售前景和收账政策等，就可以预测下一期间销售商品产生的现金；又如应收未收的款项，在本期现金流量表中虽然没有形成现金流入，但意味着将来会有现金流入；再如企业通过银行筹得大笔资金，在本期现金流量表中反映为现金流入，但却意味着将来偿还借款时要流出大笔现金。

由于企业投资和筹资活动的现金流量通常是根据企业总体的发展战略来规划的，一般没有明显的对应关系。但企业经营活动的现金流量一般较为稳定，这样就可以根据过去经营活动现金流量的结构和未来计划的销售额，预测企业未来的经营活动现金流量。计算公式为：

销售收现比率 = 销售商品、提供劳务收到的现金 ÷ 含税销售额

预计销售商品、提供劳务现金流入 = 含税销售额 × (1 + 预计销售增长率) × 销售收现比率

预计经营活动现金流入 = 预计销售商品、提供劳务现金流入 ÷ 销售商品现金流入占经营

活动现金流入百分比

预计经营活动现金流出 = 预计经营活动现金流入 ÷ 经营活动现金流入流出比

预计购买商品和劳务现金流出 = 预计经营活动现金流出 × 购买商品和劳务现金流出占经营现金流出百分比

假设 A 公司含税销售额为 120 万元，预计销售增长率为 10%。本年销售商品现金流入为 96 万元，销售商品现金流入占经营活动现金流入的 82%，购买商品和劳务现金流出占经营活动现金流出的 85%，经营活动现金流入流出比为 1.4，则预测 A 公司明年的经营活动现金流量为：

$$销售收现比率 = 96 ÷ 120 = 80\%$$
$$预计销售商品、提供劳务现金流入 = 120 × （1 + 10\%）× 80\% = 105.6 （万元）$$
$$预计经营活动现金流入 = 105.6 ÷ 82\% ≈ 128.78 （万元）$$
$$预计经营活动现金流出 = 128.78 ÷ 1.4 ≈ 91.99 （万元）$$
$$预计购买商品和劳务现金流出 = 91.99 × 85\% ≈ 78.19 （万元）$$

2. 企业未来发展状况的预测

一般情况下，一个企业要扩大生产规模，非流动资产必须增加，反映在现金流量表中即投资活动中的现金流出量就会大幅度提高。对内投资的现金流出量大幅度提高，往往意味着该企业面临一个新的投资获利机会；对外投资的现金流出量大幅度提高，则说明该企业在通过对外投资来寻找新的扩张机会和发展机遇。

另外，在分析企业未来发展状况时，也可以将投资活动与筹资活动所产生的现金流量联系起来考察和分析。如果投资活动中的现金净流出量与筹资活动中现金净流入量在本期数额都相当大，说明该企业在保持内部经营稳定进行的前提下，从外界筹集了大笔资金以扩大生产经营规模；反之，如果投资活动中产生的现金流入量与筹资活动中产生的现金流出量在数额上较大且比较接近，说明企业在保持内部经营稳定进行的前提下，收回大笔对外投资的资金支付到期债务，意味着企业没有扩张的动机。此外，还可以从支付现金股利能力、现金周转能力、投资活动和理财活动对经营成果和财务状况的影响，以及非现金的投资和筹资方面对现金流量表进行财务分析，以全面了解企业的过去和将来的财务状况。

5.4　现金流量表的趋势分析

5.4.1　现金流量表水平分析

现金流量表水平分析是将若干年度的现金流量表汇集在一起，从较长时期观察和分析企业的现金流入和现金流出的变化及发展趋势，揭示企业资金的主要来源及使用方向，并从中确定企业生产经营发展所处的阶段，借以预测企业未来的经济前景。

运用水平分析法通常可采用定比或环比的方法计算各个项目的百分比，然后将一定连续期间的百分比进行对比，以观察变化趋势，从而发现问题所在。观察连续数期的会计报表，比单看一个报告期的财务报表，能了解到更多的信息和情况，并有利于分析变化的趋势。

下面以 JDSN 公司 2007 年报为例，对现金流量表进行水平分析，如表 5 - 3 所示。

表 5 – 3　现金流量表（水平分析）　　　　　　　　　会企 03 号

编制单位：JDSN 股份有限公司	2007 年度		单位：元
项　目	**2007**	**2006**	增（减）/%
一、经营活动产生的现金流量			
销售商品、提供劳务收到的现金	1 204 930 716.90	1 182 023 301.40	1.94
收到的税费返还	75 130 399.39	57 886 729.70	29.79
收到的其他与经营活动有关的现金	141 085 797.81	175 567 881.88	– 19.64
经营活动现金流入小计	1 421 146 914.10	1 415 477 912.98	0.40
购买商品、接受劳务支付的现金	938 150 419.46	603 765 517.83	55.38
支付给职工及为职工支付的现金	90 613 239.45	85 235 948.87	6.31
支付的各项税费	120 781 811.20	126 494 592.48	– 4.52
支付的其他与经营活动有关的现金	93 223 335.03	161 253 344.74	– 42.19
经营活动现金流出小计	1 242 768 805.14	976 749 403.92	27.24
经营活动产生的现金流量净额	178 378 108.96	438 728 509.06	– 59.34
二、投资活动产生的现金流量			
收回投资所收到的现金		122 692 193.53	– 100.00
取得投资收益所收到的现金	162 670 737.35	49 295 000.00	229.99
处置固定资产、无形资产和其他长期资产而收到的现金净额	5 164 268.29	8 312 848.00	– 37.88
收到的其他与投资活动有关的现金			
投资活动现金流入小计	167 835 005.64	180 300 041.53	– 6.91
购建固定资产、无形资产和其他长期资产所支付的现金	753 846 433.75	18 231 344.09	4 034.89
投资支付的现金	683 723 252.32	370 443 500.00	84.57
支付的其他与投资活动有关的现金			
投资活动现金流出小计	1 437 569 686.07	388 674 844.09	269.86
投资活动所产生的现金流量净额	– 1 269 734 680.43	– 208 374 802.56	– 509.35
三、筹资活动产生的现金流量			
吸收投资收到的现金			
发行债券收到的现金	574 702 844.65		
取得借款收到的现金	1 887 417 000.00	960 000 000.00	96.61
收到的其他与筹资活动有关的现金			
筹资活动现金流入小计	2 462 119 844.65	960 000 000.00	156.47
偿还债务所支付的现金	1 120 000 000.00	974 000 000.00	14.99
分配股利、利润或偿付利息支付的现金	198 318 122.30	87 225 448.28	127.36
其中：子公司支付给少数股东的股利			

续表

项 目	2007	2006	增（减）/ %
支付的其他与筹资活动有关的现金		180 000.00	−100.00
筹资活动现金流出小计	1 318 318 122.30	1 061 405 448.28	24.20
筹资活动产生的现金流量净额	1 143 801 722.35	− 101 405 448.28	
四、汇率变动对现金的影响			
五、现金及现金等价物净增加	52 445 150.88	128 948 258.22	−59.33
加：年初现金余额	380 944 847.48	251 996 589.26	51.17
六、年末现金余额	433 389 998.36	380 944 847.48	13.77

分析评价：从表 5 – 3 中可以看出，JDSN 公司 2007 年现金及现金等价物净增加额为 5 245 万元，较 2006 年下降了 59.33%。其中，经营活动产生的现金流量净额为 17 838 万元，较 2006 年下降了 59.34%；投资活动产生的现金流量净额为 − 126 973 万元，较 2006 年下降了 509.35%；筹资活动产生的现金流量净额为 114 380 万元，而 2006 年却为 − 10 141 万元。不难看出，公司经营活动创造现金的能力在减弱，投资活动所需要的现金主要是靠筹资活动的借款来弥补的。这是什么原因所致？

经营活动产生的现金流量净额之所以下降，是因为经营活动现金流入与上年基本持平，而经营活动现金流出却增长了 27.24%，增减的具体原因还应结合资产负债表和利润表进行分析。在经营活动现金流入中，销售商品、提供劳务收到的现金只上涨了 1.94%，从前面资产负债表和利润表的分析中，我们知道，公司的营业收入增长了 15.65%，应收票据增长了 48.97%，远远超过了营业收入增长的速度，而应收账款反而下降了 10.20%。由此说明，公司销售产品主要采用商业汇票结算方式，尽管此商业汇票为银行承兑汇票，不需担心收不到货款，但就 2007 年来说这部分应收票据并没有真金白银流入。在经营活动现金流出中，购买商品、接受劳务支付的现金上涨了 55.38%，从前面资产负债表的分析中知道，存货同比却下降了 12.36%，应付账款同比减少 7.04%，而预付账款同比却增加了 1 420.46%。可见，购买商品、接受劳务支付现金增长是经营活动产生的现金流量净额下降的主要原因。在经营活动创造现金不是非常充足的情况下，应结合经营活动的实际情况，关注公司提前预付购货款的对象及必要性，与资产负债表的分析结论一致。

投资活动产生的现金流量净额下降幅度如此之大，除了投资活动现金流入下降了 6.91% 外，还有公司加大了对内、对外投资的力度，使投资活动现金流出增长了 269.86%。在投资活动现金流入中，主要是取得投资收益所收到的现金比上年增长了 229.99%，由此表明企业前几年的对外股权投资到了回报期，投资收益的质量也比较高。在投资活动现金流出中，购建固定资产的现金流出增长 4 034.89%，对外投资的现金流出增长 84.57%，而且 2007 年公司改变了以往只注重对外投资的做法，加大了对内投资的力度，购建固定资产的金额为 75 385 万元，是对外投资的 1.1 倍。表明公司在借国家对水泥行业进行宏观调控的时机，注重内生性发展以提高公司产品的竞争力和市场占有率，体现了公司长期发展战略的要求。可见，投资活动现金流出增长是投资活动产生的现金流量净额下降的主要原因。

筹资活动产生的现金流量净额由上年的负数转变为正数，且金额达到了 114 380 万元，是因为筹资活动现金流入增长大于筹资活动现金流出增长。筹资活动现金流入增长了156.47%，主要来源于发行债券和借款，其中借款收到的现金增长了96.61%，结合资产负债表分析，可以看出主要是短期借款、长期借款大幅度增加，2007年又发行了6亿元的债券，表明公司信用较好，筹资能力强，加大了融资力度。另外，筹资活动现金流出也略有增长，为24.20%，其中偿还债务支付现金增长了14.99%，从借款收到的现金和偿还债务支付现金的总额上来看，也表明了公司有一部分负债是借新债还旧债，分配股利或利息支付现金增长了127.36%，2007年公司分配股利或利息支付现金为19 832万元，其中分配股利支付现金为11 553万元，而经营活动产生的现金流量净额为17 838万元，由此可以看出，公司当年经营活动创造的现金流量净额还不足以支付股利和利息。股利分配政策虽然可以表明公司注重回报投资者的态度，但也应量力而行，超能力派现，会带来资金短缺和扩张乏力。

通常情况下，在经营状况良好，经营活动产生现金能力较强的情况下，通过筹资活动扩大投资规模，借以提高企业的收益水平，是无可厚非的。但结合JDSN公司的整体情况，公司今后工作的重点：一是提高公司获取经营活动现金的能力；二是密切关注投资项目的合理性和收益性，重视投资的方向和策略，以避免公司财务状况恶化。

5.4.2 现金流量表垂直分析

现金流量表的垂直分析就是将现金流量表中某一项目的金额作为基数，然后计算该项目各个组成部分占其总体的比重，通过分析各项目的具体构成，借以揭示现金流量表中各个项目的相对地位和总体结构之间的关系，用以分析现金流量的增减变动情况和发展趋势。现金流量的垂直分析可以分为现金流入结构、现金流出结构及现金流量净额结构。

1. 现金流入结构分析

现金流入结构分为总流入结构和内部流入结构。是反映企业经营活动的现金流入、投资活动现金流入和筹资活动现金流入等在全部现金流入中的比重及各项业务活动现金流入中具体项目的构成情况。现金流入结构分析可以看出企业的现金究竟来自何方，增加现金流入应在哪些方面采取措施等。

一般情况下，报表使用者可以通过将不同时期的构成比重进行对比，评价企业自身经营创造现金能力的强弱。通常"经营活动现金流入构成"所占的比重越高，说明企业的财务基础越稳固，企业持续经营及获利能力的稳定程度越高，收益质量越好，抗风险能力也就越强。反之，说明企业现金的获得主要依靠投资和筹资活动，财务基础及获利能力的持续稳定性程度低，收益质量较差。

2. 现金流出结构分析

现金流出结构分为总流出结构和内部流出结构。是反映企业经营活动的现金流出、投资活动现金流出和筹资活动现金流出等在全部现金流出中的比重及各项业务活动现金流出中具体项目的构成情况。现金流出结构分析可以看出企业的现金究竟流向何方，要节约开支应从哪些方面入手等。

一般情况下，报表使用者可以通过将不同时期的构成比重进行对比，评价企业现金流出的合理性。通常"经营活动现金流出构成"所占的比重越高，说明企业的现金主要用于开展主营业务，企业持续经营及获利能力的稳定程度较高；反之，说明企业正处于投资扩张时期，未来有很大潜力，但其风险性也较高。

3. 现金流量净额结构分析

现金流量净额结构是指经营活动、投资活动、筹资活动及汇率变动影响的现金流量净额占全部现金净流量的百分比。现金流量净额结构分析可以看出企业的现金流量净额是如何形成与分布的。另外，人们通常还采用将经营活动、投资活动、筹资活动的现金流入与其现金流出相比，称为流入流出比，可以反映出流入与流出之间的差异，为进一步分析现金流量净额的增减变动提供重要信息。

根据 JDSN 公司的现金流量表，编制现金流量表的垂直分析用表，如表 5-4 所示。

表 5-4 现金流量表（垂直分析）   会企 03 号

编制单位：JDSN 股份有限公司　　　　　　　　　　2007 年　　　　　　　　　　　　　　　单位：元

项　目	内部结构/%		流入结构/%		流出结构/%		流入流出比	
	2007	2006	2007	2006	2007	2006	2007	2006
一、经营活动产生的现金流量								
销售商品、提供劳务收到的现金	84.79	83.51						
收到的税费返还	5.29	4.09						
收到的其他与经营活动有关的现金	9.93	12.40						
经营活动现金流入小计	100.00	100.00	35.08	55.38				
购买商品、接受劳务支付的现金	75.49	61.81						
支付给职工及为职工支付的现金	7.29	8.73						
支付的各项税费	9.72	12.95						
支付的其他与经营活动有关的现金	7.50	16.51						
经营活动现金流出小计	100.00	100.00			31.08	40.25		
经营活动产生的现金流量净额							1.143 53	1.449 2
二、投资活动产生的现金流量								
收回投资所收到的现金	0.00	68.05						
取得投资收益所收到的现金	96.92	27.34						
处置固定资产、无形资产和其他长期资产而收到的现金净额	3.08	4.61						
收到的其他与投资活动有关的现金	0.00	0.00						
投资活动现金流入小计	100.00	100.00	4.14	7.05				

项 目	内部结构/%		流入结构/%		流出结构/%		流入流出比	
	2007	2006	2007	2006	2007	2006	2007	2006
购建固定资产、无形资产和其他长期资产所支付的现金	52.44	4.69						
投资支付的现金	47.56	95.31						
支付的其他与投资活动有关的现金	0.00	0.00						
投资活动现金流出小计	100.00	100.00			35.95	16.02		
投资活动所产生的现金流量净额							0.116 75	0.463 9
三、筹资活动产生的现金流量								
吸收投资收到的现金	0.00							
发行债券收到的现金	23.34							
取得借款所收到的现金	76.66	100.00						
收到的其他与筹资活动有关的现金	0.00							
筹资活动现金流入小计	100.00		60.78	37.56				
偿还债务所支付的现金	84.96	91.77						
分配股利、利润或利息所支付的现金	15.04	8.22						
其中：子公司支付给少数股东的股利	0.00	0.00						
支付的其他与筹资活动有关的现金	0.00	0.02						
筹资活动现金流出小计	100.00	100.00			32.97	43.74		
筹资活动产生的现金流量净额							1.867 62	0.904 5
合计			100.00	100.00	100.00	100.00		

分析评价：从表 5-4 中可以看出，JDSN 公司 2007 年的现金流入结构中，经营活动现金流入由 2006 年的 55.38% 下降为 35.08%，投资活动现金流入也由 2006 年的 7.05% 下降为 4.14%，筹资活动现金流入却由 2006 年的 37.56% 上升为 60.78%。不难看出，筹资活动的现金流入是公司的现金流入的主要来源，尤其是吸收到的借款为公司贡献了充足的现金。在经营活动现金流入中，销售商品、提供劳务收到的现金 2007 年占 84.79%，而 2006 年占 83.51%，两年变化不大。在营业收入较上年上涨 15.65% 的情况下，经营活动现金流入却降低了，应对此予以关注。

JDSN 公司 2007 年的现金流出结构中，经营活动现金流出为 31.08% 低于 2006 年的 40.25%，投资活动现金流出为 35.95% 高于 2006 年的 16.02%，筹资活动现金流出 32.97% 低于 2006 年的 43.74%。两年现金流出结构的变化，显示公司的现金除了保持正常的经营活动现金需要外，主要用于投资活动，而投资活动流出的现金主要用在购建固定资产、无形资产和其他长期资产，对外投资支付现金增幅减缓，表明公司2007年的重心是扩大生产规模，预示着公司未来产能会有大幅提高，经营活动现金流入也会增加。

JDSN公司2007年现金流量表流入流出比显示，经营活动现金流量流入流出比为1.14，低于2006年的1.45，但仍大于1，表明公司经营活动现金流量净额仍为现金净增加额贡献了的一部分现金；而比上年减少了，说明公司经营活动创造现金的能力在减弱。投资活动现金流量流入流出比2007年为0.12，2006年为0.46，两年均小于1，原因是这两年均进行了大规模的投资活动而使用了大量现金，尤其是2007年比值更小，表现出投资活动现金流入不足，侵蚀了现金净增加额。筹资活动现金流量流入流出比2007年为1.87，大于2006年的0.90，是2006年的两倍，表明公司筹资活动现金流量净额为现金净增加额贡献了很多现金，说明公司的借款能力在增强。由于经营活动、筹资活动为现金净增加额贡献的现金略大于2007年投资的现金需要，无须动用上年的现金结余，导致2007年现金及现金等价物净增加额为正数。

综上分析可以看出，公司经营活动现金流量基本充裕，随着产能的扩大，经营活动现金流量净额将会有增大的趋势；投资活动正处于扩张阶段，但投资活动所固有的风险不容忽视；筹资活动带来的现金流入，预示着公司的筹资能力较强。显然，公司仍处在典型的扩张发展时期，今后公司现金流量管理的重点应放在投资和筹资活动上，警惕由于投资不当而造成的财务状况恶化，确保投资回报与公司偿还债务的平衡。

需要补充的是，对现金流量表进行全面、综合的分析和运用，还要结合资产负债表和利润表。现金流量表反映的只是企业一定期间现金流入和流出的情况，它既不能反映企业的营销状况，也不能反映企业的资产负债状况。在对现金流量表进行分析运用时，不能孤立地仅凭一张现金流量表的信息就事论事，而应与资产负债表和利润表结合起来，从而对企业的经营活动情况作出较全面、正确的评价。如，通过现金流量表，可以了解企业经营活动产生的现金流量净额及产生的主要原因，但是无法分析企业的销售规模、销售能力、盈利能力、赊销政策的变化等，若能结合利润表中收入、成本及利润项目的分析，又结合资产负债表中应收账款项目变化情况的分析，则可获得上述信息，并可进一步分析企业经营活动产生的现金流量，是主要来源于以前债权的收回，还是本年现销比例的提高，同时又可考察企业收益质量、坏账风险等；又如，从现金流量表中可以得到购建固定资产、无形资产和其他长期资产所支付的现金，却无法了解企业的这些付出是用于更新改造还是增购设备，若结合资产负债表中固定资产、无形资产等项目的分析，则可作出较正确的判断。

现金流量表、资产负债表及利润表构成了企业完整的会计报表信息体系，在分析运用现金流量表时，尤其要注意与资产负债表和利润表相结合。

在市场经济条件下，企业现金流量在很大程度上决定着企业的生存和发展能力。即使企业有盈利能力，但若现金周转不畅、调度不灵，也将严重影响企业正常的生产经营，偿债能力的弱化直接影响企业的信誉，最终影响企业的生存。因此，现金流量信息在企业经营和管理中显得越来越重要，日益受到企业理财人员的关注。

 **综合案例**

"超日太阳"资金链断裂的背后

2013年3月1日晚,超日太阳(002506)发布"11超日债"2013年第一次付息公告,称公司将委托中国结算深圳分公司进行即将于3月7日迎来的首次债券付息。尽管超日太阳公布了利息兑付公告,但市场仍普遍认为,"超日债"后续违约警报依然没有解除。截止2012年年底,公司有13.76亿元银行贷款逾期,涉及诉讼金额高达12.87亿元。如此的资金困局令外界难以理解。毕竟,超日太阳在上市两年内已先后从股票市场和债券市场募资30多亿元,钱去了哪里?打开公司近年来的现金流量表则不难发现,公司的现金流量的确令人担忧。

1. 经营活动现金流量捉襟见肘

自2010年上市以来,受光伏产品销售持续低迷影响,超日太阳的经营活动现金流大幅下滑,2010年—2012年分别为-4.60亿元、-10.68亿元、-0.91亿元,累计流出16.19亿元,占公司上市募集资金总额22.87亿元的七成以上。与此同时,公司资产负债表中应收账款和存货的账面余额居高不下。超日太阳2011年营业收入达到了33.33亿元,较2010年增长24.04%,然而增收却没有增利,2011年公司却亏损了5 479万元。在利润大幅下滑的同时,公司应收账款从2010年的6.84亿元骤增至24.22亿元,同比增长超过254%,应收账款在收入中的占比超过了50%。从存货占用资金的情况看,超日太阳2011年年末存货增长至8.09亿元,同比增长了211%。同时,超日太阳存货周转天数不断延长,从2010年的35天延长至2012年的92天,超日太阳对此解释,是公司销售策略发生了变化,由以前单纯组件销售转变为用组件直供电站,甚至是参与电站建设,以维持组件产品较高的毛利率,而这种做法所付出的代价就是存货周转天数的延长。2012年,超日太阳应收账款和存货的账面余额合计为30.94亿元,应付账款余额为18.40亿元,合计占用现金约为12.54亿元。

2. 投资境外光伏电站耗用大量资金

2011年,超日太阳开始启动"发行债券"的融资计划。这一年,正是中国光伏企业遭遇整体困境的一年,即便是行业龙头尚德电力亦全年亏损10亿美元,与总负债超过300亿元人民币的赛维LDK相继传出破产传闻,超日太阳却凭借着"海外电站"的愿景,通过了向证监会提交的发债申请。超日太阳的海外电站计划是,决定投资30亿资金,将海外电站投资扩大至150MW。通过投资海外电站来消化组件库存,并获得销售回款。事实上,"海外电站"不过是光伏电池组件商在产品毛利大幅下跌、销路不畅时的一种消化库存的途径,但其缺点是沉淀资金较多,账款回收期长,因此,业界人士认为,企业向下游电站拓展的投入,最多占到组件产能的25%,是较为安全的比例。然而,超日太阳在终端电站自建和直供的业务比例占到组件产能的90%左右,这造成了极大的资金风险。据"超日太阳"的现金流量表显示,公司投资活动的现金流量的净额不断攀升,2010—2012年分别为-21.28亿元、-20.27亿元、-16.61亿元,累计金额高达58.16亿元。此外,由于公司对外销售的组件也基本锁定为光伏电站投资商,而这些客户也主要依赖银行贷款融资来支付组件款,在欧洲银行银根不断紧缩的趋势下,客户付款周期一拖再拖,这进一步加剧了资金链的紧张。

3. 巨额银行债务危机四伏

由于经营活动和投资活动的资金流出过多,导致超日太阳的现金流一直非常紧张,需要靠不停的借贷等维持公司运转。2011年起超日太阳逆势加快对外投资，2011年和2012年公司筹资活动现金流量净额分别为10.74亿元和13.53亿元，然而冒进之下资金风险很快显现出来，投资回收期过长、应收账款激增使得公司现金流雪上加霜。根据2012年年报，"超日太阳"几个最大的债权银行分别是中国进出口银行上海分行（1.79亿元逾期）、浦发银行（1亿元逾期）、广发行上海分行（1亿元逾期）、建行江海路支行（1.1亿元逾期）。此外，中国银行、深发展、洛阳银行、中信银行等也都是主要的债权银行。而超日太阳与供应商的纠纷中，牵出的供应商也有几十家，欠款较多的公司包括阿特斯（3 500万元左右）、横店东磁（4 700万元左右）、浙江晶科（4 799万元左右）等。截至2012年年末，公司的现金及现金等价物的金额仅为1.20亿元，超日太阳在严重资不抵债的同时，还面临公司债信誉降级、大股东质押融资等问题。

　　事实证明，超日太阳的业绩也不尽如人意，已连续两年亏损，自2013年2月1日开市时起实行其他风险警示，股票简称由"超日太阳"变更为"ST超日"。

 讨论

　　1. 分析超日太阳陷入现金流困局的成因。

　　2. 根据超日太阳报表数据及其他资料，总结企业现金流质量恶化的表现形式有哪些？

　　3. 结合公司2010—2012年的年报数据以及我国光伏产业发展，分析超日太阳未来现金流量变化的趋势。

▶▶▶复习思考题◀◀◀

　　1. 你认为现金流量表分析的重点项目有哪些？为什么？

　　2. 如何评价现金流量表的质量？

　　3. 如何预测企业未来的现金流量？

　　4. 怎样进行现金流量表的水平分析？

　　5. 怎样进行现金流量表的垂直分析？

　　6. 试以某上市公司的年报为例，对该公司的现金流量表进行趋势分析。

　　7. 兴顺公司2006年、2007年有关筹资活动现金流入资料如表5-5所示。

表5-5　现金流量表（简表）　　　　　　　　　　　单位：万元

项　目	2006年	2007年
吸收权益性投资所收到的现金	0	9 600
发行债券所收到的现金	1 700	0
借款所收到的现金	460	670
收到的其他与筹资活动有关的现金	76	0
筹资活动现金流入小计	2 236	10 270

　　要求：① 编制该公司现金流入结构分析表；

　　　　　② 进行简要结构分析并判断公司资产负债率的变化及筹资风险的变化。

▶▶▶ 练 习 题 ◀◀◀

一、单选题

1. 现金流量表可用于(　　)。
　　A. 分析经营风险　　　　　　　　B. 分析资产质量
　　C. 预测未来的现金流量　　　　　D. 预测未来利润与现金流量的差异

2. 与企业现金流量无关的因素是(　　)。
　　A. 经营周期　　　　　　　　　　B. 发展战略
　　C. 市场环境　　　　　　　　　　D. 会计政策

3. 对于一个健康的、正在成长的公司来说，下列说法正确的是(　　)。
　　A. 经营活动现金净流量应当是正数　　B. 投资活动现金净流量应当是正数
　　C. 筹资活动现金净流量应当是负数　　D. 现金及现金等价物净增加额应当是负数

4. 现金流量表中的三大类别是(　　)。
　　A. 现金流入、现金流出和流入流出净额
　　B. 期初余额、期末余额和当期发生额
　　C. 投资活动现金流量、经营活动现金流量和筹资活动现金流量
　　D. 营业收入、净利润和营业活动现金流量

5. 现金流量表中的"销售商品、提供劳务收到的现金"项目大于利润表中的"主营业务收入"项目，则下列描述正确的是(　　)。
　　A. 本年销售货款在当年全部变现
　　B. 本年销售货款在当年全部变现、以前年度销售也在本年收回
　　C. 本年销售企业信用政策过于宽松
　　D. 现金比率将小于流动比率

6. 下列选项中，属于"支付给职工以及为职工支付的现金"的是(　　)。
　　A. 应由在建工程负担的职工薪酬　　B. 应由无形资产负担的职工薪酬
　　C. 支付给生产工人的退休工资　　　D. 支付给管理人员的工资

7. 初创期和成长期，金额较大的投资活动现金流量是(　　)。
　　A. 处置长期资产收到的现金　　　　B. 处置子公司收到的现金
　　C. 购建长期资产支付的现金　　　　D. 投资支付的现金

8. 企业到期的债务必须要用现金偿付的是(　　)。
　　A. 应付账款　　　　　　　　　　B. 应付职工薪酬
　　C. 应交所得税　　　　　　　　　D. 长期借款

9. 便于分析评价净利润质量的是(　　)。
　　A. 现金流量表主表　　　　　　　B. 采用直接法编制的现金流量表
　　C. 比较现金流量表　　　　　　　D. 采用间接法编制的现金流量表

10. 下列各项中，反映现金流量匹配情况的比率是(　　)。
　　A. 流入结构　　　　　　　　　　B. 流出结构
　　C. 定比比率　　　　　　　　　　D. 流入与流出的比率

二、多项选择题

1. 现金流量表解读的主要内容包括（　　　）。

　　A. 现金流量表正确性分析　　　　　B. 现金流量表趋势分析

　　C. 现金流量表结构分析　　　　　　D. 现金流量表质量分析

　　E. 现金流量表比率分析

2. 利用趋势分析法进行现金流量表分析时，如果期初项目为零，处理方法可能包括（　　　）。

　　A. 剔除该项目　　　　　　　　　　B. 结合比率分析法进行分析

　　C. 结合比较现金流量表逐项进行分析　D. 结合定比报表逐项进行分析

　　E. 结合其他报表数据进行分析

3. 下列关于现金流量表分析的表述，错误的有（　　　）。

　　A. 企业承担经营风险与财务风险的能力都与企业现金流量状况直接相关

　　B. 经营活动现金净流量越大，说明企业的现金状况越稳定，支付能力越有保障

　　C. 当经营活动的现金流量为正数，其流入与流出比率一定大于 1

　　D. 对于任何公司而言，经营活动现金净流量一般大于零，投资活动的现金净流量应小于零，筹资活动的现金净流量应正负相间

　　E. 现金流量表是分析利润质量的依据

4. 下列选项中，对企业未来具有较强持续性影响的有（　　　）。

　　A. 销售商品、提供劳务收到的现金

　　B. 收到的其他与经营活动有关的现金

　　C. 购买商品、接受劳务支付的现金

　　D. 处置固定资产、无形资产和其他长期资产收回的现金净额

　　E. 取得投资收益收到的现金

5. 下列关于投资活动的现金流量的说法中正确的有（　　　）。

　　A. 投资活动的现金流量大于或等于零，可能是短期投资回报能力强的表现

　　B. 投资活动的现金流量大于或等于零，可能是处置长期资产补偿日常现金需求的表现

　　C. 投资活动的现金流量小于零，可能是投资收益状况较差的表现

　　D. 投资活动的现金流量小于零，可能是有较大的对外投资的表现

　　E. 投资活动的现金流量小于零，可能对企业的长远发展是有利的

三、判断题

1. 一般而言，对于一个健康的、正在成长的公司来说，经营活动现金流量应该是正数，投资活动的现金流量应该为负数，筹资活动的现金流量应该是正负相间的。（　　　）

2. 现金净流量越大，说明企业的财务状况越好。（　　　）

3. 现金流量净增加或净减少，不一定表明企业的财务状况与经营成果好与坏。（　　　）

4. 现金流量表中经营活动现金流量净额与利润表的净利润是相同的。（　　　）

5. 现金流入结构包括企业经营活动的现金流入量、投资活动的现金流入量和筹资活动的现金流入量分别占现金总流入量的比重。（　　　）

第6章

所有者权益变动表

学习提要

所有者权益变动表可以全面反映一定时期所有者权益总量的增减变动，以及所有者权益增减变动的重要结构性信息，有利于报表使用者准确理解所有者权益增减变动的根源。本章在对所有者权益变动表作简要介绍的基础上，重点分析了所有者权益增减变化的构成和原因。

6.1　所有者权益变动表概述

所有者权益变动表是新增加的一张主要报表，这源于我国会计准则与国际会计准则趋同的大势所趋，更源于我国经济的发展而带来的会计环境的巨大变化。所有者权益变动表列示了所有者权益的增减变动情况，有利于财务报告使用者进一步了解企业的净资产状况。

6.1.1　所有者权益变动表的性质

1. 所有者权益变动表的概念

所有者权益变动表是反映构成所有者权益的各组成部分当期的增减变动情况的报表。所有者权益变动表应当全面反映一定时期所有者权益变动的情况，不仅包括所有者权益总量的增减变动，还包括所有者权益增减变动的重要结构性信息。

2. 所有者权益变动表的内容构成

在所有者权益变动表中，企业至少应当单独列示反映下列项目的信息：① 净利润；② 直接计入所有者权益的利得和损失项目及其总额；③ 会计政策变更和差错更正的累积影响金额；④ 所有者投入资本和向所有者分配利润等；⑤ 提取的盈余公积；⑥ 实收资本或股本、资本公积、盈余公积、未分配利润的期初和期末余额及其调节情况。

6.1.2　所有者权益变动表的作用

1. 有利于投资者进一步了解企业净资产的状况

随着资本市场的发展，企业的所有者（股东）越来越重视自己的利益，他们迫切需要详细地了解自己的权益状况。所有者权益变动表列示了构成所有者权益的各组成部分的增减变动情况，有助于投资者准确理解所有者权益增减变动的根源，更明确了企业净资产增值的属性和含金量，可以对企业整体的财务状况和经营成果有一个准确的定位判断。

2. 有利于充分体现企业的综合收益

综合收益，是指企业在某一期间与所有者之外的其他方面进行交易或发生其他事项所引起的净资产变动。综合收益的构成包括两部分：净利润和直接计入所有者权益的利得和损失。前者是企业已实现并已确认的收益，后者是企业未实现但根据会计准则的规定已确认的收益。在所有者权益变动表中，净利润和直接计入所有者权益的利得和损失均单列项目反映，不仅充分体现了企业的综合收益，而且也揭示了企业综合收益的构成情况，增进了信息的完整性、有用性和相关性。

3. 是连接资产负债表和利润表的纽带

由于传统会计原则的限制，越来越多的已确认未实现的利得和损失无法在利润表中列示，而是绕过利润表直接在资产负债表中的所有者权益中确认，这种做法破坏了资产负债表与利润表之间原本的逻辑关系。在这种情况下，所有者权益变动表担负起了资产负债表与利润表的纽带的重任，通过所有者权益变动表搭建二者之间的勾稽关系，使财务报告体系中各要素之间能够继续保持着紧密的联系。

6.1.3 所有者权益变动表的结构

所有者权益变动表是由表首、正表两部分组成。

1. 表首

表首主要说明报表名称、编制单位、编制日期、报表编号、货币计量单位等。

2. 正表

正表是所有者权益增减表的主体，为了清楚地表明构成所有者权益的各组成部分当期的增减变动情况，所有者权益变动表按以下形式列示。

（1）以矩阵的形式列报。所有者权益变动表应当以矩阵的形式列示。一方面，列示导致所有者权益变动的交易或事项，改变了以往仅仅按照所有者权益的各组成部分反映所有者权益变动情况，而是按所有者权益变动的来源对一定时期所有者权益变动情况进行全面反映；另一方面，按照所有者权益各组成部分（包括实收资本、资本公积、盈余公积、未分配利润和库存股）及其总额列示交易或事项对所有者权益的影响。

（2）列示所有者权益变动表的比较信息。根据财务报表列报准则的规定，企业需要提供所有者权益变动表的比较信息，因此，所有者权益变动表还就各项目再分为"本年金额"和"上年金额"两栏分别填列。

所有者权益变动表的结构，如表6-1所示。

表6-1 所有者权益变动表

编制单位：唐山冀东水泥股份有限公司			2007年度					单位：元
项　　目	股本	其他权益工具	资本公积	减：库存股	其他综合收益	盈余公积	未分配利润	股东权益合计
一、上年年末余额	962 770 614.00		742 414 207.40			264 399 557.14	107 182 234.96	2 076 766 613.50
加：会计政策变更								
前期差错更正								
二、本年年初余额	962 770 614.00		742 414 207.40			264 399 557.14	107 182 234.96	2 076 766 613.50

续表

项　　目	股本	其他权益工具	资本公积	减：库存股	其他综合收益	盈余公积	未分配利润	股东权益合计
三、本年增减变动金额（减少以"-"号填列）			23 681.97			24 654 083.54	125 609 690.42	150 287 455.93
（一）净利润							246 540 835.36	246 540 835.36
（二）直接计入股东权益的利得和损失			23 681.97					23 681.97
1. 可供出售金融资产公允价值变动净额								
2. 权益法下被投资单位其他股东权益变动的影响			196 617.07					196 617.07
3. 与计入股东权益项目相关的所得税影响								
4. 其他			-172 935.10					-172 935.10
上述（一）和（二）小计			23 681.97				246 540 835.36	246 564 517.33
（三）股东投入和减少资本								
1. 股东投入资本								
2. 股份支付计入股东权益的金额								
3. 其他								
（四）利润分配								
1. 提取盈余公积						24 654 083.54	-24 654 083.54	
2. 对股东的分配							-96 277 061.40	-96 277 061.40
3. 提取一般风险准备								
4. 其他								
（五）股东权益内部结转								
1. 资本公积转增资本（或股本）								
2. 盈余公积转增资本（或股本）								
3. 盈余公积弥补亏损								
4. 其他								
四、本年年末余额	962 770 614.00		742 437 889.37			289 053 640.68	232 791 925.38	2 227 054 069.43

续表　　　　　　　　　　　　　　　　2006 年度　　　　　　　　　　　　单位：元

项　目	股本	其他权益工具	资本公积	减：库存股	其他综合收益	盈余公积	未分配利润	股东权益合计
一、上年年末余额	962 770 614.00		744 358 222.19			250 483 618.45	–18 128 804.02	1 939 483 650.62
加：会计政策变更								
前期差错更正								
二、本年年初余额	962 770 614.00		744 358 222.19			250 483 618.45	–18 128 804.02	1 939 483 650.62
三、本年增减变动金额（减少以"–"号填列）			–1 944 014.79			13 915 938.69	125 311 038.98	137 282 962.88
（一）净利润							139 226 977.67	139 226 977.67
（二）直接计入股东权益的利得和损失								
1. 可供出售金融资产公允价值变动净额			–1 944 014.79					–1 944 014.79
2. 权益法下被投资单位其他股东权益变动的影响								
3. 与计入股东权益项目相关的所得税影响								
4. 其他								
上述（一）和（二）小计			–1 944 014.79				139 226 977.67	137 282 962.88
（三）股东投入和减少资本								
1. 股东投入资本								
2. 股份支付计入股东权益的金额								
3. 其他								
（四）利润分配						13 915 938.69	–13 915 938.69	
1. 提取盈余公积						13 915 938.69	–13 915 938.69	
2. 对股东的分配								
3. 提取一般风险准备								
4. 其他								
（五）股东权益内部结转								
1. 资本公积转增资本（或股本）								

续表

项　　目	股本	其他权益工具	资本公积	减:库存股	其他综合收益	盈余公积	未分配利润	股东权益合计
2. 盈余公积转增资本（或股本）								
3. 盈余公积弥补亏损								
4. 其他								
四、本年年末余额	962 770 614. 00		742 414 207. 40			264 399 557. 14	107 182 234. 96	2 076 766 613. 50

6.2　所有者权益变动表重点项目分析

所有者权益各组成部分的分析，在资产负债表重点项目分析中已述及。本部分重点分析所有者权益变动的来源项目。

6.2.1　会计政策变更和前期差错更正项目分析

1. 会计政策变更

会计政策变更是为了能够使企业提供更可靠、更相关的财务信息。所以，为了体现会计政策变更的影响，在所有者权益变动表中应单独列示反映企业采用追溯重述法处理的会计政策变更的累积影响金额。通常企业是以自身的主观判断为依据决定是否需要会计政策变更，企业的管理层也可能出于粉饰财务报表的动机而变更会计政策。因此，报表使用者应当对这种可能性有所警惕。

在对会计政策变更金额进行分析时，应注意报表附注中所披露的变更内容、变更理由、变更处理方法、变更对盈余的影响是否充分，是否符合可比性要求，同时还应结合公司的背景判断管理层是否有粉饰财务报表的动机。

案例 6 -1

　　ST 丰华（600615）在其 2005 年的年报中披露的以下事项：子公司北京红狮对杜邦红狮投资 2 079.73 万元（其中：投资成本 653.81 万元），投资比例为 24%，由于 2005 年被投资单位章程已修改，经营管理层人员变动，致使北京红狮对其已无重大影响，年内会计核算由权益法改为成本法。上述会计政策变更增加北京红狮利润 587.99 万元，相应增加公司合并利润 470.39 万元。那么，仅以单位章程修改、经营管理层人员变动为由变更会计核算方法，理由是否充分？

　　进一步分析该公司的背景，可以发现：ST 丰华 2004 年营业利润亏损 7 582.93 万元，主要靠营业外收入（9 141.04 万元）维持盈利，而营业外收入中的 8 748.42 万元是预计负债的转回。2005 年 ST 丰华的核心企业北京红狮由于受污染扰民搬迁的影响，主营业务收入比上年同期减少 1 803.40 万元，使公司的盈利能力受到很大的影响。在公司的董事会报告中提到：报告期内，公司实现主营业务利润 3 596 万元，比上年同期增加 605.57 万元

（提高 20.25%）；实现净利润 1 040.10 万元，比上年同期增加了 500.78 万元（增加112.56%）。如剔除会计政策变更的影响，净利润仅仅为 569.72 万元（增加 16.43%），实际上公司的盈利能力并没有好转。这项会计政策的变更对于公司经营业绩的影响可谓重大，忽视这一点可能使投资者对公司投资价值的判断产生重大的偏差。

2. 前期差错更正

前期差错更正是为了能够使企业提供更可靠、更相关的财务信息。所以，为了体现前期差错更正的影响，在所有者权益变动表中应单独列示反映企业采用追溯重述法处理的会计差错更正的累积影响金额。但是，只有前期财务报表存在重大会计差错更正，会计处理才采用追溯重述法，且追溯重述法具有不影响当期损益的特点。而前期差错的重要性取决于在相关环境下对遗漏或错误表述的规模和性质的判断，企业往往会选择对已有利的条件作为判断重大会计差错的依据，从而为利润操纵提供空间。

在对前期差错更正金额进行分析时，应注意企业是否存在利用"重大会计差错"界定的模糊性进行利润操纵，将会计差错更正作为调节收益在不同会计期间"按需分配"的工具。

6.2.2 直接计入所有者权益的利得和损失项目分析

1. 可供出售金融资产公允价值变动净额

此项目反映企业持有的可供出售金融资产当年公允价值变动的净额，会影响资本公积的变动。也就是说，可供出售金融资产随市场的变动，会快速影响企业的净资产变化。由于其是未实现已确认的收益，具有不确定性。因此，在分析其净资产时一定要辩证来看。另外，这部分影响资本公积的金额，将来还要计入利润表中。

2007 年年报显示，浦发银行、民生银行两家银行持有可供出售金融资产的金额最大，分别达到 887.84 亿元、607.15 亿元。这些高额的可供出售金融资产，虽不能直接体现收益，但按公允价值计价后大大增强了上市公司的净资产。不过，当公允价值下降时，又会出现相反的结果。所以，可供出售金融资产公允价值变动净额形成的资本公积是不稳定的。

2. 权益法下被投资单位其他所有者权益变动的影响

此项目反映企业对按照权益法核算的长期股权投资，在被投资单位除当年实现的净损益以外其他所有者权益当年变动中应享有的份额，会影响资本公积的变动。但当企业处置长期股权投资时，原计入资本公积中的金额还要转入当期损益，最终也会计入到利润表中。所以，应关注企业是否为了增加当期收益而不得不处置长期股权投资的情况。

3. 与计入所有者权益项目相关的所得税影响

此项目反映企业某项交易或事项按照企业会计准则规定应计入所有者权益，则由该交易或事项产生的递延所得税资产或递延所得税负债及其变化也应计入所有者权益，不构成利润表中的递延所得税费用或收益，但会影响资本公积的变动。

6.2.3 所有者投入和减少资本项目分析

1. 所有者投入资本

此项目反映企业接受投资者投入形成的实收资本（或股本）和资本溢价或股本溢价，

其会使实收资本和资本公积增加。若此项目增加,一方面意味着投资者对企业的未来充满信心;另一方面可以使企业的营运资金增加,增加企业的经济实力。

2. 股份支付计入所有者权益的金额

此项目反映企业处于等待期中的权益结算的股份支付当年计入资本公积的金额,即以权益结算的股份支付,应当在授予日按照权益工具的公允价值计入相关成本或费用,相应增加资本公积。在行权日,企业根据实际行权的权益工具数量,计算确定应转入实收资本或股本的金额,将其转入实收资本或股本。此项目采用公允价值来计量,增强了会计信息的相关性。

6.2.4 利润分配项目分析

1. 提取盈余公积

此项目反映企业按照规定提取的各种积累资金,包括法定盈余公积和任意盈余公积。由于提取任意盈余公积的比例需经股东大会或类似权力机构批准,企业对此有很大的自由度,比例大小与管理当局的经营意图密切相关,直接体现了企业生产和消费关系的政策趋向,可以表明企业当前面临的经营状态和理财政策。

2. 对所有者(或股东)的分配

此项目反映企业对所有者(或股东)分配的利润(或股利)金额。通常现金股利和股票股利是上市公司对所有者(或股东)分配的两种主要形式。企业股利政策的选择,是企业的管理层对企业现有业绩、财务状况及其未来前景所进行的一种综合解释的信号。一般来说,企业的利润分配政策应具有稳定性和连续性。

股票股利是指将利润以增加发行股票的方式分配给现有股东,俗称送股。股票股利只是资金在股东权益账户间的转移而不是资金的运用,实质是股份公司将留存利润的一部分予以凝固化为投入资本,不会引起股东所持股票比例的变化。应注意的是,处于成长中的公司通常采取发放股票股利的形式,预示着公司将有较大的发展空间,从而会提高投资者对公司的信心,在一定程度上会稳定股票价格。

案例6-2

苏宁电器,该公司三年多来共进行过4次送转股,三次是10送10,一次是10送8,总股本由上市之初的不到1亿股,增长至如今的14亿股,而公司的业绩却并没有因股本的快速扩张而摊薄。2007年三季报显示,其每股收益达到了0.65元。这三年来苏宁的成长更是有目共睹,其龙头地位极大地增强。

现金股利是指以现金形式分派给股东的股利,是股利分派最常见的方式。上市公司持续稳定的现金分红,是衡量其投资价值的重要标志。现金分红不仅表明了公司有真实的盈利,还反映了公司管理层对企业长期生存能力和财务状况的信心。企业支付现金股利的增加,意味着企业当前及未来盈利有增长的潜力,也在一定程度上表明了企业的管理层对财务状况前景的乐观态度;企业支付现金股利的减少,意味着企业未来盈利的减少,现金支付压力大,也在一定程度上表明了企业的管理层对财务状况前景的不乐观态度。

理论上讲,理性的投资者一般都非常看重公司的派现能力。而能够稳定提供较高现金股利分配的股票走势一般比较坚挺，因而现金分红是国际通行的分红手段，是判断市场是否成熟的重要标志。欧美上市公司一般将税后利润的 30%～40% 用于分红，日本的上市公司一般将税后利润的 10%～15% 用于分红。在 20 世纪 70 年代美国上市公司的现金股利占公司净收入的比率约为 30%～40%，到 20 世纪 80 年代，这一比率提高到 40%～50%。美国在过去 50 年中，所有公司的收益大约有 50% 作为股利发放给股东。分红派现作为最主要的股利支付方式被广泛采用。据有关资料显示，我国上市公司 2004 年将当年实现净利润的42.30% 用于分红，2005 年这一比率提高到了 43.48%。但也不乏象征性派现的上市公司。

> **案例 6-3**
>
> 如某西部钢铁公司 2002 年每股收益仅为 0.195 元，却慷慨地推出 10 送 5.2 元的高派现方案，为达到再融资标准不惜分光几年来的滚存利润。此分配方案一出，舆论哗然。但此方案却能在股东大会上顺利地通过，其秘密就在于第一大股东占有 70.13% 的股权。
>
> 再如用友软件 2001 年实施每 10 股派 6 元（含税）的高比例派现，即将利润的 85.7%用于分红。公司董事会秘书解释，一是用友的行为符合有关监管部门的倡导；二是公司几年来都实施大比例派现分配方式。因此，今年实施的高比例派现，也是按照惯例实施。况且就公司本身的财务状况而言，经营活动产生的现金流远远高于将分配的现金股利，不是通过借款或股权融资来实现分配。因此，这种分配是健康的，是合法合理的分配。从另一方面看，用友软件的高比例派现，单就对净资产收益率指标来说也有美化的作用，公司2001 年全面摊薄净资产收益率为 7%，公司在高派现而不扩张股本的情况下，就可以提高公司 2002 年的净资产收益率，为今后的再融资做准备，且不说大股东还从中获益不菲呢。显然，这是双赢的利润分配政策。
>
> 纵观用友软件的利润分配方案，自 2001 年上市以来，公司每年都派发现金股利，而且每年都是将当年实现净利润的 60.00% 以上用于派发现金红利。

6.2.5 所有者权益内部结转项目分析

以下是反映不影响当年所有者权益总额的所有者权益各组成部分之间当年的增减变动。

1. 资本公积转增资本（或股本）

此项目反映企业以资本公积转增资本或股本的金额，是公司内部投入资本结构的调整。但应当注意的是，并不是所有的资本公积项目都可以转增资本。因此，对企业使用资本公积转增注册资本时，一定要查明资本公积形成的原因。

> **案例 6-4**
>
> 西水股份 2007 年年末的资本公积为 356 248.91 万元，其中："股本溢价"为30 313.43 万元、"其他资本公积"为 325 935.48 万元；较年初的 34 201.86 万元增长了941.61%，其每股资本公积高达 22.27 元。资本公积为何大幅增长？西水股份共持有兴业银行 7 620.67 万股，初始投资金额为 16 329.08 万元，每股成本为 2.14 元，兴业银行 2007年年末的收盘价为 51.86 元，西水股份据此确定为可供出售金融资产的公允价值；在按照

15%的所得税税率确认 56 831.83 万元递延所得税负债后，调增"其他资本公积" 322 047.05 万元，相当于每股资本公积增加 20.13 元。西水股份巨额资本公积的存在，引发了 2008 年 3 月 15 日召开 2007 年年度股东大会，审议 56 位中小股东提交的"以资本公积金向全体股东每 10 股转增 10 股"的临时提案。公司股本总额为 1.6 亿股，从数额上看，"股本溢价"和"其他资本公积"均可作为"10 转赠 10"的来源。可供出售金融资产公允价值变动形成的这类"未实现利得"是否适合转增股本？而西水股份将以资本公积中的哪一项转增股本显得尤为引人关注。

2. 盈余公积转增资本（或股本）

此项目反映企业以盈余公积转增资本或股本的金额。盈余公积转增资本实质上是把净利润分配给股东，是对股东股份的重新量化。虽然将盈余公积转增资本（或股本），属于企业的自主行为，但在法律上有诸多规定和限制。因此，应注意用盈余公积转增资本（股本）后，留存的盈余公积是否符合不得低于注册资本的 25% 的规定。

3. 盈余公积弥补亏损

此项目反映企业以盈余公积弥补亏损的金额。企业计提的盈余公积是资本的一种收益，是企业一定时期内生产经营所获得的结果，用盈余公积弥补亏损，是经营期间正常的合理补蓄，是合情合理合法、理所当然的正常操作。应注意的是，有些企业在可以用税前利润弥补亏损的情况下，却选择用盈余公积弥补亏损。那么企业为什么要提前以盈余公积弥补亏损呢？按照规定，累计亏损未经全额弥补之前，上市公司不得实施分配，而上市公司最近 3 年未进行现金利润分配的，又不得再融资。因此，在再融资的巨大诱惑面前，许多上市公司就会提前用盈余公积弥补亏损，即以牺牲累计未弥补亏损的抵税利益，来换取再融资资格置股东利益于不顾。所以，报表使用者应关注企业提前用盈余公积弥补亏损的动机。

6.3　所有者权益变动表的趋势分析

6.3.1　所有者权益变动表水平分析

所有者权益变动表水平分析是将所有者权益变动表中各组成项目不同时期的数据进行比较，计算其增减百分比，分析其增减变化的原因，可进一步了解企业自己积累资金的能力与潜力，并进而对企业的资本保值增值情况作出正确判断，从而提供对决策有用的信息。

所有者权益是由实收资本（或股本）、其他权益工具、其他综合收益、资本公积、盈余公积和未分配利润组成的，所以各组成项目的增减变动分析，在资产负债表分析中已有阐述，在此不再阐述，以免重复。此处重点对所有者权益每个组成项目变动的原因进行分析。

为方便分析，将引起所有者权益每个项目变动的因素进行重新组合，形成了不同的水平分析表。下面以 JDSN 股份有限公司 2007 年 12 月 31 日所有者权益变动表的有关资料进行水平分析，水平分析表如表 6 -2 ～表 6 -5 所示。

表 6 - 2　实收资本（或股本）增减变动分析表　　　　　单位：元

项　　目	2007 年	2006 年	增（减）/%
一、本年年初余额	962 770 614.00	962 770 614.00	0.00
二、本年增减变动金额			
1. 股东投入资本			
2. 股份支付计入股东权益的金额			
3. 对股东的分配			
4. 资本公积转增资本（或股本）			
5. 盈余公积转增资本（或股本）			
6. 其他			
三、本年年末余额	962 770 614.00	962 770 614.00	0.00

　　分析评价：从表 6 - 2 中可以看出，JDSN 公司近两年股本没有发生变化，表明公司并没有采用股本扩张的方式吸收投资者投资，通过前面分析也进一步证明了，公司主要靠借款和发行债券的方式解决对内对外投资所需的资金。但公司在 2007 年 6 月 6 日召开了临时股东大会，审议通过了非公开发行股票的议案。2008 年 5 月 27 日，非公开发行股票申请获得证监会核准，核准公司非公开发行新股不超过 25 000 万股。公司未来股本扩张将有新资金注入，一方面可以缓解资金压力，另一方面也有助于增强公司的经济实力。

表 6 - 3　资本公积增减变动分析表　　　　　单位：元

项　　目	2007 年	2006 年	增（减）/%
一、本年年初余额	742 414 207.40	744 358 222.19	- 0.26
1. 可供出售金融资产公允价值变动净额		- 1 944 014.79	
2. 权益法下被投资单位其他股东权益变动的影响	196 617.07		
3. 与计入股东权益项目相关的所得税影响			
4. 股东投入资本			
5. 股份支付计入股东权益的金额			
6. 资本公积转增资本（或股本）			
7. 其他	- 172 935.10		
二、本年年末余额	742 437 889.37	742 414 207.40	0.003 2

　　分析评价：从表 6 - 3 中可以看出，JDSN 公司近两年资本公积增减变动幅度很小。2006 年由于可供出售金融资产公允价值下降发生损失，使资本公积下降了 0.26%。但 2007 年可供出售金融资产被处置了，对资本公积的影响消失了；但如果没有权益法下被投资单位其他股东权益变动的影响项目，2007 年资本公积还会下降。另外，从这两年影响资本公积的项目上看，都不会永久地停留在资本公积中或用于转增资本。

表 6 - 4　盈余公积增减变动分析表

单位：元

项　目	2007 年	2006 年	增（减）/ %
一、本年年初余额	264 399 557. 14	250 483 618. 45	5. 56
1. 提取盈余公积	24 654 083. 54	13 915 938. 69	77. 16
2. 盈余公积转增资本（或股本）			
3. 盈余公积弥补亏损			
4. 其他			
二、本年年末余额	289 053 640. 68	264 399 557. 14	9. 32

分析评价：从表 6 - 4 中可以看出，JDSN 公司近两年盈余公积都有不同程度的增加，而且增速在提高，由上年增长 5. 56% 上升为 9. 32%，主要原因是提取盈余公积项目增长了 77. 16% 所致。不难看出盈余公积上涨的根本原因是 2007 年利润增长所致。

表 6 - 5　未分配利润增减变动分析表

单位：元

项　目	2007 年	2006 年	增（减）/ %
一、本年年初余额	107 182 234. 96	- 18 128 804. 02	
1. 净利润	246 540 835. 36	139 226 977. 67	77. 08
3. 提取盈余公积	24 654 083. 54	13 915 938. 69	77. 16
2. 对股东的分配	96 277 061. 40		
二、本年年末余额	232 791 925. 38	107 182 234. 96	117. 19

分析评价：从表 6 - 5 中可以看出，JDSN 公司 2007 年未分配利润增长了 117. 19%，主要原因是当年实现的净利润使未分配利润增加了；2007 年公司向股东分配现金股利，在一定程度上减缓了未分配利润上升的幅度。公司 2007 年分配现金股利 9 628 万元，是实施 2006 年的利润分配方案，即每 10 股派发现金红利 1. 00 元（含税）；2007 年公司的利润分配方案是每 10 股派发现金红利 1. 20 元（含税），分红比例是当年实现净利润的 47%。在公司面临扩大产能、投资需求资金较大的情况下，2007 年回报股东的意愿仍不变，显示公司要在证券市场上树立持续、稳定的分红形象的战略。事实也证明公司自 1996 年上市 14 年以来，已向投资者分配 10 次现金股利。

6. 3. 2　所有者权益变动表垂直分析

所有者权益变动表垂直分析也称构成分析，是将所有者权益中的各项目与所有者权益总额相比，计算出各项目占总体的比重，了解所有者权益各项目的构成情况，揭示企业的经济实力和风险承担能力，也能反映企业内部积累能力。将各项目构成与历年数据、与同行业水平进行比较，还可以分析其变动的合理性及其原因。

下面以 JDSN 股份有限公司 2007 年 12 月 31 日所有者权益变动表的有关资料，进行垂直分析，垂直分析表如表 6 - 6 所示。

表6-6 所有者权益结构分析表 单位：元

项目	2007年	2006年	结构/%	
			2007年	2006年
实收资本（或股本）	962 770 614.00	962 770 614.00	43.23	46.36
资本公积	742 437 889.37	742 414 207.40	33.34	35.75
盈余公积	289 053 640.68	264 399 557.14	12.98	12.73
未分配利润	232 791 925.38	107 182 234.96	10.45	5.16
所有者权益合计	2 227 054 069.43	2 076 766 613.50	100.00	100.00

分析评价：从表6-6中可以看出，JDSN公司所有者权益中，股本和资本公积所占比重分别由46.36%下降为43.23%和由35.75%下降为33.34%；而未分配利润所占比重由5.16%上升为10.45%，增幅较大；留存收益所占比重由17.91%上升为23.43%。

投入资本所占比重下降，主要原因是公司没有进行股本扩张，而引起资本公积变动的影响又较小。从公司经营战略上看，公司本身及子公司二期工程的资金需要量都比较大，有扩股需求。但公司近年股本扩张降温的原因不得而知。应注意的是，股本扩张虽然可增强公司的经济实力，但公司近年的业绩也会因股本的快速扩张而摊薄。

留存收益所占比重上升，显然是公司盈利形成的，可以最大限度地满足公司维持和扩大再生产的资金需要，另外也预示着公司未来有充实的利润分配潜力。

 **综合案例**

融资助力万科所有者权益高速增长

从1991年上市开始至2012年年末的22年间，万科（000002）通过送转、配股、增发、发行可转债等方式，使得公司股本扩张了260倍，所有者权益的规模持续增加。2012年年底，万科所有者权益账面价值为638.26亿元，是2000年的22倍，年复合增长29%，而在此期间万科的净资产收益一般维持15%左右，显然仅靠业绩增长是无法实现如此之高的权益增长的。22年来，万科累计融资9次，融资规模高达250亿元，而分红仅仅29.98亿元。显然，在万科的高增长历史中融资具有显著的推动作用。

1. 连续两次发行可转换公司债券

2002年6月，万科首次向社会公开发行1 500万张可转换公司债券，发行总额15亿元，可转换公司债券期限5年，票面利率1.5%，初始转股价格为每股人民币12.10元。该债券于2002年6月在深交所挂牌交易，简称"万科转债"，"万科转债"于2004年内全部转股。紧接着，万科在2004年9月再次向社会公开发行1 990万张可转换公司债券，发行总额19.9亿元。债券期限为5年，初始转股价格为5.48元/股。该可转换公司债券于2004年10月在深交所挂牌交易，简称"万科转2"，"万科转2"于2006年内全部转股或赎回。根据万科2002—2006年的年报数据，"万科转债"和"万科转2"累计转为公司A股7.67亿股，结合公司在2004—2007年间的三次转增，可转债新增股份约为14亿股，占2007年年底总股数的20%。如果以每年10%的投资回报率估算，35亿可转债募集资金在2007年的终值合计约为 51 亿元，而换取这 51 亿元的代价是万科 20% 的股份，该股份在当时市值约为 400 亿元。

2. 2007 年高价增发融资 100 亿元

2007 年 8 月底，在股市接近历史高位时，万科再次实施公开增发。此次增发价格高达 31.53 元/股，发行市盈率高达 95.84 倍，与当时二级市场上的价格相差无几，可谓名副其实的高价增发。在 2007 年 8 月增发前，万科股东权益是 158.14 亿元，股份总数达 65.55 亿股，每股净资产 2.41 元。此次增发万科共募集资金 100 亿元，在扣除 0.63 亿元的发行费用后，股东权益增加到 257.51 亿元，但股份数仅增加 3.17 亿股，达到 68.72 亿股，每股净资产增加到 3.73 元，增厚了近 55%，老股东与万科成为最大赢家。然而随着金融危机的到来，中国股市出现大幅调整，万科的股价很快跌破了增发价。截至 2013 年 8 月，虽然经过 6 年的分红，万科 10 元左右的股价仅相当于 2008 年配股价的 50%。如今看来，当年万科某高层人士认为"逾 95 倍市盈率并不高"的说法只能成为笑谈。

 讨论

1. 分析送股、配股、转股、发行可转债和发放股利对万科公司所有者权益的影响。
2. 你如何看待万科快速的资本扩张？

▶▶▶复习思考题◀◀◀

1. 影响所有者权益增减变动的构成项目有哪些？
2. 资本公积转增资本应注意哪些问题？
3. 盈余公积转增资本应注意哪些问题？
4. 以某一上市公司为例，分析其所有者权益变动表中的利润分配情况。

▶▶▶练　习　题◀◀◀

一、单选题

1. 所有者权益变动表是反映构成(　　)的各组成部分当期增减变动情况的报表。
　A. 资产　　　　　　　　　　　B. 负债
　C. 所有者权益　　　　　　　　D. 利润

2. 所有者权益变动表中的"本年金额"栏目应根据实收资本等账户的(　　)分析填列。
　A. 期末余额　　　　　　　　　B. 本期发生额
　C. 期初余额　　　　　　　　　D. 上期增加额

3. 所有者权益变动表中的"净利润"项目反映企业当年实现的净利润（或净亏损）金额，编制时应对应填列在(　　)栏。
　A. 实收资本　　　　　　　　　B. 资本公积
　C. 盈余公积　　　　　　　　　D. 未分配利润

4. 所有者权益变动表中的"可供出售金融资产公允价值变动净额"项目反映企业持有

的可供出售金融资产当年公允价值变动的金额，编制应对填列在(　　)栏。

    A. 实收资本　　　　　　　　　　B. 资本公积

    C. 盈余公积　　　　　　　　　　D. 未分配利润

5. 所有者权益变动表结构是指所有者权益各项目金额占(　　)的比重，它反映了企业所有者权益各项目的分布情况。

    A. 所有者权益总额　　　　　　　B. 资产总额

    C. 负债总额　　　　　　　　　　D. 收入总额

6. 下列不属于企业实收资本（股本）增加途径的有(　　)。

    A. 资本公积转入　　　　　　　　B. 盈余公积转入

    C. 接受捐赠投入　　　　　　　　D. 发行新股

7. 下列关于所有者权益变动表表述错误的是(　　)。

    A. 反映一定时点所有者权益的情况

    B. 反映一定时期所有者权益变动的情况

    C. 反映一定时期所有者权益总量的增减变动

    D. 反映一定时期所有者权益增减变动的重要结构性信息

8. 下列关于综合收益的说法错误的是(　　)。

    A. 综合收益含有净利润

    B. 综合收益含有直接计入所有者权益的利得和损失

    C. 净利润是企业已实现并已确认的收益

    D. 直接计入所有者权益的利得和损失是企业已实现但根据会计准则的规定已确认的收益

9. 下列关于利润分配政策的说法正确的是(　　)。

    A. 利润分配政策应具有稳定性和连续性

    B. 现金股利是对股东分配的唯一形式

    C. 股票股利是对股东分配的唯一形式

    D. 处于成长中的上市公司通常会采取发放现金股利的形式

10. 下列关于盈余公积的说法错误的是(　　)。

    A. 盈余公积属于留存收益　　　　B. 盈余公积可以用来转增资本

    C. 盈余公积可以用来弥补亏损　　D. 盈余公积的使用在金额上没有限制

二、多项选择题

1. 下列各项中，可直接计入所有者权益的利得和损失有(　　)。

    A. 交易性金融资产公允价值变动

    B. 可供出售金融资产公允价值变动

    C. 权益法下被投资企业其他所有者权益变动

    D. 交易性金融负债公允价值变动

    E. 持有至到期投资摊余成本的变动

2. 下列项目中应在所有者权益变动表中列示的有(　　)。

    A. 利润总额　　　　　　　　　　B. 直接计入所有者权益的利得和损失

    C. 净利润　　　　　　　　　　　D. 前期差错更正的影响数

E. 利润分配

3. "利润分配"项目下的各项目，反映当年对所有者（或股东）分配的利润（或股利）金额和按照规定提取的盈余公积金额，并对应列在(　　)栏。

A. 实收资本　　　　　　　　　　B. 资本公积

C. 盈余公积　　　　　　　　　　D. 未分配利润

E. 库存股

4. 盈余公积属于企业留存收益中指定专门用途的积累资金，其主要用途有(　　)。

A. 弥补亏损　　　　　　　　　　B. 转增资本

C. 分派股利　　　　　　　　　　D. 对外捐赠

E. 股份支付

5. 下列项目属于所有者权益内部结转的有(　　)。

A. 资本公积转增资本　　　　　　B. 盈余公积转增资本

C. 盈余公积弥补亏损　　　　　　D. 企业获得净利润

E. 接受捐赠投入

三、判断题

1. 直接计入所有者权益的利得和损失是企业已实现但根据会计准则的规定已确认的收益。(　　)

2. 对于"盈余公积"项目的分析，应从盈余公积形成是否合法和盈余公积使用是否符合规定方面进行。(　　)

3. 所有者权益变动表是连接资产负债表和利润表的纽带。(　　)

4. 企业的资本公积、盈余公积和未分配利润，属于企业生产经营过程中形成的留存收益。(　　)

5. 企业资本公积减少的主要原因是转增资本和弥补亏损。(　　)

第7章

偿债能力分析

学习提要

偿债能力是财务报表使用者尤其是债权人关注的重点，偿债能力的强弱是企业生存和健康发展的基本前提，偿债能力分析分为短期偿债能力分析和长期偿债能力分析。本章着重介绍了反映企业短期偿债能力和长期偿债能力的各项指标，并阐述了各项指标分析时应注意的问题。

7.1 偿债能力分析的意义

偿债能力是指企业清偿到期债务的现金保障程度。企业的经营不可能完全依赖所有者的投资，而实现所谓的"无负债经营"。在企业的资本利润率高于借入款项的利率时，举债经营就能够通过财务杠杆作用获得杠杆收益，即利用负债融资获取高收益。举债需要偿还，企业偿债能力的大小，对企业管理者、投资者、债权人等至关重要，也是企业生存和健康发展的基本前提。

偿债能力分析，可以了解企业的财务状况，了解企业所承担的财务风险程度。偿债能力的强弱涉及企业不同利益主体的切身利益，不同利益主体对企业偿债能力进行分析就有不同的意义。

1. 有利于债权人判断其债权收回的保证程度

在市场经济条件下，企业总要面临风险，这就要求企业必须拥有一定的主权资本，以承担经营亏损，应付意外的打击。一般而言，所有者权益在企业资本结构中所占的比例越高，对债权人的债权保障程度就越高，反之亦然。对企业债权人而言，偿债能力分析的主要目的是判断其自身债权的收回保证程度，即确认企业能否按期还本付息。因此，债权人希望融资结构中的所有者权益比重越大越好。

2. 有利于所有者判断投入资本的保全程度

企业所有者是企业的终极风险承担者，企业的资产只有先偿还债务后，其剩余部分才归所有者所有，投资者十分关心其投入资本能否保全。因此，企业所有者是转移资本还是追加资本，以使自身既承担较小的投资风险，又可获得较高的投资收益，往往面临着风险与收益的两难选择。对企业投资人而言，偿债能力分析的主要目的是判断自身所承担的终极风险与可能获得的财务杠杆利益，以确定投资决策。

3. 有利于经营者优化融资结构和降低融资成本

优化融资结构，表现为吸收更多的主权资本，提高企业承担财务风险的能力。所有者权益作为企业对外清偿债务、承担风险的后盾，是企业保持良好财务形象的基础，只有保持良好的财务形象，企业才能获得源源不断的投资和贷款。企业在提高承担财务风险能力的同时，还应考虑融资效益，即通过偿债能力分析，确定和保持最佳融资结构，以使企业的综合财务风险最低，尽量降低企业融资成本。对企业经营者而言，偿债能力分析的主要目的是优化融资结构和降低融资成本。

4. 有利于政府有关机构进行宏观经济管理

政府有关经济管理部门为保证经济协调运转，维护市场秩序，通常会对企业的经营和理财活动规定各种规则，其中，一些规则就与企业的融资结构相关。政府有关经济管理部门对企业的偿债能力进行分析，目的就是判断企业是否可以进入有限制的领域进行经营或财务运作。

偿债能力分析分为短期偿债能力分析和长期偿债能力分析。

7.2 短期偿债能力分析

短期偿债能力是指企业用其流动资产偿付流动负债的能力，它反映企业偿付即将到期债务的实力。企业能否及时偿付到期的流动负债，是反映企业财务状况好坏的重要标志。对债权人来说，企业只有具有充分的短期偿债能力，才能保证其债权的安全，即按期收取利息，到期收回本金。对投资者来说，如果企业的短期偿债能力发生问题，就会牵制企业经营管理人员的大量精力去筹措资金，应付还债，还会增加企业筹资的难度，或加大临时性紧急筹资的成本，影响企业的生产经营和盈利能力。有时一个效益不错的企业，会由于资金周转不灵，无法偿还短期债务而导致破产。

所以，对短期偿债能力的分析主要侧重于研究企业流动资产与流动负债的关系，以及资产的变现速度的快慢。因为大多数情况下，短期债务需要用货币资金来偿还，因而各种资产的变现速度也直接影响到企业的短期偿债能力。

反映企业短期偿债能力的财务指标主要有：营运资金、流动比率、速动比率和现金比率、现金流动负债比和现金负债总额比。

7.2.1 营运资金

1. 营运资金指标的计算

营运资金是流动资产减去流动负债后的差额。营运资金是用于计量企业短期偿债能力的绝对指标。企业能否偿还短期债务，要看有多少债务，以及有多少可以变现偿债的流动资产。其计算公式为：

$$营运资金 = 流动资产 - 流动负债$$

营运资金是偿还流动负债的"缓冲垫"，营运资金越多则偿债越有保障，当流动资产大于流动负债时，营运资金为正，说明营运资金出现溢余。此时，与营运资金对应的流动资产是以一定数额的长期负债或所有者权益作为资金来源的，说明不能偿债的风险较小。反之，当流动资产小于流动负债时，营运资金为负，说明营运资金出现短缺。此时，企业部分长期资产以流动负债作为资金来源，企业不能偿债的风险很大。

根据 JDSN 公司 2007 年资产负债表计算：

2007 年　营运资金 = 1 858 473 285.20 - 1 915 888 003.96 = -57 414 718.76（元）

2006 年　营运资金 = 998 439 625.10 - 1 384 879 716.79 = - 386 440 091.70（元）

该公司营运资金 2006 年、2007 年都是负数，表明营运资金短缺的现象一直没有改变，也就是说公司有部分长期资产是以流动负债作为资金来源，公司不能偿债的风险很大，财务状况不稳定。

2. 营运资金指标分析应注意的问题

（1）营运资金的合理性。所谓营运资金的合理性是指营运资金的数量以多少为宜。短期债权人希望营运资金越多越好，这样就可以减少贷款风险。因为，如果营运资金短缺，就会迫使企业为了维持正常的经营和信用，在不适合的时机、按不利的利率进行不利的借款，从而影响利息和股利的支付能力。但是过多地持有营运资金，也不是什么好事。因为，流动资产过多，虽然流动性强、风险小，但获利性差，不利于企业提高盈利能力；而流动负债过少，说明企业利用无息负债扩大经营规模的能力较差（除了短期借款、带息票据以外的流动负债通常不需要支付利息）。因此，企业应保持适当的营运资金规模。

衡量营运资金持有量的合理性，没有一个统一的标准，不同行业的营运资金规模有很大差别。一般来说，零售商的营运资金较多，因为他们除了流动资产以外没有什么可以偿债的资产；而信誉好的餐饮企业营运资金很少，有时甚至是一个负数，因为其稳定的收入可以偿还同样稳定的流动负债。制造业一般有正的营运资金，但其数额差别很大。由于营运资金与经营规模有联系，所以同一行业不同企业之间的营运资金也缺乏可比性。

（2）营运资金指标是一个绝对数，不便于不同企业间的比较。假设：A 公司和 B 公司的营运资金相同，但其偿债能力不一定相同。因此，在实务中很少直接使用营运资金作为反映企业短期偿债能力的指标。实务中经常将流动资产与流动负债进行比较，来判断营运资金数额的合理性，即用流动比率进行评价。

7.2.2　流动比率

1. 流动比率指标的计算

流动比率是流动资产与流动负债的比率。它是衡量企业资产流动性的大小，判明企业短期债务偿还能力最通用的比率。用于评价企业流动资产在短期债务到期前，可以变为现金用于偿还流动负债的能力。其计算公式为：

$$流动比率 = 流动资产 \div 流动负债$$

该比率表示每一元流动负债有多少流动资产作为其还款的保障，它是个相对数，排除了企业规模大小不同的影响，更适合企业之间及本企业不同历史时期的比较。通常认为企业流动比率越大，表明短期偿债能力越强，企业财务风险越小，债权人越有保障，安全程度越高。由于变现能力较差的存货在流动资产中约占一半，一般认为流动比率维持在 2 : 1 左右较为合适。它表明企业财务状况稳定可靠，除了能满足日常生产经营的流动资金需要外，还有足够的财力偿付到期的短期债务。

根据 JDSN 公司 2007 年资产负债表计算：

2007 年　流动比率 = 1 858 473 285.20 ÷ 1 915 888 003.96 ≈ 0.97

2006 年　流动比率 = 998 439 625.10 ÷ 1 384 879 716.79 ≈ 0.72

该公司 2007 年的流动比率较 2006 年有所提高，但远低于公认标准 2，反映出该公司的短期偿债能力仍较弱，表明短期债务的安全程度不高。

2. 流动比率分析应注意的问题

（1）流动比率不宜过高。因为过高的流动比率，并不意味着企业有足够的现金或存款用来归还短期债务。如果过高的流动比率通常是由以下原因造成的：① 企业对资金未能有效运用；② 企业赊销业务增多致使应收账款增多形成的；③ 产销失衡、销售不力致使在产品、产成品等积压造成的，应该说，这并不是健康的财务状况，它不仅丧失机会收益，还会影响企业的资金使用效率和获利能力，可以说是资金使用效率较低的表现。因此，作为债权人除了注意流动比率的数值外，还应注意企业现金流量的变化。一般情况下，营业周期、流动资产中的应收账款和存货的周转速度是影响流动比率的主要因素。

（2）计算出来的比率，只有和同行业平均流动比率、本企业历史的流动比率进行比较，才能得出比率的优劣。但要想找出流动比率过高及过低的原因，还必须分析流动资产和流动负债所包括的内容及经营上的因素。

（3）由于债权人注重以流动比率衡量企业的短期偿债能力，所以有的企业为了筹借资金，有意在会计期末采用推迟购货，抓紧收回应收账款，尽可能在偿还债务以后再筹借等方法，粉饰其流动资产和流动负债状况，提高流动比率。因此，作为债权人在进行报表分析时，除了观察流动比率和现金流量的变化之外，还应当对不同会计期间流动资产和流动负债状况的变化进行对比分析。

（4）流动资产中包含的存货、预付账款和待摊费用等能否足额、迅速地转换为现金，是有疑问的。如果其流动性较差，即使流动比率很高，也不能说明企业短期偿债能力很强。为了更真实地揭示企业的短期偿债能力，还可以使用速动比率这一指标进行评价。

7.2.3 速动比率

1. 速动比率指标的计算

速动比率是速动资产与流动负债的比率，用于衡量企业流动资产中可以立即用于偿付流动负债的能力。

速动资产是流动资产扣除存货的差额。扣除存货的原因：① 在流动资产中存货的变现速度最慢；② 由于某种原因，部分存货可能已损失报废还未作处理；③ 部分存货已抵押给某债权人；④ 存货估价还存在着成本与合理市价相差悬殊的问题。因此，从谨慎的角度来看，把存货从流动资产总额中扣除而计算出的速动比率，会更加可信、更加令人信服。其计算公式为：

$$速动比率 = 速动资产 \div 流动负债$$
$$速动资产 = 流动资产 - 存货$$

对于短期债权人来说此比率越大，对债务的偿还能力就越强；但如果速动比率过高，则又说明企业因拥有过多的货币性资产，而可能失去一些有利的投资和获利机会。通常认为正常的速动比率为1，即在无需动用存货的情况下，也可以保证对流动负债的偿还；如果速动比率小于1，则表明企业必须变卖部分存货才能偿还短期负债。当然，这个比率应在企业不同会计年度之间，不同企业之间并参照行业标准进行比较，方能得出较佳的判断。

根据 JDSN 公司 2007 年资产负债表计算：

2007 年　速动比率 = (1 858 473 285.20 - 125 855 503.48) ÷ 1 915 888 003.96 ≈ 0.904

2006 年　速动比率 = (998 439 625.10 - 143 597 969.94) ÷ 1 384 879 716.79 ≈ 0.617

该公司 2007 年的速动比率较 2006 年有所提高，但仍低于公认标准 1，反映出该公司的短期偿债能力有所好转，说明公司即期偿债能力在提高。

2. 速动比率分析应注意的问题

① 速动资产只是从流动资产中扣除了存货，其中还包含变现能力较差的预付账款，用速动比率反映企业的短期偿债能力仍被质疑。因此，在流动资产扣除存货的基础上再减去预付账款，然后再与流动负债相比，称为保守速动比率。保守速动比率能真正体现企业流动资产中可以快速变现用于偿付流动负债的能力。

② 速动资产中仍含有应收账款，如果应收账款的金额过大或质量较差，事实上也会高估速动比率。在评价速动比率指标时，应结合应收账款周转率指标分析应收账款的质量。

③ 速动比率同流动比率一样，它反映的是会计期末的情况，并不代表企业长期的财务状况。企业为筹借资金可能会人为地粉饰速动比率，作为债权人应进一步对企业整个会计期间和不同会计期间的速动资产、流动资产和流动负债情况进行分析。

7.2.4　现金比率

1. 现金比率指标的计算

现金比率是指现金类资产对流动负债的比率，它能反映企业直接偿付流动负债的能力。该指标的分子是广义的现金，其计算公式为：

$$现金比率 = (货币资金(或现金等价物) \div 流动负债) \times 100\%$$

现金比率是最严格、最稳健的短期偿债能力衡量指标，它反映企业随时还债的能力。现金比率过低，说明企业即期偿付债务存在困难；现金比率高，表示企业可立即用于偿付债务的现金类资产越多，偿还即期债务的能力较强。

根据 JDSN 公司 2007 年资产负债表计算：

2007 年　现金比率 = (433 389 998.36 ÷ 1 915 888 003.96) × 100% ≈ 22.60%

2006 年　现金比率 = (380 944 847.48 ÷ 1 384 879 716.79) × 100% ≈ 27.50%

该公司 2007 年的现金比率较 2006 年降低，反映出该公司的短期偿债能力较弱，但仍在公认的 20% 以上，说明公司即期偿债的能力还是非常乐观的。

2. 现金比率分析应注意的问题

① 现金比率不应过高。现金比率过高，表明企业通过负债方式所筹集的流动资金没有得到充分的利用，企业失去投资获利的机会越大，所以并不鼓励企业保留更多的现金类资产。一般认为该比率应在 20% 左右，在这一水平上，企业直接偿付流动负债的能力不会有太大问题。

② 对于经营活动具有高度的投机性和风险性、存货和应收账款停留的时间比较长的行业，对现金比率进行分析非常重要。

③ 对财务发生困难的企业，特别是发现企业的应收账款和存货的变现能力存在问题的情况下，计算现金比率就更具有实际意义。它能更真实、更准确地反映企业的短期偿债能力。

7.2.5 现金流动负债比

1. 现金流动负债比指标的计算

现金流动负债比是以年度经营活动产生的现金流量净额与流动负债相比，反映经营现金净流量对其流动负债偿还的满足程度。其计算公式为：

现金流动负债比 = 经营活动现金流量净额 ÷ 期末流动负债总额

该比率越大，表明企业现金流入对当期债务清偿的保障越强，表明企业的流动性越好，偿还债务的能力越强；反之，则表明企业的流动性较差。

根据 JDSN 公司 2007 年资产负债表、现金流量表计算：

2007 年　现金流动负债比 = 178 378 108.96 ÷ 1 915 888 003.96 ≈ 0.093

2006 年　现金流动负债比 = 438 728 509.06 ÷ 1 384 879 716.79 ≈ 0.317

2007 年与 2006 年相比，该公司的现金流动负债比下降了，表明公司现金流入对当期债务清偿的保障较弱，偿还短期债务的能力降低了。

2. 现金流动负债比指标分析应注意的问题

① 企业在正常经营活动中所获得的现金收入，首先要满足生产经营的一些基本支出，如购买原材料、支付职工工资、交纳税金等，然后才能用于偿付债务。所以，首先要看企业当期取得的现金收入在满足生产经营所需现金支出后，是否有足够的现金用于偿还到期债务。故选择了用经营活动产生的现金流量净额与流动负债相比。

② 该指标越高越好，因为企业偿还债务的能力，最终依赖于经营活动产生的现金流量净额。通常认为，运作比较好的公司其现金流动负债比应大于 0.4。

7.2.6 现金负债总额比

1. 现金负债总额比指标的计算

现金负债总额比是以年度经营活动产生的现金流量净额与全部债务总额相比较，反映经营现金净流量对其全部债务偿还的满足程度。其计算公式为：

现金负债总额比 = 经营活动现金流量净额 ÷ 期末负债总额

该指标反映企业在某一会计期间每 1 元负债有多少经营活动现金流量净额来偿还，能表明企业偿债能力的强弱。该比率越高，说明企业偿还全部债务的能力越强；反之，该比率越低，表示企业的偿债能力越差。

根据 JDSN 公司 2007 年资产负债表、现金流量表计算：

2007 年　现金负债总额比 = 178 378 108.96 ÷ 3 128 908 917.87 ≈ 0.057

2006 年　现金负债总额比 = 438 728 509.06 ÷ 1 882 222 668.51 ≈ 0.233

2007 年与 2006 年相比，该公司的现金负债总额比下降了，说明公司通过经营活动现金流量净额来偿还债务的能力降低了。

2. 现金负债总额比指标分析应注意的问题

对现金负债总额比进行分析，可以把该比率看作是现金净收益与债务总额的比率。而现金净收益是债务利息的保障，只要该比率大于借款利息率，公司就能够按时付息，就可以维持当前债务规模，包括借新债还旧债的能力。如果该比率低于借款利息率，债权人就要引起注意了。

7.2.7　影响短期偿债能力的因素

流动资产变现能力的大小，直接关系到企业能否正常营业，也是影响企业短期偿债能力的重要因素。

1. 增强流动资产变现能力的因素

（1）可动用的银行贷款指标。银行已同意、企业尚未办理贷款手续的银行贷款限额，可以随时增加企业的现金，提高支付能力。它一般列示在附注中予以说明。

（2）准备很快变现的长期资产。由于某种原因，企业可能将一些长期资产出售转变为现金，这将增加企业资产的流动性。企业出售长期资产，应根据近期和长期利益的辩证关系，正确决定出售长期资产的问题。所以在分析该因素时，应结合具体情况具体分析，以正确评估企业偿债能力。

（3）偿债能力的声誉。具有良好偿债能力声誉的企业，在短期偿债方面出现困难时，通常有能力筹得资金，提高偿债能力。这个增强变现能力的因素，取决于企业自身的信用声誉和当时的筹资环境。

2. 减弱流动资产变现能力的因素

（1）未做记录的或有负债。或有负债是有可能发生的债务。对这些或有负债，按我国《企业会计准则第 13 号——或有事项》规定并不作为负债登记入账，也不在报表中反映。只有已办理贴现的商业承兑汇票，作为附注列示在资产负债表的下端。其他的或有负债，包括售出产品可能发生的质量事故赔偿、尚未解决的税额争议可能出现的不利后果、诉讼案件和经济纠纷案可能败诉并需赔偿等，都没有在报表中反映。这些或有负债一旦成为事实上的负债，将会加大企业的偿债负担。

（2）担保责任引起的负债。企业可能以它自己的一些流动资产为他人提供担保，如为他人向金融机构借款提供担保、为他人购物担保或为他人履行有关经济责任提供担保等。这种担保责任有可能成为企业的负债，增加偿债负担。

7.3　长期偿债能力分析

长期偿债能力是指企业偿还长期债务的能力，用于衡量企业偿还债务本金与支付债务利息的现金保证程度，是评价企业财务状况的重点。反映企业长期偿债能力的财务指标主要有：资产负债率、产权比率、有形净值债务率、已获利息倍数和长期负债与营运资金的比率。

7.3.1　资产负债率

1. 资产负债率指标的计算

资产负债率是负债总额与资产总额的比率，它表明在资产总额中，债权人提供资金所占的比重。用于衡量企业利用债权人资金进行财务活动的能力，以及在清算时企业资产对债权人权益的保障程度。其计算公式如下：

$$资产负债率 = （负债总额 \div 资产总额）\times 100\%$$

资产负债率是衡量企业负债水平及风险程度的重要标志。资产负债率越低，说明以负债取得的资产越少，企业运用外部资金的能力较差。资产负债率越高，说明企业通过借债筹资的资产越多，风险较大。因此，资产负债率应保持在一定的水平上为佳。

一般认为，资产负债率的适宜水平在40%～60%。但处于不同行业、地区的企业对债务的态度是有差别的。经营风险比较高的企业，为减少财务风险通常选择比较低的资产负债率，例如许多高科技的企业负债率都比较低；经营风险低的企业，为增加股东收益通常选择比较高的资产负债率，例如供水、供电企业的资产负债率都比较高。我国交通、运输、电力等基础行业的资产负债率平均为50%，加工业为65%，商贸业为80%。企业对债务的态度除了行业差别之外，不同国家或地区也有差别。英国和美国公司的资产负债率很少超过50%，而亚洲和欧盟公司的资产负债率要明显高于50%，有的成功企业甚至达到70%。

根据 JDSN 公司 2007 年资产负债表计算：

2007 年　资产负债率 = (3 128 908 917.87 ÷ 5 355 962 987.30) × 100% ≈ 58.42%

2006 年　资产负债率 = (1 882 222 668.51 ÷ 3 958 989 282.01) × 100% ≈ 47.54%

从计算结果中可看出，公司资产负债率在逐年上升，说明公司的长期偿债能力在减弱。公司的资产负债率的比值以多大为好？没有可供参考的标准，需要根据公司所处的环境、经营状况和盈利能力等来评价。

资产负债率指标对不同信息使用者的意义不同。

① 从债权人的角度看，此指标应越低越好。该比率越低，即负债总额占全部资产的比例越小，表明企业对债权人保障程度越高，债权人投入资本的安全性越大。因此，债权人总是希望债务比例越低越好，企业偿债有保证，贷款不会有太大的风险。

② 从所有者的角度看，由于企业通过举债筹措的资金与股东所提供的资本，在经营中发挥同样的作用。所以，股东所关心的是全部资本利润率是否超过借入款项的利息率，即借入资本的代价。在企业所得的全部资本利润率高于因借款而支付的利息率时，股东所得到的利润就会增大。相反，如果企业经营前景欠佳，运用全部资本所得的利润率低于借款利息率，那么借入资金的一部分利息，要用所有者投入资本的利润来补偿，则对股东不利，所有者权益因此会受到影响。所以，站在所有者的角度，在全部资本利润率高于借款利息率时，负债比例越大越好，否则反之。

③ 从经营者的角度看，如果企业举债很大，说明企业较有活力，而且对前景充满信心，但如果超出债权人的心理承受程度，企业就会陷入借钱难的困境中；如果企业不举债，或负债比例很小，说明企业资金中来自于债权人的部分较小，还本付息的压力就小，财务状况越稳定，发生债务危机的可能性也越小，但却说明企业畏缩不前，对企业的前途信心不足，利用债权人资本进行经营活动的能力较差。显然，该比率的高低在很大程度上取决于经营者对企业前景的信心和对风险所持的态度。然而，资产负债率并非越高越好，当企业财务前景乐观时，应适当加大资产负债率；若财务前景不佳，则应减少负债，以降低财务风险。企业经营者应审时度势，权衡利害，把资产负债率控制在适当水平。

2. 资产负债率指标分析应注意的问题

（1）在实务中，对资产负债率指标的计算公式存在争议。有的观点认为，流动负债不应包括在计算公式内。理由是：流动负债不是长期资金来源，应予排除；如果不排除，就不能恰当地反映企业债务状况。本教材采纳了保守的观点，也是国际通用的计算公式，即使用总资产与总负债。这是因为：① 流动负债是企业外部资金来源的一部分。例如，就某一项应付账款来说，虽属于流动负债，要在一定的期限内偿还，但因业务的需要，应付账款作为一个整体，已变成外部资金来源总额的一部分，在企业内部永久存在。② 从持续经营的角度看，非流动负债是在转化为流动负债后偿还的。与其对应的是，非流动资产如果用于还债，也要先转化为流动资产。这种非流动负债向流动负债的转化及非流动资产向流动资产的转化，说明在计算资产负债率指标时，不能把流动负债排除在外。

（2）债权人、投资者及经营者对资产负债率指标的态度各不相同。如何维护各方的利益呢？关键是在充分利用负债经营好处的同时，将资产负债率控制在一个合理的水平内。多大才算合理呢？在不同的时间和空间范围内是不一样的。2007年年报显示，上市公司的整体资产负债率为84.94%，上市公司的资产负债率大多集中在30%～70%之间；银行业的平均资产负债率最高的为93.88%；平均资产负债率最低的为旅馆业，仅为23.37%；电力行业作为资本密集型行业，银行贷款占资产比重较大，平均资产负债率从2005年的52.54%上升到2007年的55.33%；房地产业是典型的资金密集型行业，2006年我国房地产企业的平均资产负债率为72%，2007年房地产企业平均资产负债率已经下降到58.44%。分析时，应结合国家总体经济状况、行业发展趋势、企业所处竞争环境等具体条件进行比较、判断。

（3）本质上，资产负债率指标是确定企业在破产这一最坏情形出现时，从资产总额和负债总额的相互关系来分析企业负债的偿还能力及对债权人利益的保护程度，即企业破产时，债权人能得到多大程度的保护。当这个指标达到或超过100%时，说明企业已资不抵债。但是，财务报表分析是把企业作为一个持续经营的单位，不是建立在破产清算基础上的，一个持续经营的企业是不能靠出售非流动资产还债的，因此这个指标的主要用途之一是揭示债权人利益的保护程度。

7.3.2 产权比率

1. 产权比率指标的计算

产权比率是负债总额与所有者权益之间的比率，它反映投资者对债权人的保障程度。用于衡量企业的风险程度和对债务的偿还能力。其计算公式如下：

$$产权比率 = （负债总额 \div 所有者权益）\times 100\%$$

产权比率越高，企业所存在的风险也越大，长期偿债能力较弱，不管企业盈利情况如何，企业必须履行支付利息和偿还本金的义务和责任。产权比率越低，表明企业的长期偿债能力越强，债权人承担的风险越小，债权人也就愿意向企业增加借款。

一般认为，该指标1:1最理想，如果认为资产负债率应当在40%～60%之间，则意味着产权比率应当维持在70%～150%之间。

根据JDSN公司2007年资产负债表计算：

2007年 产权比率 =（3 128 908 917.87 ÷ 2 227 054 069.43）× 100% ≈ 140.50%

2006年 产权比率 =（1 882 222 668.51 ÷ 2 076 766 613.50）× 100% ≈ 90.63%

通过计算可看出，公司产权比率2007年比2006年上升了，说明每百元所有者权益要负担的负债2007年末比2006年末要多，表明公司财力不足，长期偿债能力在减弱。

产权比率主要反映了负债与所有者权益的相对关系。

① 反映了债权人提供的资本与股东提供的资本的相对关系，揭示基本财务结构的稳定

性。一般来说，股东投入资本大于借入资本时比较好，但这并不绝对。站在股东的立场，在通货膨胀加剧时期，企业增加负债可以将财务风险和通货膨胀损失转嫁给债权人承担。这是由于，在经济繁荣时期，多借债可以获得额外的利润；在经济衰退时期，少借债可以减少利息负担和财务风险。产权比率高，表明企业采纳了高风险、高报酬的资本结构；产权比率低，表明企业采纳了低风险、低报酬的资本结构。

② 反映了债权人投入资本受所有者权益保护的程度，也可以表明当企业处于清算状态时，对债权人利益的保障程度。法律规定，债权人的索偿权先于所有者。公司如果进入清算状态，债权人提供资本占所有者投入资本的比重较小时，债权人的利益受保护的程度就高。

③ 产权比率也反映了经营者运用财务杠杆的程度。当该指标过低时，表明企业不能充分发挥负债带来的财务杠杆作用；当该指标过高时，表明企业过度运用财务杠杆，增加了企业财务风险。

2. 产权比率指标分析时应注意的问题

① 由于产权比率是对资产负债率的必要补充，具有共同的经济意义。因此，资产负债率分析中应注意的问题，在产权比率分析中也应引起注意。例如，该指标必须与其他企业及行业平均水平对比才能评价指标的高低；将本企业产权比率与其他企业对比时，应注意计算口径是否一致。

② 尽管产权比率是资产负债率的补充，但两指标反映长期偿债能力的侧重点不同。产权比率侧重于揭示债务资本与权益资本的相互关系，说明企业资本结构的风险性，以及所有者权益对偿债风险的承受能力；资产负债率侧重于揭示总资产中有多少是靠负债取得的，说明债权人权益的受保障程度。

③ 产权比率所反映的偿债能力是以净资产为物质保障的。但是，净资产中的某些项目，如无形资产、长期待摊费用等，价值具有极大的不确定性，且不易形成支付能力。因此，在使用产权比率时，必须结合有形净值债务率指标，作进一步分析。

7.3.3 有形净值债务率

1. 有形净值债务率指标的计算

有形净值债务率是负债总额与有形净值的比率，用来反映企业在清算时债权人投入资本受到股东权益的保护程度，用于衡量企业的风险程度和对债务的偿还能力。

有形净值是从净资产中扣除商誉、商标、专利权及非专利技术等无形资产，即所有者具有所有权的有形资产净值。该指标实际上是一个更保守、谨慎的产权比率。其计算公式为：

有形净值债务率 = [负债总额 ÷ (所有者权益 − 无形资产净值)] × 100%

指标越大，表明企业对债权人的保障程度越低，企业风险越大，长期偿债能力越弱；反之，表明企业风险越小，长期偿债能力越强。

根据 JDSN 公司 2007 年资产负债表计算：

2007 年　有形净值债务率 = 3 128 908 917. 87 ÷ (2 227 054 069. 43 − 7 139 985. 00) × 100%
　　　　　≈ 140. 95%

2006 年　有形净值债务率 = 1 882 222 668. 51 ÷ (2 076 766 613. 50 − 7 139 985. 00) × 100%
　　　　　≈ 90. 95%

从以上计算可看出，公司有形净值债务率 2007 年比 2006 年上升了，说明公司的长期偿债能力在不断减弱。

2. 有形净值债务率指标分析应注意的问题

① 有形净值债务率指标实质上是产权比率指标的延伸，是评价企业长期偿债能力更为保守和稳健的一个财务比率，它将企业偿债安全性分析建立在更加切实可靠的物质保障基础之上，在企业陷入财务危机、面临破产等特别情况下，使用该指标衡量企业的长期偿债能力更有实际意义。从长期偿债能力来讲，比率越低越好。

② 有形净值债务率指标最大的特点是在可用于偿还债务的净资产中扣除了无形资产，其中，无形资产包括商标、专利权及非专利技术等，这主要是由于无形资产的计量缺乏可靠的基础，不可能作为偿还债务的资源。

7.3.4　已获利息倍数

1. 已获利息倍数指标的计算

已获利息倍数又称为利息保障倍数，是指企业息税前利润与利息费用的比率，用以衡量企业偿付借款利息的能力。其计算公式如下：

$$已获利息倍数 = 息税前利润 \div 利息费用$$

公式中的分母"利息费用"是指本期发生的全部应付利息，不仅包括利润表中财务费用项目中的利息费用，还应包括计入固定资产成本的资本化利息。资本化利息虽然不在利润表中扣除，但仍然是要偿还的。

公式中的"息税前利润"是指利润表中未扣除利息费用和所得税费用之前的利润。它可以用"利润总额加利息费用"来测算。由于我国现行利润表中利息费用没有单列，而是混在财务费用之中，外部报表使用者只好用"利润总额加财务费用"来估计。

该指标越高，表明企业支付利息的能力就越强，企业对到期债务偿还的保障程度也就越高；相反，则表明企业没有足够资金来源偿还债务利息，企业偿债能力较弱。

根据 JDSN 公司 2007 年资产负债表计算：

2007 年　已获利息倍数 = （282 737 575.36 + 84 491 570.83）÷ 84 491 570.83 ≈ 4.35

2006 年　已获利息倍数 = （166 999 730.57 + 72 717 833.98）÷ 72 717 833.98 ≈ 3.30

从以上计算可看出，2007 年年末与 2006 年年末相比，已获利息倍数上升了，表明公司用于偿还债务利息的能力在增强，支付一年的利息支出绰绰有余。

2. 已获利息倍数指标分析应注意的问题

① 已获利息倍数指标是从偿付债务利息资金来源的角度考察债务利息的偿还能力，反映企业息税前利润为所需支付债务利息的多少倍。从长期来看，已获利息倍数至少应大于 1。已获利息倍数如果小于 1，则表明企业无力赚取大于借款成本的收益，企业没有足够的付息能力，支付本金就更困难。该指标如果刚好等于 1，则表明企业刚好能赚取相当于借款利息的收益，但是由于息税前利润受经营风险影响，支付利息仍然缺乏足够的保障。企业经营风险越大，要求的已获利息倍数越大。在经营风险相同的情况下，已获利息倍数越大说明支付利息的能力越强。息税前利润，不仅是利息支出的来源，还要提供所得税和净利润。因此，已获利息倍数为 1 是不够的，必须大于 1。从统计上看，不同国家利息费用保障倍数通常在 3 ～ 6 之间，表明已获利息倍数与经济环境有关。不同行业

的利息费用保障倍数也是有区别的，美国的食品加工业接近10，而工程类企业只有4，说明已获利息倍数与行业也有关。

②已获利息倍数为多少才合理呢？对于已获利息倍数指标的衡量，没有绝对的标准。这需要与其他企业，特别是本行业平均水平进行比较，来分析本企业的指标水平。同时从谨慎性的角度出发，最好比较本企业连续几年的数据，并选择最低指标年度的数据作为标准。这是因为，企业在经营好的年度要偿债，在经营不好的年度也要偿还大约同量的债务。某一个年度利润很高，已获利息倍数也会很高，但不能年年如此。采用指标最低年度的数据，可保证最低的偿债能力。

③分析已获利息倍数时，还应特别注意一些非付现费用问题。从长期看，企业必须拥有支付所有经营费用的资金。但从一个较短的时期来看，企业存在大量的非付现费用，如折旧费、资产减值损失、长期待摊费用、无形资产摊销等，而这些都已列入本期费用，从当期的收入中扣除。显然，即使有些企业出现已获利息倍数指标小于1的情况，也不一定不能偿还债务利息。因此，为表现企业短期内偿付债务利息的能力，可以将非付现费用加回到已获利息倍数计算公式的分子中。但这样计算出的指标是以收付实现制为基础的，不够稳健，只能用于短期偿债能力的评价。

7.3.5 非流动负债与营运资金比率

1. 非流动负债与营运资金比率的计算

非流动负债与营运资金比率是指非流动负债与营运资金相除计算的比率。其计算公式如下：

非流动负债与营运资金比率 = 非流动负债÷(流动资产 - 流动负债)

非流动负债与营运资金比率越低，不仅表明企业的短期偿债能力较强，而且还预示着企业未来偿还长期债务的保障程度也较强。一般情况下，非流动负债不应超过营运资金。非流动负债会随时间延续不断转化为流动负债，并需动用流动资产来偿还。保持非流动负债不超过营运资金，就不会因这种转化而造成流动资产小于流动负债，从而使长期债权人和短期债权人的利益都能得到保护，长期债权人和短期债权人才会感到他们的贷款是有安全保障的。

根据JDSN公司2007年资产负债表计算：

2007年 非流动负债与营运资金比率 = 1 213 020 913.91÷(1 858 473 285.20 - 1 915 888 003.96) ≈ -21.13

2006年 非流动负债与营运资金比率 = 497 342 951.72÷(998 439 625.10 - 1 384 879 716.79) ≈ -1.29

从以上计算可看出，2007年年末与2006年年末相比，非流动负债与营运资金比率仍然还是负数，且下降较多，表明长期债权人和短期债权人的债权安全可能会得不到保障。

2. 非流动负债与营运资金比率分析应注意的问题

非流动负债与营运资金比率的大小，在一定程度上受企业筹资策略的影响。在资产负债率一定的情况下，流动负债与非流动负债的结构安排会因筹资策略的改变而不同，保守的做法是追求财务稳定性，更多地筹措非流动负债；激进的做法是追求资金成本的节约，更多地用流动负债来筹资。

7.3.6 影响长期偿债能力的因素

在分析和评价企业长期偿债能力时，除通过资产负债表和利润表中有关项目之间的内在联系计算各种指标外，还要分析影响企业长期偿债能力的其他因素。

1. 长期租赁

当企业急需某种设备或资产而又缺乏足够的资金时，可以通过租赁的方式解决。财产租赁有两种形式：融资租赁和经营租赁。

融资租赁是由租赁公司垫付资金购买设备租给承租人使用，承租人按合同规定支付租金（包括设备买价、利息、手续费等）。一般情况下，在承租方付清最后一笔租金后，其所有权归承租方所有，实际上属于变相的分期购买固定资产。因此，在融资租赁形式下，租入的固定资产作为企业的固定资产入账和管理，相应的租赁费用作为非流动负债处理。这种资本化的租赁，在分析长期偿债能力时，已经包括在债务比率指标计算之中。

当企业的经营租赁量比较大，期限比较长或具有经常性时，则构成了一种长期性筹资，这种长期性筹资虽然不包括在长期负债之内，但到期时必须支付租金，会对企业的偿债能力产生影响。因此，如果企业经常发生经营租赁业务，应考虑租赁费用对偿债能力的影响。

2. 担保责任

担保项目的时间长短不一，有的涉及企业的非流动负债，有的涉及企业的流动负债。在分析企业长期偿债能力时，应根据有关资料判断担保责任带来的潜在非流动负债问题。

3. 或有项目

或有项目是指在未来某个或几个事件发生或不发生的情况下，会带来收益或损失，但现在还无法肯定是否发生的项目。或有项目的特点是现存条件的最终结果不确定，对它的处理方法要取决于未来的发展。或有项目一旦发生便会影响企业的财务状况，因此企业必须对它们予以足够的重视，在评价企业长期偿债能力时也要考虑它们的潜在影响。

 **综合案例**

华锐债：馅饼还是陷阱

从 2013 年 6 月 3 日到 2013 年 8 月 5 日，短短两个月的时间，11 华锐 01（122115）公司债（下称"华锐债"）从 99.5 元跌至 74.06 元，跌幅超过 25%。由于华锐债可以在 2014年 12 月 27 日回售给公司，加之不菲的利息，如此之高的收益率具有明显的诱惑性。但是，这究竟是馅饼还是陷阱呢？这要从发债主体华锐风电（601558）的偿债能力谈起。

1. 长期偿债能力不容乐观

2011 年 12 月 27 日，华锐风电发行了 28 亿元的公司债券，用于偿还银行贷款及补充流动性，在华锐风电发债时，承销商瑞银证券给出的结论是，华锐风电二季度末的净资产为137.7 亿元；债券上市前，发行人最近三个会计年度实现的年均可分配利润为 17.93 亿元，不少于本期债券一年利息的 1.5 倍。然而，在华锐债上市的 2011 年，华锐风电的净利润大幅下跌近八成，随后的 2012 年则直接亏损 5.83 亿元，并且预计 2013 年 1—6 月累计净利润继续亏损，由于公司利润与能够支付利息的能力直接相关，这意味着随着华锐风电净利润的下滑，公司的利息保障倍数逐步降低，长期偿债能力不断下降。与此同时，华锐风电支付借款利息已经遇到了严重的问题，华锐风电 2010—2012 年连续三年经营活动产生的现金流量净额为负，2013 年也没有好转的迹象。利润的不断下滑也导致公司债券评级从上市时的"AAA"降至"AA"评级。如果华锐风电不能在 2013 年度扭转亏损的窘境，不但公司将被 ST 处理，而且华锐债将由于发债主体连续两年亏损被暂停上市，华锐债的交易价值将大大降低。

2. 支付短期债务的能力较强

实际上，华锐风电第一期利息 2012 年 12 月 20 日已顺利支付。虽然公司现金紧张，但只要拥有足够的支付能力，华锐风电的偿债能力即使下降，公司债券的利息违约几率也并不明显。从最近三年的数据来看，华锐风电的营运资金始终保持在百亿元之上，虽然环比略有下降，但并不明显。2012 年，华锐风电的流动比率和速动比率分别为 1.94 和 1.27，现金比率为 0.56，维持在制造业企业的正常水平，与同业上市公司金风科技相比也相差无几。尤为值得一提的是，截至 2013 年一季度，公司还手握逾 50 亿元的货币资金，跟不足 6 亿元的长短期借款和 28 亿元的应付债券相比，华锐风电并不担心短期债务问题的爆发。也就是说，公司短期偿债能力还是较强的。

3. 突发事件接踵而来

华锐债在 2013 年 6 月份以后大幅下跌的原因，除公司业绩低迷外，更与一系列突发事件有关。首先，2013 年 3 月 6 日华锐风电"自曝家丑"，称由于会计差错，公司 2011 年虚增利润 1.68 亿元。在随后的 5 月 29 日，华锐风电发布公告称，当天收到证监会《立案调查通知书》，公司因涉嫌违反证券法律法规被立案调查。但华锐风电的霉运还没有结束，2013 年 6 月 27 日，美国司法部发布公告称已对华锐风电提起诉讼，指控其从美国超导公司窃取商业机密，导致后者损失超过 8 亿美元。如果上述指控成立，华锐风电所面临的最高罚金可能达数十亿美元。这对正处于亏损泥潭之中的华锐风电来说，显然是一个重大打击。更为严重的是，如果罚金被付诸执行，华锐风电的现金流就可能断裂，公司甚至有破产的风险。

 讨论

1. 结合 2010—2012 年年报数据，分析华锐风电的长短期偿债能力。
2. 结合案例分析盈利能力对偿债能力的影响如何？
3. 分析美国司法部的指控对华锐风电偿债能力的影响。

▶▶▶复习思考题◀◀◀

1. 简述对企业偿债能力进行分析的意义。
2. 短期偿债能力分析常用的比率指标有哪些？分别怎样评价？
3. 影响短期偿债能力的因素有哪些？
4. 长期偿债能力分析常用的比率指标有哪些？分别怎样评价？
5. 影响长期偿债能力的因素有哪些？
6. 某企业发生的经济业务如表 7-1 所示。

表7－1　财务指标变动分析表

指标　　经济业务	资产负债率	产权比率	有形净值债务比率	利息保障倍数
1. 用短期借款购买存货				
2. 支付股票股利				
3. 降低成本以增加利润				
4. 发行股票获得现金				
5. 偿还长期借款				

要求：根据上述经济业务，分析其对各财务指标的影响并填列表7－1。用"＋"表示增大，用"－"表示减小，用"0"表示无影响（假设利息保障倍数大于1，其余指标均小于1）。

7. A、B属于同一行业的两个不同企业，有关资料如表7－2所示。

表7－2　资产负债表（简表）　　　　　　　　　　　　　　单位：元

项　目	A 企业	B 企业
流动负债	12 620. 00	12 985. 00
长期应付款	1 000. 00	1 507. 00
股本	5 445. 00	7 717. 00
资本公积	3 875. 00	35 956. 00
盈余公积	83. 00	956. 00
未分配利润	1 720. 00	9 000. 00
负债及所有者权益合计	24 743. 00	68 121. 00

要求：计算两企业的资产负债率、产权比率、长期负债对负债总额的比率，并对两企业的负债结构及负债经营状况作简要分析。

►►►练 习 题◄◄◄

一、单选题

1. 如果流动比率大于1，则下列结论成立的是(　　　)。
   A. 速动比率大于1
   B. 现金比率大于1
   C. 营运资金大于零
   D. 短期偿债能力有保障

2. 流动比率小于1时，赊购原材料若干，将会(　　　)。
   A. 增大流动比率
   B. 降低流动比率
   C. 降低营运资金
   D. 增大营运资金

3. 一般而言，流动比率较高的行业是(　　　)。
   A. 飞机制造企业
   B. 商品流通企业
   C. 公用事业单位
   D. 造船业

4. 在计算速动比率时，要把一些项目从流动资产中剔除的原因不包括(　　　)。
   A. 可能存在部分存货变现净值小于账面价值的情况

B. 部分存货可能属于安全库存

C. 预付账款的变现能力较差

D. 存货可能采用不同的评价方法

5. 能够反映企业利息偿付安全性的最佳指标是(　　　)。

    A. 利息保障倍数　　　　　　　　　B. 流动比率

    C. 净利息率　　　　　　　　　　　D. 现金流量利息保障倍数

6. 下列选项中，会导致资产负债率发生变化的是(　　　)。

    A. 收回应收账款　　　　　　　　　B. 用现金购买债券

    C. 接受所有者投资转入的固定资产　　D. 以固定资产对外投资

7. 资产负债率指标的主要作用是(　　　)。

    A. 分析企业偿还债务的物质保证程度

    B. 揭示企业财务状况的稳定程度

    C. 分析企业主权资本对偿债风险的承受能力

    D. 揭示企业全部资产的流动性

8. 下列各项中，影响企业长期偿债能力的因素是(　　　)。

    A. 流动资产的规模与质量　　　　　B. 企业经营活动现金流量

    C. 流动负债的规模与质量　　　　　D. 资产负债率及其变动趋势

9. 下列各项中，能作为短期偿债能力辅助指标的是(　　　)。

    A. 应收账款周转率　　　　　　　　B. 存货周转率

    C. 营运资本周转率　　　　　　　　D. 流动资产周转率

10. 企业的产权比率越低表明(　　　)。

    A. 所有者权益的保障程度越高　　　B. 负债在资产总额中所占的比重越小

    C. 债权人的风险越小　　　　　　　D. 资本负债率越高

二、多项选择题

1. 在企业短期偿债能力分析中，可能增加变现能力的因素有(　　　)。

    A. 可动用的银行贷款指标　　　　　B. 担保责任引起的负债

    C. 准备很快变现的长期资产　　　　D. 偿债能力的声誉

    E. 未作记录的或有负债

2. 影响速动比率可信性的主要因素有(　　　)。

    A. 预付账款的变现能力　　　　　　B. 存货的变现能力

    C. 其他流动资产的变现能力　　　　D. 短期证券的变现能力

    E. 应收账款的变现能力

3. 流动比率指标存在的主要缺陷包括(　　　)。

    A. 该指标是一个静态指标　　　　　B. 未考虑流动资产的结构

    C. 未考虑流动负债的结构　　　　　D. 易受人为控制

    E. 易受企业所处行业的性质影响

4. 下列各项中，影响长期偿债能力的因素包括(　　　)。

    A. 盈利能力　　　　　　　　　　　B. 资本结构

    C. 长期资产的保值程度　　　　　　D. 经常性的经营租赁

E. 资产的流动性

5. 在计算速动比率时把存货从流动资产中剔除的主要原因是(　　　)。

A. 可能存在成本与合理市价相差悬殊的存货估价问题

B. 部分存货已抵押给债权人

C. 部分存货可能已报废损失但还没有处理

D. 存货占流动资产的比例较大

E. 存货不能用于偿债

三、判断题

1. 从稳健性角度出发,现金比率用于衡量企业偿债能力最为保险。(　　　)

2. 产权比率为4/5,则权益乘数为5/4。(　　　)

3. 分析企业的长期偿债能力除了关注企业资产和负债的规模与结构外,还需要关注企业的盈利能力。(　　　)

4. 尽管有的企业流动比率较高,但却存在没有能力支付到期的应付账款。(　　　)

5. 资产负债率与产权比率的乘积等于1。(　　　)

第8章

盈利能力分析

学 习 提 要

　　盈利是企业经营的主要目标，盈利能力是指企业从销售收入中获取利润的能力。企业的盈利能力对企业的所有利益关系人来说都是非常重要的。本章着重介绍了反映企业盈利能力的指标，并阐述了各项指标分析时应注意的问题。

8.1　盈利能力分析的意义

　　盈利能力是指企业在一定时期内获取利润的能力。盈利能力体现了企业运用其所支配的经济资源，开展某种经营活动，从中赚取利润的能力。企业的经营活动是否具有较强的盈利能力，对企业的生存发展至关重要。

　　盈利能力分析就是通过一定的分析方法，判断企业能获取多少利润的能力。盈利能力分析是从企业利益相关的各个方面了解企业、认识企业和改进企业经营管理的重要手段。企业的盈利能力对企业的所有利益关系人来说都是非常重要的，但不同的报表使用者对获利能力分析的侧重点不同。因而，企业盈利能力分析对不同的报表使用者来说，有着不同的意义。

1. 有利于投资者进行投资决策

　　企业的投资者进行投资的目的就是获取更多的利润，投资者总是将资金投向盈利能力强的企业。因此，投资者对企业盈利能力分析是为了判断企业盈利能力的大小、盈利能力的稳定性和持久性及未来盈利能力的变化趋势。企业的盈利能力增强，投资者的直接利益会提高，此外还会使股票价格上升，投资者们还可获得资本收益。只有投资者认为企业有良好的发展前景才会保持或增加投资。

2. 有利于债权人衡量资金的安全性

　　对债权人来说，利润是偿债的一个重要资金来源。短期债权人在企业中的直接利益是债务人在短期内还本付息，企业当期盈利水平高，短期债权人的利益就比较有保证；长期债权人的直接利益是在较长时期的债务到期时，能及时、足额收回本息，长期债权人则关心企业是否具有高水平、稳定长久的获利能力基础，以预测长期借款本息足额收回的可靠性。

3. 有利于经营者改善经营管理

　　最大限度地赚取利润是企业持续、稳定发展的目标，盈利能力不仅是衡量经营者经营业绩的依据，也是评价经营者履行受托责任的核心指标，也决定着企业的竞争力和未来的发展。关注企业的盈利能力，可以发现经营管理中存在的问题，有利于经营者采取措施、改善经营管理。

4. 有利于政府部门行使社会管理职能

政府行使其社会管理职能，要有足够的财政收入作保证。税收是国家财政收入的主要来源，而税收的大部分又来自于企业。企业盈利能力强，就意味着实现利润多，对政府税收贡献大。各级政府如能集聚较多的财政收入，就能有更多的资金投至基础设施建设、科技教育、环境保护及其他各项公益事业，更好地行使社会管理职能，为国民经济的良性运转提供必要保障，推动社会向前发展。

5. 有利于企业职工判断职业的稳定性

企业盈利能力强弱、经济效益大小，直接关系到企业员工自身利益，实际上也成为人们择业的一个比较主要的衡量条件。企业的竞争说到底是人才的竞争。企业经营得好，具有较强的盈利能力，就能为员工提供较稳定的就业位置、较多的深造和发展机会、较丰厚的薪金及物质待遇，为员工在工作、生活、健康等各方面创造良好的条件，同时也能吸引人才，使他们更努力地为企业工作。

盈利能力分析，可分为企业盈利能力分析和投资者获利能力分析。

8.2　企业盈利能力分析

反映企业盈利能力的指标有多种，其中应用比较广泛的主要有：销售毛利率、销售利润率、总资产报酬率、资本保值增值率和成本费用利润率等。

8.2.1　销售毛利率

1. 销售毛利率指标的计算

销售毛利率是销售毛利与营业收入的比率，反映企业销售的初始盈利能力。其计算公式为：

$$销售毛利率 = (销售毛利 \div 营业收入) \times 100\%$$
$$销售毛利 = 营业收入 - 营业成本$$

该指标越高对管理费用、销售费用和财务费用等期间费用的承受能力越强，盈利能力也越强；否则相反。毛利率是衡量企业在激烈的市场竞争中表现如何的风向标。

根据 JDSN 公司 2007 年利润表计算如下：

2007 年　销售毛利率 = (1 392 006 156.20 - 1 143 691 919.50) ÷

　　　　　　　　　1 392 006 156.20 × 100% ≈ 17.84%

2006 年　销售毛利率 = (1 203 589 577.02 - 962 179 635.02) ÷

　　　　　　　　　1 203 589 577.02 × 100% ≈ 20.06%

从以上计算可看出，2007 年与 2006 年相比，销售毛利率下降了，说明公司销售的初始盈利能力在减弱。

2. 销售毛利率指标分析应注意的问题

① 影响毛利率变化的因素有很多，产品售价、生产成本、已售产品结构和会计处理方法等任何一个因素发生变化，都会引起毛利率的变化；毛利率还是企业产品定价政策的指标，随行业的不同而高低各异，而同一行业的毛利率一般相差不大。

② 将毛利率与不同时期、同行业进行比较，可以揭示企业在定价政策、产品营销或生

产成本控制方面存在的问题。若企业毛利率低于前期，则表明企业盈利能力下降，这是企业前景不妙的一个信号。

8.2.2 销售利润率

销售利润率是用于衡量企业一定时期销售收入获取利润的能力，是盈利能力的代表性财务指标。应当指出的是，人们对公式中的分子用什么来表示，有不同的看法。因此，此公式可以派生出很多有益的指标，从不同角度评价企业销售收入的盈利能力。

1. 销售利润率 1

销售利润率是企业利润总额与营业收入的比率，是最基本、最原始的公式，计算公式为：

$$销售利润率 = (利润总额 \div 营业收入) \times 100\%$$

该指标越高，说明企业通过扩大销售获取利润的能力越强。但它受行业特点影响较大。通常说来，越是资本密集型的企业，其销售利润率越高；资本密集程度相对较低的行业，其销售利润率越低。应结合不同行业的具体情况进行分析。

根据 JDSN 公司 2007 年利润表计算如下：

2007 年　销售利润率 = (282 737 575. 36 ÷ 1 392 006 156. 20) × 100% ≈ 20. 31%

2006 年　销售利润率 = (166 999 730. 57 ÷ 1 203 589 577. 02) × 100% ≈ 13. 88%

从以上计算可看出，2007 年与 2006 年相比，销售利润率上升了，说明公司通过销售获取利润的能力在增强。

2. 销售利润率 2

利息费用是企业使用借入资本所付出的代价，实际上是企业新创价值的一部分。从经营者角度考虑，公式中的分子应加上利息费用。因此，把利息费用加入分子可以消除筹资决策对盈利能力的影响，即消除由于举债经营而支付的利息对利润水平产生的影响，便于企业前后各期的分析比较，也便于与同行业水平相比较。其计算公式为：

$$销售利润率 = [(利润总额 + 利息费用) \div 营业收入] \times 100\%$$

3. 销售净利率

如果仅从所有者角度考虑，利息费用尽管是企业新创价值的一部分，但它却流向债权人。因此所有者更为关注当期实现的净利润占营业收入的比率。因而，公式中的分子用净利润来表示。其计算公式为：

$$销售净利率 = (净利润 \div 营业收入) \times 100\%$$

根据 JDSN 公司 2007 年利润表计算如下：

2007 年　销售净利率 = (246 540 835. 36 ÷ 1 392 006 156. 20) × 100% ≈ 17. 71%

2006 年　销售净利率 = (139 226 977. 67 ÷ 1 203 589 577. 02) × 100% ≈ 11. 57%

从以上计算可看出，2007 年与 2006 年相比，销售净利率上升了，表明公司获取净利润的能力在增强。

4. 营业利润率

销售净利率计算公式的分子——净利润的形成并非都由营业收入所产生，它还受到诸如营业外收支等偶然因素的影响，使指标的变化不稳定，而营业利润是最能体现企业经营活动业绩的项目。因此，公式中的分子还可用营业利润表示。其计算公式为：

$$营业利润率 = （营业利润 \div 营业收入）\times 100\%$$

作为考核企业盈利能力的指标，营业利润率比销售毛利率更趋于全面，因为它不仅考核主营业务的盈利能力，而且考核附营业务的盈利能力；并且反映全部业务收入和与其直接相关的成本、费用之间的关系，能够说明企业盈利能力的稳定性和可靠性。

8.2.3　总资产报酬率

1. 总资产报酬率指标的计算

总资产报酬率又称总资产收益率，是利润与总资产平均占用额的比率。反映企业资产利用的综合效果，用于衡量企业运用全部资产盈利的能力。其计算公式为：

$$总资产报酬率 = （利润总额 \div 总资产平均占用额）\times 100\%$$

$$总资产平均占用额 = （期初资产总额 + 期末资产总额）\div 2$$

公式中的分母之所以用平均数，是因为分子数据来自于动态的利润表，分母数据来自于静态的资产负债表，要使分子、分母在时间上保持一致，应该将分母的总资产金额换算成动态数。该指标越高，表明资产利用效果越好，利用资产创造的利润越多，企业的盈利能力越强，企业的经营管理水平越高；否则相反。

根据 JDSN 公司 2007 年利润表和资产负债表计算：

2007 年　总资产报酬率 = 282 737 575.36 ÷ [（3 958 989 282.01 +

5 355 962 987.30）÷ 2] × 100% ≈ 6.07%

2006 年　总资产报酬率 = 166 999 730.57 ÷ [（4 029 763 852.88 +

3 958 989 282.01）÷ 2] × 100% ≈ 4.18%

从以上计算可看出，2007 年与 2006 年相比，总资产报酬率上升了，表明公司利用资产创造的利润在增加，资产利用效率在提高，公司的盈利能力在增强，说明企业在增加收入、节约资金使用等方面取得了良好的效果。

2. 总资产报酬率指标分析应注意的问题

由于企业的总资产来源于所有者投入资本和举债两个方面，在对总资产报酬率进行分析时，不仅是衡量总资产的利用效果，也是对企业利用债权人和投资人资金所获取收益的投资效果分析。因此，总资产报酬率指标的分子还可以用"息税前利润"表示，其计算公式为：

$$总资产报酬率 = [（利润总额 + 利息支出）\div 总资产平均占用额] \times 100\%$$

这一比率反映了企业在未进行任何利润分配之前的资产报酬水平，公式中分子包括利息支出的理由有二。其一，从经济学角度看，利息支出的本质是企业纯收入的分配，是属于企业创造利润的一部分。为了促使企业加强成本、费用管理，保证利息的按期支付，将利息费用化的部分列作财务费用，从营业收入中得到补偿；利息资本化的部分计入固定资产原价，以折旧的形式逐期收回。其二，产权性融资成本是股利，股利以税后利润支付，其数额包含在利润总额之中；债务性融资成本是利息支出，利息支出作为费用、成本，在计算利润总额中扣除，而作为利润的一部分，在计算总资产报酬率时应当作资产盈利部分。另外，总资产报酬率指标的分子也可采用税后净利润。

8.2.4 资本保值增值率

1. 资本保值增值率指标的计算

资本保值增值率是指年末所有者权益与年初所有者权益的比率，反映所有者投资的保值增值情况。其计算公式为：

资本保值增值率 =（年末所有者权益 ÷ 年初所有者权益）× 100%

该指标越高，说明企业增值能力越强；反之，说明企业经营业绩不佳，增值能力较弱。

根据 JDSN 公司 2007 年资产负债表计算：

2007 年　资本保值增值率 =（2 227 054 069.43 ÷ 2 076 766 613.50）× 100% ≈ 107.24%

2006 年　资本保值增值率 =（2 076 766 613.50 ÷ 2 175 890 443.04）× 100% ≈ 95.44%

从以上计算可看出，2007 年与 2006 年相比，资本保值增值率上升了，但 2007 年末资本保值增值率只是略大于 100%，只能说明公司的盈利能力较上年有了一定提高。

2. 资本保值增值率指标分析应注意的问题

① 对资本保值增值率进行分析时，应注意期末所有者权益的增加是投资人再投资所致，还是净利润形成的。企业真正的增值主要是盈余公积和未分配利润的增加，即企业实现净利润。所有者权益其他项目的增减，虽然会影响期末所有者权益的数额，但在分析时应予以剔除。

② 计算公式中的分子分母为两个不同时点的数据，比较的时点不同，缺乏时间上的相关性。如果考虑货币时间价值，应将年末所有者权益贴现为年初时点上的价值，并将其与年初所有者权益进行比较，其结果或许更有说服力。

8.2.5 成本费用利润率

1. 成本费用利润率指标的计算

成本费用利润率是指企业在营业环节上发生的全部成本费用与营业利润的比率，表示企业每百元营业成本费用能够取得多少营业利润，用于衡量企业对费用的控制能力和管理水平。其计算公式为：

成本费用利润率 =［利润总额 ÷（营业成本 + 销售费用 + 管理费用 +
　　　　　　　　财务费用）］× 100%

该指标越高，说明企业为取得收益而付出的代价越小，企业盈利能力越强；否则相反。

根据 JDSN 公司 2007 年利润表计算：

2007 年　成本费用利润率 =［282 737 575.36 ÷（1 143 691 919.50 +
　　　　　　　　57 129 669.06 + 66 071 979.21 +
　　　　　　　　84 491 570.83）］× 100% ≈ 20.92%

2006 年　成本费用利润率 =［166 999 730.57 ÷（962 179 635.02 + 48 348 899.70 +
　　　　　　　　76 865 674.46 + 72 717 833.98）］× 100% ≈ 15.26%

从以上计算可看出，2007 年与 2006 年相比，成本费用利润率上升了，说明公司为获取收益而付出的代价较上年减少了，盈利能力增强了，表明公司成本控制水平效果明显。

2. 成本费用利润率指标分析应注意的问题

① 成本费用利润率反映的是企业投入与产出的比率关系，应注意保持公式分子与分母

口径的一致。

② 对成本费用利润率进行分析，应将本期指标与计划或上期指标进行比较，可以说明本期成本管理工作的成效大小。

③ 耗费与利润是此消彼长的关系。成本费用利润率即可评价企业盈利能力的强弱，也可以评价企业对费用的控制能力和管理水平。

8.3　投资者获利能力分析

反映投资者获利能力的指标主要有：净资产收益率、每股收益、市盈率、每股净资产、市净率和股利发放率等。

8.3.1　净资产收益率

1. 净资产收益率指标的计算

净资产收益率是企业实现的净利润与所有者权益的比率，也称股东权益报酬率。反映股东享有权益所获得的报酬。其计算公式为：

$$净资产收益率 = （净利润 \div 平均净资产）\times 100\%$$

该指标越高，说明所有者投资带来的收益越高，企业资本的盈利能力越强；反之，说明企业资本的盈利能力较弱。

根据 JDSN 公司 2007 年利润表和资产负债表计算：

2007 年　净资产收益率 = （246 540 835.36 $\div$ 2 227 054 069.43）$\times$ 100% $\approx$ 11.07%

2006 年　净资产收益率 = （139 226 977.67 $\div$ 2 076 766 613.50）$\times$ 100% $\approx$ 6.7%

从以上计算可看出，2007 年与 2006 年相比，净资产收益率上升了，说明所有者投资带来的收益提高了，公司资本的盈利能力在增强。

2. 净资产收益率指标分析应注意的问题

在相同的总资产报酬率水平下，由于企业采用不同的资本结构形式，会造成不同的净资产收益率。净资产收益率也是上市公司年度报告中最重要的指标。

实证研究已经证实，由于 1996 年新股发行政策的约束，上市公司净资产收益率的分布呈现出明显的"10%现象"。在 2001 年 3 月 29 日证监会发布的上市公司发行新股的约束条件中，上市公司的净资产收益率已经由原先的三年平均不低于 10%调低为三年平均不低于 6%，这在一定程度上减少了上市公司盈余管理的动机。但是由于净资产收益率仍为确定上市公司新股发行资格的唯一核心指标，可以预见，由于此次政策的调整，在今后上市公司的财务报告中，又会出现新的"6%现象"。

8.3.2　每股收益

1. 每股收益指标的计算

每股收益是指普通股股东每持有一股所能享有的企业利润或需承担的企业亏损，反映上市公司的经营成果，是衡量普通股的获利水平及投资风险的重要依据，是投资者、债权人等信息使用者据以评价企业盈利能力、预测企业成长潜力、进而作出相关经济决策的一项重要的财务指标。每股收益包括基本每股收益和稀释每股收益两类。

（1）基本每股收益。基本每股收益仅考虑当期实际发行在外的普通股股份，按照归属于普通股股东的当期净利润除以当期实际发行在外普通股的加权平均数计算确定。其计算公式为：

每股收益＝归属于普通股股东的当期净利润÷发行在外普通股加权平均股数

发行在外普通股加权平均股数＝期初发行在外普通股股数＋当期新发行普通股股数×
已发行时间÷报告期时间－当期回购普通股股数×
已回购时间÷报告期时间

该指标比值越大，表明上市公司的盈利能力越强，股东的投资效益就越好，每一股份所得的利润也越多；反之，则越差。但并非每股收益越高，公司的股票市价必然就高；相反，当企业以很高的负债比率和较大的财务风险换取较高的每股收益，在股利发放后，公司股价不但不会上扬，甚至会有下降的可能。因此，只有当公司每股收益上升，而其财务风险并无增长时，该股票价格才会有良好的市场表现。

根据 JDSN 公司 2007 年报披露：

2007 年　每股收益＝246 540 835.36÷962 770 614≈0.256

2006 年　每股收益＝139 226 977.67÷962 770 614≈0.145

从以上数据可看出，2007 年与 2006 年相比，每股收益有较大提高，说明公司股东的平均收益水平提高了。

（2）稀释每股收益。稀释每股收益是以基本每股收益为基础，假设企业所有发行在外的稀释性潜在普通股均已转换为普通股，从而分别调整归属于普通股股东的当期净利润及发行在外普通股的加权平均数计算而得的每股收益。所谓潜在普通股是指赋予其持有者在报告期或以后期间享有取得普通股权利的一种金融工具或其他合同，主要包括可转换公司债券、认股权证、股份期权等。而假设当期转换为普通股会减少每股收益的潜在普通股就是稀释性潜在普通股。稀释每股收益的计算和列报主要是为了避免每股收益虚增可能带来的信息误导，是一个更可比、更有用的财务指标。其计算公式为：

稀释每股收益＝调整后的归属于普通股股东的当期净利润÷
（发行在外普通股加权平均数＋假定稀释性潜在普通股
转换为已发行普通股而增加的普通股股数的加权平均数）

该指标相对于基本每股收益，在充分考虑潜在普通股对每股收益稀释作用的情况下，比值会低于基本每股收益，但可以反映公司在未来股本结构下的资本盈利水平。值得一提的是，对于盈利企业，当其发行的认股权证与股份期权的行权价格低于当期普通股平均市场价格时，便具有了稀释性。但对于亏损企业，认股权证与股份期权的假设行权一般不影响净亏损，但却会增加普通股股数，从而导致每股亏损金额的减少，实际上产生了反稀释的作用，因此，这种情况下，不应当计算稀释每股收益。

2. 每股收益指标分析应注意的问题

① 计算公式中的分母发行在外普通股加权平均股数，是指已发行未回购的期初普通股股数，加上本期实施的普通股送股总数，再加上本期实施的配股或发行新股按时间加权平均数，减去本期回购的普通股按时间加权平均数。若普通股本年未发生增减变化，计算每股收益的分母应是年末的普通股股数；若普通股本年发生增减变化，分母应使用按月计算的普通股加权平均数。因为，本年净利润是整个年度内实存资本创造的，为保证计算财务比率的分

子和分母口径一致,分母应是本年的加权平均股数。

② 由于不同公司每股收益所含的净资产和市价不同,也就是说每股收益的投入量不相同,因而限制了公司之间每股收益的比较,但股票价格与每股收益是具有相关性的。

③ 一般认为,最富有意义的每股收益是那些只与正常营业相联系的数字,由于非经常性损益的偶发性和一次性,按剔除非经常性损益后的净利润计算每股收益,会更有利于投资者对公司业绩进行评价。

④ 一般投资者在进行投资决策时,往往单纯考虑每股收益的指标,但实际上每股收益指标并不能完全反映上市公司的财务状况、经营成果及现金流量。仅仅依赖每股收益指标进行投资,片面、孤立地看待每股收益的变动,可能会对公司的盈利能力及成长性的判断产生偏差。投资者在使用该指标时一定要结合其他财务信息、非财务信息等相关要素,如公司的净利润增长率、净资产收益率、销售利润率、资产周转率等指标的变化,以及公司所处行业的周期、行业地位、宏观环境变化等因素的变化,进行综合分析后理性投资。

8.3.3 市盈率

1. 市盈率指标的计算

市盈率是指普通股每股市价与普通股每股收益的比值,反映了投资者对每元收益所愿支付的价格,用于衡量投资者和市场对公司的评价和对公司长远发展的信心,是上市公司市场表现指标中最重要的指标之一。其计算公式为:

市盈率 = 普通股每股市价 ÷ 普通股每股收益

该指标比值越大,说明市场对公司的未来越看好,表明公司具有良好的发展前景,投资者预期能获得很好的回报。在每股收益确定的情况下,市盈率越高,风险越大;反之,则风险越小。一般来说,比值越低对投资人可能越具有吸引力。

在全球成熟的资本市场中,股市的市盈率一般在20倍,其中美国1874—1998年股票市场的平均市盈率为13.2倍,香港更是到了10倍以下的水平,我国上市公司的市盈率普遍较高。但也不能基于此就认为我国上市公司没有投资价值,因为发展中国家的市盈率普遍高于成熟发达国家的,这是一个全球规律性的现象。

2. 市盈率指标分析应注意的问题

① 市盈率公式中的每股市价通常是按其年度平均价格计算的,即全年的收盘价的算术平均数。但为了计算简单和增强其评价的适时性,在很多情况下也可采用报告前一日的实际股票市价来计算。其实两种算法各有利弊,前者能反映企业整个年度内的实际平均市场价格表现,后者能反映目前股票的实际市价状况。分析者可根据不同的分析目的选择使用,但如果是用于不同时期进行比较分析,那么指标的计算口径必须保持一致。

② 影响市盈率变动的因素之一是股票市价,但股票市价的变动除了公司本身的经营状况外,还受到宏观形势和经济环境等多种因素的影响。因此,要对股票市场作全面的了解和分析,才能对市盈率波动的原因作出正确的评价。

③ 在每股收益很小或亏损时,市价不会降至零,相反,报亏的股票往往因资产重组等题材而使股价大涨,从而产生了很高的市盈率,但其已无实际意义了。所以单纯使用市盈率指标而不看具体盈利状况的话,可能会错误地估计公司的未来发展。同时,市盈率指标分析要结合其他相关指标共同考虑。

④ 市盈率不能用于不同行业公司之间的比较，充满扩展机会的新兴行业的市盈率普遍较高，而成熟工业的市盈率普遍较低，这并不说明后者的股票就没有投资价值。另外，市盈率高低受净利润的影响，净利润受可选择的会计政策的影响，从而使得公司间的比较受到限制。

8.3.4 每股净资产

1. 每股净资产指标的计算

每股净资产是期末净资产总额与期末普通股股数的比率，反映每股普通股所拥有的净资产，是公司真正财务实力的表现，是上市公司的又一重要评价指标。其计算公式为：

$$每股净资产 = 期末净资产总额 \div 期末普通股股数$$

该指标比值越高，说明公司每股实际拥有净资产越大，公司的未来发展潜力越强。一般来说，该指标良好也会带动企业股票价格上升。但也不能绝对地认为该指标越高越好，一个没有负债或未有效运用财务杠杆的公司，其每股净资产指标虽然较高，但企业的净资产收益率并不一定是最好的。所以，如果公司能在保持良好的盈利水平的前提下，确保该指标的上升，才表明具有真正良好的财务状况。

根据 JDSN 公司 2007 年报披露：

2007 年　每股净资产 = (2 227 054 069.43 ÷ 962 770 614) ≈ 2.31

2006 年　每股净资产 = (2 076 766 613.50 ÷ 962 770 614) ≈ 2.16

从以上数据可看出，2007 年与 2006 年相比，每股净资产略有提高，说明公司每一普通股所代表的净资产在增加。

2. 每股净资产指标分析应注意的问题

每股净资产指标是以历史成本为计量基础的账面价值计算的。如果公司经营已很久，又未定期进行资产评估，那么其账面价值必然与实际的市场价值有较大的差距，而股票的市场表现及价值评估主要倾向于现实价值，用这种历史成本计量的指标作为对现实的评价往往不会十分正确。因而，此指标也只能有限地使用。

8.3.5 市净率

1. 市净率指标的计算

市净率是指每股市价与每股净资产的比值，反映股票的市价是公司净资产的多少倍，用于衡量市场对公司资产质量的评价。其计算公式为：

$$市净率 = 每股市价 \div 每股净资产$$

该指标比值越大，说明企业的资产质量好，有发展潜力，市场对其具有良好评价，投资者对公司的未来发展有信心，但对投资者来讲也蕴含了较大的潜在风险；反之，说明企业资产质量差，企业没有发展前景。一般来说，市净率达到 3 倍，可以树立较好的公司形象。

2. 市净率指标分析应注意的问题

该指标的缺陷就在于将一个账面的历史数据与一个现实的市场数据放在一起比较，本身的计算口径就不一致，很难具有说服力。

8.3.6 股利发放率

1. 股利发放率指标的计算

股利发放率是实际发放的每股股利与当期每股收益的比率，也称股利分配率，反映公司当年的净利润中有多少用于股利分配。其计算公式为：

股利发放率 = 普通股每股股利 ÷ 普通股每股收益

该指标比值越大，说明公司当期对股东发放的股利越多，股东能获得更多的实际收益；反之，说明公司把赚来的钱更多地沉淀在公司里，而较少地分配给股东。该指标一般应小于100%，若在当年用上年未分配利润来分配股利，就可能大于100%。

根据 JDSN 公司 2007 年报披露计算：

2007 年　股利发放率 = 0.12 ÷ 0.256 ≈ 0.47

2006 年　股利发放率 = 0.10 ÷ 0.145 ≈ 0.69

从以上计算可看出，2007 年与 2006 年相比，公司股利发放率降低了，在公司收益水平上升、创造现金能力减弱和资金紧张的情况下，公司降低 2007 年的股利发放水平是明智之举。

2. 股利发放率指标分析应注意的问题

① 股利发放率的高低，与公司股利政策、盈利状况和成长性有关。一般新设立或发展中的公司其股利发放率较低。此外，不同股东对指标的要求也不一样：希望股票升值、寻求资本利得报酬方式的股东，要求该指标低些，公司积累多些，用于扩大再生产以期股票增值；希望多发现金股利、寻求股利报酬方式的股东，则要求该指标高些，以期获得更大的短期效益。不容忽视的是，股利发放率的大小可能会对当期的股票价格产生一定的影响。

② 企业的股利有多种形式，如现金股利、股票股利、财产股利和负债股利等。在计算股利发放率指标时，到底要不要包含其他股利形式，这并无明确规定。如果公司并无实际现金流出，则可以不包括在内，如股票股利，它实质上就是公司利润的留存；如果公司是用证券支付的财产股利，由于公司放弃了未来的现金流入，则可以包括在内。但在将不同时期公司股利发放率进行比较分析时，其分析指标的计算口径要保持一致。

③ 知道了公司的股利发放率，就等于知道了公司的留存收益率，因为公司的全部净利发放完股利之后，就成为公司的留存收益。所以公司的留存收益率实际就是公司股利发放率的补数。其计算公式如下：

留存收益率 = 1 - 股利发放率

公司的留存收益率越大，说明公司未来发展的财务实力越强，公司积累的资金越充分，公司的财务风险越小。但这个指标并非越大越好，因为过大的留存收益率会使股东目前的收益要求不能得到满足，长期的低股利和高留存的财务政策会使投资者丧失信心，影响公司股价。高留存的股利政策较适宜于公司的初创阶段。

8.3.7 现金股利保障倍数

1. 现金股利保障倍数指标的计算

现金股利保障倍数是每股经营活动现金流量与每股现金股利的比率，反映企业用经营活动现金流量支付现金股利的能力。其计算公式为：

$$现金股利保障倍数 = 每股经营活动现金流量 \div 每股现金股利$$

该比率越大，说明企业的现金股利占获取经营现金的比重越小，企业支付现金股利有较高的保障；反之，若比率小于1，说明企业靠自己的现金来源无法支付全部现金股利，企业只能靠借债或减少投资才能维持当前的股利水平。

根据JDSN公司2007年现金流量表计算：

2007年　现金股利保障倍数 $= 0.19 \div 0.12 \approx 1.58$

2006年　现金股利保障倍数 $= 0.46 \div 0.10 = 4.60$

从以上计算可看出，2007年与2006年相比，现金股利保障倍数下降较大，但仍大于1，说明公司仍具有通过经营活动创造现金净流量支付现金股利的能力，但用经营活动现金净流量支付现金股利的保障程度降低了。

2. 现金股利保障倍数指标分析应注意的问题

现金股利保障倍数高并不意味着投资者就可以全部获得，股利发放与管理当局的股利政策有关。如果管理当局青睐于用这些现金流量进行投资，以期获得较高的投资效益，就无意于或发放较少的现金股利。

 **综合案例**

长城比亚迪净利润相差60倍

国内三大民营车企吉利汽车（00175）（2013年3月20日）、长城汽车（601633）（2013年3月22日）、比亚迪（002594）（2013年3月25日），均于同一周公布了2012年度业绩。受国内汽车市场冷热不均的影响，主营SUV的长城汽车净利润同比暴增66%，紧随其后的吉利实现了较大盈利，但以新能源汽车为优势的比亚迪业绩却继续下滑。其中，长城汽车的净利润比同期的比亚迪整整多出了60倍，三大民营车企业绩差距扩大。不过，长期来看，三大车企目前均处于业务调整阶段，而今年将是至关重要的一年，后期仍存较大变数。

1. 业绩悬殊

数据显示，2012年长城汽车营业收入为431.6亿元，增长43.4%，净利润同比增长66.14%达到56.92亿元。吉利实现总收入同比增长17%至246.3亿元，净利润同比增长32%至20.4亿元人民币。比亚迪尽管在汽车业务方面收入微增长3.11%至246.45亿元，但该业务毛利率降低，同时又受太阳能业务亏损拖累，营业收入仅约468.54亿元，同比略降4.04%。在净利润上，尽管有来自政府逾5亿元的补助，但仍大幅下降94.12%，至约8 100万元。在汽车销量上，2012年长城、吉利、比亚迪分别实现销量62万辆、48万辆、42万辆。

回顾2010年，长城、吉利、比亚迪的盈利分别为26.98亿元、13.68亿元、25.23亿元，几乎处在同一水平线上。但到2011年，三家的盈利分别是34.26亿元、15.4亿元、13.84亿元。综合来看，最高盈利与最低盈利差距已经从2010年的13.3亿元（约一倍差距）扩大至20.42亿元（约三倍差距），再扩大到2012年的56.11亿元（约60倍）。从数据上来看，三家车企的业绩差距在进一步扩大，可谓是冰火两重天。

2. 深度调整

尽管目前来看业绩表现差距颇大，但三家车企仍处于结构调整和爬升期，后续表现还难以预料。

比亚迪净利润与销量同时下滑也是有其原因的。2012 年是比亚迪"三年调整期"的最后一年。在过去三年，比亚迪在技术研发领域、质量控制、销售渠道及品牌形象等方面实现了全方位改革。"三年调整期的结束意味着比亚迪正式踏入'二次腾飞'元年"，管理层在业绩公告中表示。2013 年，比亚迪将按计划推出多个新款车型，集团相信，新车型的陆续推出将加速集团传统汽车业务的恢复。比亚迪在公告中表示，得益于汽车销量大增，2012 年第一季的纯利将较 2011 年第一季的 2 700 万元提升逾 50%。

吉利也在积极进行营销架构、产品结构、产能扩充等调整。继 2011 年 5 月份营销架构调整后，2012 年 1 月份，吉利营销架构再次深化，从原先的三个事业部调整为五大事业部，分别为华北、东北、华中、西北和华南，产品结构上要将盈利能力较好的帝豪品牌以及已经盈利的 SUV 产品重点发展，同时也没有停止在全国各地设厂的脚步，新产能计划将逐步披露。

而对于长城来说，正在努力改变 SUV 独大的局面。2011 年长城 SUV 实现 279 956 辆的销量，增幅高达 90.01%，不过轿车业务相对弱势，2011 年轿车销量为 199 256 辆，同比增幅仅为 6.27%。"长城要进一步改善产品结构，巩固品牌优势。"长城在公告中如此表示。

 讨论

1. 哪些报表项目和财务比率是判断上市公司盈利能力时需要重点关注的。
2. 结合 2010—2012 年年报数据对比分析三大民营车企的盈利能力。
3. 谈谈你对三大民营车企未来盈利能力变化的看法。

▶▶▶复习思考题◀◀◀

1. 简述对企业盈利能力分析的意义。
2. 公司盈利能力分析指标有哪些？分别怎样评价？
3. 投资者获利能力指标分析有哪些？分别怎样评价？
4. 某公司年销售收入 300 万元，总资产期末余额为 100 万元，销售净利率 5%，该公司过去几年的资产规模较稳定。

要求：① 计算该公司总资产净利率；

② 该公司已打算购置一台新设备，它会使资产提高 20%，而且预计使销售净利率从 5% 提高到 6%，假设销售情况不变，这项设备对公司的资产报酬率和盈利能力会产生何影响？

▶▶▶练 习 题◀◀◀

一、单选题

1. 下列关于每股收益指标的说法，正确的是(　　)。

A. 每股收益对每个企业来说都是分析盈利能力的重要指标

B. 每股收益既反映盈利能力也反映风险

C. 每股收益的下降反映企业盈利能力的降低

D. 不同行业的每股收益具有一定的差异，每股收益的分析应在行业内进行

2. 某公司每股净资产为 2，市净率为 4，每股收益为 0.5，则市盈率等于(　　)。

A. 20 　　　　　　　　　　　　B. 16

C. 8 　　　　　　　　　　　　D. 4

3. 下列各项中，与企业盈利能力分析无关的指标是(　　)

A. 总资产收益率 　　　　　　　　B. 股利增长率

C. 销售毛利率 　　　　　　　　　D. 净资产收益率

4. 企业计算稀释每股收益时，应考虑的因素是(　　)。

A. 绩效股 　　　　　　　　　　B. 不可转换公司债券

C. 可转换公司债券 　　　　　　　D. 股票股利

5. 在基本条件不变的情况下，下列经济业务可能导致总资产收益率下降的是(　　)。

A. 用银行存款支付一笔销售费用 　　B. 用银行存款购入一台设备

C. 将可转换债券转换为普通股 　　　D. 用银行存款归还银行借款

6. 下列指标中，能够较为直观地反映企业主营业务对利润创造的贡献是(　　)。

A. 销售毛利率 　　　　　　　　　B. 销售净利率

C. 总资产收益率 　　　　　　　　D. 净资产收益率

7. 下列选项中，正确的是(　　)。

A. 净资产收益率是分析企业盈利能力的最为常用的指标

B. 净资产收益率便于进行横向比较

C. 净资产收益率便于进行纵向比较

D. 净资产收益率只能进行纵向比较，但是不能进行横向比较

8. 下列选项中，不能提高净资产收益率的途径是(　　)。

A. 加强负债管理，降低负债比率 　　B. 加强成本管理，降低成本费用

C. 加强销售管理，提高销售利润率 　　D. 加强资产管理，提高资产周转率

9. 下列各项中，应使用全面摊薄净资产收益率的场合是(　　)。

A. 经营者使用会计信息时 　　　　B. 杜邦分析体系中

C. 外部相关利益人所有者使用信息时 　D. 对经营者进行业绩评价时

10. 下列关于毛利率的说法错误的是(　　)。

A. 产品售价是影响毛利率的因素 　　B. 毛利率是反映盈利能力的主要指标之一

C. 生产成本是影响毛利率的因素 　　D. 毛利率越高对期间费用的承受能力越低

二、多项选择题

1. 下列各项中，数值越高则表明企业获利能力越强的指标有(　　)。

A. 销售净利率 　　　　　　　　　B. 资产负债率

C. 净资产收益率 　　　　　　　　D. 速动比率

E. 总资产净利率

2. 通过盈利能力分析可以获取的信息包括(　　)。

A. 分析企业赚取利润的能力 　　　B. 分析企业的偿债能力

    C. 评价内部管理者的业绩   D. 评价企业面临的风险

    E. 分析利润的质量

3. 下列选项中,会影响资产净利率的有( )。

    A. 产品的价格   B. 单位成本的高低

    C. 销售量   D. 资产周转率

    E. 资产结构

4. 下列选项中,正确的有( )。

    A. 每股收益是反映股份公司盈利能力大小的一个非常重要的指标

    B. 每股收益可以和同行业进行直接比较

    C. 每股收益可以直接进行纵向比较

    D. 每股收益由于对发行在外流通股的计算口径不同,可以分为基本每股收益和稀释
       每股收益

    E. 企业存在具有稀释性的潜在普通股的情况下,应该根据具有稀释性潜在普通股的
       影响,计算稀释的每股收益

5. 影响每股收益的因素包括( )。

    A. 优先股股数   B. 可转换债券的数量

    C. 净利润   D. 优先股股利

    E. 普通股股数

三、判断题

1. 一般来说,市盈率高,说明投资者对该公司的发展前景看好,愿意出较高的价格购买该公司股票,但是市盈率也不是越高越好。( )

2. 对于盈利企业,在总资产净利率不变的情况下,资产负债率越高净资产收益率越低。( )

3. 股利支付率是指普通股净收益中股利所占的比重,它反映公司的股利分配政策和支付股利的能力,该比率越高,表明支付股利的能力越强。( )

4. 留存收益率越大,说明公司未来发展的财务实力越强。( )

5. 两家企业,营业收入相同且净利润相同,说明获利能力相同。( )

第9章

营运能力分析

学习提要

营运能力是企业充分利用现有资源创造社会财富的能力，是评价企业经营者业绩的重要依据。本章着重介绍了反映企业营运能力的指标，并阐述了各项指标分析时应注意的问题。

9.1 营运能力分析的意义

营运能力是指企业充分利用现有资源创造社会财富的能力，它可用来评价企业对拥有资源的利用程度和能力。其实质就是要以尽可能少的资产占用，尽可能短的时间周转，生产尽可能多的产品，创造尽可能多的销售收入。

营运能力分析，主要是通过销售收入与企业各项资产的比例关系，分析各项资产的周转速度，了解各项资产对收入的贡献程度，借以揭示企业管理人员的资产管理效率和运用资金的能力。由于企业的财务状况和获利能力都与营运能力有密切关系。因此，营运能力分析能够用以评价一个企业的经营水平、管理水平，乃至预测企业的发展前景，对各个利益主体来说关系重大。

1. 有助于企业管理当局改善经营管理

企业经营者受业主或股东的委托，对其投入企业的资本负有保值增值的责任。通过对企业营运能力进行分析，可以了解企业生产经营对资产的需要情况，可以发现和揭示与企业经营性质、经营时期不相适应的资产结构比例，并根据生产经营的变化调整资产存量，使资产的增减变动与生产经营规模的变动相适应，促进资产的合理配置，改善财务状况，提高资金周转速度。同时，通过营运能力分析，还可为财务决策和财务预算指明方向，为预测财务危机提供必要信息。

2. 有助于投资者进行投资决策

资产结构中流动性及变现能力强的资产所占的比重越大，企业的偿债能力越强，企业的财务安全性也就越高。保全所有者或股东的投入资本，除要求在资产的运用过程中，资产的净损失不得冲减资本金外，还要有高质量的资产作为物质基础，通过资产结构和资产管理效果分析，可以很好地判断资本的安全程度：企业存量资产的周转速度越快，实现收益的能力越强；存量资产中商品资产越多，实现的收益额也越大；商品资产中毛利额高的商品所占比重越高，取得的利润率越高。良好的资产结构和资产管理效果预示着企业未来收益的能力。通过对企业的营运能力分析，可以评价经营者的经营业绩，发现经营中的不足，从而通过行使股东权利为企业未来的发展指明方向；有助于判断企业财务的安全性、资本的保全程度，以及评估企业的价值创造能力，可用以进行相应的投资决策。

3. 有助于债权人进行信贷决策

短期债权人通过了解企业短期资产的数额，可以判明企业短期债权的物资保证程度；长期债权人通过了解与长期债务偿还期相接近的可实现长期资产，可以判明企业长期债权的物资保证程度。可以将资产结构与债务结构相联系，进行匹配分析，以进一步掌握企业的各种结构是否相互适应。企业的营运能力直接影响和关系着企业的偿债能力和盈利能力，体现着企业的经营绩效。通过对企业的营运能力进行分析，可以了解企业的长期获利能力及现金流动性，可以对企业债务本息的偿还能力有更直接的认识，有助于债权人判明其债权的物资保证程度或安全性，用来进行相应的信用决策。

4. 有助于政府经济管理部门进行宏观决策

政府及有关管理部门通过对企业资金利用效率的分析，可以判明企业经营是否稳定，财务状况是否良好；有利于监督各项经济政策、法规的执行情况；有利于为宏观决策与调控提供可靠信息。

9.2 营运能力指标分析

反映企业营运能力的财务指标主要有：应收账款周转率、存货周转率、营业周期、流动资产周转率、固定资产周转率、总资产周转率。

9.2.1 应收账款周转率

1. 应收账款周转率指标的计算

应收账款周转率是一定时期商品赊销收入与应收账款平均余额的比率，或称应收账款周转次数，用时间表示的应收账款周转率就是应收账款周转天数，也称平均收现期。反映应收账款的变现速度，用于衡量企业管理应收账款方面的效率。其计算公式为：

$$应收账款周转率（次数）= 营业收入 ÷ 平均应收账款$$

$$应收账款周转天数 = 计算期天数 ÷ 应收账款周转率（次数）$$

$$平均应收账款 =（期初应收账款余额 + 期末应收账款余额）÷ 2$$

为保持公式中分母和分子的计算口径一致，分子用"商品赊销收入"表示更合理，但由于很难取得"商品赊销收入"的资料，实务上通常采用"营业收入"来计算应收账款周转率；分母的应收账款数额应包括资产负债表中"应收账款"与"应收票据"等全部赊销应收款项在内，并应使用未扣除坏账准备的应收账款总额。因为分子"营业收入"既包括了可能收回的金额，也包括了可能无法收回的金额，那么分母就不能只反映扣除坏账准备后的应收账款净额。否则就会出现提取的坏账准备越多，应收账款周转天数越少。这种周转天数的减少不是好的业绩，反而说明应收账款管理欠佳。由于各种原因应收账款年初或年末与平常相比可能会过高或过低，因此，"平均应收账款"最好是用全年各月应收账款平均余额来计算。

一般来说，应收款项周转率越高，平均收现期越短，说明企业收回应收账款的速度也越快，资产管理水平越高。及时收回应收账款，不仅可以避免发生坏账损失，而且还能增强企业的偿债能力；否则，企业的营运资金会过多地呆滞在应收账款上，会影响资金的正常周转。

根据 JDSN 公司 2007 年资产负债表、利润表计算：

2007 年　应收账款周转率 = 1 392 006 156. 20 ÷ [(150 871 000 + 146 975 000) ÷ 2] ≈ 9. 35

2006 年　应收账款周转率 = 1 203 589 577. 02 ÷ [(319 468 000 + 150 871 000) ÷ 2] ≈ 5. 12

2007 年　应收账款周转天数 = 360 ÷ 9. 35 ≈ 38. 50

2006 年　应收账款周转天数 = 360 ÷ 5. 12 ≈ 70. 31

从以上计算可看出，2007 年与 2006 年相比，应收账款周转率有了大幅度的提高，说明公司加强了应收账款的催收工作，缩短了应收账款周转天数，加快了应收账款的变现速度，提高了公司的短期偿债能力。

2. 应收账款周转率指标分析应注意的问题

① 应收账款周转次数并非越高越好，如果应收账款周转次数过高，可能是企业的信用政策、付款条件过于苛刻所致，这样会限制企业销售量的扩大，长远来看会影响企业的盈利水平。

② 评价企业的应收账款周转率是好是坏，要结合企业的经营特点，并将计算出的指标与该企业前期指标、与行业平均水平或其他类似企业的指标相比较，以得出比较准确的分析结论。

③ 通过对应收账款回收速度的分析，可以考核企业销售收入的质量、现金的流量及潜在的亏损，促使企业尽快回收账款，加速资金周转，使坏账损失降低到最低点。

9.2.2　存货周转率

1. 存货周转率指标的计算

存货周转率是一定时期营业成本与存货平均余额的比率，或称存货的周转次数。用时间表示的存货周转率就是存货周转天数。用于衡量企业的销售能力和存货周转速度。其计算公式为：

$$存货周转率(次数) = 营业成本 ÷ 存货平均余额$$

$$存货周转天数 = 计算期天数 ÷ 存货周转率(次数)$$

$$存货平均余额 = (期初存货 + 期末存货) ÷ 2$$

在计算存货平均余额时应注意：财务报表上列示的存货是扣除存货跌价准备后的净额，而分子的营业成本实际上是按已售存货的账面价值结转的，即公式中分子分母的计算口径一致，都扣除了存货跌价准备，不需调整；如果企业的营业具有较大的季节性，根据期初和期末存货简单平均容易造成假象（有可能期末、期初存货偏低或偏高），解决的方法就是采用各月月末的数字进行平均。这对于企业内部分析研究者来说容易做到，而对于外部分析者则很难做到。

该指标越高，表明企业存货周转速度快，存货的占用水平越低，流动性越强；反之，表明存货周转速度慢，存货储存过多，占用资金多，有积压现象。然而，太高的存货周转率则可能导致存货不足或发生缺货现象，会导致停工待料，因此而丧失某些生产和销售机会。因此，分析企业存货周转率的高低应结合同行业的存货平均水平和企业过去的存货周转情况进行判断。

根据 JDSN 公司 2007 年资产负债表、利润表计算：

2007 年　存货周转率 $= 1\,143\,691\,919.\,50 \div [\,(143\,597\,949.\,94 + 125\,855\,503.\,48) \div 2\,] \approx 8.\,49$

2006 年　存货周转率 $= 962\,179\,635.\,02 \div [\,(152\,940\,131.\,64 + 143\,597\,949.\,94) \div 2\,] \approx 6.\,49$

2007 年　存货周转天数 $= 360 \div 8.\,49 \approx 42.\,41$

2006 年　存货周转天数 $= 360 \div 6.\,49 \approx 55.\,47$

从以上计算可看出，2007 年与 2006 年相比，存货周转率有了一定程度的提高，说明公司加强了存货的管理工作，缩短了存货周转天数。

2. 存货周转率指标分析时应注意的问题

① 该指标的好坏反映了企业存货管理水平，它不仅影响企业的短期偿债能力，也是企业管理的重要内容。

② 企业管理者和有条件的外部报表使用者，除了分析进货批量因素、生产销售的季节性变化等情况外，还应对存货的内部结构及影响存货周转速度的重要项目进行分析，如分别计算原材料周转率、在产品周转率等。计算公式为：

$$原材料周转率 = 耗用原材料成本 \div 存货平均余额$$

$$在产品周转率 = 制造成本 \div 存货平均余额$$

③ 存货周转分析的目的是从不同的角度和环节找出存货管理中存在的问题，使存货管理在保证生产经营连续性的同时，尽可能少占用经营资金，以提高资金的使用效率，增强企业短期偿债能力，促进企业管理水平的提高。

④ 存货周转率在反映存货周转速度、存货占用水平的同时，也从一定程度上反映了企业销售实现的快慢。一般情况下，存货周转速度越快，说明企业投入存货的资金从投入到完成销售的时间越短，存货转换为货币资金或应收账款等的速度越快，资金的回收速度越快。在企业资金利润率较高的情况下，企业就越能获得更高的利润。如果存货周转率慢，说明企业的存货可能适销不对路，有过多的呆滞存货，影响资金的及时回笼。

⑤ 存货计价方法对存货周转率具有较大的影响，因此，在分析企业不同时期或不同企业的存货周转率时，应注意存货计价方法是否一致。

9.2.3　营业周期

1. 营业周期指标的计算

营业周期是指从取得存货开始到销售存货并收回现金为止的这段时间。其计算公式为：

$$营业周期 = 存货周转天数 + 应收账款周转天数$$

营业周期的长短取决于存货周转天数和应收账款周转天数。该指标表明，需要多长的时间能将期末存货全部变为现金。营业周期越短，说明资金周转速度越快；营业周期越长，说明资金周转速度越慢。

根据 JDSN 公司 2007 年资产负债表、利润表计算：

2007 年　营业周期 $= 42.\,41 + 38.\,50 = 80.\,91$

2006 年　营业周期 $= 55.\,47 + 70.\,31 = 125.\,78$

从以上计算可看出，2007 年与 2006 年相比，营业周期明显缩短，比上年快了近 45 天，说明公司资金周转速度加快。

2. 营业周期指标分析应注意的问题

① 不同企业对存货计价方法会存在较大差异，不同的存货计价方法会导致不同的期末

存货价值,从而会缩短或延长存货周转天数。因而,会影响营业周期的长短。

② 根据我国现行制度规定,企业可自行确定坏账准备的提取方法、提取比例,从而会使不同企业之间的应收账款周转天数的计算结果产生差异。因而,也会影响营业周期的长短。

③ 外部报表使用者,通常只能根据营业收入而非商品赊销收入计算应收账款周转天数。比如在存在大量现金销售的情况下,就会夸大应收账款周转率,缩短应收账款的周转天数,进而缩短企业的营业周期。

9.2.4　流动资产周转率

1. 流动资产周转率指标的计算

流动资产周转率是指企业一定时期的营业收入与流动资产平均余额的比率,或称流动资产周转次数。用时间表示的流动资产周转率就是流动资产周转天数。反映流动资产的周转速度,用于衡量流动资产的利用效率。其计算公式如下:

流动资产周转率(次数)＝营业收入÷流动资产平均余额

流动资产周转天数＝计算期天数÷流动资产周转率(次数)

流动资产平均余额＝(期初流动资产＋期末流动资产)÷2

该指标周转速度越快,会相对节约流动资产,等于相对扩大资产投入,增强了企业盈利能力,说明资金利用效果越好;反之,就需要补充流动资产参加周转,会形成资金浪费,降低企业的盈利能力。

根据 JDSN 公司 2007 年资产负债表、利润表计算:

2007 年　流动资产周转率＝1 392 006 156.20÷

[(998 439 625.10＋1 858 473 285.20)÷2]≈0.974

2006 年　流动资产周转率＝1 203 589 577.02÷

[(995 288 780.47＋998 439 625.10)÷2]≈1.21

2007 年　流动资产周转天数＝360÷0.974≈369.61

2006 年　流动资产周转天数＝360÷1.21≈297.52

从以上计算可看出,2007 年与 2006 年相比,流动资产周转率下降了,比上年延长了近72 天的时间,说明公司的流动资产在利用效率上还有待进一步提高。

2. 流动资产周转率指标分析应注意的问题

流动资产变现能力反映企业短期偿债能力的强弱,企业应该有一个较稳定的流动资产数额,在此基础上提高流动资产使用效率,不能在现有管理水平下,以大幅度降低流动资产为代价去追求高的周转率。企业在进行流动资产周转率分析时,应以企业以前年度水平、同行业平均水平作标准进行对比分析,促使企业采取措施扩大销售,提高流动资产的综合使用效率。

9.2.5　固定资产周转率

1. 固定资产周转率指标的计算

固定资产周转率是指企业一定时期的营业收入与固定资产平均净值的比率,或称固定资产周转次数。用时间表示的固定资产周转率就是固定资产周转天数。反映固定资产的运用状况，用于衡量固定资产的利用效率。其计算公式如下：

$$固定资产周转率（次数）= 营业收入 ÷ 固定资产平均净值$$

$$固定资产周转天数 = 计算期天数 ÷ 固定资产周转率（次数）$$

$$固定资产平均净值 =（期初固定资产净值 + 期末固定资产净值）÷ 2$$

该指标越高，说明企业固定资产周转速度越快，利用效率越高，即固定资产投资得当，结构分布合理，营运能力较强；反之，说明固定资产周转速度慢，利用效率低，即拥有固定资产数量过多，设备闲置没有充分利用。

根据 JDSN 公司 2007 年资产负债表、利润表计算：

2007 年　固定资产周转率 = 1 392 006 156.20 ÷

$$[（1 159 426 957.16 + 1 078 566 922.60）÷ 2] ≈ 1.24$$

2006 年　固定资产周转率 = 1 203 589 577.02 ÷

$$[（1 217 100 117.65 + 1 159 426 957.16）÷ 2] ≈ 1.01$$

2007 年　固定资产周转天数 = 360 ÷ 1.24 ≈ 290.32

2006 年　固定资产周转天数 = 360 ÷ 1.01 ≈ 356.44

从以上计算可看出，2007 年与 2006 年相比，固定资产周转速度加快，比上年快了近 66 天，说明公司的固定资产利用效率有了大幅度的提高。

2. 固定资产周转率指标分析应注意的问题

① 一般而言，固定资产的增加不是渐进的，而是突然上升的，这会导致固定资产周转率的变化。

② 企业固定资产所采用的折旧方法和折旧年限的不同，会导致不同的固定资产账面净值，也会对固定资产周转率的计算产生重要影响，这是指标的人为差异。

③ 在企业固定资产、销售情况都未发生变化的条件下，由于通货膨胀因素导致物价上涨而使销售收入虚增，也会使固定资产周转率提高，但实际企业固定资产的效能并未增加。

在进行固定资产周转率分析时，应以企业历史水平和同行业平均水平作标准进行对比分析，从中找出差距，努力提高固定资产周转速度。

9.2.6 总资产周转率

1. 总资产周转率指标的计算

总资产周转率是指企业一定时期的营业收入与总资产平均余额的比率，或称总资产周转次数。用时间表示的总资产周转率就是总资产周转天数。反映全部资产的周转速度，用于衡量全部资产的管理质量和利用效率。其计算公式如下：

$$总资产周转率（次数）= 营业收入 ÷ 总资产平均余额$$

$$总资产周转天数 = 计算期天数 ÷ 总资产周转率（次数）$$

$$总资产平均余额 =（年初资产总额 + 年末资产总额）÷ 2$$

该指标周转速度越快，说明企业利用全部资产进行经营的效率高，资产的有效使用程度也越高，销售能力越强；反之，说明企业利用全部资产进行经营的效率低，造成资金浪费，影响企业的盈利能力。

根据 JDSN 公司 2007 年资产负债表、利润表计算：

2007 年　总资产周转率 = 1 392 006 156. 20 ÷

　　　　　　　　[(3 958 989 282. 01 + 5 355 962 987. 30) ÷ 2] ≈ 0. 30

2006 年　总资产周转率 = 1 203 589 577. 02 ÷

　　　　　　　　[(3 958 989 282. 01 + 4 029 763 852. 88) ÷ 2] ≈ 0. 301

2007 年　总资产周转天数 = 360 ÷ 0. 30 = 1 200

2006 年　总资产周转天数 = 360 ÷ 0. 301 ≈ 1 196

从以上计算可看出，2007 年与 2006 年相比，总资产周转率略有下降，比上年慢了 4 天，说明公司利用全部资产进行经营的效率还有待进一步提高。

2. 总资产周转率指标分析应注意的问题

如果企业的总资产周转率突然上升，而企业的销售收入与以往持平，则有可能是企业本期报废了大量固定资产造成的，并不能说明企业资产利用率提高。在进行总资产周转率分析时，也应以企业以前年度的实际水平、同行业平均水平作为参照物进行对比分析，从中找出差距，挖掘企业潜力，提高资产利用效率。

 **综合案例**

"类金融"模式下苏宁电器的营运资金周转

苏宁电器（002024）成立于 1990 年年末，自成立以来一直保持着快速稳健的发展势头。2000 年苏宁在全国率先拓展信息家电，2004 年 7 月，苏宁电器在深圳证券交易所成功上市，募集资金 4 亿元，股本总额达 9 316 万元。目前，苏宁电器已经成为集家电、计算机、通信为一体的全国大型 3C 电器专业销售连锁企业。与许多传统行业扩张"赚规模不赚利润"相比，作为中国家电连锁巨头之一，苏宁电器的扩张是"既赚规模又赚利润"的典型代表。

1. 令人称赞的营运资金管理绩效

"类金融"模式下，企业规模扩张所需资金通过商业信用融资获得，通过不断开店获取新资金的方式来扩大企业规模，这与传统连锁经营通过自有资本和资本市场获得资金有着本质的不同。苏宁电器的"类金融"商业模式在业界已经不是秘密。这种模式将家电连锁经营和资本运作联系在一起，通过对供应商资金的占用，将这部分资金投入到设立更多的连锁分店。借助"类金融"商业模式，苏宁电器获取了大量低成本的资金，极大地提高了企业资金的利用效率。根据苏宁电器 2005—2012 年的年报数据测算可知，苏宁电器的营运资金周转天数（营运资金周转天数 = 应收账款周转天数 + 存货周转天数 − 应付账款周转天数）一直为负数，营运资金周转天数从 2005 年的 −8 天提高到 2012 年的 −69 天，展现了良好的营运资金管理水平。据分析，2005—2012 年，苏宁电器的应收账款周转天数变化并不明显；存货周转天数出现了不断提高的趋势，从 2005 年的 35 天增加到 2012 年的 69 天；应付账款周转天数不断延长，从 2005 年的 46 天增加到 2012 年的 144 天。显然，苏宁电器营运资金周转天数的缩短完全依赖于对应付账款的管理和利用，是应付账款周转天数延长的结果。

2. "类金融"模式下的财务风险

然而，"类金融"模式在给苏宁电器带来快速扩张的同时，也蕴含着较大的财务风险。苏宁电器从供货商那里取得货物，大部分形成应付账款和应付票据，就要求苏宁必须提高存货周转速度以获得更多的销售款项，存货周转成为整个资金链条的关键。一旦苏宁电器的存货不能及时得到消化，不仅使得营运资金被存货占用的金额大幅度上升，而且面临不能偿还到期的应付账款和应付票据危机。以2012年为例，苏宁的存货新增37.96亿元，达到172.22亿元，同比增长高达28.27%。同时，其2012年存货平均余额和营业成本分别达到153.25亿元、808.85亿元，同比增长分别为33.83%、6.28%，平均存货增长速度快于主营业务成本的增长速度，这表明，苏宁电器的存货周转率降低，存货相对水平增加。与此同时，苏宁电器2012年度营业收入较去年同期增加4.75%，净利润锐减48.73%。在公司过速扩张和主营业务收入增速放缓的背景下，"类金融"商业模式所引发的财务风险愈加明显。

3. 从"苏宁电器"到"苏宁云商"的转型之路

面对近年来营业利润的大幅下滑和存货积压的现状，苏宁电器积极求变，采取了主动转型的策略，"关店"成为苏宁电器2012年的重要战略之一。根据其公告显示，在2012年，公司在中国大陆地区新进地级市15个，新开连锁店158家，置换/关闭连锁店178家；在中国香港地区新开连锁店3家，置换/关闭连锁店3家。2013年2月19日，苏宁电器发布公告称公司名称变更为"苏宁云商集团股份有限公司"，2013年3月22日，公司证券简称变更为"苏宁云商"。苏宁电器将这种"店商＋电商＋零售服务商"的经营模式称之为"云商"模式，"云商"模式标志着苏宁在去电器化方面的转型进一步加速。

 讨论

1. 结合年报数据分析苏宁电器2005—2012年的营运能力。
2. 分析苏宁电器转型为苏宁云商对于公司营运能力的影响。

▶▶▶复习思考题◀◀◀

1. 简述对企业营运能力进行分析的意义。
2. 营运能力分析常用的比率指标有哪些？分别怎样评价？
3. 某公司年初存货为30 000元，年初应收账款为25 400元；年末流动比率为2∶1；速动比率为1.5∶1，存货周转率为4次，流动资产合计为54 000元。

要求：① 计算公司本年销货成本。

② 若公司本年销售净收入为312 200元，除应收账款外，其他速动资产忽略不计，则应收账款周转次数是多少？

③ 该公司的营业周期是多长？

4. 某公司2007年度财务报表的有关资料如表9-1、表9-2所示。

表 9 – 1 资产负债表（简表）

2007 年 12 月 31 日   单位：千元

资产	期初数	期末数	负债及所有者权益	期初数	期末数
货币资金	764	310	应付账款		516
应收账款	1 156	1 344	应付票据		336
存货	700	966	其他流动负债		468
流动资产合计	2 620	2 620	流动负债合计		1 320
固定资产	1 170	1 170	非流动负债	略	1 026
			实收资本		1 444
资产总额	3 790	3 790	负债及所有者权益		3 790

表 9 – 2 利润表（简表）

2007 年   单位：千元

项　目	金　额
营业收入	6 430
营业成本	5 570
毛利	860
管理费用	580
利息费用	98
税前利润	182
所得税费用	72
净利润	110

要求：① 计算该公司的财务比率，并填表 9 – 3（天数计算结果取整）；

② 与行业平均财务比率比较，说明该公司经营管理可能存在的问题。

表 9 – 3 财务比率计算表

比率名称	本公司	行业平均数
流动比率		1.98
资产负债率		62%
已获利息倍数		3.8
存货周转率		6 次
平均收现期		35 天
固定资产周转率（营业收入、平均固定资产）		13 次
总资产周转率		3 次
销售净利率		1.3%
资产净利率		3.4%
权益净利率		8.3%

▶▶▶ 练 习 题 ◀◀◀

一、单选题

1. 下列各项中，不会影响应收账款周转率指标利用价值的因素是(　　)。

    A. 季节性经营引起的销售额波动　　　　B. 销售折让和销售折扣

    C. 大量使用现金结算的销售　　　　　　D. 年末大量销售

2. 一般而言，平均收现期越短，应收账款周转率则(　　)。

    A. 不变　　　　　　　　　　　　　　　B. 越低

    C. 越高　　　　　　　　　　　　　　　D. 波动越大

3. 影响营运能力的内部因素是(　　)。

    A. 行业特性　　　　　　　　　　　　　B. 经营背景

    C. 经营周期　　　　　　　　　　　　　D. 资产的管理政策与方法

4. 某公司 2009 年销售收入净额为 6 000 万元。年初应收账款余额为 300 万元，年末应收账款余额为 500 万元，坏账准备按销售净额的 10% 计提。每年按 360 天计算，则该公司的应收账款周转天数为(　　)。

    A. 15 天　　　　　　　　　　　　　　　B. 17 天

    C. 22 天　　　　　　　　　　　　　　　D. 24 天

5. 下列关于正常营业周期的描述，错误的有(　　)。

    A. 通常短于一年

    B. 通常等于一年

    C. 存在长于一年的情况

    D. 正常营业周期不能确定时，以一年（12 个月）作为划分标准

6. 某公司 2009 年营业收入净额为 36000 万元，流动资产周转天数为 20 天，固定资产周转天数为 100 天。假定没有其他资产，则该公司 2008 年的总资产周转率为(　　)。

    A. 2.9 次　　　　　　　　　　　　　　B. 3 次

    C. 3.2 次　　　　　　　　　　　　　　D. 3.4 次

7. 企业的流动资产周转率高，说明(　　)。

    A. 企业的营业收入较高　　　　　　　　B. 企业的盈利能力较强

    C. 企业的流动资产周转速度较快　　　　D. 流动资产较少

8. 某企业 2010 年度主营业务收入净额为 72 000 万元，主营业务成本为 32 000 万元，流动资产平均余额为 4 000 万元，固定资产平均余额为 8 000 万元，则该企业 2010 年度的总资产周转率为(　　)。

    A. 4　　　　　　　　　　　　　　　　　B. 6

    C. 8　　　　　　　　　　　　　　　　　D. 9

9. 如果企业应收账款周转率突然恶化，其主要原因可能是(　　)。

    A. 销售下降、赊销政策过宽　　　　　　B. 销售上升、赊销政策过紧

    C. 库存量减少、现金周期缩短　　　　　D. 库存量增加、现金周期延迟

10. 企业为粉饰财务报表而在会计期末采取虚增存货方式，其结果是(　　)。

A. 存货周转率下降，会计利润虚增　　B. 存货周转率下降，会计利润虚减

C. 销售利润率上升，会计利润虚增　　D. 销售利润率下降，会计利润虚减

二、多项选择题

1. 下列关于营运能力的说法中正确的有(　　)。

A. 营运能力与偿债能力和盈利能力关系密切

B. 周转速度的快慢影响企业的流动性进而影响偿债能力

C. 资产只有在周转使用中才能带来收益

D. 提高资产的营运能力就能以尽可能少的投入带来更多的收入

E. 营运能力与生产经营和获利能力直接相关

2. 下列各项中，可能缩短营业周期的事项有(　　)。

A. 存货周转率（次数）上升　　　　　B. 应收账款余额减少

C. 流动资产占用数量增加　　　　　　D. 供应商提供的现金折扣降低，提前付款

E. 提供给顾客的现金折扣增加，对他们更具吸引力

3. 下列关于营业周期的说法，正确的有(　　)。

A. 营业周期可以分析企业资产的使用效率

B. 营业周期可以分析企业资产的管理水平

C. 营业周期可以说明现金回笼的时间

D. 营业周期可以补充说明企业的流动性

E. 营业周期可以分析企业的发展能力

4. 下列经济业务中，会影响企业应收账款周转率的有(　　)。

A. 赊销产成品　　　　　　　　　　　B. 现销产成品

C. 期末收回应收账款　　　　　　　　D. 发生销售退回

E. 发生现金折扣

5. 分析某公司5年期财务报表发现：固定资产周转率和流动比率逐年下降，至第5年末这两个指标均小于1。则下列各项中，最有可能说明该公司这种财务与经营状况的有(　　)。

A. 主营业务收入逐年下降　　　　　　B. 短期偿债能力逐年下降

C. 应付账款增幅逐年增加　　　　　　D. 存货资产增幅逐年减少

E. 固定资产投资逐年超过主营业务收入

三、判断题

1. 营业周期等于存货周转天数与应收账款周转天数之和。(　　)

2. 营业周期与流动比率之间的关系是：营业周期越短，正常的流动比率就越高；营业周期越长，正常的流动比率就越低。(　　)

3. 若资产增加幅度低于销售收入净额增长幅度，则会引起资产周转率增大，表明企业的营运能力有所提高。(　　)

4. 在销售额既定的条件下，形成流动资产相对节约的充分必要条件是分析期流动资产周转次数大于基期。(　　)

5. 应收账款周转率反映应收账款的变现速度，越高越好。(　　)

第10章

获现能力分析

学 习 提 要

　　获现能力是企业利用各种资源获取现金的能力，关系到企业的成败，已成为报表使用者评价企业绩效的重要标准。从现金流量评价企业的获利能力，可以揭示更多的现金流量信息。本章着重介绍了反映企业获现能力的指标，并阐述了各项指标分析时应注意的问题。

10.1　获现能力分析的意义

　　获现能力是指企业资产、投资人投入资金及各项业务的获现能力，反映企业利用各种资源获取现金的能力。利用经营活动现金流量和与其有密切关系的项目数据相比得出的比率，可以从更广泛的角度和多个方面对企业的财务状况、绩效和能力作出衡量和评价。

　　获现能力分析是以现金流量表为主要依据，利用比率分析的方法，进一步揭示现金流量信息，并从现金流量角度对企业的财务状况和经营业绩作出评价，以补充权责发生制比率分析的局限性。由于获现能力的研究起步较晚，评价指标体系还有待进一步完善和统一。获现能力分析能准确地、多角度地对企业的财务状况和经营业绩进行评价，因而有着重要意义。

1. 有助于评价企业的创造现金能力

　　一个正常经营的公司或企业，在创造利润的同时，还应创造现金收益。一般来说，经营活动产生的现金流量净额最能反映创造现金能力，而经营活动中的"销售商品、提供劳务收到的现金"项目反映创造现金能力则最为灵敏。因此，通过销售获现比率进行分析，就可以对企业创造现金能力作出评价。

2. 有助于评价企业的偿债能力和支付能力

　　一个公司或企业创造了较多的利润，同时又产生了较多的现金流量净额，实际上就具有了较强的偿债能力和支付能力。通过现金流量表所揭示的现金流量信息，可以对公司或企业偿还长短期债务的偿债能力和支付利息、股利或利润的支付能力作出更准确、可靠的评价。

3. 有助于评价企业的收益质量

　　公司或企业的净利润又称净收益。在利润表中，它是以权责发生制为基础计算出来的，而现金流量表中的现金流量是以收付实现制为基础计算出来的。一般来说，净收益增加，现金流量净额也增加，但在某些情况下也会造成净收益增加而现金短缺的局面，这就是所谓的收益质量不佳。因此，通过现金流量和净利润的比较分析，可以对收益的质量作出评价。

10.2 获现能力指标分析

反映企业获现能力的财务指标主要有：销售获现比率、每股经营活动现金净流量、资产现金流量比率、现金满足投资比率。

10.2.1 销售获现比率

1. 销售获现比率指标的计算

销售获现比率是以销售商品、提供劳务收到的现金与营业收入相比，反映企业通过销售获取现金的能力，用于衡量企业产品销售形势的好坏。其计算公式为：

$$销售获现比率 = 销售商品、提供劳务收到的现金 ÷ 营业收入$$

该指标越接近 1，说明企业产品销售形势越好，表明企业信用政策合理，能及时收回货款，收款工作得力，收益质量高；否则相反。

根据 JDSN 公司 2007 年利润表、现金流量表计算：

2007 年　销售获现比率 = 1 204 930 716. 90 ÷ 1 392 006 156. 20 ≈ 0. 87

2006 年　销售获现比率 = 1 182 023 301. 40 ÷ 1 203 589 577. 02 ≈ 0. 98

从以上计算可看出，2007 年与 2006 年相比，销售获现比率有所下降，表明公司通过销售获取现金的能力减弱，而且比率小于 1，说明公司产品销售形势并不是非常乐观。

2. 销售获现比率指标分析应注意的问题

销售商品、提供劳务收到的现金与营业收入两者并非有密切的因果关系。当期收到预收账款和前期的应收账款，都会增加销售商品、提供劳务收到的现金，但却与本期的营业收入无关。因此，该指标有可能会夸大企业当期的销售收现率。

10.2.2 每股经营活动现金净流量

1. 每股经营活动现金净流量指标的计算

每股经营活动现金净流量是经营活动现金流量净额与普通股股数的比率，反映每股发行在外的普通股所平均占有的现金流量，反映企业最大的分派股利能力。其计算公式为：

$$每股经营活动现金流量 = 经营活动现金流量净额 ÷ 发行在外的普通股股数$$

该比率越大，说明企业进行资本支出和支付股利能力越强，企业经营活动现金流量对每股普通股的贡献就越大。每股经营活动现金净流量指标越高，股东们越乐于接受。

根据 JDSN 公司 2007 年现金流量表计算：

2007 年　每股经营活动现金净流量 = 178 378 108. 96 ÷ 962 770 614 ≈ 0. 19

2006 年　每股经营活动现金净流量 = 438 728 509. 06 ÷ 962 770 614 ≈ 0. 46

从以上计算可看出，2007 年与 2006 年相比，每股经营活动现金流量下降了，表明公司经营活动现金流量对每股普通股的贡献减弱了，因而进行资本支出和支付股利的能力也在减弱。

2. 每股经营活动现金净流量指标分析应注意的问题

① 该指标的分母是发行在外的普通股股数，指的是全年发行在外的加权平均普通股股数，而不是年底发行在外的普通股股数。在报告期内，企业发行在外的普通股会因增资配股

和库藏股票等因素而在数量上发生变化，但未必对全年的现金流量有贡献。采用加权平均的普通股股数，在于考虑到一定数量的普通股在该会计期间实际发行在外的时间长短因素，这样会使计算结果更为合理。

② 如果公司既发行普通股又发行可转换债券，可转换债券在将来可能会因行使转换权而使发行在外的普通股股数有所增加。因此，从谨慎原则出发，指标的分母就应采用具有完全稀释作用的约当普通股股数。

10.2.3 资产现金流量比率

1. 资产现金流量比率指标的计算

资产现金流量比率是经营活动现金流量净额与总资产平均余额相比，反映企业利用资产获取现金的能力，用于衡量企业资产获现能力的强弱。其计算公式为：

资产现金流量比率 = 经营活动现金流量净额 ÷ 总资产平均余额

该指标越高，说明企业资产获现能力越强；否则相反。

根据 JDSN 公司 2007 年资产负债表、现金流量表计算：

2007 年　资产现金流量比率 = 178 378 108.96 ÷

$$[(3\ 958\ 989\ 282.01 + 5\ 355\ 962\ 987.30) \div 2] \approx 0.038$$

2006 年　资产现金流量比率 = 438 728 509.06 ÷

$$[(4\ 029\ 763\ 852.88 + 3\ 958\ 989\ 282.01) \div 2] \approx 0.11$$

从以上计算可看出，2007 年与 2006 年相比，资产现金流量比率有所下降，表明公司资产获取现金的能力在减弱。

2. 资产现金流量比率指标分析应注意的问题

由于经营活动现金流量净额是全年的金额，所以，计算该指标时分母应当是资产的平均余额，这样会使计算结果更为合理。企业在对资产现金流量比率指标进行分析时，应以企业以前年度水平、同行业平均水平作标准进行对比分析，促使企业采取措施加快销售回款的力度，提高资产的利用效率。

10.2.4 现金满足投资比率

1. 现金满足投资比率指标的计算

现金满足投资比率是指经营活动现金净流量与资本支出、存货购置及发放现金股利的比率，它反映经营活动现金满足主要现金需求的程度，用于衡量企业维持或扩大生产经营规模的能力。其计算公式为：

现金满足投资比率 = 近 5 年经营活动现金净流量 ÷（近 5 年平均资本支出 +

近 5 年存货平均增加 + 近 5 年平均现金股利）

该比率越大，说明企业资金自给率越高，企业发展能力越强。如果现金满足投资比率大于或等于 1，表明企业经营活动所形成的现金流量足以应付各项资本性支出、存货增加和现金股利的需要，不需要对外筹资；若该比率小于 1，说明企业来自经营活动的现金不足以供应目前营运规模和支付现金股利的需要，不足的部分需要靠外部筹资补充。如果一个企业的现金满足投资比率长期小于 1，则其理财政策没有可持续性。

由于无法取得 JDSN 公司 5 年的资料，且 2006 年和 2007 年存货都没有增加，根据 JDSN 公司 2007 年现金流量表计算：

2007 年　现金满足投资比率 = 178 378 108.96 ÷ (753 846 433.75 + 198 318 122.30)

$$\approx 0.19$$

2006 年　现金满足投资比率 = 438 728 509.06 ÷ (18 231 344.09 + 87 225 448.28)

$$\approx 4.16$$

从以上计算可看出，2007 年与 2006 年相比，现金满足投资比率有所下降，且比率小于 1，缺口很大，说明公司现金来源不能满足股利和经营增长的水平，不足的部分需要靠外部筹资补充。

2. 现金满足投资比率指标分析应注意的问题

为了避免重复性及不确定性活动对现金流量所产生的影响，通常是以 3 ～ 5 年的总数为计算单位，可以剔除周期性和随机性影响，得出更有意义的结论。计算某一年的现金满足投资比率，不一定能说明问题。

 **综合案例**

赊销与海外扩张背后的资金链危局

三一重工（600031）是全球第六及中国最大的工程机械制造商，是制造、研发和服务等诸多领域的行业龙头。2012 年下半年，由于行业外部环境持续低迷，三一重工面临较大的经营压力，公司主力产品销量出现明显下滑，资金回笼出现困难。与此同时，三一重工从 2011 年开始发起了一系列的海外并购，由于涉及金额巨大，公司现金流已日趋紧张。

1. 激进赊销引发资金回笼困局

长期以来，三一重工一直选择赊销、放宽收款期限、降低首付比例等方式进行扩张的销售策略，这种策略在行业景气的时候有利于企业扩大市场份额、提升利润水平，但一旦行业拐点出现或者增速放缓，企业的财务压力将会非常严重。三一重工 2013 年一季报显示其营业收入 112.30 亿元，同比下降 23.50%；实现净利润 15.72 亿元，同比下降 43.90%。而应收账款却同比增加 12%，高达 225.04 亿元，几乎相当于股东权益的账面价值。2012 年年末，三一重工应收账款账面价值为 149.74 亿元，比 2011 年年末增加了 36.69 亿元，几乎是 2010 年年末应收账款（52.72 亿元）的 3 倍。在销售规模不断扩张的情况下，公司赚取现金的能力仍然较强，2010 年至 2012 年，三一重工的销售获现比分别为 1.09、1.03 和 1.08，说明公司确认销售收入与获取销售商品收到的现金基本同步，公司客户也没有出现付款违约的情况，但应收账款占用大量财务资源却不容忽视。

2. 经营活动现金流难以满足投资需要

2010 年三一重工经营活动现金净流量为 67.49 亿元，与同期投资活动现金净流量 −67.74 亿元大体相当，而 2011 年和 2012 年的资金缺口分别为 56.61 亿元和 8 亿元，这与近年来三一重工不断购建固定资产、频繁发起并购不无关系。德国当地时间 2012 年 4 月 17 日上午，三一重工股份有限公司与德国普茨迈斯特控股有限公司在德国埃尔西塔（Aichtal）

正式对外宣布收购完成交割，涉及收购款金额更是高达 3. 24 亿欧元（折合人民币为 26. 54 亿元），超过了三一重工 2011 年年末净资产 207. 54 亿元的 10%。普茨迈斯特 2011 年实现营业收入 5. 6 亿欧元，大致相当于三一重工的 8. 5%，而最终净利润却只有 600 万欧元，还不及三一重工同期净利润的零头。通过上述分析不难发现，三一重工在承担了极大资金压力的条件下，以超过自身净资产十分之一的对价，换来的却是不足二百分之一的净利润，从财务角度上看，三一重工在这场股权交易过程中似乎毫无利益可言。

 讨论

1. 结合 2010—2012 年年报数据，综合评价三一重工的获现能力。
2. 分析三一重工高价并购德国普茨迈斯特控股有限公司对其现金流量的影响。

▶▶▶复习思考题◀◀◀

1. 简述对企业获现能力分析的意义。
2. 获现能力分析常用的指标有哪些？分别怎样评价？
3. A 公司 2007 年实现销售收入 100 000 万元，2006 年该公司的资产总额是 5 000 万元，资产负债率为 40%，现金流量表（简表）如表 10 − 1 所示。

表 10 − 1 现金流量表（简表）

编制单位：A 公司	2007 年	单位：万元
项 目		金 额
一、经营活动产生的现金流量净额		1 355
二、投资活动产生的现金流量净额		− 8 115
三、筹资活动产生的现金流量净额		− 1 690
四、现金及现金等价物净增加额		− 8 490
补充资料：		
1. 将净利润调节为经营活动产生的现金流量		
净利润		4 000
加：计提的资产减值准备项目		5
固定资产折旧		1 000
无形资产摊销		80
长期待摊费用摊销		40
待摊费用减少（减：增加）		− 10
预提费用增加（减：减少）		− 10
处置固定资产、无形资产和其他长期资产的损失（减：收益）		− 500
固定资产报废损失		100
财务费用		200
投资损失（减：收益）		− 100

项　　目	金　　额
存货的减少（减：增加）	－ 50
经营性应收项目的减少（减：增加）	－ 2 400
经营性应付项目的增加（减：减少）	－ 1 000
其他	0
经营活动产生的现金流量净额	1 355
2. 现金净增加情况	
现金的期末余额	4 580

要求：① 计算该公司的销售获现比率。

② 对公司的收益质量进行评价，并分析其原因。

③ 若该公司目前的贷款利率为8％，计算该公司理论上的最大负债规模。

▶▶▶练 习 题◀◀◀

一、单选题

1. 获现能力分析的主要依据是(　　)。

  A. 资产负债表　　　　　　　　B. 利润表

  C. 现金流量表　　　　　　　　D. 所有者权益变动表

2. 下列不属于反映获现能力财务指标的是(　　)。

  A. 销售获现比率　　　　　　　B. 资产现金流量比率

  C. 每股经营活动现金流量　　　D. 固定资产收益率

3. 某企业今年销售收入 250 000 元，资产期初、期末余额分别为 70 000 元和 90 000 元，净利润 100 000 元，经营活动现金流量净额 75 000 元，则下列各项中正确的是(　　)。

  A. 资产现金流量比率 >1，销售利润率 >1，总资产周转率 <1

  B. 总资产收益率 <1，资产现金流量比率 >1

  C. 资产现金流量比率 <1，销售利润率 <1，总资产周转率 >1

  D. 总资产收益率 >1，资产现金流量比率 >1

4. 下列关于每股经营活动现金流量指标的描述，错误的是(　　)。

  A. 用于评估企业以经营活动现金净流量支付普通股股利的能力

  B. 用于衡量企业经营活动现金流量对每股普通股的贡献

  C. 等于经营活动现金流量减去优先股股利之后，再除以加权平均在外的普通股平均股数

  D. 每股现金流量越大，说明每股股份可支配的现金流量越大

5. 下列关于销售获现比率的说法错误的是(　　)。

  A. 该指标的分子是销售商品、提供劳务收到的现金

  B. 销售商品、提供劳务收到的现金包括当期收到的预收账款和前期的应收账款

  C. 该指标的分母是主营业务收入

D. 该指标的分母是营业收入

6. 评价企业的收益质量是净利润与(　　　)进行比较。

　　A. 经营活动现金流入　　　　　　　　　　B. 经营活动现金流量净额

　　C. 每股经营活动现金流量　　　　　　　　D. 现金及现金等价物的净增加额

7. 计算每股经营活动现金流量指标的分母是(　　　)。

　　A. 年底发行在外的普通股股数

　　B. 经营活动现金流量净额

　　C. 全年发行在外的加权平均普通股股数

　　D. 现金及现金等价物的净增加额

8. 现金满足投资比率指标的分母是(　　　)。

　　A. 近 1 年的资本性支出、存货购置及发放现金股利

　　B. 近 1 年的平均资本性支出、平均存货购置及平均发放现金股利

　　C. 近 5 年的资本性支出、存货购置及发放现金股利

　　D. 近 5 年的平均资本性支出、平均存货购置及平均发放现金股利

9. 如果每股经营活动现金流量较上年变小了，下列结论成立的是(　　　)。

　　A. 企业进行资本支出和支付股利的能力增强了

　　B. 经营活动现金流量净额增加了

　　C. 企业进行资本支出和支付股利的能力变弱了

　　D. 发行在外的普通股股数减少了

10. 如果销售获现比率较上年变大了，下列结论成立的是(　　　)。

　　A. 企业通过销售获取现金的能力减弱了

　　B. 企业的产品销售形势不是非常乐观

　　C. 企业通过销售获取现金的能力增强了

　　D. 销售商品、提供劳务收到的现金呈减少的趋势

二、多选题

1. 对企业获现能力进行评价的意义在于(　　　)。

　　A. 有助于评价企业的创造现金能力　　　B. 有助于评价企业的偿债能力

　　C. 有助于评价企业的支付能力　　　　　D. 有助于评价企业的收益质量

　　E. 有助于企业职工判断职业的稳定性

2. 对每股经营活动现金流量进行分析时，下列说法正确的是(　　　)。

　　A. 该指标是反映每股发行在外的普通股所平均占用的现金流量

　　B. 该指标反映企业最大的分派股利的能力

　　C. 该指标的分母指的是全年发行在外的加权平均普通股股数

　　D. 该指标越高说明该企业进行资本支出和支付股利的能力越强

　　E. 该指标越高股东越不乐于接受

3. 对销售获现比率指标进行分析时，下列说法正确的是(　　　)。

　　A. 该指标是反映企业通过销售获取现金的能力

　　B. 该指标可用于衡量企业产品销售形势的好坏

　　C. 该指标的分母指的是企业的营业收入

D. 该指标越高说明该企业产品销售形势越好

E. 该指标有可能夸大企业当期的销售收现率

4. 对资产现金流量比率指标进行分析时，下列说法错误的是(　　　)。

A. 该指标是经营活动现金流量净额与总资产平均余额相比

B. 该指标反映企业利用资产获取现金的能力

C. 该指标用于衡量企业资产获现能力的强弱

D. 该指标越高说明企业资产获取获现能力越弱

E. 该指标的分母应当是资产的年末余额

5. 对现金满足投资比率指标进行分析时，下列说法正确的是(　　　)。

A. 该指标是反映企业经营活动现金满足主要现金需求的程度

B. 该指标可用于衡量企业维持或扩大生产经营规模的能力

C. 该指标的分母指的是近 1 年的平均资本性支出、平均存货购置及平均发放现金股利

D. 该指标的分母指的是近 2 年的平均资本性支出、平均存货购置及平均发放现金股利

E. 该指标的分母指的是近 5 年的平均资本性支出、平均存货购置及平均发放现金股利

三、判断题

1. 获现能力分析是反映企业利用各种资源获取现金的能力。(　　　)

2. 获现能力分析的主要依据是资产负债表和现金流量表。(　　　)

3. 企业的净收益增加而现金短缺，就是收益质量不佳。(　　　)

4. 获现能力指标都是正指标，越高越好。(　　　)

5. 销售商品、提供劳务收到的现金与本期的营业收入相等。(　　　)

第**11**章

财务报表综合分析

学 习 提 要

　　每张财务报表、每项财务指标都从不同角度揭示了其体现的经济意义，只有将其结合起来，作为一个整体进行分析，才能评价企业整体财务状况和经营成果的优劣。本章在阐述财务报表综合分析的含义和特点的基础上，介绍了沃尔比重评分法、综合评分法及杜邦分析法。

11.1　综合分析概述

　　财务报表分析的最终目的在于全面、准确、客观地揭示企业的财务状况和经营成果，并借以对企业经济效益的优劣作出合理评价。显然，仅仅计算几个简单的、孤立的财务比率，不可能得出合理、正确的综合性结论。因此，只有将各种不同报表、不同指标的分析与评价融为一体，才能从总体意义上把握企业财务状况和经营成果的优劣。

　　1. 财务报表综合分析的含义

　　财务报表综合分析就是将有关财务指标按其内在联系结合起来，系统、全面、综合地对企业的财务状况和经营成果进行剖析、解释和评价，说明企业整体财务状况和经营成果的优劣。

　　每个企业的财务指标都有很多，而每个单项财务指标本身只能说明问题的某一方面，且不同财务指标之间可能会有一定的矛盾或不协调性。如偿债能力很强的企业，其盈利能力可能会很弱；或偿债能力很强的企业，其营运能力可能较差。所以，只有将一系列的财务指标有机地联系起来，作为一套完整的体系，相互配合，作出系统的评价，才能对企业经济活动的总体变化规律作出本质的描述，才能对企业的财务状况和经营成果得出总括性的结论。财务报表综合分析的意义也正在于此。

　　2. 财务报表综合分析的特点

　　财务报表综合分析是相对于财务报表单项分析而言的，与单项分析相比较，财务报表综合分析具有以下特点。

　　1）分析方法不同

　　单项分析通常把企业财务活动的总体分解为各个具体部分，认识每一个具体的财务现象，可以对财务状况和经营成果的某一方面作出判断和评价；而综合分析则是通过把个别财务现象从财务活动的总体上作出归纳综合，着重从整体上概括财务活动的本质特征。因此，单项分析具有实务性和实证性，是综合分析的基础；综合分析是对单项分析的抽象和概括，具有高度的抽象性和概括性，如果不把具体的问题提高到理性高度来认识，就难以对企业的财务状况和经营业绩作出全面、完整和综合的评价。因此，综合分析要以各单项分析指标及其各指标要素为基础，要求各单项指标要素及计算的各项指标一定要真实、全面和适当，所设置的评价指标必须能够涵盖企业盈利能力、偿债能力及营运能力等诸方面对总体分析的要求。只有把单项分析和综合分析结合起来，才能提高财务报表分析的质量。

2）分析重点和基准不同

单项分析的重点和比较基准是财务计划、财务理论标准；而综合分析的重点和基准是企业整体发展趋势。因此，单项分析把每个分析的指标视为同等重要，它难以考虑各种指标之间的相互关系；而财务综合分析强调各种指标有主辅之分，一定要抓住主要指标。只有抓住主要指标，才能抓住影响企业财务状况的主要矛盾。在主要财务指标分析的基础上再对其辅助指标进行分析，才能分析透彻、把握准确且详尽。各主辅指标功能应相互协调匹配，在利用主辅指标时，还应特别注意主辅指标间的本质联系和层次关系。

3）分析目的不同

单项分析的目的是有针对性的，侧重于找出企业财务状况和经营成果某一方面存在的问题，并提出改进措施；综合分析的目的是要全面评价企业的财务状况和经营成果，并提出具有全局性的改进意见。显然，只有综合分析获得的信息才是最系统、最完整的，单项分析仅涉及一个领域或一个方面，往往达不到这样的目的。

财务报表综合分析的方法有很多，常用的方法有：沃尔比重评分法、综合评分法及杜邦分析法等。

11.2　沃尔比重评分法

1. 沃尔比重评分法的含义

前面阐述了通过计算财务比率进行报表分析的方法，但在分析时的困惑就是一项财务比率只能反映企业的某一方面，企业的整体情况如何？企业在市场竞争中的优势地位怎样？却很难评价。有没有更好的方法将分散的、孤立的财务比率有机地联系起来，以此对企业整体情况的优劣进行评价？亚历山大·沃尔，开创了综合分析的先河，是财务状况综合评价的先驱者。

亚历山大·沃尔是美国19世纪末的会计学家，在20世纪初提出了信用能力指数概念，把选定的流动比率、产权比率、固定资产比率、存货周转率、应收账款周转率、固定资产周转率、所有者权益周转率7项财务比率，用线性关系结合起来，并分别给定各自的分数比重，总和为100分，然后通过与标准比率进行比较，评出各项指标的得分及总体指标的总评分，以此对企业的财务状况信用水平作出评价的方法，称为沃尔比重评分法，简称沃尔评分法。

2. 沃尔比重评分法的运用

采用沃尔比重评分法对某公司的财务状况进行综合评价，如表11-1所示。

表 11 – 1　沃尔比重评分法

财务比率	比重/%	标准比率	实际比率	相对比率	评　分
流动比率	25	2	2.33	1.17	29.25
产权比率	25	1.50	0.88	0.59	14.75
固定资产比率	15	2.50	3.33	1.33	19.95
存货周转率	10	8	12	1.50	15.00
应收账款周转率	10	6	10	1.70	17.00
固定资产周转率	10	4	2.66	0.67	6.70
所有者权益周转率	5	3	1.63	0.54	2.70
合　　计	100				105.35

　　从表 11 – 1 可以看出，该公司得分 105.35，分数越高，企业价值越好，表明公司的财务状况较为理想。值得注意的是，该公司除了流动比率、固定资产比率、存货周转率、应收账款周转率的相对比率大于 1 外，其余相关比率均小于 1，小于 1 的财务比率是公司关注的重点。

　　沃尔比重评分法的弱点，就是未能在理论上证明为什么要选择这 7 个指标，而不是更多或更少些，或者选择别的财务指标，以及每个指标所占比重的合理性。这个问题至今仍然没有从理论上解决。另外，沃尔比重评分法从技术上来讲存在一个问题，就是当某一个指标严重异常时，会对总评分产生不合逻辑的重大影响。这个缺陷是由相对比率与比重相乘引起的，即财务比率提高 1 倍，其评分就增加 100%，而财务比率缩小 1 倍，其评分却只减少 50%。

　　尽管沃尔比重评分法在理论还有待证明，在技术上也不完善，但它还是在实践中被广泛应用。

11.3　综合评分法

1. 综合评分法的含义

　　现代社会与沃尔时代相比已有很大变化。尽管沃尔比重评分法被广泛应用，但其所选的 7 个财务指标还不能全面、综合地评价企业和反映企业经济效益状况。因此，人们在实践中对沃尔比重评分法进行了创新，基于沃尔比重评分法的原理构建了另一种综合分析法，即综合评分法。

　　综合评分法是根据评价目的选定若干财务指标，按其重要程度确定权重，然后评出每项指标的得分，求出综合评分，最后将综合评分之和与标准评分值之和进行比较，以判断企业财务状况的优劣。

　　应注意的是，综合评分之和接近 100 或超过 100，则表明企业财务状况基本符合标准要求或财务状况较好；如与 100 有较大差距，则表明企业财务状况不佳。

2. 综合评分法的原理

1）确定财务指标

选取评价企业财务状况的指标，应选取能说明问题的重要指标。一般认为，企业财务评价的内容主要是盈利能力，其次是偿债能力，此外还有成长能力。在每一类指标中，再选择有代表性的重要财务指标。

盈利能力的主要指标是总资产净利润率、销售净利润率和净资产报酬率；偿债能力有4个常用指标：自有资本比率、流动比率、应收账款周转率和存货周转率；成长能力有3个常用指标：销售增长率、净利润增长率和人均净利润增长率（都是本年增量与上年实际的比值）。

2）分配权重

通常在3类指标间是按5∶3∶2来分配权重的，但权重的分配也可以根据评价目的进行调整，如特别关心偿债能力的人就可以加大偿债能力指标的权重。显然，权重的分配带有主观判断性，分配不当会影响评价的结果。

3）确定标准比率

标准比率通常应以本行业的平均数为基础，适当进行理论修正。

4）综合评分

为了克服沃尔比重评分法因某一指标异常波动对总分影响过大的不足，在给每个指标评分时，规定了上限和下限，以减少个别指标异常给总分造成不合理的影响。上限可定为正常评分值的1.5倍，下限定为正常评分值的0.5倍。此外，给分时不采用"乘"的关系，而采用"加"或"减"的关系来处理。

例如：总资产净利率的标准值为10%，标准得分为20分；行业最高比率为20%，最高得分为30分，则每分的财务比率差为：（20% - 10%）÷（30 - 20）= 1%，表明总资产净利率每提高1%，就多给1分，但该项得分最高不超过30分。

综合评分的标准，如表11-2所示。

表11-2 综合评分的标准

指　　标	标准评分值	标准比率/%	行业最高比率/%	最高评分	最低评分	每分比率的差
盈利能力：						
总资产净利润率	20	10	20	30	10	1
销售净利润率	20	4	20	30	10	1.6
净资产报酬率	10	16	20	15	5	0.8
偿债能力：						
自有资本比率	8	40	100	12	4	15
流动比率	8	150	450	12	4	75
应收账款周转率	8	600	1 200	12	4	150
存货周转率	8	800	1 200	12	4	100
成长能力：						
销售增长率	6	15	30	9	3	5
净利润增长率	6	10	20	9	3	3.3
人均净利润增长率	6	10	20	9	3	3.3
合　　计	100			150	50	

3. 综合评分法的运用

下面举简例说明综合评分法的运用，如表11-3所示。

表 11 - 3　综合评分法分析表

指　　标	实际比率 /% 1	标准比率 /% 2	差异 3 = 1 - 2	每分比率 的差 4	调整分 5 = 3 ÷ 4	标准 评分值 6	得分 7 = 5 + 6
盈利能力：							
总资产净利润率	7.40	10	- 2.6	1	- 2.6	20	17.40
销售净利润率	4.50	4	0.5	1.6	0.31	20	20.31
净资产报酬率	14.90	16	- 1.1	0.8	- 1.38	10	8.62
偿债能力：							
自有资本比率	49	40	9	15	0.60	8	8.60
流动比率	233	150	83	75	1.11	8	9.11
应收账款周转率	1 000	600	400	150	2.67	8	10.67
存货周转率	1 200	800	400	100	4.00	8	12.00
成长能力：							
销售增长率	5	15	- 10	5	- 2.00	6	4.00
净利润增长率	- 15	10	- 25	3.3	- 7.57	6	- 1.57
人均净利润增长率	- 18	10	- 28	3.3	- 8.48	6	- 2.48
合　　计						100	86.66

从表 11 - 3 可以看出，该公司综合得分 86.66，与标准分值 100 差距较大，是一个中等偏下水平的企业。

为进一步加强企业监督管理，规范企业经营绩效评价行为，完善企业绩效评价方法，科学、客观和公正地评价企业绩效。我国财政部于 2002 年 2 月 22 日发布了《企业绩效评价操作细则（修订）》，企业绩效评价操作细则采用了沃尔评分法的原理和程序。

企业绩效评价指标由反映企业财务效益状况、资产营运状况、偿债能力状况和发展能力状况四方面内容的基本指标、修正指标和评议指标三个层次共 28 项指标构成。如表 11 - 4 所示。

表 11 - 4　企业绩效评价指标体系与指标权数表

评价指标		基本指标		修正指标		评议指标	
评价内容	权数 100	指标	权数 100	指标	权数 100	指标	权数 100
一、财务效益状况	38	净资产收益率 总资产报酬率	25 13	资本保值增值率 主营业务利润率 盈余现金保障倍数 成本费用利润率	12 8 8 10	1. 经营者基本素质 2. 产品市场占有能力（服务满意度） 3. 基础管理水平	18 16 12
二、资产营运状况	18	总资产周转率 流动资产周转率	9 9	存货周转率 应收账款周转率 不良资产比率	5 5 8	4. 发展创新能力 5. 经营发展战略 6. 在岗员工素质	14 12 10
三、偿债能力状况	20	资产负债率 已获利息倍数	12 8	现金流动负债比率 速动比率	10 10	7. 技术装备更新水平（服务硬环境）	10
四、发展能力状况	24	销售（营业）增长率 资本积累率	12 12	三年资本平均增长率 三年销售平均增长率 技术投入比率	9 8 7	8. 综合社会贡献	8
				80%		20%	

11.4 杜邦分析法

1. 杜邦分析法的含义

1910 年，美国著名的化学制品生产商杜邦公司，为了考核集团下属企业的业绩，特制定了以投资报酬率为核心的财务比率考核体系，这一分析体系出现后，迅速在全球范围内传播，从最初目的是用于企业内部考核，发展到投资者和债权人用于分析企业。因其是由美国杜邦公司创造并最先成功应用，因此得名。

杜邦分析法又称杜邦财务分析体系，是利用各主要财务比率指标之间的内在关系，通过建立一套财务指标的综合模型，来综合、系统地分析和评价企业财务状况及其经济效益的一种方法。

2. 杜邦财务分析体系

应说明的是，杜邦财务分析体系不是另外建立新的财务指标，而是对原财务指标进行分解。利用杜邦分析法进行综合分析时，通常是以所有者权益报酬率为综合指标，以总资产报酬率、权益乘数为核心，进行层层分解，让分解后的各个指标彼此发生关联而构成一个完整的指标体系。

杜邦财务分析体系，各指标之间的关系用公式表示为：

$$所有者权益报酬率 = 总资产报酬率 \times 权益乘数$$
$$总资产报酬率 = 销售净利率 \times 总资产周转率$$

因此，决定所有者权益报酬率高低的因素，主要取决于销售净利率、总资产周转率和权益乘数 3 个方面，用公式表示为：

$$所有者权益报酬率 = 销售净利率 \times 总资产周转率 \times 权益乘数$$

为了更深入地分析所有者权益报酬率变化的原因，还可对销售净利率和总资产周转率作进一步的分解，下面以杜邦财务分析体系图的形式，表示各项财务指标之间的关系，如图 11 - 1 所示。

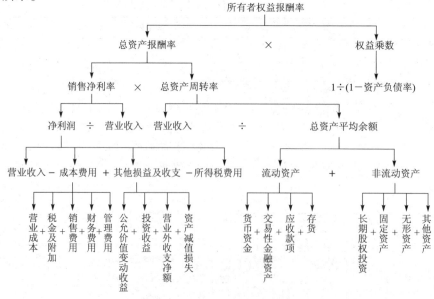

图 11 - 1　杜邦财务分析体系图

由图 11-1 可以看出，杜邦财务分析体系图揭示的与所有者权益报酬率密切相关的主要财务指标有以下特点。

（1）所有者权益报酬率是综合性最强的财务比率，也是杜邦财务分析体系的核心。由于所有者权益报酬率反映了企业所有者投入资本的获利能力，说明企业筹资、投资和资产营运等各种经营活动的效率，不论是所有者还是经营者都十分关心其升降变化及其原因。销售净利率、总资产周转率和权益乘数是影响所有者权益报酬率高低的主要因素：销售净利率取决于企业的经营管理，总资产周转率取决于投资管理，权益乘数取决于筹资政策。由此就把所有者权益报酬率这一综合指标发生升降变化的原因具体化了，比只用一项综合性指标更能说明问题。

（2）销售净利率反映了企业净利润与销售收入的关系，它的高低取决于销售收入与成本费用的高低。要想提高销售净利率，一是要扩大销售收入，二是要降低成本费用。扩大销售收入具有特殊重要意义，既有利于提高销售净利率，又可提高总资产周转率，这样自然会使总资产报酬率升高。降低成本费用是提高销售净利率的一个重要手段，从杜邦分析图可以看出成本费用的基本结构是否合理，从而找出降低成本费用的途径和加强成本费用控制的办法。如果企业财务费用支出过高，就要进一步分析其负债比率是否过高；如果是管理费用过高，就要进一步分析其资产周转情况，等等。从图 11-1 中还可以看出，提高销售净利率的另一途径是适时适量进行投资取得收益，千方百计降低营业外支出等。为了详细了解企业成本费用的发生情况，在具体列示成本费用时，还可根据重要性原则，将那些影响较大的费用单独列示（如利息费用等），以便为寻求降低成本的途径提供依据。

（3）总资产周转率反映了企业运用资产以产生销售收入的能力，影响总资产周转率的一个重要因素是资产总额。它由流动资产与非流动资产组成，它们的结构合理与否将直接影响资产的周转速度。除此之外，还应通过对流动资产周转率、应收账款周转率、存货周转率等有关各资产组成部分使用效率的分析，判断影响总资产周转的主要问题出在哪里。一般来说，流动资产直接体现企业的偿债能力和变现能力，而非流动资产则体现该企业的经营规模、发展潜力，两者之间应保持一种合理的比率关系。如果流动资产中货币资金所占的比重过大，就应分析企业是否有现金闲置现象，现金持有量是否合理。如果流动资产中存货或应收账款过多，就应当分析企业的存货周转率与应收账款周转率。

（4）权益乘数反映了企业的筹资情况，即企业资金来源结构如何。权益乘数主要是受资产负债率指标的影响。负债比率越大，权益乘数就越高，说明企业的负债程度比较高，给企业带来了较多的杠杆利益，同时，也带来了较多的财务风险；反之，说明企业的负债程度比较低，意味着企业利用财务杠杆的能力较弱，但债权人的权益却能得到较大的保障。对权益乘数的分析要联系营业收入分析企业的资产使用是否合理，联系权益结构分析企业的偿债能力。在资产总额不变的条件下，开展合理的负债经营，可以减少所有者权益所占的份额，从而达到提高所有者权益净利率的目的。同时，也应分析企业净利润与利息费用之间的关系，如果企业承担利息费用太多，就应当考虑企业的权益乘数或负债比率是否合理。不合理的筹资结构会影响到企业所有者的收益。

3. 杜邦分析法的运用

仍以 JDSN 公司 2007 年报资料为例，采用杜邦分析法计算 JDSN 公司杜邦财务分析体系（图中数字单位为万元），如图 11-2、图 11-3 所示。

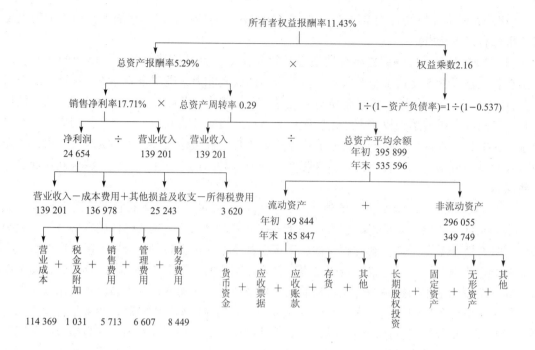

图 11-2　JDSN 公司 2007 年杜邦财务分析体系图

由图 11-2、图 11-3 可以看出，2007 年 JDSN 公司为获取较多的杠杆利益，加大举债力度，权益乘数较上年上升了 0.42；另外，总资产报酬率较上年也上升了 1.8%。两因素使 JDSN 公司 2007 年所有者权益报酬率上涨了 5.36%。

那么，究竟是什么原因导致总资产报酬率上升呢？对总资产报酬率进行分解不难看出：资产的使用效率与上年水平基本一致，稍有改善；销售净利率的上涨是总资产报酬率上升的主要原因。至于销售净利率上涨的原因，主要是营业收入和其他损益及收支增加使净利润总额亦增加。

4. 杜邦分析法的作用

通过杜邦分析体系自上而下或自下而上地分析，不仅可以了解企业财务状况的全貌及各项财务分析指标间的结构关系，还可以查明各项主要财务指标增减变动的影响因素及存在的问题。

总的来说，从杜邦体系可以看出企业的盈利能力涉及企业经营活动的方方面面。如所有者权益报酬率与资产结构、筹资结构、成本控制、费用支出、税金税率、资产管理等密切相关。这些因素构成一个系统，只有协调好系统内各个因素之间的关系，才能使权益报酬率达到最大，从而实现企业经营的目的。

杜邦分析体系提供的财务信息，较好地解释了指标变动的原因和趋势，这为进一步采取具体措施指明了方向，而且还为决策者优化经营结构和理财结构，提高企业偿债能力和经营效益提供了基本思路，即要提高净值报酬率的根本途径在于扩大销售、改善经营结构、节约

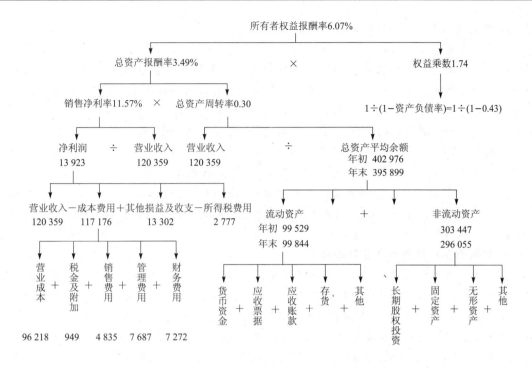

图 11 – 3　JDSN 公司 2006 年杜邦财务分析体系图

注：采用杜邦分析法，资产负债率计算公式为：平均负债总额÷平均资产总额

成本费用开支、合理资源配置、加速资金周转、优化资本结构等。

应当指出的是，由于杜邦财务分析体系不是另外建立新的财务指标，而是对财务指标的分解。因此，它既可以通过所有者权益报酬率的分解来说明问题，也可通过分解其他财务指标（如总资产报酬率）来说明问题。总之，杜邦分析法和其他财务分析方法一样，关键不在于指标的计算而在于对指标的理解和运用。

 综合案例

无息负债经营格局下的格力电器

在中央电视台 2006 年 8 月份的一期《对话》节目中，重庆力帆的董事长尹明善先生和珠海格力电器股份有限公司（格力电器，000651）的总裁董明珠女士发生了一场争论，争论的焦点在于企业是否应向银行贷款。尹明善认为向中国的银行借钱比较合算；而董明珠则强调"即使它再低，只要你这个企业去贷款，你就有成本。"现场主持人也认为"不会借钱的企业家可能是有点保守。"格力电器不向银行借款真的是"有点保守"吗？如果细读格力电器的财务报表，会发现格力电器才是真正善于"借鸡下蛋"的借钱高手，这种从上下游企业占用无息资金的手法足以令所有的制造业企业深思。

1. 格力电器净资产收益率一枝独秀

在整个家电行业中，激烈的市场竞争使得制造企业的利润"薄得像刀片"，多数企业盈利下降、增长乏力，如TCL陷入困境被逼砍掉亏损业务，美菱被长虹收购，荣事达被美的接手，等等。然而珠海格力电器股份有限公司不仅营业收入强劲增长，而且净利润增长率、净资产回报率均高于同业企业。在2000—2012年，格力电器实现营业收入年复合22.40%的高速持续增长，净利润的年复合增长率高达23.07%。据2012年年报显示，格力电器净资产收益率（ROE）在2010—2012年连续三年接近30%，其中，格力电器2012年的净资产收益率为31.38%，与青岛海尔（600690）同期数据基本持平，而同业中的美的电器（000527）只有16.73%。净资产收益率是反映企业盈利能力的一个综合指标，格力电器具有如此之高的净资产收益率引起了业界广泛的关注，在家电行业利润率趋平的背景下，格力电器的盈利能力为何强于其他企业？

2. 依靠财务杠杆撬动净资产收益率

为了分析格力电器高净资产收益率的成因，可以借助杜邦分析法将净资产收益率进行分解，通过观察权益乘数和总资产报酬率两项财务指标来寻找答案。根据格力电器与美的电器2012年报数据测算，2012年格力电器的权益乘数为4.02，美的电器的权益乘数为2.76，格力电器的权益乘数几乎是美的电器的1.5倍，说明格力电器具有更大的财务杠杆；2012年格力电器的总资产报酬率为6.86%，美的电器为5.71%，格力电器略好于美的电器，两家公司的总资产报酬率并没有明显的差距。一般来说，企业为了提高净资产收益率，一般会采取提高财务杠杆的办法，只要投资收益能够高于所支付的利息，财务杠杆的提高就能增加净资产收益率。因此，从财务上看，格力电器的净资产收益率高于美的电器的原因主要是因为高财务杠杆所致。

3. 巨额无息负债成就"借钱高手"

进一步对比格力电器的历年负债结构发现，虽然格力电器的资产负债率接近75%，但是基本都是由应付账款、预收账款等无息负债组成。以2012年为例，在格力电器的负债结构中，短期借款、长期借款和应付债券合计45亿元，占负债总额799.87亿元的5.63%，这意味着无息负债占据了总负债的90%以上，而美的电器同期的有息负债占负债总额的11.37%，与格力电器相比存在明显的差距。表11-5列出了2010—2012年格力电器和美的电器的主要财务数据和指标。可见，格力电器的权益乘数远高于同行业水平是由于无息负债所致。另外，格力电器的营运资本接近于零，这意味着公司根本没有为所经营的业务投入营运资本，而这一点，甚至超过了冠以"类金融"称号的大型家电连锁厂商苏宁云商（002024）。

表11-5 2010—2012年格力电器和美的电器的主要财务数据和指标

项 目	格力电器			美的电器		
	2012年	2011年	2010年	2012年	2011年	2010年
归属于上市公司股东的净资产/亿元	267.43	176.07	133.03	220.65	200.14	123.36
归属于上市公司股东的净利润/亿元	73.80	52.37	42.76	34.77	37.09	31.27
总资产/亿元	1 075.67	852.12	656.04	609.00	615.10	433.71
营业收入/亿元	680.71	931.08	745.59	993.16	831.55	604.32

续表

项 目	格力电器			美的电器		
	2012 年	2011 年	2010 年	2012 年	2011 年	2010 年
净资产收益率	27.60%	29.74%	32.14%	15.76%	18.53%	25.35%
总资产报酬率	6.86%	6.15%	6.52%	5.71%	6.03%	7.21%
权益乘数	4.02	4.84	4.93	2.76	3.07	3.52
销售净利率	10.84%	5.62%	5.74%	3.50%	4.46%	5.17%
总资产周转率	0.63	1.09	1.14	1.63	1.35	1.39

讨论

1. 利用杜邦分析法分析格力电器取得高净资产收益率的成因。

2. 对比格力电器2010—2012年的财务数据，分析格力电器盈利能力、偿债能力和营运能力的变动趋势，谈谈你对格力电器未来净资产收益率的判断。

▶▶▶复习思考题◀◀◀

1. 试评价沃尔比重评分法。

2. 简述综合评分法的基本原理。

3. 什么是杜邦财务分析体系？其作用有哪些？

4. 已知某公司2006年、2007年财务报表的有关资料如表11-6所示。

表 11-6 财务报表（简表）　　　　　　　　　　　　　　　　　单位：元

项 目	2006 年	2007 年
1. 销售收入	2 000 000	3 000 000
其中：赊销净额	504 000	600 000
2. 全部成本	1 880 598	2 776 119
其中：销售成本	1 158 598	1 771 119
管理费用	540 000	750 000
销售费用	170 000	240 000
财务费用	12 000	15 000
3. 利润总额	119 402	223 881
所得税	39 402	73 881
净利润	80 000	150 000
4. 资产总额	800 000	1 500 000
其中：固定资产	360 000	600 000
现金	110 000	300 000
应收账款（平均）	70 000	150 000
存货（平均）	260 000	450 000
5. 负债总额	320 000	750 000

要求：运用杜邦分析体系对该公司的所有者权益报酬率及其增减变动原因进行分析。

▶▶▶练 习 题◀◀◀

一、单选题

1. 企业进行综合财务分析的根本目标是(　　)。
    A. 综合分析企业的偿债能力
    B. 综合分析企业的盈利能力
    C. 综合分析企业的成长能力
    D. 综合分析企业偿债能力、营运能力、盈利能力、成长能力、综合经营管理及其内在联系与影响

2. 下列关于综合分析特点的说法，错误的是(　　)。
    A. 分析方法不同　　　　　　　　B. 分析重点不同
    C. 分析目的不同　　　　　　　　D. 分析基准相同

3. 下列不属于综合分析方法的是(　　)。
    A. 沃尔比重评分法　　　　　　　B. 杜邦分析体系
    C. 综合评分法　　　　　　　　　D. 连环替换分析法

4. 杜邦分析体系的核心指标是(　　)。
    A. 总资产收益率　　　　　　　　B. 销售净利率
    C. 净资产收益率　　　　　　　　D. 总资产周转率

5. 杜邦分析体系中不涉及(　　)。
    A. 偿债能力分析　　　　　　　　B. 资产管理能力分析
    C. 盈利能力分析　　　　　　　　D. 发展能力分析

6. 沃尔评分法中反映偿债能力指标时，最好选择(　　)。
    A. 资产负债率　　　　　　　　　B. 产权比率
    C. 权益乘数　　　　　　　　　　D. 股权比率

7. 关于权益乘数指标的正确计算方法是(　　)。
    A. 资产总额/负债总额　　　　　　B. 1 + 股权比率
    C. （1/股权比率）－1　　　　　　D. 1 + 产权比率

8. 在杜邦分析体系中，假设其他情况相同，下列说法中错误的是(　　)。
    A. 权益乘数大则财务风险大　　　B. 权益乘数大则股东权益报酬率大
    C. 权益乘数 = 1/（1 - 资产负债率）　D. 权益乘数大则资产净利率大

9. 沃尔比重评分法中，最常见的财务比率标准值是(　　)。
    A. 企业的历史水平　　　　　　　B. 竞争对手的水平
    C. 国外先进企业的水平　　　　　D. 同行业的平均水平

10. 下列关于杜邦分析体系的说法，正确的是(　　)。
    A. 影响所有者权益报酬率的因素是权益乘数
    B. 权益乘数大则财务风险低
    C. 销售净利率与所有者权益报酬率是相反关系
    D. 影响总资产周转率的一个重要因素是资产总额

二、多项选择题

1. 沃尔评分法的分析步骤中，最为关键也最为困难的有(　　)。
   A. 选择财务比率
   B. 确定各项财务比率的权重
   C. 确定各项财务比率的标准值
   D. 计算各个财务比率的实际值
   E. 计算各个财务比率的得分和计算综合得分

2. 下列关于杜邦体系的说法，正确的有(　　)。
   A. 杜邦分析体系通过建立新指标进行全面分析
   B. 杜邦分析体系是通过相关财务比率的内在联系构建的综合分析体系
   C. 杜邦分析体系的核心指标是所有者权益报酬率
   D. 对杜邦分析体系进行比较分析不仅可以发现差异，分析差异的原因，还能消除差异
   E. 杜邦分析体系一般用于大中型企业的综合分析

3. 从杜邦分析体系可知，提高净资产收益率的途径在于(　　)。
   A. 加强负债管理，降低负债比率
   B. 加强成本管理，降低成本费用
   C. 加强销售管理，提高销售利润率
   D. 加强资产管理，提高资产周转率
   E. 加强负债管理，提高负债比率

4. 杜邦分析体系能够综合反映企业(　　)方面的能力。
   A. 偿债能力
   B. 获利能力
   C. 资产管理能力
   D. 企业发展能力
   E. 获现能力

5. 影响净资产收益率的因素有(　　)。
   A. 销售净利率
   B. 流动比率
   C. 总资产周转率
   D. 资产负债率
   E. 速动比率

三、判断题

1. 沃尔评分法中的相对比率都等于实际比率除以标准比率。(　　)

2. 信用能力指数并不是沃尔评分法的雏形。(　　)

3. 权益乘数是资产、负债和企业三者关系的体现。(　　)

4. 权益乘数的高低取决于企业的资本结构，负债比重越高权益乘数越低，财务风险越大。(　　)

5. 权益乘数与负债程度是同方向变动的。(　　)

第12章

成本费用报表分析

学习提要

　　成本和费用的管理是企业综合管理工作的重要组成部分，成本与费用的控制水平也能反映企业管理水平的高低。本章在对成本费用报表作简要介绍的基础上，着重阐述了产品生产成本表、主要产品单位成本表、制造费用明细表和三项期间费用明细表的分析方法。

12.1　成本费用报表分析的意义

　　成本和费用是企业管理水平的综合反映。企业再生产过程各个环节的组织衔接是否平衡，财产物资利用是否充分，各项管理是否到位，都会在企业的成本费用水平中体现出来。可见，成本费用报表分析也是财务报表分析的重要组成部分。

　　1. 成本费用报表的含义

　　成本费用报表是根据企业产品成本和经营管理费用核算的账簿等有关资料定期编制的，用来反映企业一定时期内产品成本和经营管理费用水平和构成情况的报告文件。

　　成本费用报表不是对外报送或公布的财务报表。因此，成本费用报表的种类、项目、格式和编制方法，由企业自行确定或由企业的上级主管部门会同企业共同规定。

　　为了加强企业成本的日常管理，除了定期编制产品生产成本表、主要产品单位成本表、制造费用明细表、管理费用明细表、销售费用明细表和财务费用明细表等成本费用报表外，企业还可以设计和编制日常的成本费用报表，如主要产品成本旬报、日报等。

　　2. 成本费用报表分析的意义

　　成本费用报表分析是以成本费用核算提供的数据为主，结合有关的计划、定额、预算等一些资料，对成本水平与构成的变动情况进行分析评价，揭示成本费用计划的执行情况，查明成本费用升降的原因，以便寻求控制成本费用的途径和方法。

　　成本费用报表分析是企业成本管理的重要组成部分，对降低企业经营中的成本费用，提高经济效益具有重要的意义。

　　1）为成本考核提供依据

　　通过成本费用分析，可以清楚地知道各车间、部门、班组成本费用的计划或预算的完成情况，即有哪些成绩、存在什么问题、什么原因造成的、责任由谁承担等，从而为成本考核提供可靠的依据。

　　2）为未来成本预测和成本计划提供依据

　　通过成本费用分析，可以对报告期成本费用的实际情况与目标或计划进行对比，揭示成本费用节约或超支的原因以及影响因素，从而为下期成本预测和编制成本计划提供参考依据。

3）为提高企业成本管理水平提供依据

通过成本费用分析，可以找出企业在成本管理中存在的问题，有利于企业管理者采取相应的措施，寻求进一步降低企业成本费用的有效途径和方法，提高企业成本管理水平，增强市场竞争力，最终提高企业的经济效益。

12.2　产品生产成本表分析

12.2.1　产品生产成本表的性质

1. 产品生产成本表的概念

产品生产成本表是反映企业在月份、年度内所生产的全部商品产品总成本和各种主要商品产品的单位成本和总成本的会计报表。编制此表的目的是为了考核成本计划的执行情况和成本降低任务的完成情况，以便分析原因、落实责任和制定改进措施，促进成本管理工作水平的提高。

2. 产品生产成本表的作用

① 可以分析和考核各种产品和全部产品本月和本年累计的成本计划的执行情况，对各种产品成本和全部产品成本的节约或超支情况进行一般的评价。

② 可以分析和考核各种可比产品和全部可比产品本月和本年累计成本与上年相比的升降情况。

③ 对于规定可比产品成本降低计划的产品，可以分析和考核可比产品成本降低计划的执行情况，促使企业采取措施，不断降低可比产品成本。

④ 可以了解哪些产品成本节约较多，哪些产品成本超支较多，为进一步分析产品单位成本指明方向。

3. 产品生产成本表的结构

产品生产成本表是进行成本分析的主要依据，该报表有两种格式。

（1）按成本项目反映的产品生产成本表。按成本项目反映的产品生产成本表结构分为上下两部分，上部分是按成本项目反映的各项生产费用及其合计数，下部分是完工产品生产成本的形成及其总额；表中又分别按照上年实际成本、本年计划成本、本月实际成本和本年累计实际成本设置专栏。此表既能反映本期发生的全部生产费用，又能反映本期完工产品成本，如表12-1所示。

表12-1　产品生产成本表（按成本项目反映）

××公司	2012 年 12 月			单位：元
项　　目	上年实际	本年计划	本月实际	本年累计实际
生产费用：				
直接材料	753 260.00	724 260.00	77 920.00	861 260.00
直接人工	322 820.00	320 850.00	34 430.00	388 430.00

续表

项　目	上年实际	本年计划	本月实际	本年累计实际
制造费用	530 010.00	512 440.00	52 390.00	582 780.00
生产费用合计	1 606 090.00	1 557 550.00	164 740.00	1 832 470.00
加：在产品、自制半成品期初余额	95 940.00	61 400.00	76 500.00	77 020.00
减：在产品、自制半成品期末余额	77 020.00	88 490.00	94 140.00	94 140.00
产品生产成本合计	1 625 010.00	1 530 460.00	147 100.00	1 815 350.00

（2）按产品种类反映的产品生产成本表。按产品种类反映的产品生产成本表分为产量、单位成本、本年计划总成本、本月总成本和本年累计总成本5部分。表中按照产品种类分别反映本年计划产量、本月产量、本年累计产量，以及上年实际成本、本年计划成本、本月实际成本和本年累计实际成本，并按可比产品和不可比产品分别反映其单位成本和总成本。

所谓可比产品是指以前年度或上年度曾经生产过的产品，不可比产品是指以前年度或上年度未正常生产过的产品。目前在多数企业里，可比产品成本一般占企业产品成本的一半以上，划分可比产品与不可比产品，对控制产品成本，预测可比产品成本降低任务并分析其完成情况，具有现实意义。如表12-2所示。

表12-2　产品生产成本表（按产品种类反映）

××公司					2012年12月					单位：元
产品名称	计量单位	产量			单位成本				本年计划总成本	
		本年计划	本月	本年累计	上年实际平均	本年计划	本月实际	本年实际平均	按上年实际平均单位成本计算	按本年计划单位成本计算
可比产品：										
甲产品	件	1 000	200	2 800	261.70	263.31	266.80	265.00	261 700.00	263 310.00
乙产品	件	1 000	100	1 100	318.00	316.30	314.90	316.50	318 000.00	316 300.00
丙产品	件	4 500	300	3 500	215.10	211.30	207.50	207.20	967 950.00	950 850.00
小计									1 547 650.00	1 530 460.00
不可比产品：										
丁产品	件	1 000	100	1 000		243.00	241.00	244.00		243 000.00
小计										
全部商品产品成本									1 547 650.00	1 773 460.00

产品 名称	计量 单位	本月总成本			本年累计总成本		
		按上年实际 平均单位 成本计算	按本年 计划单位 成本计算	按本月 实际单位 成本计算	按上年实际 平均单位 成本计算	按本年 计划单位 成本计算	按本年实际 平均单位 成本计算
可比产品：							
甲产品	件	52 340.00	52 662.00	53 360.00	732 760.00	737 268.00	742 000.00
乙产品	件	31 800.00	31 630.00	31 490.00	349 800.00	347 930.00	348 150.00
丙产品	件	64 530.00	63 390.00	62 250.00	752 850.00	739 550.00	725 200.00
小计		148 670.00	147 682.00	147 100.00	1 835 410.00	1 824 748.00	1 815 350.00
不可比产品：							
丁产品	件		24 300.00	24 100.00		243 000.00	244 000.00
小计							
全部商品 产品成本		148 670.00	171 982.00	171 200.00	1 835 410.00	2 067 748.00	2 059 350.00

12.2.2　产品生产成本表分析

1. 对按成本项目反映的产品生产成本表进行分析

对按成本项目反映的产品生产成本表进行分析，就是按成本项目对产品生产总成本进行分析，可以根据按成本项目反映的生产成本表提供的数据及其他有关资料，综合运用分析方法，从以下两个方面进行分析。

（1）将生产费用合计和产品生产成本合计的各专栏数进行比较。以表 12-1 中的资料为依据，直接将上年实际成本、本年计划成本、本年累计实际成本进行对比，可以看出，本年累计实际的生产费用合计和产品生产成本合计高于上年实际和本年计划，且本年累计实际的各成本项目费用也都高于上年实际和本年计划。究其原因往往是多方面的，比如产量的增减、品种结构的改变、单位成本的升降都会引起费用总水平和产品成本总水平的变动。但对按成本项目反映的产品生产成本表进行对比分析，很难找出产品生产成本变动的原因。因为，上年实际成本是根据上年累计实际数填列的，本年计划成本是根据本年成本计划有关资料填列的，本年累计实际成本是根据本年实际产量计算填列的，当实际产量与计划产量波动较大时，采用对比分析其绝对数意义就不大了。要想对产品生产成本降低或升高的原因作进一步分析，还需要采用其他分析方法。

（2）对成本项目构成变动进行分析。以表 12-1 中的资料为依据，对产品成本进行成本项目构成分析，先分别计算出各成本专栏每个成本项目在生产费用合计中的比重，然后进行相互比较，如表 12-3 所示。

从表 12-3 可以看出，直接材料成本项目构成的本月实际、本年累计实际均高于本年计划和上年实际，直接材料费用构成上升可能是单位产品材料费用的变动和品种结构变动的影响；直接人工成本项目构成的本月实际、本年累计实际也均高于本年计划和上年实际，直接人工费用构成上升可能是劳动生产率提高等有利因素的影响；制造费用成本项目构成的本月实际、本年累计实际均低于本年计划和上年实际，制造费用作为固定性费用，其实际耗费构成无论是上升还是下降都应该引起思考，须进一步查明原因。总之，还需对各成本项目构成变动的具体原因作进一步的分析，以便从中发现生产过程和成本管理中可能存在的问题，从而为深入分析提供线索。

表 12 - 3　成本项目构成分析表　　　　　　　　　　　单位：元

成本项目	上年实际		本年计划		本月实际		本年累计实际	
	金额	构成/%	金额	构成/%	金额	构成/%	金额	构成/%
直接材料	753 260.00	46.90	724 260.00	46.50	77 920.00	47.30	861 260.00	47.00
直接人工	322 820.00	20.10	320 850.00	20.60	34 430.00	20.90	388 430.00	21.20
制造费用	530 010.00	33.00	512 440.00	32.90	52 390.00	31.80	582 780.00	31.80
生产费用合计	1 606 090.00	100.00	1 557 550.00	100.00	164 740.00	100.00	1 832 470.00	100.00

2. 对按产品种类反映的产品生产成本表进行分析

对按产品种类反映的产品生产成本表进行分析，就是按产品种类对产品生产总成本进行分析，可以根据按产品种类反映的生产成本表提供的数据，结合分析方法，从以下两个方面进行分析。

（1）本期实际成本与计划成本进行对比分析。首先将单位成本部分中本月实际数、本年累计实际平均数与本年计划数进行简单对比，然后再将全部产品和其中主要产品的本月实际总成本、本年累计实际总成本分别与本月计划总成本和本年累计计划总成本对比，确定实际与计划之间的差异，从而掌握成本计划的完成情况。

从表 12 - 2 中可以看出，全部产品本月实际总成本 171 200.00 元低于计划数 171 982.00元，本年累计实际总成本 2 059 350.00 元低于计划数 2 067 748.00 元，总体来看，计划完成情况较好。但从分产品品种来看，各种产品成本计划的执行结果并不相同：甲产品的本月实际成本和本年累计实际总成本均高于计划数，公司应进一步分析甲产品成本高于计划的原因，以便控制甲产品生产过程中的费用；乙、丁产品本月实际总成本低于计划数，但本年累计实际总成本高于计划数，表明乙、丁产品的成本计划从全年来看，完成的不够好。但从趋势上看，12 月份实际总成本低于计划数，呈下降态势，说明公司对乙产品成本控制已初见成效；丙产品的本月实际成本和本年累计实际总成本均低于计划数，说明公司在丙产品生产过程中费用控制较好。

（2）本期实际成本与上年实际成本进行对比分析。此分析方法只适用于上年度生产过的可比产品。首先，就单位成本中本月实际数、本年累计实际平均数与上年实际平均数进行简单对比，然后对表中所有的可比产品成本进行本期与上期的对比，分析本期比上期的升降变动情况。如果企业管理当局或上级主管机构制定有可比产品成本降低计划，则还应该对成本降低计划的执行结果进行分析。下面分别说明本期与上期实际成本的对比分析和成本降低计划执行情况的分析。

① 可比产品成本升降情况分析。从表12 - 2 中可看出，公司甲、乙、丙产品均为可比产品。三种产品本月实际总成本和本年累计实际总成本分别为 147 100.00 元和

1 815 350.00元低于上年的 148 670.00 元和1 835 410.00 元，总体来看成本水平比上年有所降低。但分产品进行对比后，可发现甲产品的本月实际总成本和本年累计实际总成本均高于上年，而乙、丙产品与总体情况一致。显然，进一步分析甲产品成本高于上年的原因，控制甲产品的成本是下一步管理的重点。

② 可比产品成本降低计划执行情况的分析。可比产品成本降低任务是指可比产品的本年计划成本较上年实际成本降低的绝对数和相对数。通常企业制订的成本计划中都规定可比产品本年比上年降低的任务，因此，可比产品计划降低任务完成情况分析的方法是先计算实际降低额和实际降低率，然后将其与计划降低额和计划降低率进行比较，最后分析产生差异的原因。分析步骤如下。

第一步：计算可比产品计划降低额和计划降低率

$$计划降低额 = \begin{array}{c}全部可比产品的计划\\产量按上年实际平均\\单位成本计算的总成本\end{array} - \begin{array}{c}全部可比产品的计划\\产量按本年计划\\单位成本计算的总成本\end{array}$$

$$计划降低率 = \frac{计划降低额}{\begin{array}{c}全部可比产品的计划产量按上年\\实际平均单位成本计算的总成本\end{array}}$$

第二步：计算可比产品实际降低额和实际降低率

$$实际降低额 = \begin{array}{c}全部可比产品的实际\\产量按上年实际平均\\单位成本计算的总成本\end{array} - \begin{array}{c}全部可比产品的实际\\产量按本年实际平均\\单位成本计算的总成本\end{array}$$

$$实际降低率 = \frac{实际降低额}{\begin{array}{c}全部可比产品的实际产量按上年\\实际平均单位成本计算的总成本\end{array}}$$

第三步：实际与计划进行比较

$$可比产品降低额差异 = 实际降低额 - 计划降低额$$
$$可比产品降低率差异 = 实际降低率 - 计划降低率$$

第四步：影响可比产品成本降低任务的因素分析

一般来说，一定种类和数量的产品总成本发生变动，主要原因可以归结为产品产量、品种结构及产品单位成本三项因素的变动所致。在具体分析成本计划降低额完成情况时，是用本年比上年的实际成本降低额与计划降低额进行对比。这里应注意的是，实际成本降低额是根据本年实际产量计算的，而计划降低额的计算依据是计划产量。在产品单位成本和品种结构不变的情况下，产量的增减会使成本降低额发生等比例的增减。但是由于按上年实际平均单位成本计算的本年累计总成本也发生了同比例的增减，因此不会导致成本降低率发生变动。由此可见：影响可比产品成本降低率变动的因素有两个，即产品结构变动和单位成本变动；而影响可比产品成本降低额变动的因素则为前面所提到的三个，即产量、品种结构和单位成本的变动。

应注意的是，如果降低计划是分产品下达的，就应按产品进行分析；如果降低计划是综合规定的，则只就全部产品总成本进行分析。

下面以表 12－2 中的资料为依据，对可比产品成本降低计划执行情况进行分析。

$$计划降低额 = 1\,547\,650.00 - 1\,530\,460.00 = 17\,190.00$$

$$计划降低率 = \frac{17\,190.00}{1\,547\,650.00} \times 100\% \approx 1.11\%$$

$$实际降低额 = 1\,835\,410.00 - 1\,815\,350.00 = 20\,060.00$$

$$实际降低率 = \frac{20\,060.00}{1\,835\,410.00} \times 100\% \approx 1.09\%$$

可比产品成本降低额计划执行情况：

$$20\,060.00 - 17\,190.00 = 2\,870.00$$

可比产品成本降低率计划执行情况：

$$1.09\% - 1.11\% = -0.02\%$$

由此可看出，该公司本年度可比产品实际降低额超过计划降低额为 2 870.00 元，超额完成计划；可比产品实际降低率低于计划降低率 0.02%，未完成本年度制订的计划降低率。

下面采用因素分析法分析各因素对可比产品计划降低任务完成情况的影响程度。

● 产品产量变动的影响

计划产量、计划品种比重和计划单位成本计算的成本降低额 = 17 190.00

计划产量、计划品种比重和计划单位成本计算的成本降低率 = 1.11%

实际产量、计划品种比重和计划单位成本计算的成本降低额 =

1 835 410.00 × 1.11% = 20 373.05

实际产量、计划品种结构和计划单位成本计算的成本降低率 = 1.11%

产品产量变动对成本降低额的影响 = 20 373.05 - 17 190.00 = 3 183.05

产品产量变动对成本降低率没有影响

● 产品品种比重变动的影响

实际产量、实际品种比重和计划单位成本计算的成本降低额 =

1 835 410.00 - 1 824 748.00 = 10 662.00

实际产量、实际品种比重和计划单位成本计算的成本降低率 =

10 662.00 ÷ 1 835 410.00 × 100% ≈ 0.58%

产品品种比重变动对成本降低额的影响 = 10 662.00 - 20 373.05 = -9 711.05

产品品种比重变动对成本降低率的影响 = 0.58% - 1.11% = -0.53%

● 产品单位成本变动的影响

实际产量、实际品种比重和实际单位成本计算的成本降低额 =

1 835 410.00 - 1 815 350.00 = 20 060.00

实际产量、实际品种比重和实际单位成本计算的成本降低率 =

20 060.00 ÷ 1 835 410.00 × 100% ≈ 1.09%

产品单位成本变动对成本降低额的影响 = 20 060.00 - 10 662.00 = 9 398.00

产品单位成本变动对成本降低率的影响 = 1.09% - 0.58% = 0.51%

表 12 - 4　各因素影响程度汇总表

因　　素	对成本降低额影响/元	对成本降低率影响
产品产量变动	3 183.05	0
产品品种比重变动	- 9 711.05	- 0.53%
产品单位成本变动	9 398.00	0.51%
合　　计	2 870.00	- 0.02%

从表 12 - 4 可以看出，超额完成计划降低额的主要原因，是由于生产产品产量增加，甲乙两种产品不但都完成了计划产量，而且甲产品的实际产量是计划产量的 2.8 倍；另外甲乙两种产品的单位成本都低于计划，说明公司年度内在成本管理、节约生产耗费方面还是有成绩的，但还需要通过产品单位成本的进一步分析，查明原因，确定其中的主、客观影响因素，以便巩固和发扬成绩，进一步降低产品的单位成本。那么实际降低率为何还低于计划降低率呢？未完成计划降低率的主要原因，是由于产品品种比重变动，因为公司原计划的产品品种比重，乙产品是甲产品的 4 倍，实际的情况是甲乙两产品所占的比重相等，由于甲产品的单位成本降低幅度低于乙产品的降低幅度，也就是公司多生产了成本降低程度小的品种，少生产了成本降低程度大的品种，导致公司未完成计划降低率。公司之所以会改变产品品种比重，还应联系生产计划的执行和市场需求的变化等情况进行分析评价，落实责任归属。

12.3　主要产品单位成本表分析

12.3.1　主要产品单位成本表的性质

1. 主要产品单位成本表的概念

主要产品单位成本表是反映企业在报告期内生产的各种主要产品单位成本的构成情况和各项主要技术经济指标执行情况的报表。本表是产品生产成本表的补充报表，编制此表的目的是为了考核各种主要产品单位成本计划的执行情况。

2. 主要产品单位成本表的作用

① 可以按照成本项目考核主要产品单位成本计划的执行情况，分析各项单位成本节约或者超支的原因。

② 可以按照成本项目将本月实际单位成本和本年累计实际平均单位成本与上年实际平均单位成本和历史先进水平单位成本进行对比，了解其比上年升降的情况，与历史先进水平是否还有差距，可以分析单位成本变化、发展的趋势。

③ 可以分析和考核主要产品的主要技术经济指标的执行情况。

3. 主要产品单位成本表的结构

主要产品单位成本表分为上下两部分，上部分按成本项目反映，下部分按主要经济指标反映原料、主要材料、燃料和动力的消耗数量。表中又分别按历史先进水平、上年实际平均、本年计划、本期实际、本年累计实际平均的单位成本反映。如表 12 - 5 所示。

表 12 – 5　主要产品单位成本表

××公司				2012 年 12 月
产品名称：甲				本月实际产量：200 件
产品规格：××				本年累计实际产量：4 000 件
计量单位：件				金额单位：元

成本项目	历史先进水平	上年实际平均	本年计划	本月实际	本年累计实际平均
直接材料	133.10	131.24	130.65	132.60	132.00
直接人工	55.60	56.55	58.14	57.76	57.40
制造费用	72.50	73.91	74.52	76.44	75.60
产品生产成本	261.20	261.70	263.31	266.80	265.00
主要技术经济指标	消耗数量	消耗数量	消耗数量	消耗数量	消耗数量
1. 主要材料	8.40 kg	8.20 kg	7.80 kg	6.80 kg	6.60 kg
2. 燃料和动力					

12.3.2　主要产品单位成本表的分析

1. 主要产品单位成本的一般分析

从表 12 – 5 中可以看出，本月实际成本和本年累计实际平均成本均高于本年计划，分别为 3.49 元和 1.69 元，而且还高于上年实际平均和历史先进水平。从本年计划成本高于上年实际平均成本来看，企业在制订本年度成本计划时就已预见到成本有不断上升的趋势。那么，甲产品单位成本升高的原因是什么，还应按成本项目进行具体的分析。

2. 主要产品单位成本的成本项目分析

通常采用差额分析法对各成本项目进行分析，即先通过对比确定差异，然后再进一步分析影响因素及程度。

（1）直接材料费用的分析。对于很多产品来说，直接材料费用在其单位成本构成中往往占有较大的比重，因此它的升降变化就成为单位成本变动的主要原因。直接材料费用是单位产品材料消耗数量与材料单位价格的乘积，材料消耗数量的变化和单价的变化都会引起材料费用的增减变化。对此，应通过因素分析来确定它们各自的变化对材料费用的影响程度。产品直接材料费用的有关详细资料，如表 12 – 6 所示。

表 12 – 6　直接材料计划与实际费用对比表

项　　目	材料消耗数量/kg	材料价格/元	直接材料费用/元
本年计划	7.80	16.75	130.65
本年累计实际平均	6.60	20.00	132.00
直接材料差异			1.35

表 12 – 6 显示，甲产品单位成本中的直接材料费用本年累计实际平均高于本年计划，超支 1.35 元。但直观地看材料消耗数量和材料单价都有变动，各自影响有多大，可通过差额分析法计算确定。

材料消耗量变动的影响 = (6.60 - 7.80) × 16.75 = - 20.10

材料价格变动的影响 = (20 - 16.75) × 6.6 = 21.45

两因素影响合计 = - 20.10 + 21.45 = 1.35

虽然甲产品的直接材料费用比本年计划超支 1.35 元，但从分析结果看出：单位产品的材料消耗量有所节约，并使材料费用降低 20.10 元，但是由于价格上涨使得材料费用超支 21.45 元，两者相抵，净超支 1.35 元。在把握住产品质量的前提下，材料消耗量的节约主要就是生产工艺改革和加强成本控制方面的成绩。材料价格的提高本身是不利因素。这里面还要分清楚是由于国家有关价格政策调整或者市场价格上涨等客观原因引起的，还是由于采购人员主观努力不够，致使买价偏高和采购费用加大造成的。如属于主观人为因素就要尽快予以纠正。

在表 12 - 5 中，甲产品的本月实际材料费用高于本年计划数、本年累计实际平均和上年实际平均，但低于历史先进水平。对此也可比照上述方法进行因素分析。

（2）直接人工费用的分析。对于生产劳动密集型产品的企业来说，产品成本中的直接人工费用也是一个很重要的项目，因此它的升降变化也是产品单位成本变动的主要原因。直接人工费用是单位产品生产工时与小时工资率的乘积，单位产品生产工时和小时工资率的变化都会引起直接人工费用的增减变化。

对此，应通过因素分析来确定它们各自的变化对直接人工费用的影响程度。进一步分析时还要结合企业采用的工资制度。如果企业实行计件工资制度，人工费用的变动就是由于计件单价变动引起的，分析中应查明产品计件单价变动的缘由及其合理性。如果企业实行计时工资制度，直接人工费用的变动就会受到单位产品所耗工时和小时工资率两个因素的影响。对此可以比照直接材料费用的分析方法，计算确定两因素各自对人工费用的影响程度。假设该公司采用计时工资制，产品单位成本中直接人工费用的有关资料，如表 12 - 7 所示。

表 12 - 7　直接人工计划与实际费用对比表

项　　　目	单位产品生产工时	小时工资率	直接人工费用/元
本年计划	18	3.23	58.14
本年累计实际平均	14	4.10	57.40
直接人工差异			- 0.74

表 12 - 7 显示，甲产品单位成本中的直接人工费用本年累计实际平均低于本年计划，节约 0.74 元。但直观地看单位产品生产工时和小时工资率都有变动，各自影响有多大可通过差额分析法计算确定。

生产工时变动的影响 = (14 - 18) × 3.23 = - 12.92

小时工资率变动的影响 = (4.10 - 3.23) × 14 = 12.18

两因素影响合计 = - 12.92 + 12.18 = - 0.74

分析结果表明，甲产品直接人工费用的节约是由于单位产品工时消耗降低引起的，而小时工资率却有所提高并且抵消了一部分节约工时所产生的人工费用降低额。同材料费用一样，在保证产品质量的前提下，工时的节约主要是工人操作技能提高，从而提高了劳动生产率的结果，是应予肯定的。小时工资率发生较大变化，还应进一步对生产工资总额的控制和调资等变动情况作出分析，找出那些导致成本水平变动的不合理因素，以便改进。

在表12-5中，甲产品的本月实际直接人工费用低于本年计划数，但高于本年累计实际平均、上年实际平均和历史先进水平。对此也可比照上述方法进行因素分析。

（3）制造费用的分析。众所周知，制造费用是根据工人工资或生产工时等标准分配计入产品成本的。因此，产品单位成本中制造费用的分析，通常与计时工资制度下的直接人工费用分析相似。即首先分别测定单位产品所耗工时和小时费用率（每工时应分摊的制造费用）两因素变动对制造费用变动的影响程度，然后进一步查明两因素变动的原因。产品单位成本中制造费用的有关资料，如表12-8所示。

表12-8　制造费用计划与实际费用对比表

项　　　目	单位产品生产工时	小时费用率	制造费用/元
本年计划	18	4.14	74.52
本年累计实际平均	14	5.40	75.60
费用差异			1.08

表12-8显示，甲产品单位成本中的制造费用本年累计实际平均高于本年计划，超支1.08元。但直观地看，单位产品生产工时和小时费用率都有变动，各自影响有多大，可通过差额分析法计算确定。

$$生产工时变动的影响 = (14 - 18) \times 4.14 = -16.56$$
$$小时费用率变动的影响 = (5.40 - 4.14) \times 14 = 17.64$$
$$两因素影响合计 = -16.56 + 17.64 = 1.08$$

分析结果表明，单位产品制造费用本年累计实际平均比本年计划超支1.08元的原因，是小时费用率提高所至，而单位产品实际生产工时比计划降低，所以小时费用率提高的主要原因是制造费用总额增加。关于制造费用总额的变动情况及其原因分析将在下一节介绍。

在表12-5中，甲产品的本月实际制造费用均高于本年计划数、本年累计实际平均、上年实际平均和历史先进水平。对此也可比照上述方法进行因素分析。

12.4　费用报表分析

费用报表包括制造费用明细表、管理费用明细表、销售费用明细表和财务费用明细表。编制费用报表的目的主要是分析费用构成及增减变动情况，借以考核预算的执行结果。

12.4.1　制造费用明细表分析

1. 制造费用明细表的结构

制造费用明细表是反映企业在报告期内发生的各项制造费用的报表。制造费用明细表按规定的费用项目分别反映本年计划数、上年同期实际数、本月实际数和本年累计实际数，如表12-9所示。

表 12 - 9　制造费用明细表

××公司：	2012 年 12 月			单位：元
费用项目	本年预算数	上年同期实际数	本月实际数	本年累计实际数
职工薪酬	111 270.00	9 720.00	10 550.00	127 120.00
折旧费	75 860.00	6 710.00	6 750.00	86 400.00
租赁费	47 690.00	5 030.00	4 390.00	53 090.00
办公费	53 160.00	4 540.00	4 380.00	51 960.00
水电费	63 150.00	5 380.00	5 580.00	68 690.00
机物料消耗	52 880.00	4 600.00	4 390.00	51 420.00
劳动保护费	62 420.00	5 800.00	5 250.00	65 980.00
在产品盘亏、毁损		4 640.00	4 030.00	29 340.00
停工损失	0.00		1 600.00	10 130.00
其他	46 010.00	5 120.00	5 470.00	38 650.00
合　计	512 440.00	51 540.00	52 390.00	582 780.00

2. 制造费用明细表趋势分析

制造费用明细表趋势分析，是以制造费用明细表为依据，通过编制制造费用分析表，将制造费用预算（计划）与实际进行对比，分析制造费用的构成和各费用项目的增减变动情况，确定预算与实际产生差异的原因。制造费用明细表趋势分析的目的：考核制造费用预算的执行结果，据以评价生产部门的业绩，以便进一步采取措施，寻求降低制造费用的途径，从而降低产品的制造成本。制造费用明细分析表，如表 12 - 10 所示。

表 12 - 10　制造费用明细分析表

××公司：	2012 年度					单位：元
费用项目	本年预算数	本年实际数	增减金额	增（减）/%	预算构成/%	实际构成/%
职工薪酬	111 270.00	127 120.00	15 850.00	14.24	21.71	21.81
折旧费	75 860.00	86 400.00	10 540.00	13.89	14.80	14.83
租赁费	47 690.00	53 090.00	5 400.00	11.32	9.31	9.11
办公费	53 160.00	51 960.00	- 1 200.00	- 2.26	10.37	8.92
水电费	63 150.00	68 690.00	5 540.00	8.77	12.32	11.79
机物料消耗	52 880.00	51 420.00	- 1 460.00	- 2.76	10.32	8.82
劳动保护费	62 420.00	65 980.00	3 560.00	5.70	12.18	11.32
在产品盘亏、毁损	0.00	29 340.00	29 340.00	—	0.00	5.03
停工损失	0.00	10 130.00	10 130.00	—	0.00	1.74
其他	46 010.00	38 650.00	- 7 360.00	- 16.00	8.98	6.63
合　计	512 440.00	582 780.00	70 340.00	13.73	100.00	100.00

从表 12 - 10 可以看出，公司本年制造费用实际比预算超支 70 340.00 元，增幅达 13.73%，表明公司制造费用预算执行情况不好。什么原因所致，通过对比分析各费用项目，

就能够清楚各个费用项目预算执行情况和问题主要出自哪些项目上。

① 职工薪酬、折旧费和租赁费项目总额上比预算有所增加，分别增加 14.24%、13.89% 和 11.32%；从构成上来看，职工薪酬和折旧费项目实际比预算稍有增加，表明职工薪酬和折旧费的增加，与制造费用总体的增加是一致的。只是租赁费的增幅小于制造费用总体的增幅，使租赁费的构成稍有下降。如果是由于增加产品产量所致，可能表明公司产品销路很好，否则应采取相应的措施调整改进。

② 办公费项目比预算节约，情况较为理想。由于办公费本身就是个应该力求节约的项目，表明公司在预算执行过程中控制有方，应保持下去。

③ 水电费、劳动保护费项目均小有超支，可以说预算执行得不好。机物料消耗项目情况相反，节约了 2.76%。

④ 在产品盘亏、毁损和停工损失费用项目，具有无法预见的成分，不作预算。但两项损失数额共计为 39 470.00 元，不难算出其损失占制造费用超支额的 56%，因此在产品盘亏、毁损和停工损失是导致制造费用预算执行情况不好的主要原因之一。

⑤ 其他费用，从某种意义上说，是一个弹性较大的项目，虽然此项目比预算节约了，但也应予以关注，可结合公司的其他信息进行分析。

综上分析，制造费用各费用项目有超有降，互相抵消一部分，从而减少了对预算总额完成情况的影响，但公司在制造费用的控制上还亟待改进，如在提高劳动生产率、降低损失数额等方面，要分清主、客观影响因素，明确责任，并对暴露出的问题制定解决方案。

3. 制造费用明细表分析中应注意的问题

制造费用是生产单位为组织和管理生产而发生的费用，可以划分为变动性制造费用、半变动性制造费用和固定性制造费用。因此，在分析制造费用时，必须注意结合不同性质的制造费用与产品生产的关系进行分析。

① 对变动性制造费用，如机物料消耗、低值易耗品摊销等，这些费用的高低与产品生产有着密切的联系，因此不能简单地认为某项费用超支就是不合理的，节约就是有利的。比如，本期为了增加产量，满足市场需求，将原来的两班生产改为三班生产，必然要增加机物料的消耗，这是正常的、合理的，不能认为成本管理上存在薄弱环节。

② 对半变动性制造费用，如劳动保护费等，这些费用会随着产品产量的变化出现一些非等比例的升降变化。按照重要性原则，定性分析时只有考虑到这方面因素，才能较全面地分析说明问题，不一定要进行分解影响因素等量化分析工作。

③ 对固定性制造费用，如折旧费、办公费、水电费等，则应严格日常经营管理，控制其开支渠道；同时尽量降低和避免"在产品盘亏、毁损"、"废品损失"和"停工损失"等损失的发生，因其属于不良性费用，应从管理上找原因。

12.4.2 销售费用明细表分析

1. 销售费用明细表的结构

销售费用明细表是反映企业在报告期内为销售商品而发生的各项费用的报表。该表按照规定的费用项目分别反映本年预算数、上年同期实际数、本月实际数和本年累计实际数，如表 12 - 11 所示。

表 12 - 11　销售费用明细表

××公司：		2012 年 12 月		单位：元
费用项目	本年预算数	上年同期实际数	本月实际数	本年累计实际数
职工薪酬	93 300.00	8 200.00	8 340.00	93 937.00
折旧费	14 775.00	1 400.00	1 450.00	15 845.00
修理费	9 260.00	720.00	690.00	8 624.00
差旅费	12 900.00	1 200.00	1 340.00	14 184.00
保险费	9 860.00	850.00	870.00	10 200.00
租赁费	0.00	0.00		0.00
运输费	12 900.00	1 380.00	1 570.00	14 805.00
装卸费	2 100.00	230.00	240.00	2 580.00
包装费	13 950.00	890.00	789.00	11 100.00
广告费	11 700.00	990.00	945.00	11 700.00
展览费	6 150.00	600.00	640.00	7 020.00
低值易耗品摊销	8 910.00	702.00	650.00	8 154.00
专设销售机构办公费	11 550.00	1 100.00	1 020.00	12 321.00
委托代销手续费	0.00	0.00	0.00	0.00
销售服务费	0.00	0.00	0.00	0.00
其他	18 750.00	1 600.00	1 800.00	21 702.00
合　　计	226 105.00	19 862.00	20 344.00	232 172.00

2. 销售费用明细表趋势分析

销售费用明细表趋势分析，是以销售费用明细表为依据，通过编制销售费用分析表，将销售费用预算与实际进行对比，分析销售费用的构成和各费用项目的增减变动情况，确定预算与实际产生差异的原因。销售费用明细表趋势分析的目的：考核销售费用预算的执行结果，据以对销售人员的业绩及产品质量进行评价考核，以便进一步采取措施，寻求降低销售费用的途径，为今后改善销售工作提供借鉴依据。销售费用明细分析表，如表 12 - 12 所示。

表 12 - 12　销售费用明细分析表

××公司：			2012 年度			单位：元
费用项目	本年预算	本年实际	增减金额	增（减）/%	预算构成/%	实际构成/%
职工薪酬	93 300.00	93 937.00	637.00	0.68	41.26	40.46
折旧费	14 775.00	15 845.00	1 070.00	7.24	6.53	6.82
修理费	9 260.00	8 624.00	- 636.00	- 6.87	4.10	3.71
差旅费	12 900.00	14 184.00	1 284.00	9.95	5.71	6.11
保险费	9 860.00	10 200.00	340.00	3.45	4.36	4.39
租赁费	0.00	0.00	0.00	—	0.00	0.00

续表

费用项目	本年预算	本年实际	增减金额	增（减）/%	预算构成/%	实际构成/%
运输费	12 900.00	14 805.00	1 905.00	14.77	5.71	6.38
装卸费	2 100.00	2 580.00	480.00	22.86	0.93	1.11
包装费	13 950.00	15 100.00	1 150.00	8.24	6.17	6.53
广告费	11 700.00	11 700.00	0.00	0.00	5.17	5.04
展览费	6 150.00	7 020.00	870.00	14.15	2.72	3.02
低值易耗品摊销	8 910.00	8 154.00	−756.00	−8.48	3.94	3.51
专设销售机构办公费	11 550.00	12 321.00	771.00	6.68	5.11	5.31
委托代销手续费	0.00	0.00	0.00	—	0.00	0.00
销售服务费	0.00	0.00	0.00	—	0.00	0.00
其他	18 750.00	17 702.00	−1 048.00	−5.59	8.29	7.62
合　计	226 105.00	232 172.00	6 067.00	2.68	100.00	100.00

从表 12 – 12 可以看出，本年销售费用实际数超过预算数 6 067.00 元，超支幅度为 2.68%，表明预算的执行情况不太理想。什么原因所致，还要联系当期市场需求变化情况和企业销售业务的开展、销售规模的大小等业务背景进行进一步分析。其中变化较大的项目是：差旅费、运输费、装卸费、展览费和包装费。这些项目与预算相比总额上都有不同程度的增长，构成上也都有所提高，表明公司本年的销售力度、销售规模在不断扩大，产品的市场占有率在提高，但公司还应对引起运输费、装卸费和包装费项目增加的销售数量、运输价格等因素作进一步的分析；差旅费和展览费，编制预算时考虑得比较充分全面，可结合业务开展的需要了解超支原因。占销售费用总额 40% 的职工薪酬项目，仅有小额增加，表明此项费用是公司的固定性费用，并不随销售数量的变化而增减；修理费、低值易耗品摊销和其他销售费用项目与预算相比总额上都有不同程度的下降，构成上也都有所下降，表明公司对此预算费用加强了日常控制，寻求到了降低费用的途径，方法得当。

综上分析，公司本年销售费用预算执行情况基本上完成了预算任务。但分项目看，还存在一定问题：对其中与销售量变动和开展业务有关的几项变动性或半变动性费用，在满足开展业务、扩大销售的前提下也要考虑节支问题；而与预算相比有所降低的费用项目，也应关注公司是否存在片面追求降低费用的倾向。总之，销售费用分析必须分出主次，深入查找原因，方能为加强费用管理，落实责任和奖惩，以及为下期编制更符合实际、更加可行的预算提供可靠的依据。

3. 销售费用明细表分析中应注意的问题

销售费用是企业销售商品过程中发生的费用，费用的高低与销售数量的多少密切相关。因此在分析销售费用时，必须联系当期市场需求变化情况和企业销售业务的开展、销售规模的大小等业务背景来进行分析，必须注意结合不同性质的销售费用与销售数量的关系进行分析。

① 对随着销售数量的变化而变化的销售费用，如运输费、装卸费和包装费等项目，在分析时，应将其的增减变动同销售数量的增减变动结合起来考核，分析这些费用的发生和变动是否合理、正常。

② 销售费用中有相当一部分费用的效益要在未来反映出来，如展览费、广告费等，对这类费用的分析应当连续几个时期进行，将销售费用与销售收入进行对比，如果销售收入的增长大于销售费用的增长，即使销售费用的绝对数是上升的，也属于正常情况；反之，则应强化费用的控制和管理。

12.4.3 管理费用明细表分析

1. 管理费用明细表的结构

管理费用是指企业行政管理部门为组织管理生产经营活动而发生的各项费用。该表按照规定的费用项目分别反映本年计划数、上年同期实际数、本月实际数和本年累计实际数，如表 12 – 13 所示。

表 12 – 13 管理费用明细表

××公司：		2012 年 12 月		单位：元
费用项目	本年预算数	上年同期实际数	本月实际数	本年累计实际数
职工薪酬	247 500.00	20 230.00	23 450.00	264 435.00
折旧费	177 668.00	15 007.00	15 200.00	181 415.00
修理费	67 500.00	5 420.00	5 890.00	72 488.00
办公费	117 000.00	8 860.00	9 670.00	113 478.00
差旅费	110 250.00	9 100.00	9 240.00	111 537.00
保险费	52 500.00	4 300.00	4 230.00	52 500.00
租赁费	42 900.00	3 500.00	3 680.00	31 900.00
咨询费	0.00	0.00	1 200.00	15 000.00
诉讼费	0.00	0.00	0.00	0.00
排污费	6 000.00	560.00	640.00	7 500.00
绿化费	27 000.00	2 100.00	2 450.00	27 000.00
机物料消耗	17 700.00	1 450.00	1 400.00	16 800.00
低值易耗品摊销	15 000.00	1 230.00	1 230.00	15 750.00
无形资产摊销	12 750.00	980.00	1 180.00	14 700.00
技术转让费	9 470.00	765.00	830.00	9 570.00
职工教育经费	3 375.00	268.00	280.00	3 480.00
工会经费	4 500.00	345.00	380.00	4 640.00
业务招待费	16 500.00	1 320.00	1 500.00	20 450.00
劳动保险费	8 250.00	690.00	820.00	8 835.00
待业保险费	0.00	0.00	0.00	0.00
聘请中介机构费	4 500.00	400.00	440.00	5 250.00
矿产资源补偿费	18 000.00	1 460.00	1 560.00	15 890.00
存货盘亏、毁损	1 500.00	120.00	160.00	1 800.00
其他	4 500.00	410.00	640.00	7 473.00
合　　计	964 363.00	78 515.00	86 070.00	1 001 890.00

2. 管理费用明细表趋势分析

管理费用明细表趋势分析，是以管理费用明细表为依据，通过编制管理费用分析表，将管理费用预算与实际进行对比，分析管理费用的构成和各费用项目的增减变动情况，确定预算与实际产生差异的原因。管理费用明细表趋势分析的目的：考核管理费用预算的执行结果，据以对管理部门的业绩进行考核与评价，促进企业增收节支，提高经济效益，为下一期预算（计划）的编制提供有用的信息。管理费用明细分析表，如表12-14所示。

表 12 - 14　管理费用明细分析表

×× 公司：			2012 年度			单位：元
费用项目	本年预算	本年实际	增减金额	增（减）/ %	预算构成/ %	实际构成/ %
职工薪酬	247 500.00	264 435.00	16 935.00	6.84	25.66	26.39
折旧费	177 668.00	181 415.00	3 747.00	2.11	18.42	18.11
修理费	67 500.00	72 488.00	4 988.00	7.39	7.00	7.24
办公费	117 000.00	113 478.00	- 3 522.00	- 3.01	12.13	11.33
差旅费	110 250.00	111 537.00	1 287.00	1.17	11.43	11.13
保险费	52 500.00	52 500.00	0.00	0.00	5.44	5.24
租赁费	42 900.00	31 900.00	- 11 000.00	- 25.64	4.45	3.18
咨询费	0.00	15 000.00	15 000.00	—	0.00	1.50
诉讼费	0.00	0.00	0.00	—	0.00	0.00
排污费	6 000.00	7 500.00	1 500.00	25.00	0.62	0.75
绿化费	27 000.00	27 000.00	0.00	0.00	2.80	2.69
机物料消耗	17 700.00	16 800.00	- 900.00	- 5.08	1.84	1.68
低值易耗品摊销	15 000.00	15 750.00	750.00	5.00	1.56	1.57
无形资产摊销	12 750.00	14 700.00	1 950.00	15.29	1.32	1.47
技术转让费	9 470.00	9 570.00	100.00	1.06	0.98	0.96
职工教育经费	3 375.00	3 480.00	105.00	3.11	0.35	0.35
工会经费	4 500.00	4 640.00	140.00	3.11	0.47	0.46
业务招待费	16 500.00	20 450.00	3 950.00	23.94	1.71	2.04
劳动保险费	8 250.00	8 835.00	585.00	7.09	0.86	0.88
待业保险费	0.00	0.00	0.00	—	0.00	0.00
聘请中介机构费	4 500.00	5 250.00	750.00	16.67	0.47	0.52
矿产资源补偿费	18 000.00	15 890.00	- 2 110.00	- 11.72	1.87	1.59
存货盘亏、毁损	1 500.00	1 800.00	300.00	20.00	0.16	0.18
其他	4 500.00	7 472.00	2 972.00	66.04	0.47	0.75
合　　计	964 363.00	1 001 890.00	37 527.00	3.89	100.00	100.00

从表12-14可以看出，管理费用实际发生额比预算增加了37 527.00元，增幅达3.89%，从预算执行情况来看，管理费用控制地不是非常理想。但对管理费用进行分析，一定要结合企业当期业务活动背景来进行。如果本年度企业在经营方针政策及开拓方面做了很

多工作，从而引起某些管理费用加大，这种情况还是可以接受的；反之，管理费用发生增加，就会成为当年获利水平的一个极为不利的表层因素，说明公司在管理方面存在不少问题，应通过深入分析，找出具体原因。

除此之外，还要对变化幅度较大的费用项目进行具体分析，从而判明哪些费用的增加可以接受，哪些费用的增加属于管理中的问题应予纠正。

公司的办公费、租赁费、机物料消耗和矿产资源补偿费项目，与预算相比有所下降，分别下降了3.01%、25.64%、5.08%、11.72%，表明公司有关职能部门在这些方面加强了管理，成绩应予肯定。另外，排污费项目虽使管理费用上升，但这项开支具有积极意义，有利于公司今后的发展，应予肯定和鼓励。

无形资产摊销、业务招待费、聘请中介机构费和存货盘亏、毁损项目与预算相比有所上升，显然是导致本年管理费用大幅增加的不利因素。尤其是存货盘亏、毁损项目，暴露出企业在仓库物资管理的有关方面还存在不少问题。需要调查了解各环节的具体情况，落实责任部门和个人，严格奖惩，同时促进公司建立健全各项规章制度。

其他费用项目与预算相比上升了66.04%，该项目原则上应作为重点，严格控制，但由于其所占比重很小，只需结合其所包含的具体内容来分析开支的合理性和有效性即可。

综上分析，公司本年在管理费用的开支和管理上既有成绩，又存在较大问题，整体管理水平还有待于提高，公司应改进费用的控制管理办法。

3. 管理费用明细表分析中应注意的问题

管理费用是企业为组织和管理生产而发生的费用，管理费用发生在行政管理部门，费用的发生与产品生产无直接联系，属于固定性费用，费用项目多，应编制预算加以控制。在企业业务量一定、收入一定的情况下，有效地控制、压缩那些固定性的行政管理费用，将会给企业带来更多的收益。因此，在分析管理费用时，应对费用按性质进行分类，分析不同类别费用的发生是否正常，超支或节约的原因是什么，进而有针对性地进行管理和控制。

① 对管理性费用，如职工薪酬、修理费、办公费、差旅费、业务招待费等，其高低一般反映企业的管理水平，应从管理上找原因。

② 对发展性费用，如研究费用、职工教育经费、绿化费等，其高低与企业的未来发展相关，不能简单地与管理水平挂钩，应将费用支出与带来的效益相比较进行分析。

③ 对保护性费用，如保险费、待业保险费、劳动保险费等，其高低与企业防范生产经营风险和劳动保护条件的改善相关，可以避免未来的损失，因此也不能简单地与管理水平挂钩，还是应将费用支出与带来的效益相比较进行分析。

④ 对不良性费用，如"存货盘亏、毁损"的净损失、产品"三包"损失等，其发生与管理有直接的关系，必须从管理上找原因。

12.4.4 财务费用明细表分析

1. 财务费用明细表的结构

财务费用明细表是反映企业在报告期内为筹集生产经营所需资金而发生的各项费用的报表。该表按照财务费用的费用项目分别反映各项费用的本年预算数、上年同期实际数、本月实际数和本年累计实际数。如表12-15所示。

表 12 – 15　财务费用明细表

×× 公司:	2012 年12 月			单位: 元
费用项目	本年预算数	上年同期实际数	本月实际数	本年累计实际数
利息支出（减：利息收入）	43 500.00	3 200.00	3 416.00	42 500.00
汇兑损失（减：汇兑损益）	33 400.00	2 640.00	2 847.00	34 760.00
金融机构手续费	26 800.00	2 060.00	1 960.00	28 469.00
其他	12 000.00	1 040.00	1 021.00	11 852.00
合　　计	115 700.00	8 940.00	9 244.00	117 581.00

2. 财务费用明细表趋势分析

财务费用明细表趋势分析，是以财务费用明细表为依据，通过编制财务费用明细分析表，将财务费用预算（计划）与实际进行对比，分析财务费用的构成和各费用项目的增减变动情况，确定预算与实际产生差异的原因。财务费用明细表趋势分析的目的：考核财务费用预算的执行结果，据以对管理部门的筹资渠道和资金的利用效果进行评价和考核，为企业编制下期的预算提供依据。财务费用明细分析表，如表 12 – 16 所示。

表 12 – 16　财务费用明细分析表

×× 公司:	2012 年度					单位: 元
费用项目	本年预算	本年实际	增减金额	增（减）/ %	预算构成/%	实际构成/%
利息支出（减：利息收入）	43 500.00	42 400.00	– 1 100.00	– 2.53	37.60	36.06
汇兑损失（减：汇兑损益）	33 400.00	35 960.00	2 560.00	7.66	28.87	30.58
金融机构手续费	26 800.00	27 269.00	469.00	1.75	23.16	23.19
其他	12 000.00	11 952.00	– 48.00	– 0.40	10.37	10.16
合　　计	115 700.00	117 581.00	1 881.00	1.63	100.00	100.00

从表 12 – 16 可以看出，本年度财务费用比本年预算增加了 1 881.00 元，增幅为 1.63%，预算执行情况还可以。但从各项目来看，利息支出无论是总额还是构成上，都比预算有所下降，总额的下降幅度为 2.53%，究其原因很可能是公司减少了短期借款的使用，节约了利息费用。但应注意，只要在基本保证了生产经营资金需求的基础上，节省利息支出才能说明企业资金管理上有成绩，如果是公司发生筹资困难，无法借入资金，而使利息支出减少，应引起管理者的注意；汇兑损益项目无论是总额还是构成上，都比预算有所上升，总额的上升幅度为 7.66%。究其原因，可能与企业业务中所使用的外币种类及各自的汇率变化有直接的关系。不难看出，企业在外币的管理和运作上还有薄弱之处，需要在外汇风险预测及预防方面再下工夫，以尽量减少汇率变化带来的损失。

总之，利息支出的下降被上升的汇兑损益所冲抵，以致最终表现为财务费用总体水平与预算基本一致。成绩和不足都存在，如何巩固成绩，克服不足，应是该公司下一年度需要认真考虑的。

3. 财务费用明细表分析中应注意的问题

财务费用是为筹集企业生产经营资金而发生的，费用的高低直接取决于企业负债的高低，特别是银行借款。只有在掌握了企业有关的背景资料的情况下，分析才能够比较深入透彻。因此，在分析财务费用时，必须结合企业的借款对生产经营资金需求的满足程度及外汇市场上汇率变化的风险情况。

① 应分析借款结构（长短期借款比例）、借款利率、借款期限，与生产经营需要是否相符，看能否通过调整借款结构控制财务费用。

② 应分析筹资成本、筹集资金带来的效益，看能否通过改变筹资渠道控制财务费用。

综上对制造费用和期间费用的分析，可清楚地看到：无论是制造费用还是期间费用，在进行分析评价时往往是从总额入手看其整体水平的高低，进而了解它对当期获利水平的影响程度。而从内部管理的角度来看，更重要的则是各费用项目的详细、具体分析。因为成绩和问题只有在项目分析时才能被发现，而这两者往往又是并存的，不能只简单看相互抵消后的结果。在项目分析上，既可逐项分析，也可挑选重点进行分析。一般来说，月份、季度进行重点项目分析，年度进行全面分析。总之，以满足管理的要求为原则来开展费用分析工作。

 **综合案例**

上市公司 2011 年度期间费用变动分析

"开源节流"是上市公司共同追求的目标，而当外部经济环境发生变化时，企业更倾向于通过"节流"——即通过费用控制的方式来达到降低成本、提升利润的目的。Wind 数据显示，截至 2012 年 3 月 26 日，沪深两市有 807 家 A 股上市公司披露 2011 年年报，剔除金融类公司后，其余 789 家上市公司的"三费"（销售费用、管理费用和财务费用）总额为 5 468.56 亿元，比上年同期增长 20.42%。从三项费用构成看，789 家上市公司 2011 年的销售费用、管理费用和财务费用合计分别为 2 129.12 亿元、2 673.26 亿元和 666.18 亿元，同比分别增长 20.85%、18.51% 和 27.20%。不过，789 家上市公司"三费"占营业收入的比重（期间费用率）由 2010 年的 8.82% 下降至 2011 年的 8.21%，业内人士认为，这显示出上市公司费用控制初显成效。

1. 利息支出推高财务费用

尽管财务费用占三项费用的比重较小，但增幅最大。789 家公司 2011 年财务费用率的同比降幅也最小。分析人士称，这与 2011 年上市公司利息支出较高有关。2011 年，货币政策整体偏紧，给上市公司带来不小的财务负担，包括钢铁、电力、房地产、化工等在内的贷款"大户"均因贷款利息支出大幅上升而登上财务费用支出较高公司的排行榜。以华能国际（600011）为例，华能国际 2011 年实现营业收入 1 334 亿元，同比增长 27.9%；净利润 12.68 亿元，同比下降 64.2%。公司财务费用高达 74.93 亿元，较上年同期增长 46.77%，主要是由于公司带息负债规模扩大、人民币借款利率上调所致。2011 年华能国际利息支出高达 77.36 亿元，同比增长 46.45%。

2. 房地产公司销售费用高企

企业生产经营规模的不断扩张会带来费用的"水涨船高"。Wind 数据显示，销售费用依然在三项费用中占比较高，789 家上市公司 2011 年销售费用达到 2 129.12 亿元，占三项费用的比重为 38.93%。事实上，在上市公司扩大产能、开拓市场的过程中，势必会增加销售费用支出。尤其是当市场环境发生变化时，企业在营销和广告上的支出也会相应增加，这一点在房地产公司上表现尤为明显，2011 年房地产调控继续深入，限贷限购政策使不少房地产企业销售遇冷，房企营销支出随之增多。万科（000002）2011 年的销售费用高达 25.57 亿元，同比增长 23%，增幅远高于 2011 年 19.8% 的销售面积增幅和 12.4% 的销售金额增幅。由于广告宣传费和促销费增加较多，首开股份（600376）2011 年销售费用为 6.2 亿元，同比增长 160%，而公司实现销售面积 85 万平方米，签约金额 114 亿元，分别比上一年增长 16% 和 27%。亿城股份（000616）销售费用同比增长 54.55%，公司称主要为 2011 年在建在售项目增加营销推广费用所致。

3. 车企研发费用上升明显

管理费用占"三费"的比重最大，但增幅相对较小。789 家上市公司 2011 年管理费用达到 2 673.26 亿元，同比增长 18.51%，占三项费用的比重高达 49%。业内人士称，研发费用增长和人力成本上升是助推管理费用增加的重要因素。具体到行业来看，随着国内汽车市场对外开放程度的提升和自主品牌车企对研发的重视，汽车类上市公司的管理费用高企，且增长较明显。华域汽车（600741）2011 年管理费用高达 37.03 亿元，比上年度增加 7.8 亿元，主要原因是业务增长带来的工资等人员费用增加以及技术开发费增加。比亚迪（002594）2011 年管理费用也达 34.5 亿元，其中研发投入金额高达 27 亿元，同比增长 35%。业内人士认为，未来车企研发费用增长将成为趋势，势必会继续推升管理费用率。

 讨论

1. 根据案例分析上市公司 2011 年期间费用变动的主要原因有哪些？
2. 你如何看待行业因素对于分析企业期间费用的影响？

▶▶▶复习思考题◀◀◀

1. 简述成本费用报表分析的意义。
2. 简述产品生产成本表分析的重点。
3. 试述可比产品成本降低计划执行情况的分析步骤。
4. 各项费用报表分析时，应注意哪些问题？
5. 某公司生产的甲产品有关材料消耗的计划和实际资料如表 12–17 所示。

表 12–17　甲产品单位成本表

项　　目	单　　位	计　　划	实　　际
产量	件	200	210
单位产品材料消耗量	kg	40	36
材料单价	元	10	12
材料消耗总额	元	80 000	90 720

要求：运用差额分析法计算材料消耗总额的差异及各因素影响的金额。

6. 某企业采用计时工资制度，产品直接成本中直接人工费用的有关资料如表 12–18 所示。

表 12 – 18　直接人工费用计划与实际对比表

项　目	单位产品所耗工时	小时工资率	直接人工费用
本年计划	42	6	252
本月实际	40	6.5	260

要求：用差额分析法计算单位产品消耗工时和小时工资率变动对直接人工费用的影响金额。

7. 某企业 2012 年度可比产品成本资料如表 12 – 19 所示，其中甲产品计划产量为 60 件、乙产品计划产量为 32 件，可比产品成本计划总降低额为 11 760 元，计划总降低率为 14.7%。

表 12 – 19　某企业产品生产成本表（简表）

产品名称	实际产量/件	单位成本			总成本		
		上年实际	本年计划	本年实际	按实际产量上年实际单位成本计算的总成本	按实际产量本年计划单位成本计算的总成本	按实际产量本年实际单位成本计算的总成本
甲产品	50	800	700	740	40 000	35 000	37 000
乙产品	60	1 000	820	780	60 000	49 200	46 800
合　计	—	—	—	—	100 000	84 200	83 800

要求：① 计算全部可比产品成本的实际成本降低额、降低率；

② 检查全部可比产品成本降低计划的执行结果；

③ 用因素分析法计算产品产量、品种结构、单位成本变动对降低额和降低率的影响；

④ 对本企业可比产品的成本计划执行情况作出简要评价。

8. 星星公司 2012 年销售费用明细表（简化表）如表 12 – 20 所示。

表 12 – 20　星星公司销售费用明细表

费用项目	本年预算	本年实际
职工薪酬	11 270.00	12 120.00
运输费	5 860.00	6 800.00
装卸费	6 290.00	7 790.00
包装费	2 160.00	1 760.00
展览费	3 150.00	3 690.00
广告费	2 880.00	4 420.00
差旅费	2 420.00	3 180.00
办公费	4 320.00	3 340.00
其他	3 010.00	3 950.00
合　计	41 360.00	47 050.00

要求：对该公司 2012 年销售费用的预算完成情况进行分析。

▶▶▶ 练 习 题 ◀◀◀

一、单选题

1. 成本报表是服务于企业内部经营管理为目的的报表，与外界因素的关系是(　　)。

    A. 受外界因素的影响　　　　　　　　B. 不受外界因素的影响

    C. 有时受，有时不受影响　　　　　　D. 与外界因素有关

2. 在销售费用的分析中，下列情况可能不合理的是(　　)。

    A. 在新地域设立销售机构　　　　　　B. 向新地域派驻销售人员

    C. 在新产品上投入更多广告　　　　　D. 在成熟产品上投入更多广告

3. 下列选项中，与财务费用可能无关的是(　　)。

    A. 企业临时借入款项用于资金周转　　B. 企业购销业务中的现金折扣

    C. 企业外币业务汇兑损益　　　　　　D. 固定资产建造借款

4. 下列关于成本报表的描述中，正确的是(　　)。

    A. 成本报表和财务报表一样，也需要对外报送

    B. 成本报表是满足企业内部经营管理的需要而编制，不对外公开

    C. 有关部门规定成本报表中哪些指标对外公布，哪些指标不对外公布

    D. 根据债权人和投资人的要求，确定成本报表中哪些指标对外公布，哪些指标不对外公布

5. 如果直接材料实际用量超过了标准用量，但实际价格低于标准价格，则直接材料的数量差异和价格差异的性质是(　　)。

    A. 数量差异为有利，价格差异为不利　B. 数量差异为有利，价格差异为有利

    C. 数量差异为不利，价格差异为不利　D. 数量差异为不利，价格差异为有利

6. 对主要产品单位成本表进行分析，采用的主要方法是(　　)。

    A. 水平分析法　　　　　　　　　　　B. 垂直分析法

    C. 差额分析法　　　　　　　　　　　D. 比率分析法

7. 产品单位成本下降对成本降低指标的影响是(　　)。

    A. 成本降低额增加，成本降低率提高　B. 成本降低额减少，成本降低率不变

    C. 成本降低额增加，成本降低率减少　D. 成本降低额减少，成本降低率降低

8. 产品产量下降对成本降低指标的影响是(　　)。

    A. 成本降低额增加，成本降低率提高　B. 成本降低额减少，成本降低率不变

    C. 成本降低额增加，成本降低率减少　D. 成本降低额减少，成本降低率降低

9. 下列关于制造费用明细表趋势分析，说法错误的是(　　)。

    A. 考核制造费用预算的执行结果　　　B. 据以评价生产部门的业绩

    C. 寻求降低制造费用的途径　　　　　D. 对产品质量进行考核评价

10. 下列关于产品产量变动，说法正确的是(　　)。

    A. 对可比产品成本降低额没有影响　　B. 对不可比产品成本降低额有影响

    C. 对可比产品成本降低率没有影响　　D. 对不可比产品成本降低率有影响

二、多项选择题

1. 反映各种费用总额及其构成情况的成本报表有(　　　)。

   A. 制造费用明细表   B. 财务费用明细表

   C. 管理费用明细表   D. 销售费用明细表

   E. 生产情况表

2. 反映企业为生产一定种类和数量产品所支出的生产水平及其构成情况的成本报表包括(　　　)。

   A. 产品生产成本表   B. 主要产品单位成本表

   C. 管理费用明细表   D. 销售费用明细表

   E. 财务费用明细表

3. 下列与发生财务费用直接相关的事项是(　　　)。

   A. 企业借款融资   B. 企业购销业务中的现金折扣

   C. 企业外币业务汇兑损益   D. 企业股权融资

   E. 应收账款收账政策

4. 对管理费用明细表进行分析时，应对管理费用按性质进行分类为(　　　)。

   A. 管理性费用   B. 发展性费用

   C. 保护性费用   D. 不良性费用

   E. 变动性费用

5. 一定种类和数量的产品总成本发生变动的主要原因是(　　　)。

   A. 产品产量变动   B. 产品品种结构变动

   C. 产品单位成本变动   D. 销售费用发生变动

   E. 管理费用发生变动

三、判断题

1. 不可比产品是以前年度未正常生产过或曾经生产过的产品。(　　　)

2. 对管理费用支出项目进行控制或减少都会有利于企业的发展。(　　　)

3. 在产品品种构成和产品单位成本不变的条件下，单纯的产量变动，只影响可比产品成本降低额而不影响可比产品成本降低率。(　　　)

4. 可比产品成本降低任务的指标是实际降低额和实际降低率。(　　　)

5. 主要产品单位成本表是产品生产成本表的补充报表。(　　　)

第13章

案例分析

13.1 案例资料——万科 2011 年度报告

本节主要介绍万科企业股份有限公司 2011 年年报的主要内容。

1. 公司基本情况简介

中文名称：万科企业股份有限公司

股票简称：万科 A、万科 B

代码：000002、200002

2. 主要会计数据和指标

1）报告期主要财务数据

单位：元

项　　目	金　　额
营业利润	15 763 216 697.19
利润总额	15 805 882 420.32
归属于上市公司股东的净利润	9 624 875 268.23
归属于上市公司股东的扣除非经常性损益后的净利润	9 566 931 546.48
经营活动产生的现金流量净额	3 389 424 571.92

2）扣除非经常性损益项目及金额明细

单位：元

项　　目	金　　额
非流动资产处置损益	2 900 631.43
交易性金融负债产生的公允价值变动损益，以及处置交易性金融负债和可供出售金融资产取得的投资收益	−1 987 290.76
出售、处理部门或投资单位收益	35 395 144.49
除上述各项之外的其他营业外收入和支出	39 765 091.70
所得税影响	−10 007 991.17
少数股东损益影响	−8 121 863.94
合　　计	57 943 721.75

3）近 3 年主要会计数据及财务指标

单位：元

项　　目	2011 年	2010 年	本年末比上年末增（减）/%	2009 年
营业收入	71 782 749 800.68	50 713 851 442.63	41.54%	48 881 013 143.49
利润总额	15 805 882 420.32	11 940 752 579.02	32.37%	8 617 427 808.09
归属于上市公司股东的净利润	9 624 875 268.23	7 283 127 039.15	32.15%	5 329 737 727.00
归属于上市公司股东的扣除非经常性损益的净利润	9 566 931 546.48	6 984 394 617.27	36.98%	5 232 336 866.70
经营性活动产生的现金流量净额	3 389 424 571.92	2 237 255 451.45	51.50%	9 253 351 319.55
资产总额	296 208 440 030.05	215 637 551 741.83	37.36%	137 608 554 829.39
负债总额	228 375 901 483.02	161 051 352 099.42	41.80%	92 200 042 375.32
归属于上市公司股东的股东权益	52 967 795 010.41	44 232 676 791.11	19.75%	37 375 888 061.14
股本	10 995 210 218.00	10 995 210 218.00	—	10 995 210 218.00
基本每股收益	0.88	0.66	33.33%	0.48
稀释每股收益	0.88	0.66	33.33%	0.48
扣除非经常性损益后的基本每股收益	0.87	0.64	35.94%	0.48
全面摊薄净资产收益率	18.17%	16.47%	1.70%	14.26%
加权平均净资产收益率	19.83%	17.79%	2.04%	15.37%
扣除非经常性损益后的全面摊薄净资产收益率	18.06%	15.79%	2.27%	14.00%
扣除非经常性损益后的加权平均净资产收益率	19.71%	17.06%	2.65%	15.09%
每股经营活动产生的现金流量净额	0.308	0.203	51.50%	0.842
归属于上市公司股东的每股净资产	4.82	4.02	19.90%	3.4
资产负债率	77.10%	74.69%	2.41%	67.00%

3. 股本变动及股东情况

1）股东变动情况

报告期内，由于公司部分高级管理人员任职情况变化，中国证券登记结算有限责任公司深圳分公司按规定增加和解除相应高级管理人员持有的限售股份，公司境内自然人持有的有限售条件流通股减少 938 394 股，公司无限售条件流通股份相应增加。

2）股本情况介绍

报告期末公司前 10 名股东持股情况

股东名称	股份性质	占总股本比例/%	本期末持股数/万股	持有有限售条件股份数量	持有股份的质押或冻结股份数量
华润股份有限公司	国有股	14.73	1 619 094 766	0	0
易方达深证 100 交易型开放式指数证券投资基金	其他	1.23	134 693 711	0	0
刘元生	其他	1.22	133 791 208	0	0
中国人寿保险股份有限公司—分红—个人分红-005L-FH002 深	其他	1.18	129 454 917	0	0
博时主题行业股票证券投资基金	其他	1.13	123 999 920	0	0
融通深证 100 指数证券投资基金	其他	0.85	93 990 303	0	0
全国社保基金一零三组合	其他	0.74	81 100 000	0	0
HTHK/CMG FSGUFP-CMG FIRST STATE CHINA GROWTH FD	外资股东	0.71	78 355 190	0	0
博时价值增长证券投资基金	其他	0.68	75 000 000	0	0
UBS AG	其他	0.68	74 936 080	0	0

（1）控股股东和实际控制人情况。公司不存在控股股东及实际控制人，报告期内该情况无变化。

（2）第一大股东情况。截至报告期末，华润股份有限公司持有公司 A 股股份 1 619 094 766 股，占公司股份总数的 14.73%，为公司第一大股东。

中国华润总公司持有华润股份有限公司 16 466 413 526 股国家股，占其股本总额的 9.9961%；中国华润总公司的全资子公司华润国际招标有限公司持有华润股份有限公司 650 000 股国有法人股，占其股本总额的 0.0039%。中国华润总公司注册资本约 96.62 亿元，主要资产为华润股份有限公司的股权，直属国务院国有资产监督管理委员会管理，法定代表人亦为宋林先生。

4. 董事、监事、高级管理人员及员工情况

1）董事和高级管理人员年度报酬情况

公司整体薪酬体系继续贯彻"按照市场化原则，提供业内富有竞争力的薪酬，保有和吸纳优秀人才"的理念。公司高级管理人员的薪酬，更是在市场调查的基础上，根据公司整体经营业绩情况确定。2011 年公司的业绩保持增长，在公司任职的高级管理人员的薪酬水平相应提升。未在公司任职的董事、监事的薪酬由股东大会确定。报告期内，在公司任职的 14 位董事、监事、高级管理人员从公司获得的薪酬合计 6413 万元。未在公司任职的各位董事、监事中，乔世波、王印、蒋伟、孙建一，4 位董事分别从公司领取董事酬金 15 万元；齐大庆、张利平 2 位独立董事领取独立董事酬金 25 万元；陈茂波独立董事领取独立董事酬金 19 万元；华生独立董事不从公司领取酬金；吴丁监事领取监事酬金 15 万元。其中乔世波、王印、蒋伟、吴丁在华润股份有限公司之关联单位领取薪酬，王石在华润股份有限公司之关联单位华润置地有限公司领取独立董事酬金。

2）公司员工情况

截至报告期末，公司共有在册员工 27 951 人，较上年增长 22.3%，平均年龄为 28.5 岁。

（1）员工的结构。

专业类型	人　数
房地产开发系统员工：	5 648
市场营销和销售人员	791
专业技术人员	3 863
管理类员工	994
物业管理系统员工：	22 303

（2）教育程度情况。

教育类别	人　数
研究生以上学历	926
本科	5 899
专科	4 838
中专、高中及以下学历	16 288

5. 公司治理结构

作为中国内地首批上市企业之一，公司遵循简单、透明、规范、责任的价值观，严格按照法律、法规以及上市公司规范性文件的要求，不断完善公司治理，规范公司运作。公司不存在因部分改制等原因而形成的同业竞争和关联交易等问题。作为落实《企业内部控制基本规范》及相关配套指引重点试点公司，2011 年公司积极完善内部控制建设。2009 年公司建立起《内幕信息及知情人管理制度》，严格内幕信息的防控，报告期内公司并无内幕信息知情人违规买卖公司证券的行为。公司治理建设作为一项长期的工作，公司将继续遵循"专业化＋规范化＋透明度"的原则，不断提高公司治理水平。

6. 股东大会情况简介（略）

7. 董事会报告

1）管理层讨论与分析

（1）市场环境变化与管理层看法。

报告期内，全国商品房销售面积 10.99 亿平方米，销售金额 5.91 万亿元，同比分别增长 4.9% 和 12.1%，增速较 2010 年进一步放缓。前三季度，一、二线城市成交低迷，三、四线城市上升较快，全国商品房成交面积总体上仍保持增长，同比分别增长 14.9%、11.6% 和 12.9%。第四季度三、四线城市的销售也出现放缓，全国商品房成交面积同比下降 7.1%。

公司重点关注的 14 个城市（深圳、广州、东莞、佛山、上海、苏州、无锡、杭州、南京、北京、天津、沈阳、成都、武汉），继 2010 年成交面积同比下降 29.6% 之后，2011 年继续下降 19.2%。

上述 14 城市 2011 年第二、三、四季度的住宅批准预售面积相对第一季度分别增长了 7.5%、100.3% 和 86.4%，但成交面积却分别下降了 15.8%、10.2% 和 15.9%。由于新增供应增加而市场成交下滑，存货规模持续上升，去化周期不断延长。2011 年 14 城市的成交批售比（商品住宅成交面积/同期的住宅批准预售面积）由 2010 年的 0.94 进一步下降至 0.70，接近 2008 年的 0.63，其中，9—12 月的成交批售比仅为 0.54，已经和 2008 年市场最低谷时相当。

三季度后，为促进销售，在一批有影响力的企业带动下，打折促销开始成为行业内的普遍情况。各地价格上涨的现象受到遏制，房价松动和回落的城市数量日益增多。根据国家统计局近期发布的数据，2012 年 1 月，全国 70 个大中城市的新建商品住宅价格环比无一上涨，全部下降或持平。

前三季度，央行三次上调人民币存贷款基准利率，资金流动性呈现紧缩态势。根据央行统计，2011 年全部金融机构人民币各项贷款增加 7.47 万亿元，同比减少约 6%；其中房地产贷款累计增加 1.26 万亿元，同比减少约 38%；同时，银监会也加大了对房地产信托风险的关注力度，进一步严格了相关管理制度。受这些因素的影响，房地产行业的融资渠道大幅收缩。

2011 年，全国房地产开发资金来源中，国内贷款的比例仅 15.1%，为历年来的最低点。由于销售速度的下降，开发资金来源中，主要由销售回款构成的"其他资金"的比例也较 2010 年下降 2.2 个百分点，较 2009 年下降 5.5 个百分点。国内贷款和销售回款历来是房地产行业最主要的资金来源渠道，上述两项指标的下降使得行业的资金压力明显加大，也导致企业的土地购置和开发投资行为大幅萎缩。

由于信贷额度不足，2011 年下半年后，商业银行普遍提高了首次置业的首付成数，并逐渐将首次购房贷款利率上调至基准贷款利率的 1.05 ~ 1.1 倍，部分城市的一些银行甚至停止发放购房商业贷款。特别是 9 月份之后，首次购房者获得贷款的难度明显增加。贷款额度不足和信贷成本的上升，降低了首次自住购房家庭的支付能力，这一问题近期已获得有关部门的重视。为落实差别化住房信贷政策，央行于 2012 年年初再度强调银行要"满足首次购房家庭的贷款需求"。

随着抑制物价上涨幅度取得成效，为缓解流动性偏紧的局面，央行于 2011 年 11 月 30 日宣布下调存款准备金率，2012 年 2 月 24 日，再度下调存款准备金率 0.5 个百分点。预计未来一段时期，社会整体流动性环境相比 2011 年可能会有所改善，但另一方面，由于调控的方向并未发生变化，房地产行业的融资环境是否能相应改善还有待观察。

由于销售回款速度下降、行业融资渠道收缩，报告期内，房地产企业的投资能力和投资意愿普遍减弱。全国房屋新开工面积增速由 2010 年的 40.7% 下降至 16.2%，且增速自 8 月后逐月下滑，12 月单月新开工面积已同比下降 24.8%。相比之下，房地产开发投资的调整幅度较小，增速由 2010 年的 33.2% 下降至 27.9%，但在年底时也呈现出加速下滑的趋势。由于投资数据的变化存在一定的滞后性，预计未来一段时间，投资下滑的趋势会体现得更加充分，未来两年的新房供应存在风险。

受商品房市场调整的影响，土地市场在三、四季度降温趋势明显，体现为土地市场溢价幅度持续缩小，流拍率进一步上升，底价成交的情况日益普遍。16 个可公开查询数据的主要城市（深圳、广州、东莞、佛山、上海、杭州、南京、苏州、宁波、北京、天津、沈阳、大连、成都、武汉、重庆）第四季度的土地流拍率大幅增加至37%，溢价成交率仅为11%，均已接近2008年低谷水平。

报告期内，全国大力建设保障房的计划得到贯彻和落实，全年开工建设的保障性住房超过1 000万套。根据计划，2012年政府还将继续推进保障性住房建设，新开工建设保障性住房将达到700万套。公司一贯认为，住房保障体系充分发挥作用，是调控取得成功的重要标志，也是行业长期健康稳定发展所必需的条件。一直以来，公司积极参与保障性住房的开发，探索保障房的可持续运营模式，为保障房建设事业贡献专业能力。

（2）经营业绩与分析。

报告期内，面对市场环境的巨大变化，公司坚持面向自住购房者的产品定位，始终贯彻快速销售的策略，积极应对，取得较为良好的销售业绩。

2011年，公司共实现销售面积1 075.3万平方米，销售金额1 215.4亿元，同比分别增长19.8%和12.4%。已进入的54个城市中，公司在25个城市的销售业绩名列当地市场前三甲，其中，在深圳、东莞、佛山、天津、沈阳、长春、鞍山、青岛、镇江、无锡、武汉等11个城市排名第一，在上海、成都、苏州、烟台、唐山等城市排名第二。公司旗下销售额在50亿元以上的一线公司数量也由2010年的8家增加至13家（北京、深圳、上海、广州、沈阳、武汉、天津、苏南、东莞、佛山、长春、成都、青岛），市场地位得到进一步巩固和提升。

公司的产品结构依然延续了以中小户型普通商品房为主的特征，所销售的住宅中，144平方米以下户型占比达到88%。

报告期内，公司实现营业收入717.8亿元，同比增长41.5%，实现净利润96.2亿元，同比增长32.2%。实现结算面积562.4万平方米，结算收入706.5亿元，同比分别增长24.4%和41.2%。

截至2011年年末，公司合并报表范围内已销售未结算资源面积合计1 085万平方米，对应合同金额1 222亿元，较2010年年末分别增长59.6%和49.0%。

2011年公司房地产业务结算毛利率28.79%，较2010年下降0.96个百分点，结算净利率15.01%，较2010年下降0.51个百分点。由于房地产行业的结算相对于销售存在一定的滞后性，报告期内公司所结算的项目，大部分为2010年底的已售未结资源以及2011年上半年所销售项目。该等项目销售时，市场价格尚未出现明显调整；同时，公司近年来在成本控制和费用管理上的努力，一定程度上也使盈利能力获得提升。受这些因素影响，公司2011年的结算利润率仍维持较高水平。但2011年下半年后，随着市场景气度的下滑，企业打折促销行为增加，住宅销售的毛利率亦不可避免的受到影响。随着市场调整的进行，销售的困难程度增加，2011年公司营销费用和管理费用占销售金额的比重均为2.1%，比2010年都有所上升。预计未来一段时期，公司的结算毛利率和净利率相对于2011年将有所下降。

2011年，公司实现新开工面积1 448万平方米，相比年初计划的1 329万平方米增长9.0%。实现竣工面积659万平方米（其中公司合并报表范围内项目竣工597万平方米），相比年初计划的729万平方米减少9.6%。

报告期内，主要城市的土地出让底价尚未出现明显回调，未来的市场仍具有较大不确定性，公司在新项目获取上仍然保持了相对审慎的态度。报告期内，公司新增加开发项目52

个，按万科权益计算的占地面积约 416 万平方米（对应规划建筑面积约 922 万平方米），平均楼面地价约 2 707 元/平方米。此外，公司还参与城市更新改造类项目 6 个，根据当前规划条件，相关项目按万科权益计算的占地面积约 69 万平方米（对应规划建筑面积约 227 万平方米），预计平均楼面综合改造成本和地价约 2 010 元/平方米。年内，公司在深耕现有城市的基础上，新进入芜湖、秦皇岛、太原、晋中等城市。

截至报告期末，公司规划中项目按万科权益计算的建筑面积合计 3547 万平方米，基本可满足未来两到三年的开发需求。

报告期末，公司各类存货中，已完工开发产品（现房）72.4 亿元，占比 3.5%；在建开发产品 1 380.0 亿元（其中包含已售出未结算产品），占比 66.2%；拟开发产品（对应规划中项目）629.9 亿元，占比 30.2%。

公司坚持稳健经营，财务状况良好。截至报告期末，公司的净负债率为 23.8%，继续保持在行业较低的水平。因预收账款由 2010 年年底的 744.1 亿元大幅增长至 1 111.0 亿元，公司的资产负债率相比 2010 年同期的 74.7% 有所上升至 77.1%，但预收账款并不构成实际的偿债压力，剔除预收账款后，公司其他负债占总资产的比例为 39.6%，相比 2010 年年底的 40.2% 有所降低。公司的债务结构健康，有息负债占全部负债的比例仅 22.1%，且有息负债中，长期有息负债的比例为 53.2%。

由于销售好于市场整体，在投资上坚持谨慎的策略，公司在行业整体融资环境相对紧张的情况下，仍然保持着相对良好的资金状况。截至报告期末，公司持有货币资金 342.4 亿元，远高于短期借款和一年内到期的长期借款总额 235.7 亿元，足以确保经营的安全性和稳定性。

（3）2011 年管理回顾。

2011 年，公司工程管理面积超过 3 300 万平方米，全年交付住宅套数超过 6 万套。为确保施工安全和交付质量，公司坚持"零容忍"的安全生产理念，严格执行质量安全"拉闸"制度。年内，公司强化了实测实量机制，完善了观感质量评价体系，优化了开工管理流程，加强了管理问责制度，取得积极成效。由独立第三方所进行的客户调查数据显示，公司业主总体满意度维持高位，已入住业主的总体满意度稳中有升。在交付规模扩大超过 50% 的情况下，公司 2011 年的重大安全事故率大幅下降，产品质量进一步提高，平均实测合格率超过 95%。

为应对大规模施工给工程质量带来的挑战，充分发挥规模效益，公司持续推进规模型战略总包，年内与中国建筑第四工程局有限公司、上海建工（集团）总公司签订战略合作协议。截至目前，规模型战略总包业务量已占到公司施工总建筑面积的 21%。同时，公司开始与战略合作伙伴探讨充分利用各方优势，共同推进住宅工业化的可能性。

报告期内，公司工业化覆盖范围进一步扩大。开展工业化的公司由 2010 年的 8 家增加到 10 家，全年实现工业化开工面积 272 万平方米，较年初计划的 200 万平方米增加 36%。

公司积极推进绿色战略，加大对绿色建筑的推广力度，强化对绿色技术的研究和应用。2011 年，公司获得绿色三星认证项目的规划建筑面积达到 273.7 万平方米，同比增长 265%，其中住宅部分 268.4 万平方米，占全国同期获得绿色三星认证住宅面积总量的 50.7%；从 2011 年 6 月开始，公司要求所有具备规划条件的新开工项目，都参照不低于绿色一星的标准来设计和建造。此外，公司开始筹建北京绿色建筑公园，并与英国建筑研究院

（BRE）展开合作，力图将其打造为国内最先进的绿色建筑理念推广平台。

报告期内公司继续完善和丰富产品线，加强了对活跃长者住宅研发、社区可持续发展等新课题的探索。

报告期内，公司通过了 A 股股票期权激励计划并开始实施。截至目前，公司已基本形成了固定薪酬、短期和长期激励相结合的薪酬结构体系，进一步完善了股东和职业经理人团队之间的利益共享和约束机制，从制度上确保了股东利益导向战略的落实。

随着行业的发展，职业经理人面临更多选择，其流动也日益频繁。2011 年公司有三位执行副总裁离职，自主创业或另谋发展。这是万科职业经理得到社会认可的表现，同时也提醒公司需要更加关注人才的竞争。报告期内，公司继续加强人才梯队建设，进一步强化自身在企业文化、制度建设方面的优势，不断探索和完善薪酬、激励机制，增强对优秀人才的吸引力。

报告期内，公司项目获得省级及全国性奖项 104 项，充分展示了公司良好的工程管理和文明施工形象。其中深圳龙华公共租赁住房项目由于将工业化技术引入保障房建设，受到各级政府的表彰。北京西红门和半步桥公共租赁住房项目获得中国首届"保障性住房设计竞赛"二等奖。东莞松山湖 1 号二期、广州金域蓝湾二期和北京红狮家园项目（保障房项目）获得中国土木工程詹天佑大奖住宅小区优秀工程质量奖。

报告期内，公司连续第九次获得经济观察报社与北京大学管理案例研究中心评选的"中国最受尊敬企业"称号。在《财富》（中文版）公布的"2011 最受赞赏的中国公司"名单中，公司在"房地产开发"行业榜中列第 1 位。在国务院发展研究中心企业研究所、清华大学房地产研究所和中国指数研究院等组织的评选中，公司获得"2011 中国房地产百强企业综合实力 TOP10"第一名。

公司在员工管理、雇主品牌和企业文化建设方面的努力获得广泛认可。全球著名人力资源管理咨询公司怡安翰威特举办的"2011 年中国最佳雇主"评选活动中，公司成为唯一一家上榜的房地产企业。在由《财富》杂志公布的"最善于培养领袖的 25 大公司"排行榜上，公司位列亚太区榜单第 4 位。

报告期内，万科物业荣膺"全国物业服务企业综合实力排名第一"称号。在中国房地产 TOP10 研究组"发布的 2011 中国物业服务品牌价值研究成果中，万科物业继 2010 年后再度荣获"中国物业服务优秀品牌企业"第一名。

公司和投资者保持良好的沟通，年内接待投资者来访、组织电话会议超过 620 次，并通过网上推介、业绩见面会、机构走访等方式主动加强和投资者的互动，赢得外界好评。报告期内，在由 IR Global Rankings（IRGR）评选的中国区投资者关系大奖中，公司荣获 A 股上市公司优秀奖以及最佳首席执行官奖。在《新财富》杂志组织的第七届金牌董秘评选活动中，公司董事会秘书再次当选"金牌董秘"和"最受机构投资者欢迎董迷"和"最受机构投资者欢迎董秘"。

（4）2012 年发展展望。

2012 年，公司将坚持市场导向、客户导向、股东导向、战略导向，以更高的标准审视各项工作，积极应对市场挑战。

在计划交付房屋规模进一步扩大的情况下，公司将继续把确保安全生产和产品质量作为工作重点。

公司将大力弘扬"工程师文化",启动"千亿计划",组织大批工程系统管理人员和技术骨干赴日研修,全面学习发达国家先进的工程管理经验,并计划建立项目试点,引入国外资深管理人员,树立管理标杆,推动公司质量管理能力迈上新的高度。

在市场调整的背景下,如何确保盈利能力,是公司未来所面临的一项挑战。为此,公司将把成本管理作为一项重点工作。2011 年,公司已经建立了集团标准成本体系和成本适配体系,同时加强了对无效成本的防范。在此基础上,成本管理工作将围绕"提高基础工作质量"和"加强成本监控"两个重点,推动制度和体系的落实,加大对施工、建材市场的研究与监测,强化成本信息系统建设,通过内外对标,提升成本测算、管控、分析、执行能力。

为了确保在建设规模逐年扩大的情况下采购部品质量的稳定性,同时充分发挥公司的规模优势,公司从 2009 年开始逐步推进集团集中采购,目前已经建立起相对成熟的集中采购体系。未来公司将进一步加强采购前质量检查,加强材料进场检验力度。

公司在拓展新项目方面会更加严格,坚决贯彻"宁可错过,绝不拿错"的方针,在稳健经营的基础上,关注土地市场可能出现的调整,择机获取可满足未来持续经营需要的土地资源。2012 年,公司现有项目预计新开工面积 1 328 万平方米,竣工面积 890 万平方米。

为确保产品适销对路,公司将坚持"为普通人盖好房子"的产品理念,保持对市场成交变化的持续跟踪,加强对客户实际需求的分析研究,从产品面积、功能等方面,不断优化新开工结构,做好、做对产品。

未来一段时期,行业的资金环境依然不容乐观。公司将坚持"现金为王"的策略,确保经营的安全性和稳健性;同时,公司将充分利用自身在资本市场的信誉和品牌优势,积极拓展融资渠道。公司将继续开展合作机制创新,为经营发展争取更多的资源支持。

公司将继续深化工业化技术和绿色建筑技术的应用。2012 年计划完成 300 万平方米以上工业化项目开工目标,以达到国家绿色三星标准为目标的项目计划新开工面积 300 万平方米以上。

公司将继续坚持专注于普通住宅市场的发展策略,同时,公司也将在巩固传统业务的基础上,以客户需求为导向,结合城市发展和居住需求的变化趋势,逐渐加强对符合城市发展方向、能够与住宅相配套的其他物业类型的探索,进一步强化自身的综合开发能力,为业务发展拓展新的空间。

2)公司主营业务及其经营状况

(1)按行业划分。

行 业	营业收入		营业成本		营业利润率	
	金额(万元)	增减	金额(万元)	增减	数值	增减
1. 主营业务	7 121 977.18	41.14%	4 307 639.88	43.69%	28.68%	减少 0.93 个百分点
其中:房地产	7 064 685.54	41.21%	4 262 607.72	43.86%	28.79%	减少 0.96 个百分点
物业管理	57 291.64	33.05%	45 032.16	28.90%	14.62%	增加 1.18 个百分点
2. 其他业务	56 297.80	123.13%	15 176.48	60.46%	62.62%	增加 33.24 个百分点
合 计	7 178 274.98	41.54%	4 322 816.36	43.74%	28.94%	减少 0.67 个百分点

（2）按投资区域划分。

区 域	主营业务收入（万元）	比例	净利润（万元）	比例	结算面积（平方米）	比例
广深区域	2 528 345.97	35.79%	421 496.19	39.76%	1 775 144.55	31.56%
上海区域	2 061 342.99	29.18%	342 877.38	32.35%	1 391 878.49	24.75%
北京区域	1 695 660.26	24.00%	222 185.34	20.96%	1 551 015.15	27.58%
成都区域	779 336.32	11.03%	73 497.64	6.93%	906 220.91	16.11%
合计	7 064 685.54	100.00%	1 060 056.5 5	100.00%	5 624 259.10	100.00%

3）主要供应商、客户情况

项 目	金额（元）	营业收入（元）	营业收入比上年增（减）/%
前 5 名供应商采购金额合计	2 340 000 000	占采购总额 3.19%	1.56
前 5 名销售客户销售金额合计	1 830 000 000	占营业收入 2.55%	

4）报告期内财务状况经营成果分析

资产负债项目	2011-12-31	2010-12-31	变动幅度	说明
资产总额	29 620 844.00	21 563 755.17	37.36%	经营规模扩大
存货	20 833 549.36	13 333 345.80	56.25%	新获取项目及在建开发产品增加
投资性房地产	112 610.55	12 917.62	771.76%	在建投资性房地产增加
短期借款	172 444.65	147 800.00	16.67%	借款结构变动
应付账款	2 974 581.34	1 692 377.78	75.76%	工程量增加
预收款项	11 110 171.81	7 440 519.73	49.32%	预售总额增加
其他应付款	3 021 679.26	1 681 402.93	79.71%	合作公司往来款项增加
一年内到期的非流动资产	2 184 582.93	1 530 569.08	42.73%	借款结构变动
归属于上市公司股东的股东权益	5 296 779.50	4 423 267.68	19.75%	本年净利润增加
利润表项目	2011 年 1—12 月	2010 年 1—12 月	变动幅度	说明
营业收入	7 178 274.98	5 071 385.14	41.54%	结算规模增长
营业成本	4 322 816.36	3 007 349.52	43.74%	结算规模增长
税金及附加	777 878.61	562 410.88	38.31%	营业收入增加
营业费用	255 677.51	207 909.28	22.98%	销售规模增长
管理费用	257 821.46	184 636.93	39.64%	经营规模增长，人工费用增加
利润总额	1 580 588.24	1 194 075.26	32.37%	营业利润增长
所得税	420 627.62	310 114.21	35.64%	利润总额增加
归属股东权益净利润	962 487.53	728 312.70	32.15%	利润总额增加
其他指标	2011 年 1—12 月	2010 年 1—12 月	变动幅度	说明
资产负债率	77.10%	74.69%	2.41%	预收账款等项目增加
流动比率	1.41	1.59	-0.18%	预收账款等项目增加
速动比率	0.37	0.56	-0.19%	预收账款等项目增加
股东权益比率	22.90%	25.31%	-2.41%	预收账款等项目增加
应收账款周转天数	8	8	—	
存货周转天数	1 442	1 337	105 天	新获取项目增加，存货总量增加

5）公司投资情况

公司于 2007 年 8 月 22 日发布招股意向书，向社会公开发行 A 股股票，发行数量 317 158 261 股（面值人民币 1 元/股），发行价格人民币 31.53 元/股，募集资金人民币 9 999 999 969.33 元。扣除发行费用人民币 63 398 268.11 元后，募集资金净额人民币 9 936 601 701.22 元于 2007 年 8 月 30 日到位，已由深圳南方民和会计师事务所深南验字（2007）第 155 号验证报告验证在案。

（1）募集资金使用情况。

● 募集资金承诺投资项目情况

● 募集资金项目变更情况

● 募集资金实际投资情况

（2）报告期内非募集资金投资情况。

（略）

6）董事会日常工作情况（除以下内容之外，略）

2011 年度利润分配方案如下：

经毕马威会计事务所有限公司审计确认，2011 年度公司实现净利润 4 372 887 322.93 元。根据公司《章程》的有关规定，提取法定盈余公积金 437 288 732.29 元，提取任意盈余公积金 2 623 732 393.76 元，并计提 2011 年度分红基金 1 311 866 196.88。以及根据公司 2010 年度股东大会决议实施利润分配方案，派发现金股利 1 429 377 328.34 元后，加上年初未分配利润 147 717 462.38 元，剩余的 30 206 330.92 元留待以后年度分配。

8. 监事会报告（略）

9. 重要事项

1）重大诉讼、仲裁事项

本年度公司无重大诉讼及仲裁事项。

2）重大收购及出售资产事项

本年度公司无重大收购及出售资产事项。

3）重大关联交易事项（略，见附注）

10. 财务会计报告

1）审计报告（附后）

2）财务报表（附后）

3）财务报表附注（附后）

11. 备查文件目录（略）

审计报告

KPMG-D（2012）AR No. 0004

万科企业股份有限公司全体股东：

我们审计了后附的万科企业股份有限公司（以下简称"贵公司"）财务报表，包括 2011 年 12 月 31 日的合并资产负债表和资产负债表，2011 年度的合并利润表和利润表、合并现金流量表和现金流量表、合并股东权益变动表和股东权益变动表以及财务报表附注。

一、管理层对财务报表的责任

编制和公允列报财务报表是贵公司管理层的责任，这种责任包括：（1）按照中华人民共和国财政部颁布的企业会计准则的规定编制财务报表，并使其实现公允反映；（2）设计、执行和维护必要的内部控制，以使财务报表不存在由于舞弊或错误导致的重大错报。

二、注册会计师的责任

我们的责任是在执行审计工作的基础上对财务报表发表审计意见。我们按照中国注册会计师审计准则的规定执行了审计工作。中国注册会计师审计准则要求我们遵守中国注册会计师职业道德守则，计划和执行审计工作以对财务报表是否不存在重大错报获取合理保证。

审计工作涉及实施审计程序，以获取有关财务报表金额和披露的审计证据。选择的审计程序取决于注册会计师的判断，包括对由于舞弊或错误导致的财务报表重大错报风险的评估。在进行风险评估时，注册会计师考虑与财务报表编制和公允列报相关的内部控制，以设计恰当的审计程序。审计工作还包括评价管理层选用会计政策的恰当性和作出会计估计的合理性，以及评价财务报表的总体列报。

我们相信，我们获取的审计证据是充分、适当的，为发表审计意见提供了基础。

三、审计意见

我们认为，贵公司财务报表在所有重大方面按照中华人民共和国财政部颁布的企业会计准则的规定编制，公允反映了贵公司 2011 年 12 月 31 日的合并财务状况和财务状况以及 2011 年度的合并经营成果和经营成果及合并现金流量和现金流量。

毕马威华振会计师事务所　　　　　　　　　　中国注册会计师 李婉薇

中国　北京　　　　　　　　　　　　　　　　中国注册会计师 温华新

2012 年 3 月 9 日

合并资产负债表

编制单位：万科企业股份有限公司　　　　2011 年 12 月 31 日　　　　单位：元　币种：人民币

资　产	注　释	期末余额	年初余额
流动资产：			
货币资金		34 239 514 295.08	37 816 932 911.84
交易性金融资产			
应收票据			
应收账款		1 514 813 781.10	1 594 024 561.07
预付账款		20 116 219 043.31	17 838 003 464.71
应收利息			
应收股利			
其他应收款		18 440 614 166.54	14 938 313 217.77
存货		208 335 493 569.16	133 333 458 045.93
一年内到期的非流动负债			
其他流动资产			
流动资产合计		282 646 654 855.19	205 520 732 201.32
流动资产：非流动资产：			
可供出售金融资产		441 261 570.00	404 763 600.00

续表

资　产	注　释	期末余额	年初余额
持有至到期投资			
长期应收款			
长期股权投资		6 426 494 499.65	4 493 751 631.16
投资性房地产		1 126 105 451.00	129 176 195.26
固定资产		1 595 862 733.95	1 219 581 927.47
在建工程		705 552 593.56	764 282 140.58
工程物资			
固定资产清理			
生产性生物资产			
油气资产			
无形资产		435 474 310.08	373 951 887.29
商誉			
长期待摊费用		40 999 359.45	32 161 415.85
递延所得税资产		2 326 241 907.17	1 643 158 028.39
其他非流动性资产		463 792 750.00	1 055 992 714.51
非流动资产合计		13 561 785 174.86	10 116 819 540.51
资产总计		296 208 440 030.05	215 637 551 741.83
负债及所有者权益		期末余额	年初余额
流动负债:			
短期借款		1 724 446 469.54	1 478 000 000.00
交易性金融资产		17 041 784.19	15 054 493.43
应付票据		31 250 000.41	
应付账款		29 745 813 416.12	16 923 777 818.98
预收账款		111 101 718 105.82	74 405 197 318.78
应付职工薪酬		1 690 351 691.72	1 415 758 826.87
应交税费		4 078 618 156.81	3 165 476 401.56
应付利息		272 298 785.58	127 806 502.79
应付股利			
其他应付款		30 216 792 566.99	16 814 029 349.10
一年内到期的长期负债		21 845 829 338.08	15 305 690 786.98
其他流动负债			
流动负债合计		200 724 160 315.26	129 650 791 498.49
非流动负债:			
长期借款		20 971 961 953.04	24 790 499 290.50
应付债券		5 850 397 011.20	5 821 144 507.03
长期应付款			
专项应付款			
预计负债		38 677 896.70	41 107 323.15
递延所得税负债		778 906 118.75	738 993 358.99
其他非流动负债		11 798 188.07	8 816 121.26
非流动负债合计		27 651 741 167.76	31 400 560 600.93
负债合计		228 375 901 483.02	161 051 352 099.42

续表

负债及所有者权益		期末余额	年初余额
所有者权益：			
股本		10 995 210 218.00	10 995 210 218.00
资本公积		8 843 464 118.19	8 789 344 008.84
盈余公积		13 648 727 454.84	10 587 706 328.79
未分配利润		18 934 617 430.43	13 470 284 310.05
外币报表折算差额		545 775 788.95	390 131 925.43
归属于母公司所有者权益合计		52 967 795 010.41	44 232 676 791.11
少数股东权益		14 864 743 536.62	10 353 522 851.30
所有者权益合计		67 832 538 547.03	54 586 199 642.41
负债及所有者权益合计		296 208 440 030.05	215 637 551 741.83

合并利润表

编制单位：万科企业股份有限公司　　　　2011 年度　　　　单位：元　币种：人民币

项　目	注　释	本年实际数	上年实际数
一、营业收入		71 782 749 800.68	50 713 851 442.63
减：营业成本		43 228 163 602.13	30 073 495 231.18
税金及附加		7 778 786 086.49	5 624 108 804.74
销售费用		2 556 775 062.26	2 079 092 848.94
管理费用		2 578 214 642.30	1 846 369 257.59
财务费用		509 812 978.62	504 227 742.57
资产减值损失		64 627 174.84	− 545 451 004.03
加：公允价值变动损益		− 2 868 565.33	− 15 054 493.43
投资收益		699 715 008.48	777 931 240.02
其中：对联营公司和合营公司的投资收益		643 987 754.62	291 703 045.44
二、营业利润		15 763 216 697.19	11 894 885 308.23
加：营业外收入		76 186 678.42	71 727 162.82
减：营业外支出		33 520 955.29	25 859 892.03
其中：非流动资产处置损失		1 144 283.45	1 211 776.17
三、利润总额		15 805 882 420.32	11 940 752 579.02
减：所得税费用		4 206 276 208.55	3 101 142 073.98
四、净利润		11 599 606 211.77	8 839 610 505.04
归属于母公司所有者的净利润		9 624 875 268.23	7 283 127 039.15
少数股东损益		1 974 730 943.54	1 556 483 465.89
五、每股收益：			
（一）基本每股收益		0.88	0.66
（二）稀释每股收益		0.88	0.66
六、其他综合收益		183 017 341.02	6 577 300.53
七、综合收益总额		11 782 623 552.79	8 846 187 805.57
归属于母公司所有者的综合收益总额		9 807 892 609.25	7 289 704 339.68
归属于少数股东的综合收益总额		1 974 730 943.54	1 556 483 465.89

合并现金流量表

编制单位：万科企业股份有限公司	2011 年度	单位：元　币种：人民币
项　目	2011 年	2010 年
一、经营活动产生的现金流量		
销售商品、提供劳务收到的现金	103 648 873 001.82	88 119 694 493.30
收到其他与经营活动有关的现金	6 894 667 980.25	2 976 047 156.82
经营活动现金流入小计	110 543 540 982.07	91 095 741 650.12
购买商品、接受劳务支付的现金	84 918 243 555.06	66 645 895 259.85
支付给职工以及为职工支付的现金	2 480 848 005.23	1 848 827 752.37
支付的各项税费	14 698 127 348.02	9 381 585 316.90
支付其他与经营活动有关的现金	5 056 897 501.84	10 982 177 869.55
经营活动现金流出小计	107 154 116 410.15	88 858 486 198.67
经营活动产生的现金流量净额	3 389 424 571.92	2 237 255 451.45
二、投资活动产生的现金流量		
收回投资收到的现金	207 894 484.10	282 454 288.12
取得投资收益收到的现金	18 757 998.26	367 769 277.76
处置固定资产、无形资产和其他长期资产收回的现金净额	1 115 844.63	462 241.52
处置子公司或其他营业单位收到的现金净额		17 179 172.33
收到其他与投资活动有关的现金	637 601 626.55	2 032 857 298.14
投资活动现金流入小计	865 369 953.54	2 700 722 277.87
购建固定资产、无形资产和其他长期资产所支付的现金	261 560 892.00	261 938 551.22
投资支付的现金	1 195 068 075.60	2 183 848 057.74
取得子公司及其他营业单位支付的现金净额	4 075 842 283.38	1 364 056 191.97
支付的其他与投资活动有关的现金	985 466 442.61	1 082 538 787.40
投资活动现金流出小计	6 517 937 693.59	4 892 381 588.33
投资活动产生的现金流量净额	− 5 652 567 740.05	− 2 191 659 310.46
三、筹资活动产生的现金流量		
吸收投资收到的现金	3 904 944 000.00	1 979 021 435.08
其中：子公司吸收少数股东投资收到的现金	3 904 944 000.00	1 979 021 435.08
取得借款收到的现金	23 574 576 259.94	27 070 090 551.02
筹资活动现金流入小计	27 479 520 259.94	29 049 111 986.10
偿还债务支付的现金	19 974 613 437.08	11 985 374 651.54
分配股利、利润或偿付利息支付的现金	6 698 048 516.13	4 039 207 571.75
其中：子公司支付给少数股东的股利、利润	1 426 449 140.20	638 540 999.59
筹资活动现金流出小计	26 672 661 953.21	16 024 582 223.29
筹资活动产生的现金流量净额	806 858 306.73	13 024 529 762.81
四、汇率变动对现金及现金等价物的影响	− 26 539 031.04	24 034 574.57
五、现金及现金等价物净（减少）/增加额	− 1 482 823 892.44	13 094 160 478.37
加：年初现金及现金等价物余额	35 096 935 415.75	22 002 774 937.38
六、年末现金及现金等价物余额	33 614 111 523.31	35 096 935 415.75

合并股东权益变动表

2011 年度

编制单位: 万科企业股份有限公司　　　　　　　　　　　　　单位: 元　币种: 人民币

本期金额

项目	归属于母公司股东权益						少数股东权益	股东权益合计
	股本	资本公积	减:库存股	盈余公积	未分配利润	外币报表折算差额		
一、上年末余额	10 995 210 218.00	8 789 344 008.84		10 587 706 328.79	13 470 284 310.05	390 131 925.43	10 353 522 851.30	54 586 199 642.41
加: 会计政策变更								
前期差错更正								
二、本年初余额	10 995 210 218.00	8 789 344 008.84		10 587 706 328.79	13 470 284 310.05	390 131 925.43	10 353 522 851.30	54 586 199 642.41
三、本年增减变动金额(减少以"-"号填列)	54 120 109.35			3 061 021 126.05	5 464 333 120.38	155 643 863.52	4 511 220 685.32	13 246 338 904.62
(一)本年净利润					9 624 875 268.23		1 974 730 943.54	11 599 606 211.77
(二)直接计入股东权益的利得和损失		27 373 477.50				155 643 863.52		183 017 341.02
1. 可供出售金融资产		36 497 970.00						
2. 权益法下被投资单位其他股东权益变动的影响								
3. 与计入股东权益项目相关的所得税影响		-91 24 492.00						
4. 其他								
上述(一)、(二)小计		27 373 477.50			9 624 875 268.23	155 643 863.52	1 974 730 943.54	11 782 623 552.79

续表

项目	本期金额								
	归属于母公司股东权益						少数股东权益	股东权益合计
	股本	资本公积	减:库存股	盈余公积	未分配利润	外币报表折算差额		
(三) 股东投入和减少资本		26 746 631.85					3 435 333 641.51	3 462 080 273.36
1. 股东投入资本							4 240 339 724.54	4 240 339 724.54
2. 股份支付计入股东权益的金额		106 235 711.84						106 235 711.84
3. 股东减少资本							-805 006 083.03	-805 006 083.03
4. 其他		-79 489 079.99						-79 489 079.99
(四) 利润分配				3 061 021 126.05	-4 160 542 147.85		-898 843 899.73	-1 998 364 921.53
1. 提取盈余公积				3 061 021 126.05	-3 061 021 126.05			
2. 对股东的分配					-1 099 521 021.80		-898 843 899.73	-1 998 364 921.53
3. 提取一般风险准备								
4. 其他								
(五) 股东权益内部结转								
1. 资本公积转增资本 (或股本)								
2. 盈余公积转增资本 (或股本)								
3. 盈余公积弥补亏损								
4. 其他								
四、本年年末余额	10 995 210 218.00	8 843 464 118.19		13 648 727 454.84	18 934 617 430.43	545 775 788.95	14 864 743 536.62	67 832 538 547.03

合并股东权益变动表

编制单位：万科企业股份有限公司　　　　2010 年度　　　　单位：元　币种：人民币

项目	本期金额							
	归属于母公司股东权益						少数股东权益	股东权益合计
	股本	资本公积	减：库存股	盈余公积	未分配利润	外币报表折算差额		
一、上年末余额	10 995 210 218.00	8 557 716 583.44		8 737 841 436.85	8 808 398 744.05	276 721 078.80	8 032 624 392.93	45 408 512 454.07
加：会计政策变更								
前期差错更正								
二、本年年初余额	10 995 210 218.00	8 557 716 583.44		8 737 841 436.85	8 808 398 744.05	276 721 078.80		45 408 512 454.07
三、本年增减变动金额（减少以"—"号填列）		231 627 425.40		1 849 864 891.94	4 661 885 566.00	113 410 846.63	2 320 898 458.37	9 177 687 188.34
（一）本年净利润					7 283 127 039.15		1 556 483 465.89	8 839 610 505.04
（二）直接计入股东权益的利得和损失		-106 833 546.10				113 410 846.63		6 577 300.53
1. 可供出售金融资产								
2. 权益法下被投资单位其他股东权益变动的影响								
3. 与计入股东权益项目相关的所得税影响								
4. 其他		-106 833 546.10						
上述（一）和（二）小计		-106 833 546.10			7 283 127 039.15	113 410 846.63	1 556 483 465.89	8 846 187 805.57

续表

项目	本期金额							
	归属于母公司股东权益						少数股东权益	股东权益合计
	股本	资本公积	减:库存股	盈余公积	未分配利润	外币报表折算差额		
(三) 股东投入和减少资本		338 460 971.50			-1 711 865.95		1 787 224 344.00	2 123 973 449.55
1. 股东投入资本							2 411 195 169.33	2 411 195 169.33
2. 股份支付计入股东权益的金额		468 728 083.89			-1 711 865.95			467 016 217.94
3. 股东减少资本							-623 970 825.33	-623 970 825.33
4. 其他		-130 267 112.39						-130 267 112.39
(四) 利润分配				1 849 864 891.94	-2 619 529 607.20		-1 022 809 351.52	-1 792 474 066.78
1. 提取盈余公积				1 849 864 891.94	-1 849 864 891.94			
2. 对股东的分配					-769 664 715.26		-1 022 809 351.52	-1 792 474 066.78
3. 提取一般风险准备								
4. 其他								
(五) 股东权益内部结转								
1. 资本公积转增资本 (或股本)								
2. 盈余公积转增资本 (或股本)								
3. 盈余公积弥补亏损								
4. 其他								
四、本年年末余额	10 995 210 218.00	8 789 344 008.84		10 587 706 328.79	13 470 284 310.05	390 131 925.43	10 353 522 851.30	54 586 199 642.41

母公司资产负债表

编制单位：万科企业股份有限公司		2011 年 12 月 31 日	单位：元 币种：人民币
资　　产	注　释	期末余额	年初余额
流动资产：			
货币资金		12 105 256 316.57	15 039 402 972.11
交易性金融资产			
应收票据			
应收账款			
预付账款		7 164 484.90	33 950 994.36
应收利息			
应收股利			
其他应收款		65 905 121 561.73	56 492 740 965.82
存货			
一年内到期的非流动负债			
其他流动资产			
流动资产合计		78 017 542 363.20	71 566 094 932.29
非流动资产：			
可供出售金融资产			
持有至到期投资			
长期应收款			
长期股权投资		13 649 339 857.46	12 846 703 093.04
投资性房地产		5 050 145.92	5 513 411.32
固定资产		53 567 651.92	49 672 041.37
在建工程			
工程物资			
固定资产清理			
生产性生物资产			
油气资产			
无形资产			
商誉			
长期待摊费用			
递延所得税资产			
其他非流动性资产			
非流动资产合计		13 707 957 655.30	12 901 888 545.73
资产总计		91 725 500 018.50	84 467 983 478.02

续表

负债及所有者权益		期末余额	年初余额
流动负债：			
短期借款		288 146 469.50	1 300 000 000.00
交易性金融资产			
应付票据			
应付账款			
预收账款			
应付职工薪酬		959 722 035.80	523 788 214.05
应交税费		57 870 371.50	28 910 023.67
应付利息		177 096 765.10	118 577 777.78
应付股利			
其他应付款		23 059 880 026.50	13 100 244 296.35
一年内到期的长期负债		17 889 413 928.50	13 910 000 000.00
其他流动负债			
流动负债合计		42 432 129 597.00	28 981 520 311.85
非流动负债：			
长期借款		8 154 822 738.11	17 756 770 000.00
应付债券		5 850 397 011.20	5 821 144 507.03
长期应付款			
专项应付款			
预计负债			
递延所得税负债			
其他非流动负债			
非流动负债合计		14 005 219 749.31	23 577 914 507.03
负债合计		56 437 349 346.39	52 559 434 818.88
所有者权益：			
股本		10 995 210 218.00	10 995 210 218.00
资本公积		9 184 629 340.01	9 078 393 628.17
盈余公积		13 648 727 454.84	10 587 706 328.79
未分配利润		1 459 583 659.26	1 247 238 484.18
股东权益合计		35 288 150 672.11	31 908 548 659.14
负债及股东权益合计		91 725 500 018.50	84 467 983 478.02

母公司利润表

编制单位：万科企业股份有限公司	2011 年度	单位：元 币种：人民币
项 目	2011 年	2010 年
一、营业收入	608 443 858.12	544 050 592.51
减：营业成本	3 587 636.29	1 395 820.70
税金及附加	58 700 016.20	55 631 628.92
管理费用	960 125 527.42	614 028 758.52
财务费用	− 252 588 658.32	78 280 813.84
资产减值损失转回	− 4 737 425.67	− 132 997 778.85
加：投资收益	4 523 135 142.64	3 147 579 134.21
其中：对联营企业和合营企业的投资收益	170 917 091.97	82 032 440.11
二、营业利润	4 366 491 904.84	3 075 290 483.59
加：营业外收入	6 513 977.89	7 924 859.71
减：营业外支出	118 559.80	107 190.06
其中：非流动资产处置损失	118 559.80	38 400.06
三、利润总额	4 372 887 322.93	3 083 108 153.24
减：所得税费用	—	—
四、净利润	4 372 887 322.93	3 083 108 153.24
五、每股收益：		
（一）基本每股收益		
（二）稀释每股收益		
六、其他综合收益		− 57 900 204.25
七、综合收益总额	4 372 887 322.93	3 025 207 948.99

母公司现金流量表

编制单位：万科企业股份有限公司	2011 年度	单位：元 币种：人民币
项 目	本年实际数	上年实际数
一、经营活动产生的现金流量		
销售商品、提供劳务收到的现金	59 836 327.03	4 092 031.80
收到其他与经营活动有关的现金	55 424 863 940.01	39 086 004 544.07
经营活动现金流入小计	55 484 700 267.04	39 090 096 575.87
购买商品、接受劳务支付的现金	—	—
支付给职工以及为职工支付的现金	301 437 969.98	243 631 826.74
支付的各项税费	5 324 821.16	80 613 874.05
支付其他与经营活动有关的现金	51 072 647 414.47	41 923 380 754.78
经营活动现金流出小计	51 379 410 205.61	42 247 626 455.57
经营活动产生的现金流量净额	4 105 290 061.43	− 3 157 529 879.70
二、投资活动产生的现金流量		
收回投资收到的现金	—	84 740 582.26
取得投资收益收到的现金	3 762 837 784.85	968 566 841.27
处置固定资产、无形资产和其他长期资产收回的现金净额	—	2 200.00

续表

项　目	本年实际数	上年实际数
收到其他与投资活动有关的现金	226 309 434.16	196 894 246.51
投资活动现金流入小计	3 989 147 219.01	1 250 203 870.04
购建固定资产、无形资产和其他长期资产所支付的现金	9 121 384.31	3 472 050.24
投资支付的现金	698 435 956.30	3 085 231 634.80
投资活动现金流出小计	707 557 340.61	3 088 703 685.04
投资活动产生的现金流量净额	3 281 589 878.40	−1 838 499 815.00
三、筹资活动产生的现金流量		
取得借款收到的现金	10 611 746 469.54	20 964 770 000.00
筹资活动现金流入小计	10 611 746 469.54	20 964 770 000.00
偿还债务支付的现金	17 077 800 000.00	9 234 000 000.00
分配股利、利润或偿付利息支付的现金	3 854 973 064.91	3 117 987 027.20
筹资活动现金流出小计	20 932 773 064.91	12 351 987 027.20
筹资活动产生的现金流量净额	−10 321 026 595.37	8 612 782 972.80
四、汇率变动对现金及现金等价物的影响	—	—
五、现金及现金等价物净（减少）/增加额	−2 934 146 655.54	3 616 753 278.10
加：年初现金及现金等价物余额	15 039 402 972.11	11 422 649 694.01
六、年末现金及现金等价物余额	12 105 256 316.57	15 039 402 972.11

母公司股东权益变动表

编制单位：万科企业股份有限公司　　　　　2011 年度　　　　　单位：元　币种：人民币

项　目	本 期 金 额					
	股　本	资本公积	减：库存股	盈余公积	未分配利润	股东权益合计
一、上年年末余额	10 995 210 218.00	9 078 393 628.17		10 587 706 328.79	1 247 238 484.18	31 908 548 659.14
加：会计政策变更						
前期差错更正						
二、本年年初余额	10 995 210 218.00	9 078 393 628.17		10 587 706 328.79	1 247 238 484.18	31 908 548 659.14
三、本年增减变动金额（减少以"−"号填列）		106 235 711.84		3 061 021 126.05	212 345 175.08	3 379 602 012.97
（一）本年净利润					4 372 887 322.93	4 372 887 322.93
（二）直接计入股东权益的利得和损失						
1. 可供出售金融资产公允价值变动净额						

续表

项　目	本　期　金　额					
	股　本	资本公积	减：库存股	盈余公积	未分配利润	股东权益合计
2. 权益法下被投资单位其他股东权益变动的影响						
3. 与计入股东权益项目相关的所得税影响						
4. 其他						
上述（一）和（二）小计					4 372 887 322.93	4 372 887 322.93
（三）股东投入和减少资本		106 235 711.84				106 235 711.84
1. 股东投入资本						
2. 股份支付计入股东权益的金额		106 235 711.84				106 235 711.84
3. 其他						
（四）利润分配				3 061 021 126.05	−4 160 542 147.85	−1 099 521 021.80
1. 提取盈余公积				3 061 021 126.05	−3 061 021 126.05	
2. 对股东的分配					−1 099 521 021.80	−1 099 521 021.80
3. 提取一般风险准备						
4. 其他						
（五）股东权益内部结转						
1. 资本公积转增资本（或股本）						
2. 盈余公积转增资本（或股本）						
3. 盈余公积弥补亏损						
4. 其他						
四、本年年末余额	10 995 210 218.00	9 184 629 340.01		13 648 727 454.84	1 459 583 659.26	35 288 150 672.11

母公司股东权益变动表

编制单位：万科企业股份有限公司　　　　2010 年度　　　　单位：元　币种：人民币

项　目	本　期　金　额					
	股　本	资本公积	减：库存股	盈余公积	未分配利润	股东权益合计
一、上年年末余额	10 995 210 218.00	8 604 755 442.19		8 737 841 436.85	785 371 804.09	29 123 178 901.13
加：会计政策变更						
前期差错更正						
二、本年年初余额	10 995 210 218.00	8 604 755 442.19		8 737 841 436.85	785 371 804.09	29 123 178 901.13
三、本年增减变动金额（减少以"－"号填列）		473 638 185.98		1 849 864 891.94	461 866 680.09	2 785 369 758.01
（一）本年净利润					3 083 108 153.24	3 083 108 153.24
（二）直接计入股东权益的利得和损失		－57 900 204.25				－57 900 204.25
1. 可供出售金融资产公允价值变动净额						
2. 权益法下被投资单位其他股东权益变动的影响						
3. 与计入股东权益项目相关的所得税影响						
4. 其他						
上述（一）和（二）小计		－57 900 204.25			3 083 108 153.24	3 025 207 948.99
（三）股东投入和减少资本		531 538 390.23			－1 711 865.95	529 826 524.28
1. 股东投入资本						
2. 股份支付计入股东权益的金额		468 728 083.89			－1 711 865.95	467 016 217.94
3. 其他		62 810 306.34				62 810 306.34
（四）利润分配				1 849 864 891.94	－2 619 529 607.20	－769 664 715.26
1. 提取盈余公积				1 849 864 891.94	－1 849 864 891.94	
2. 对股东的分配					－769 664 715.26	－769 664 715.26
3. 提取一般风险准备						

项　　目	本　期　金　额					
	股　　本	资本公积	减：库存股	盈余公积	未分配利润	股东权益合计
4. 其他						
（五）股东权益内部结转						
1. 资本公积转增资本（或股本）						
2. 盈余公积转增资本（或股本）						
3. 盈余公积弥补亏损						
4. 其他						
四、本年年末余额	10 995 210 218.00	9 078 393 628.17		10 587 706 328.79	1 247 238 484.18	31 908 548 659.14

附注

1. 公司基本情况

万科企业股份有限公司原系经深圳市人民政府深府办（1988）1509 号文批准，于 1988 年 11 月 1 日在深圳现代企业有限公司基础上改组设立的股份有限公司，原名为"深圳万科企业股份有限公司"。

1991 年 1 月 29 日，本公司发行之 A 股在深圳证券交易所上市。

1993 年 5 月 28 日，本公司发行之 B 股在深圳证券交易所上市。

1993 年 12 月 28 日经深圳市工商行政管理局批准更名为"万科企业股份有限公司"。

2. 本公司经营范围

兴办实业（具体项目另行申报）；国内商业；物资供销业（不含专营、专控、专卖商品）；进出口业务（按深经发审证字第 113 号外贸企业审定证书规定办理）；房地产开发。控股子公司主营业务包括房地产开发、物业管理、投资咨询等。

3. 公司主要会计政策、会计估计和前期差错

1）会计准则和会计制度

自 2011 年 1 月 1 日起，公司执行了《企业会计准则》、《企业会计准则——应用指南》及其补充规定。

2）财务报表的编制基础

本公司及子公司（"本集团"）合并财务报表以公司持续经营假设为基础，根据实际发生的交易和事项，并基于以下所述的编制基础、重要会计政策、会计估计进行编制。

3）会计期间

本集团的会计年度自公历 1 月 1 日起至 12 月 31 日止。

4）计量属性

本集团编制本财务报表时一般采用历史成本进行计量，但以下资产和负债项目外：以公允价值计量且其变动计入当期损益的金融资产和金融负债（包括交易金融资产或金融负债）

和可供出售金融资产。

5）记账本位币及列报货币

本集团的记账本位币为人民币。

6）同一控制下和非同一控制下企业合并的会计处理方法（略）

7）合并财务报表的编制方法（略）

8）现金及现金等价物的确定标准

现金和现金等价物包括库存现金、可以随时用于支付的存款以及持有期限短、动性强、易于转换为已知金额现金、价值变动风险很小的投资。

9）外币业务和外币报表折算（略）

10）金融工具（略）

11）应收账款坏账准备的确认标准、计提方法

本集团及本公司对单项金额重大及单项金额不重大的应收款项坏账准备确认标准、计提方法如下。

（1）单项金额大于人民币1 000万元的应收账款，及单项金额大于人民币3 000万元的其他应收款视为重大。单项金额重大的应收款项，当应收款项的预计未来现金流量（不包括尚未发生的未来信用损失）按原实际利率折现的现值低于其账面价值时，本公司将该应收款项的账面价值减记至该现值，减记的金额确认为资产减值损失。单项金额重大的应收款项按个别方式评估减值损失。

（2）单项金额不重大的应收款项，按债务单位的信用风险特征组合后该组合的风险较大的款项，如实行酬金制的物业服务中心发生的其他应收款的信用风险较大，按个别方式评估减值损失。

（3）单项金额不重大的应收款项，按信用风险特征组合后该组合的风险较小的，如果出现账龄过长、与债务人产生纠纷或者债务人出现严重财务困难等减值迹象，按个别方式评估减值损失。

12）存货

存货按房地产开发产品和非开发产品分类。房地产开发产品包括已完工开发品、在建开发产品和拟开发产品。非房地产开发产品为库存商品及其他。

13）长期股权投资

（1）投资成本确定（略）。

（2）后续计量及损益确认方法。

① 能够对被投资单位实施控制的长期股权投资。

② 对被投资单位不具有共同控制或者重大影响，且在活跃市场没有报价、公允价值不能可靠计量的长期股权投资。对以上两项长期股权投资采用成本法核算，长期股权投资按初始投资成本计价。追加或收回投资时，调整长期股权投资成本。被投资单位宣告分派现金股利或利润时，确认当期投资收益。

③ 对被投资单位具有共同控制或者重大影响的长期股权投资按权益法核算，以应享有或应分担的被投资单位实现的净损益的份额，扣除本集团首次执行企业会计准则之前已经持有的对联营企业及合营企业的投资按原会计准则及制度确认的股权投资借方差额按原摊销期直线摊销的金额后，确认投资损益并调整长期股权投资的账面价值；按照被投资单位宣告分

派的利润或现金股利计算应分得的部分，相应减少长期股权投资的账面价值。除净损益以外所有者权益的其他变动，本集团调整长期股权投资的账面价值并计入股东权益。

14）投资性房地产

本集团将持有的为赚取租金或资本增值，或两者兼有的房地产（包括正在建造或开发过程中将来用于出租的建筑物）划分为投资性房地产。本集团采用成本模式计量投资性房地产。本集团对投资性房地产在使用寿命内（12.5～40年）扣除预计净残值（残值率0～4%）后按年限平均法计提折旧或进行摊销。

15）固定资产及在建工程

本集团对固定资产在其使用寿命内按年限平均法计提折旧，除非固定资产符合持有待售的条件。租赁资产在租赁期与租赁资产使用寿命两者中较短的期间内计提折旧。各类固定资产的使用寿命、年折旧率和残值率分别为：

类 别	使用寿命（年）	年折旧率	残值率
酒店、房屋、建筑物	12.5～40	2.4%～7.68%	4%
房屋、建筑物及酒店物业装修费*	5～10	10.00%～20.00%	0%
机器设备及运输工具	5～10	9.60%～19.20%	4%
电子设备	5	19.20%	4%
其他设备	5	19.20%	4%

＊如果在下次装修时，装修费的明细科目仍有余额，该余额将一次全部计入当期营业外支出。

本集团至少在每年年度终了对固定资产的使用寿命、预计净残值和折旧方法进行复核。

16）借款费用

本集团发生的可直接归属于符合资本化条件的资产的购建或者生产的借款费用，予以资本化并计入相关资产的成本。除上述借款费用外，其他借款费用均于发生当期确认为财务费用。

17）无形资产

无形资产，是指本集团拥有或者控制的没有实物形态的可辨认非货币性资产，包括为建造自用物业所取得的土地使用权，为日常经营活动取得的土地使用权作为存货核算。

无形资产的使用寿命为有限的，在使用寿命内按直线法进行摊销，除非该无形资产符合持有待售的条件。

摊销年限：土地使用权50～70年。

本集团于年终时，对无形资产的使用寿命及摊销方法进行复核。

18）收入

（1）销售商品收入。当同时满足收入的一般确认条件以及下述条件时，本集团确认销售商品收入：

① 本集团将商品所有权上的主要风险和报酬已转移给购货方；

② 本集团既没有保留通常与所有权相联系的继续管理权，也没有对已售出的商品实施有效控制。

房地产销售在房产完工并验收合格，达到了销售合同约定的交付条件，取得了买方按销售合同约定交付房产的付款证明时（通常收到销售合同首期款及已确认余下房款的付款安排）确认销售收入的实现。

（2）建造合同收入。在资产负债表日，建造合同的结果能够可靠估计的，根据完工百分比法确认合同收入和合同费用。本集团根据已经完成的合同工作量占合同预计总工作量的比例确定合同完工进度。

19）经营租赁、融资租赁

租赁分为融资租赁和经营租赁。融资租赁是指无论所有权最终是否转移但实质上转移了与资产所有权有关的全部风险和报酬的租赁。经营租赁是指除融资租赁以外的其他租赁。

（1）经营租赁租出资产。经营租赁租出资产所产生的租金收入在租赁期内按直线法确认为收入。经营租赁租出资产发生的初始直接费用，金额较大时应当资本化，在整个租赁期内按照与确认租金收入相同的基础分期计入当期损益；金额较小时，直接计入当期损益；或有租金在实际发生时计入当期损益。

（2）经营租赁租入资产。经营租赁租入资产的租金费用在租赁期内按直线法确认为相关资产成本或费用。

20）股份支付（略）

21）主要会计估计及判断

编制财务报表时，本集团管理层需要运用估计和假设，这些估计和假设会对会计政策的应用及资产、负债、收入的金额产生影响。实际情况可能与这些估计不同。本集团管理层对估计涉及的关键假设和不确定因素的判断进行持续评估，会计估计变更的影响在变更当期和未来期间予以确认。

（1）存货跌价准备。

本集团的存货按照成本与可变现净值孰低计量。存货的可变现净值是指日常生活中，存货的估计售价减去至完工时估计将要发生的成本、估计的销售费用以及相关税费后的金额。

如果管理层对存货估计售价、至完工时估计将要发生的成本、估计的销售费用以及相关税费进行重新修订，修订后的估计售价低于目前采用的估计售价，或修订后的至完工时估计将要发生的成本、估计的销售费用以及相关税费高于目前采用的估计，本集团需对存货增加计提跌价准备。

如果实际售价、至完工时将要发生的成本、销售费用以及相关税费高于或低于管理层的估计，则本集团将于相应的会计期间将相关影响在合并利润表中予以确认。

（2）应收款项减值。

本集团在资产负债表日审阅按摊余成本计量的应收款项，以评估是否出现减值情况，并在出现减值情况时评估减值损失的具体金额。减值的客观证据包括显示个别或组合应收款项预计未来现金流量出现大幅下降的可观察数据、显示个别或组合应收款项中债务人的财务状况出现重大负面变动的可观察数据等事项。如果有证据表明以前年度发生减值的客观证据发生变化，则会予以增加计提或转回。

（3）递延所得税资产的确认。

有关税务亏损和其他可抵扣暂时性差异的递延所得税资产，是根据资产账面价值预期变现或结算的方式，以于资产负债表日已颁布的税法确认及计算。在确定递延所得税资产的账面价值时，预期应纳税所得额的估计涉及多项有关本集团经营环境的假设，且董事须作出大量判断。有关假设及判断的改变或会影响待确认的递延所得税资产的账面价值及以后年度的利润。

（4）投资性房地产与固定资产的划分。

本集团决定所持有的物业是否符合投资性房地产的定义，并在进行判断的时候建立了相关标准。本集团将持有的为赚取租金或资本增值，或两者兼有的房地产（包括正在建造或开发过程中将来用于出租的建筑物）划分为投资性房地产。因此，本集团会考虑物业产生现金流的方式是否在很大程度上独立于集团持有的其他资产。有些物业的一部分用于赚取租金或资本增值，剩余部分用于生产商品、提供劳务或者经营管理。如果用于赚取租金或资本增值的部分能够单独出售或者以融资租赁的方式出租，本集团对该部分单独核算。如果不能，则只有在用于生产商品、提供劳务或者经营管理的部分不重大时，该物业才会被划分为投资性房地产。另外，本集团单独对相关物业进行判断，对出租的物业提供的辅助服务是否重大，以致该物业不符合投资性房地产的确认条件。

（5）投资性房地产与存货的划分。

本集团建造的物业可能用于出售，也可能用于赚取租金及或资本增值。本集团建造物业的初期根据持有目的将物业划分为存货或投资性房地产。在建的过程中，建成后用于出售的物业划分为存货。在建开发产品，而建成后用于赚取租金及/或资本增值的物业划分为在建的投资性房地产。建成后，用于出售的物业转入存货已完工开发产品，而用于赚取租金及或资本增值的物业转入已完工的投资性房地产。

22）主要会计政策和会计估计变更

本期无会计政策和会计估计变更。

本期无会计差错更正

4. 税项

1）主要税种及税率

本集团及其子公司适用的主要税种及税率列示如下：

税　　项	计税基础	税率
企业所得税	按应纳税所得额计征	①
增值税	销项税额－可抵扣的进项税额	16%
城市维护建设税	按实际缴纳营业税计征	按公司所在地政策缴纳
土地增值税	按转让房地产所取得的增值额和规定的税率计征	按超率累进税率30%～60%
契税	按土地使用权的出让金额计征	3%～5%

① 除以下所列地区公司外，本集团的子公司本年度适用的所得税率为25%。
深圳、珠海、厦门、海南及浦东 为24%；香港为16.5%

2）税收优惠及批文

2008年1月1日起，本集团执行于2007年3月16日经第十届全国人大会议审议通过的企业所得税法案及其后续实施细则（以下简称"新税法"）。原享受低税率优惠政策的企业，在新税法施行后5年内逐步过渡到法定税率。其中，享受企业所得税15%税率企业，2008年按18%税率执行，2009年按20%税率执行，期初数按22%税率执行，2011年按24%税率执行，2012年按25%税率执行；原执行24%税率的企业，2008年起按25%税率执行。

5. 企业合并及合并财务报表

1）子公司情况

本集团所有子公司均通过设立、投资或通过非同一控制下企业合并取得，无同一控制下企业合并取得的子公司。本报告期内，本集团纳入合并范围公司共计 462 家。

（1）通过设立或投资等方式取得的子公司。

① 主要房地产公司共计 90 家。

② 主要物业管理公司共计 10 家。

③ 非主要经营子公司共计 6 家。

④ 非主要子公司：集团有其他地产公司 277 家，注册资本总额 2 796 929 万元；非主要物业公司 19 家，注册资本总额 10 536 万元；非主要其他子公司主要是以持股为目的无主营业务的设于香港的公司、装饰装修设计公司、投资公司等，共 60 家，注册资本为 134 792 万元。

（2）本集团无在同一控制下企业合并取得子公司。

（3）非同一控制下企业合并取得的主要子公司共计 14 家。

6. 合并财务报表项目附注

1）货币资金（略）

2）应收账款

（1）应收账款按种类披露。

单位：元 币种：人民币

种 类	期末数				期初数			
	金额人民币	比例（%）	坏账准备	比例（%）	金额人民币	比例（%）	坏账准备	比例（%）
单项金额重大并单项计提坏账准备的应收账款	310 788 071.60	20.15			677 430 128.35	42		
单项金额虽不重大但单项计提坏账准备的应收账款	1 231 874 739.32	79.85	27 849 029.82	2.26	935 588 513.58	58	18 994 080.86	2.03
合 计	1 542 662 810.92	100	27 849 030.82		1 613 018 641.93	100	18 994 081.86	

（2）按照应收账款的账龄分类列示如下。

单位：元 币种：人民币

账 龄	期末数	期初数
1 年以内（含 1 年）	1 387 718 287.48	1 568 192 638.87
1—2 年（含 2 年）	128 306 750.65	26 947 456.09
2—3 年（含 3 年）	17 559 804.52	8 960 758.01

续表

账　龄	期末数	期初数
3 年以上	9 077 968. 27	8 917 788. 96
小计	1 542 662 810. 92	1 613 018 641. 93
减：坏账准备	27 849 029. 82	18 994 080. 86
合 计	1 514 813 781. 10	1 594 024 561. 07

（3）应收账款金额前五名单位情况。

单位：元　币种：人民币

单位名称	与本公司关系	金额	年限	占应收账款总额的比例
法人一	非关联方	82 483 651. 33	1 ～ 2 年	5. 35%
法人二	非关联方	80 143 401. 09	1 年以内/1 ～ 2 年	5. 20%
法人三	非关联方	44 747 431. 18	1 年以内	2. 90%
法人四	非关联方	20 362 500. 00	1 年以内	1. 32%
自然人	非关联方	15 919 495. 00	1 年以内	1. 03%
合 计		243 656 478. 60		15. 80%

本集团 2010 年应收账款前五名总额为人民币 449 881 901. 47 元，占应收账款总额比例
为 27. 89% 。

3）其他应收款

（1）其他应收款按种类披露。

单位：元　币种：人民币

种　类	期末数				期初数			
	金额	比例（%）	金额	比例（%）	金额	比例（%）	金额	比例（%）
单项金额重大的其他应收款	16 676 890 554. 70	89. 34	23 491 334. 51	0. 14	13 333 232 674. 37	88. 2	44 465 313. 36	0. 33
单项金额不重大但按信用风险特征组合后该组合的风险较大的其他应收款	150 954 973. 85	0. 81	136 831 740. 99	90. 64	110 195 925. 83	0. 73	93 539 611. 35	84. 88
其他不重大其他应收款	1 839 383 014. 50	9. 85	66 291 301. 01	3. 6	1 673 620 604. 70	11. 07	40 731 062. 42	2. 43
合 计	18 667 228 543. 05	100	226 614 376. 51		15 117 049 204. 90	100	178 735 987. 13	

（2）单项金额不重大但按信用风险特征组合后该组合的风险较大的其他应收款的账龄
分析。

单位：元　币种：人民币

账　龄	期　末　数			期　初　数		
	金额	比例（%）	坏账准备	金额	比例（%）	坏账准备
1 年以内（含 1 年）	89 780 422.10	59.47	75 657 189.24	42 379 265.64	38.46	25 722 951.16
1－2 年（含 2 年）	10 500 257.56	6.96	10 500 257.56	9 320 823.81	8.46	9 320 823.81
2－3 年（含 3 年）	9 320 823.81	6.17	9 320 823.81	12 832 118.16	11.64	12 832 118.16
3－4 年（含 4 年）	12 832 118.16	8.5	12 832 118.16	8 178 764.13	7.42	8 178 764.13
4－5 年（含 5 年）	8 178 764.13	5.42	8 178 764.13	17 556 832.23	15.93	17 556 832.23
5 年以上	20 342 588.09	13.48	20 342 588.09	19 928 121.86	18.09	19 928 121.86
合　计	150 954 973.85	100	136 831 740.99	110 195 925.83	100	93 539 611.35

（3）其他应收款前五名单位的情况。

单位：元　币种：人民币

单位名称	与本公司的关系	金额	年限	占其他应收款总额的比例/%
北京五园科盛房地产开发有限公司	联营公司	1 953 125 201.00	一年以内	10.46
北京京投银泰置业有限公司	联营公司	1 675 500 000.00	一年以内	8.98
北京中粮万科房地产开发有限公司	合营公司	849 284 271.31	一年以内	4.55
中粮地产（集团）股份有限公司	非关联方	757 844 354.17	一年以内	4.06
杭州东尚置业有限公司	合营公司	690 235 560.07	一年以内	3.7
合　计		5 925 989 386.55		31.75

4）预付款项

（1）预付款项账龄分析如下。

单位：元　币种：人民币

账　龄	期　末　数		期　初　数	
	金额	比例（%）	金额	比例（%）
1 年以内（含 1 年）	18 355 483 868.55	91.25	16 214 370 052.75	90.9
1－2 年（含 2 年）	848 253 870.13	4.22	750 206 571.03	4.21
2－3 年（含 3 年）	66 597 341.75	0.33	612 206 825.73	3.43
3 年以上	845 883 962.88	4.2	261 220 015.20	1.46
合　计	20 116 219 043.31	100	17 838 003 464.71	100

（2）预付款项前五名单位情况。

单位：元　币种：人民币

单位名称	金额	欠款时间	未结算原因
上海陆家嘴（集团）有限公司	1 590 178 130.19	一年以内/三年以上	预付地价款
成都成华国资经营投资有限责任公司	800 000 000.00	一年以内	预付地价款

续表

单位名称	金额	欠款时间	未结算原因
武汉市子湖实业有限责任公司	778 548 036.07	一年以内	预付地价款
大连普湾新区财政局	723 860 000.00	一年以内	预付地价款
太原市国土资源局	625 987 000.00	一年以内	预付地价款
合　计	4 518 573 166.26		

5）存货

单位：元　币种：人民币

项　目	期　末　数			期　初　数		
	账面余额	跌价准备	账面价值	账面余额	跌价准备	账面价值
已完工开发产品	7 246 793 726.11	7 407 412.00	7 239 386 314.11	5 298 165 801.75	7 449 684.72	5 290 716 117.03
在建开发产品	138 004 684 552.84		138 004 684 552.84	78 634 957 185.37		78 634 957 185.37
拟开发产品	62 985 175 628.00		62 985 175 628.00	49 314 694 209.42		49 314 694 209.42
其他	106 247 074.21		106 247 074.21	93 090 534.11		93 090 534.11
合　计	208 342 900 981.16	7 407 412.00	208 335 493 569.16	133 340 907 730.65	7 449 684.72	133 333 458 045.93

本年计入存货成本的资本化借款费用为人民币 2 939 252 992.99 元（2010 年：人民币 1 832 699 835.63 元）。本集团本年度用于确定借款利息费用的资本化率为 8.6%（2010 年：7.6%）。于 2011 年 12 月 31 日，上述存货中用于长期借款、一年内到期的非流动负债及短期借款抵押的存货价值为人民币 35 亿元（2010 年 12 月 31 日：人民币 11 亿元）。

6）可供出售金融资产

单位：元　币种：人民币

类　别	期　末　数	期　初　数
可供出售权益工具	4 763 600.00	4 763 600.00
可供出售非上市信托产品	436 497 970.00	400 000 000.00
合　计	441 261 570.00	404 763 600.00

7）长期股权投资

单位：元　币种：人民币

项　目	期　末　数	期　初　数
对合营企业的投资	4 183 141 796.74	3 374 074 020.02
对联营企业的投资	2 160 823 995.27	1 035 875 902.23
其他长期股权投资	82 528 707.64	83 801 708.91
小计	6 426 494 499.65	4 493 751 631.16
减：减值准备	—	—
合　计	6 426 494 499.65	4 493 751 631.16

8) 投资性房地产（略）

9) 固定资产：固定资产情况（略）

10) 在建工程

在建工程项目本年变动情况（略）。

单位：元　币种：人民币

项　目	期　末　数			期　初　数		
	账面余额	跌价准备	账面净值	账面余额	跌价准备	账面净值
深圳万科中心	487 214 654.22		487 214 654.22	680 658 822.79		680 658 822.79
东莞万科建筑研究基地	89 201 370.02		89 201 370.02	70 170 026.31		70 170 026.31
其他	129 136 569.32		129 136 569.32	13 453 291.48		13 453 291.48
合　计	705 552 593.56		705 552 593.56	764 282 140.58		764 282 140.58

11) 无形资产

无形资产主要为自用物业的土地使用权。

单位：元　币种：人民币

	年初余额	本年增加	年末余额
账面原值	383 379 443.22	71 691 226.78	455 070 670.00
累计摊销	9 427 555.93	10 168 803.99	19 596 359.92
账面价值	373 951 887.29	61 522 422.79	435 474 310.08

12) 资产减值准备

单位：元　币种：人民币

项　目	年初余额	本年增加数	本年减少额		年末余额
			本年转回	本年转销	
一、坏账准备	197 730 067.99	119 423 907.38	54 924 727.28	7 765 841.76	254 463 406.33
其中：应收账款	18 994 080.86	22 464 285.35	10 922 231.02	2 687 105.37	27 849 029.82
其他应收款	178 735 987.13	96 959 622.03	44 002 496.26	5 078 736.39	226 614 376.51
二、存货跌价准备	7 449 684.72	—	—	42 272.72	7 407 412.00
三、可供出售金融资产减值准备		—	—		—
四、长期投资减值准备		—	—		—
合　计	205 179 752.71	119 423 907.38	54 924 727.28	7 808 114.48	261 870 818.33

13) 应付账款

单位：元　币种：人民币

项　目	期　末　数	期　初　数
应付地价	9 839 191 605.35	4 725 247 829.70
应付及预提工程款	19 353 838 939.09	11 678 690 155.18

续表

项 目	期 末 数	期 初 数
质量保证金	299 892 313.19	261 824 697.62
应付及预提销售佣金	156 637 034.12	154 673 115.57
其他	96 253 524.37	103 342 020.91
合 计	29 745 813 416.12	16 923 777 818.98

14）预收账款

公司预收账款均为公司预售房地产开发项目形成的预收款，2011 年度公司披露的预售项目共计 74 个，预收款金额前五的项目如下：

项 目	预计首批结算日	项目预售比例	期末数	期初数
西安金域曲江	2012 年 6 月	80.51%	3 161 517 886.15	1 453 557 806.85
福州金域榕郡	2012 年 7 月	76.33%	2 417 466 232.00	762 895 814.00
珠海珠宾花园	2012 年 4 月	100.00%	2 280 534 524.00	1 305 354 874.00
北京蓝山	2012 年 6 月	87.43%	2 201 783 429.00	2 480 413 491.00
厦门金域华府	2012 年 6 月	81.47%	2 191 133 155.00	725 057 973.00
合 计			12 252 435 226.15	6 727 279 959.85

15）其他应付款

单位：元 币种：人民币

项 目	期 末 数	期 初 数
应付合营联营公司款	3 550 135 015.14	2 148 384 968.04
应付股权款与合作公司往来及其他	20 268 513 974.27	9 940 071 455.66
土地增值税清算准备金	4 648 130 538.40	3 400 793 808.54
押金及保证金	291 671 631.04	435 146 746.84
代收款	1 015 576 173.38	482 148 357.67
购房意向金	442 765 234.76	407 484 012.35
合 计	30 216 792 566.99	16 814 029 349.10

16）资本公积

单位：元 币种：人民币

项 目	年期数	本期增加	本期减少	年末数
股本溢价	8 789 675 978.64	—	—	8 789 675 978.64
股权激励公积	—	106 235 711.84	—	106 235 711.84
其他资本公积	-331 969.80	27 583 863.42	79 699 465.91	-52 447 572.29
合 计	8 789 344 008.84	133 819 575.26	79 699 465.91	8 843 464 118.19

17）盈余公积

单位：元　币种：人民币

项　　目	期初数	本期增加	本期减少	期末数
法定盈余公积	1 937 956 595.26	437 288 732.29	—	2 375 245 327.55
任意盈余公积	8 649 749 733.53	2 623 732 393.76	—	11 273 482 127.29
合　计	10 587 706 328.79	3 061 021 126.05	—	13 648 727 454.84

18）未分配利润（略）

19）营业收入

（1）营业收入。

单位：元　币种：人民币

项　　　目	期　末　数	期　初　数
主营业务收入	71 219 771 782.79	50 461 539 143.68
其他业务收入	562 978 017.89	252 312 298.95
营业总收入	71 782 749 800.68	50 713 851 442.63
营业成本	43 228 163 602.13	30 073 495 231.18

（2）主营业务（分行业）。

单位：元　币种：人民币

行业名称	期　末　数		期　初　数	
	营业收入	营业成本	营业收入	营业成本
房地产①	70 646 855 400.94	42 626 077 251.44	50 030 951 738.23	29 629 562 621.36
物业管理	572 916 381.85	450 321 581.52	430 587 405.45	349 349 299.46
合　　　计	71 219 771 782.79	43 076 398 832.96	50 461 539 143.68	29 978 911 920.82

① 该收入中包括建造合同收入人民币 1 404 450 528.03 元（2010 年：人民币 205 167 271.88 元），及成本人民币 1 389 258 266.81 元（期初数：人民币 205 167 271.88 元）。

（3）主营业务（分地区）。

单位：元　币种：人民币

地区名称	期　末　数		期　初　数	
行业名称	营业收入	营业成本	营业收入	营业成本
北京区域	17 111 033 168.68	10 612 185 083.28	10 379 867 894.97	6 204 707 343.37
广深区域	25 425 348 237.24	14 755 818 455.43	16 558 979 336.79	9 287 211 542.46
上海区域	20 811 394 083.06	12 384 824 209.22	19 347 123 945.02	11 709 560 238.76
成都区域	7 871 996 293.81	5 323 571 085.03	4 175 567 966.90	2 777 432 796.23
合　　　计	71 219 771 782.79	43 076 398 832.96	50 461 539 143.68	29 978 911 920.82

20）营业税金及附加（略）

21）投资收益明细

投资收益明细情况如下。

单位：元　币种：人民币

项　目	期　末　数	期　初　数
成本法核算的长期股权投资收益	18 965 784.51	153 274 670.10
权益法核算的长期股权投资收益	643 987 754.62	291 703 045.44
处置长期股权投资产生的投资收益	35 395 144.49	217 298 713.13
处置金融资产取得的投资收益	881 274.57	115 334 061.33
其他	485 050.29	320 750.02
合　计	699 715 008.48	777 931 240.02

22）营业外收入

单位：元　币种：人民币

项　目	本期发生额	上期发生额	计入当期非经常性损益的金额
非流动资产处置利得合计	4 044 914.88	1 021 397.01	4 044 914.88
其中：固定资产处置利得	4 044 914.88	1 021 397.01	4 044 914.88
罚款收入	14 352 893.73	12 497 249.27	14 352 893.73
没收订金及违约金收入	13 423 614.45	12 576 782.04	13 423 614.45
其他	44 365 255.36	45 631 734.50	44 365 255.36
合　计	76 186 678.42	71 727 162.82	76 186 678.42

23）营业外支出

单位：元　币种：人民币

项　目	本期发生额	上期发生额	计入当期非经常性损益的金额
非流动资产处置损失合计	1 144 283.45	1 211 776.17	1 144 283.45
其中：固定资产处置损失	1 144 283.45	1 211 776.17	1 144 283.45
对外捐赠	5 530 360.50	14 419 164.95	5 530 360.50
罚款及滞纳金支出	7 941 396.23	5 080 836.27	7 941 396.23
赔偿或补偿	11 132 401.82	2 819 065.02	11 132 401.82
其他	7 772 513.29	2 329 049.62	7 772 513.29
合　计	33 520 955.29	25 859 892.03	33 520 955.29

24）所得税费用

本年所得税费用组成如下。

单位：元　币种：人民币

项　目	期　末　数	期　初　数
当期所得税费用	4 858 571 820.07	3 513 818 713.69
其中：当年产生的所得税费用	4 858 571 820.07	3 513 818 713.69
递延所得税费用	−652 295 611.52	−412 676 639.71
合　计	4 206 276 208.55	3 101 142 073.98

25）现金流量表补充资料

单位：元　币种：人民币

补充资料	本期金额	上期金额
1. 将净利润调节为经营活动的现金流量		
净利润	11 599 606 211.77	8 839 610 505.04
加：资产减值损失	64 627 174.84	− 545 451 004.03
固定资产及投资性房地产的折旧	113 447 760.84	95 989 556.85
无形资产及长期待摊费用摊销	23 879 038.30	20 817 653.19
处置固定资产的（收益）/损失	− 2 900 631.43	190 379.16
公允价值变动损失	2 868 565.33	15 054 493.43
财务费用	509 812 978.62	504 227 742.57
投资收益	− 699 715 008.48	− 777 931 240.02
递延所得税资产增加	− 675 434 048.69	− 367 647 073.96
递延所得税负债增加/（减少）	35 383 126.90	− 35 168 088.98
存货的增加	− 64 093 766 132.86	− 35 529 232 749.19
本年股权激励摊销	106 235 711.84	—
收到股权激励基金	—	468 728 083.89
经营性应收项目的增加	− 3 636 173 971.49	− 20 484 611 050.22
经营性应付项目的增加	60 041 553 796.43	50 032 678 243.72
经营活动产生的现金流量净额	3 389 424 571.92	2 237 255 451.45
2. 不涉及现金收支的重大投资和筹资活动		
债务转为股本		
一年内到期的可转换公司债券		
融资租入固定资产		
3. 现金及现金等价物净变动情况		
现金及现金等价物年末余额	33 614 111 523.31	35 096 935 415.75
减：现金及现金等价物年初余额	35 096 935 415.75	22 002 774 937.38
加：现金等价物的期末余额		
减：现金等价物的期初余额		
现金及现金等价物净（减少）/增加额	− 1 482 823 892.44	13 094 160 478.37

7. 母公司会计报表附注

1）货币资金（略）

2）其他应收款

（1）其他应收款按种类披露。

单位：元 币种：人民币

种 类	期末数				期初数			
	金额	比例（%）	坏账准备人民币	比例（%）	金额	比例（%）	坏账准备	比例（%）
单项金额重大的其他应收款	65 840 329 169.24	99.90	—	—	56 180 707 351.65	99.44	3 020 760.55	0.01
单项金额不重大但按信用风险特征组合后该组合的风险较大的其他应收款	—	—	—	—	—	—	—	—
其他不重大其他应收款	65 159 516.96	0.1	367 124.47	0.56	317 138 164.31	0.56	2 083 789.59	0.66
合 计	65 905 488 686.20	100	367 124.47	—	56 497 845 515.96	100	5 104 550.14	

（2）其他应收款前五名单位的情况。

单位：元 币种：人民币

单位名称	与本公司关系	金额	年限	占其他应收款总额的比例
北京万科企业有限公司	子公司	3 643 047 213.53	1 年以内	5.53%
上海万科投资管理有限公司	子公司	3 005 013 153.52	1 年以内	4.56%
上海万科房地产有限公司	子公司	2 925 808 012.91	1 年以内	4.44%
广州市万科房地产有限公司	子公司	2 845 072 399.94	1 年以内	4.32%
成都万科房地产有限公司	子公司	2 017 546 871.93	1 年以内	3.06%
合 计		14 436 487 651.83		21.91%

3）长期股权投资

在被投资单位持股比例与表决权的说明如下。

被投资单位名称	在被投资单位持股比例	在被投资单位表决权比例	在被投资单位持股比例与表决权比例不一致的说明
对子公司投资：			
江西万科青山湖房地产发展有限公司	50.00%	60.00%	本集团在该公司的董事会中占多数表决权，能够对该公司的财务和经营决策实施控制
佛山市顺德区万科华财房地产开发有限公司	50.00%	67.00%	本集团按照在公司决策机构董事会派驻的人数确定表决权比例
扬州万维置业有限公司	65.00%	67.00%	本集团按照在公司决策机构董事会派驻的人数确定表决权比例
江西万科益达置业有限公司	50.00%	60.00%	本集团在该公司的董事会中占多数表决权，能够对该公司的财务和经营决策实施控制

续表

被投资单位名称	在被投资单位持股比例	在被投资单位表决权比例	在被投资单位持股比例与表决权比例不一致的说明
佛山市南海区万科乐恒置业有限公司	51%	66.70%	本集团按照在公司决策机构董事会派驻的人数确定表决权比例
对合营及联营公司投资:			
中航万科有限公司	40.00%	50.00%	本集团与合作方约定该等公司重大财务和经营决策均需合作
重庆两江万科投资有限公司	50.00%	50.00%	各方一致同意
云南万科城投房地产有限公司	51.00%	50.00%	各方一致同意

（1）按成本法核算。

单位：元 币种：人民币

被投资单位名称	投资额	年初余额	增减变动	年末余额	在被投资单位持股比例	在被投资单位表决权比例
对子公司投资:						
深圳市万科房地产有限公司	570 000 000.00	1 641 739 901.38		1 641 739 901.38	100.00%	100.00%
广州市万科房地产有限公司	900 000 000.00	1 295 943 691.37		1 295 943 691.37	100.00%	100.00%
东莞万科建筑技术研究有限公司	20 000 000.00	20 000 000.00		20 000 000.00	100.00%	100.00%
无锡万科房地产有限公司	180 000 000.00	754 868 881.42		754 868 881.42	60.00%	60.00%
北京万科企业有限公司	1 400 000 000.00	1 504 311 937.16		1 504 311 937.16	100.00%	100.00%
北京市朝阳万科房地产开发有限公司	389 001 360.00	365 285 794.04		365 285 794.04	60.00%	60.00%
天津万科房地产有限公司成本法	21 893 567.28	114 966 956.81		114 966 956.81	100.00%	100.00%
天津万科新湖置业有限公司	12 750 000.00	12 698 714.02		12 698 714.02	100.00%	100.00%
沈阳万科房地产开发有限公司	95 000 000.00	321 895 759.95		321 895 759.95	100.00%	100.00%
长春万科房地产开发有限公司	47 500 000.00	108 690 138.54		108 690 138.54	100.00%	100.00%
大连万科锦绣花城开发有限公司	63 000 000.00	112 564 735.24		112 564 735.24	100.00%	100.00%

被投资单位名称	投资额	年初余额	增减变动	年末余额	在被投资单位持股比例	在被投资单位表决权比例
青岛万科银盛泰房地产开发有限公司	80 000 000.00	77 157 221.78		77 157 221.78	80.00%	80.00%
成都万科房地产有限公司	72 000 000.00	343 301 958.97		343 301 958.97	100.00%	100.00%
武汉市万科房地产有限公司	142 500 000.00	289 516 122.57		289 516 122.57	100.00%	100.00%
北京万科企业有限公司	1 400 000 000.00	1 504 311 937.16		1 504 311 937.16	40.00%	50.00%
深圳市万科物业服务有限公司	5 700 000.00	47 528 280.28	−47 528 280.28			
深圳市万科物业发展有限公司	4 500 000.00	10 157 104.73	57 716 252.73	67 873 357.46	100.00%	100.00%
深圳市万科财务顾问有限公司	15 000 000.00	71 610 110.59		71 610 110.59	100.00%	100.00%
万科地产（香港）有限公司	13 262 240.00	549 881 813.61		549 881 813.61	100.00%	100.00%
江西万科青山湖房地产发展有限公司	10 000 000.00	50 000 000.00		50 000 000.00	50.00%	60.00%
福州市万科房地产有限公司	20 000 000.00				100%	100%
青岛万科房地产有限公司	20 000 000.00	20 000 000.00		20 000 000.00	100.00%	100.00%
合肥万科置业有限公司	200 000 000.00	20 000 000.00	180 000 000.00	200 000 000.00	100.00%	100.00%
西安万科企业有限公司	20 000 000.00	20 000 000.00		20 000 000.00	100.00%	100.00%
万科（重庆）房地产有限公司	100 000 000.00	100 000 000.00		100 000 000.00	100.00%	100.00%
江苏苏南万科房地产有限公司	30 000 000.00	30 000 000.00		30 000 000.00	100.00%	100.00%
宁波万科房地产开发有限公司	150 000 000.00	150 000 000.00		150 000 000.00	100.00%	100.00%
长沙市万科房地产开发有限公司	20 000 000.00	20 000 000.00		20 000 000.00	100.00%	100.00%

被投资单位名称	投资额	年初余额	增减变动	年末余额	在被投资单位持股比例	在被投资单位表决权比例
大连万科置业有限公司	30 000 000.00	30 000 000.00		30 000 000.00	100.00%	100.00%
厦门市万科房地产开发有限公司	75 773 169.06	75 773 169.06		75 773 169.06	100.00%	100.00%
珠海万科房地产开发有限公司	119 707 016.50	119 707 016.50		119 707 016.50	100.00%	100.00%
上海万科投资管理有限公司	2 172 829 131.39	2 172 829 131.39		2 172 829 131.39	100.00%	100.00%
海南万科房地产开发有限公司	10 000 000.00	10 000 000.00		10 000 000.00	100.00%	100.00%
佛山市顺德区陈村万科置业有限公司	10 000 000.00	10 000 000.00		10 000 000.00	100.00%	100.00%
深圳市万创建筑设计顾问有限公司	15 231 634.80	15 231 634.80		15 231 634.80	100.00%	100.00%
南京万科置业有限公司	221 611 857.00	221 611 857.00		221 611 857.00	100.00%	100.00%
昆明万科房地产开发有限公司	20 000 000.00	20 000 000.00		20 000 000.00	100.00%	100.00%
贵阳万科房地产有限公司	100 000 000.00	100 000 000.00		100 000 000.00	100.00%	100.00%
烟台万科房地产开发有限公司	30 000 000.00	30 000 000.00		30 000 000.00	100.00%	100.00%
佛山市顺德区万科华财房地产开发有限公司	5 000 000.00	5 000 000.00		5 000 000.00	50.00%	67.00%
福州市万榕房地产开发有限公司	160 000 000.00	160 000 000.00		160 000 000.00	100.00%	100.00%
太原万科房地产有限公司	60 000 000.00	20 000 000.00	40 000 000.00	60 000 000.00	100.00%	100.00%
中山市万科置业有限公司	10 000 000.00	10 000 000.00		10 000 000.00	100.00%	100.00%
新疆万科房地产有限公司	100 000 000.00	95 000 000.00		95 000 000.00	100.00%	100.00%
扬州万维置业有限公司	357 500 000.00	357 500 000.00		357 500 000.00	65.00%	67.00%

被投资单位名称	投资额	年初余额	增减变动	年末余额	在被投资单位持股比例	在被投资单位表决权比例
江西万科益达置业有限公司	50 000 000.00		50 000 000.00	50 000 000.00	50.00%	60.00%
扬州万科房地产有限公司	10 000 000.00		10 000 000.00	10 000 000.00	100.00%	100.00%
浙江浙南万科房地产有限公司	100 000 000.00		100 000 000.00	100 000 000.00	100.00%	100.00%
芜湖万科房地产有限公司	60 000 000.00		60 000 000.00	60 000 000.00	100.00%	100.00%
深圳万科前田建筑咨询有限公司	6 111 700.00		6 111 700.00	6 111 700.00	100.00%	100.00%
上海万狮置业有限公司	20 000 000.00		20 000 000.00	20 000 000.00	100.00%	100.00%
深圳市万科滨海房地产有限公司	10 000 000.00		10 000 000.00	10 000 000.00	100.00%	100.00%
佛山市南海区万科乐恒置业有限公司	1 020 000.00		1 020 000.00	1 020 000.00	51.00%	66.70%
莆田市万科置业有限公司	24 000 000.00		24 000 000.00	24 000 000.00	100.00%	100.00%
莆田市万科投资有限公司	20 000 000.00		20 000 000.00	20 000 000.00	100.00%	100.00%
合 计	8 400 891 676.03	11 504 771 931.21	531 319 672.45	12 036 091 603.66		

（2）按权益法核算。

单位：元　币种：人民币

被投资单位名称	投资额	年初余额	增减变动	年末余额	在被投资单位持股比例	在被投资单位表决权比例
中航万科有限公司	1 200 000 000.00	1 328 230 039.08	170 880 902.36	1 499 110 941.44	40.00%	50.00%
重庆两江万科投资有限公司	100 000 000.00	—	99 950 956.03	99 950 956.03	50.00%	50.00%
云南万科城投房地产有限公司	5 100 000.00	5 101 122.75	85 233.58	5 186 356.33	51.00%	50.00%
上海尊怡物业服务有限	900 000.00			900 000.00	30.00%	30.00%

4）其他应付款

单位：元 币种：人民币

项　目	期　末　数	期　初　数
应付内部子公司款	20 194 002 406.01	12 029 195 007.71
应付联营公司款	2 747 345 430.90	883 197 395.59
应付公司债券费用	3 450 020.00	3 450 020.00
其他	115 082 169.63	184 401 873.05
合　计	23 059 880 026.54	13 100 244 296.35

5）应付职工薪酬（略）

6）应交税费（略）

7）股本（略）

8）资本公积

单位：元 币种：人民币

项　目	期　初　数	本期增加	本期减少	期　末　数
资本溢价（股本溢价）	8 789 675 978.64	—	—	8 789 675 978.64
股权激励公积	—	106 235 711.84		106 235 711.84
其他资本公积	288 717 649.53	—		288 717 649.53
合　计	9 078 393 628.17	106 235 711.84		9 184 629 340.01

9）盈余公积（略）

10）未分配利润（略）

11）营业收入和成本

（1）营业收入。

单位：元 币种：人民币

项　目	期　末　数	期　初　数
主营业务收入	605 203 860.61	537 958 448.87
其他业务收入	3 239 997.51	6 092 143.64
营业总收入	608 443 858.12	544 050 592.51
营业成本	3 587 636.29	1 395 820.70

（2）主营业务（分行业）。

单位：元 币种：人民币

行业名称	期末数		期初数	
	营业收入	营业成本	营业收入	营业成本
运营服务费	605 203 860.61	—	537 958 448.87	—

（3）公司前五名客户的营业收入情况。

单位：元 币种：人民币

客户名称	营业收入总额	占公司全部营业收入的比例
北京万科企业有限公司	31 662 697.58	5.20%
沈阳万科房地产开发有限公司	28 742 800.00	4.72%
天津万港置业有限公司	27 086 126.55	4.45%
广州市万科房地产有限公司	17 928 037.30	2.95%
南京金域蓝湾置业有限公司	17 138 914.47	2.82%
合　计	122 558 575.90	20.14%

本公司营业收入主要系集团内下属子公司或其他联营公司上交的项目管理费及运营支持服务费。

12）营业税金及附加（略）

财务费用如下。

项　目	本 期 数	上 期 数
利息支出	2 847 702 691.46	2 672 268 540.47
减：资本化利息	—	—
净利息支出	2 847 702 691.46	2 672 268 540.47
减：利息收入	3 168 102 945.46	2 594 268 379.93
利息收支净额	−320 400 254.00	78 000 160.54
汇兑损益	1 779 964.86	210 134.30
其他	66 031 630.82	70 519.00
合计	−252 588 658.32	78 280 813.84

13）投资收益

（1）投资收益明细。

单位：元 币种：人民币

项　目	期 末 数	期 初 数
成本法核算的长期股权投资收益	4 343 433 016.83	2 868 202 645.85
权益法核算的长期股权投资收益	170 917 091.97	82 032 440.11
处置长期股权投资产生的投资收益	8 785 033.84	124 750 426.95
处置金融资产产生的投资收益	—	72 593 621.30
合　计	4 523 135 142.64	3 147 579 134.21

（2）按成本法核算的前五名长期股权投资收益。

被投资单位	本 期 数	上 期 数	变动原因
上海万科投资管理有限公司	1 883 781 216.17	1 221 645 719.18	子公司分红
深圳市万科房地产有限公司	525 350 000.00		子公司分红

续表

被投资单位	本 期 数	上 期 数	变动原因
广州市万科房地产有限公司	423 965 249.78	315 720 360.78	子公司分红
宁波万科房地产开发有限公司	307 071 449.22	112 920 581.63	子公司分红
成都万科房地产有限公司	223 943 503.10	293 250 298.15	子公司分红
合　计	3 364 111 418.27	1 943 536 959.74	

（3）按权益法核算的长期股权投资收益。

被投资单位	本 期 数	上 期 数	变动原因
中航万科有限公司	170 880 902.36	82 035 036.87	被投资公司盈利增加
云南万科城投房地产有限公司	85 233.58	1 122.75	
上海尊怡物业服务有限公司	—	(3 719.51)	
重庆两江万科投资有限公司	(49 043.97)	—	
合　计	170 917 091.97	82 032 440.11	

14）现金流量表补充资料

单位：元　币种：人民币

补充资料	本期金额	上期金额
净利润	4 372 887 322.93	3 083 108 153.24
加：资产减值损失冲回	-4 737 425.67	-132 997 778.85
固定资产折旧	8 344 640.20	59 197 363.96
处置固定资产损失	118 559.80	38 400.06
财务费用	-252 588 658.32	78 280 813.84
投资收益	-4 523 135 142.64	-3 147 579 134.21
递延所得税负债减少	—	-15 369 480.07
收到股权激励基金	—	468 728 083.89
本年股权激励摊销	106 235 711.84	—
经营性应收项目的减少	-8 979 577 176.41	-14 073 972 387.09
经营性应付项目的增加	13 377 742 229.70	10 523 036 085.53
经营活动产生的现金流量净额	4 105 290 061.43	-3 157 529 879.70

8. 关联方及关联交易

1）本公司无直接控股母公司

2）本公司子公司情况参见长期股权投资成本法的情况

3）本企业的其他关联方情况

其他关联方名称	关联关系
华润深国投信托有限公司	本公司单一最大股东华润股份有限公司之控股子公司

4）关联交易情况

（1）关联方担保情况（略）。

关联方资金拆借如下。

关联方	拆借金额	起始日	到期日	利息支出
拆入 华润深国投信托有限公司	1 000 000 000.00	2011-12-14	2013-12-13	5 288 888.89

（2）本公司与下属子公司之间的交易。

本年度本公司提供无抵押借款予本公司下属各子公司共计人民币 906 亿元（2010：人民币 1 000 亿元），年利率为 0 ～ 7.98%（2010：0 ～ 6.70%）。收取利息收入人民币 31 亿元（2010：人民币 24 亿元）。年末借款余额为人民币 605 亿元（2010：人民币 524 亿元）。

9. 或有事项

1）未决诉讼仲裁形成的或有负债及其财务影响

截至 2011 年 12 月 31 日，本集团是某些法律诉讼中的被告，也是在日常业务中出现的其他诉讼中的原告。尽管现时无法确定这些或有事项、法律诉讼或其他诉讼的结果，管理层相信任何因此引致的负债不会对本集团的财务状况或经营业绩构成重大的负面影响。

2）为其他单位提供债务担保形成的或有负债及其财务影响

财务承诺：本集团之地产子公司按房地产经营惯例为商品房承购人提供抵押贷款担保。担保类型为阶段性担保和全程担保。阶段性担保的担保期限自保证合同生效之日起，至商品房承购人所购住房的《房地产证》办出及抵押登记手续办妥后并交银行执管之日止；全程担保的担保期限从担保书生效之日起至借款合同届满之日后两年止。截至年末，本集团承担阶段性担保额及全程担保额分别为人民币 254.09 亿元及人民币 1.45 亿元（2010：阶段性担保额为人民币 201.8 亿元，全程担保额为人民币 1.15 亿元）。

10. 重大承诺

	期　末　数	期　初　数
已签订的正在或准备履行的建安合同	322.00 亿元	199.39 亿元
已签订的正在或准备履行的土地合同	79.64 亿元	198.30 亿元
合　　计	401.64 亿元	397.69 亿元

11. 资产负债表日后事项

1）资产负债表日后利润分配情况说明　拟分配的股利 1 429 377 328.34 元

2）无其他资产负债表日后事项说明

13.2　案例分析方法

案例分析说明：万科 A（000002）上市公司主要从事专业住宅开发，旗下子公司主要负责房地产的开发，万科总部主要负责提供管理，因此本案例分析采用万科集团合并财务报表的数字。同时，为了进行同行业的比较，在房地产业上市公司中又选择了招商地产（000024）、保利地产（600048）和金地集团（600383）作为同比对象。

1. 背景分析

万科股份有限公司成立于1984年5月，于1988年进入房地产行业，是目前中国最大的专业住宅开发企业。2010年率先成为全国第一个年销售额超千亿的房地产公司。万科坚守价值底线、拒绝利益诱惑，坚持以专业能力从市场获取公平回报，致力于规范、透明的企业文化和稳健、专注的发展模式，持续增长的业绩以及规范透明的公司治理结构，使公司赢得了投资者的广泛认可。公司以中国大陆市场为目标，主营房地产开发和物业业务，开发专业型住宅，涉及进出口贸易及零售投资、工业制造、娱乐及广告等业务。投资重点主要集中在上海、北京、天津、深圳等中国区域经济中心。

近年来，公司依靠其专业的住宅类型和高质量的物业管理水平在我国房地产行业占据领导地位，公司自上市以来保持着稳定的增长。但是，目前，国内房地产行业无序竞争激烈，面对竞争，尽管公司有很多优势，但在经营中也面临以下问题。

①楼市宏观调控持续升温，中国城市化的步伐开始放缓，各城市土地资源越发紧缺，其总部所在地深圳是一个高度城市化后逐渐萎缩的住宅市场，纯商品住宅用地供应量每年都急剧下滑，万科的"住宅专业化之路"的空间已经越来越狭窄，迫使深圳万科不得不改变先前战略杀入商业地产领域。

②从政府的供地方式来看，城市综合体开发用地是目前政府供地的主要类型。但由于缺乏商业物业开发能力，对于这种类型的优质土地，万科不占优势，拿地的成本往往要比竞争对手高很多。

③房地产开发过分依赖银行贷款，资金来源结构单一。

④招商、保利、金地集团及绿城、恒大等民营房地产公司的高速扩张，削弱了万科的竞争优势，对其未来增长构成有力威胁。

⑤房地产投资偏热，业外资本比重增加。由于房产业的利润比较"可观"，因此很多其他行业都在涉足房地产。大量的资金涌入地产市场，拉动了土地价格的飞速上涨。

⑥房地产业是资金密集型行业，房地产开发离不开金融机构的支持。但是近几年房产市场出现过热势头，宏观经济政策将有不利调整。

综上所述：公司所处的行业及外部环境的变化在很大程度上会对公司业绩产生影响。

2. 关注审计报告的措辞

从审计报告的措辞来看，该审计报告是一个无保留意见的审计报告。也就是说，注册会计师认为，公司的财务报表，符合以下条件。

①财务报表的编制符合国家颁布的公司会计准则和相关会计制度。

②财务报表在所有重大方面公允地反映了被审计单位的财务状况、经营成果和现金流量情况。

③注册会计师已按照独立审计准则的要求，实施了必要的审计程序，在审计过程中未受阻碍和限制。

④不存在应调整而被审计单位未予调整（或拒绝接受调整建议）的重要事项。

此无保留意见的审计报告，意味着注册会计师认为财务报表的反映是公允的，能满足非特定多数的利害关系人的共同需要，并对发表的意见负责。同时也表明被审计单位的内部控制制度较为完善，可以使审计报告的使用者对被审计耽误的财务状况、经营成果和现金流量具有较高的信任度。

3. 资产负债表分析

根据万科2011年资产负债表，编制资产负债表的趋势分析表，如表13-1所示。

表13-1 合并资产负债表趋势分析表

2011年12月31日

项　　目	增(减)/%	结构/%		项　　目	增(减)/%	结构/%	
		2011年	2010年			2011年	2010年
流动资产：				流动负债：			
货币资金	-9.46	11.56	17.54	短期借款	16.67	0.57	0.67
交易性金融资产				交易性金融负债	13.20	0.01	0.01
应收票据				应付票据		0.01	0.00
应收账款	-4.97	0.51	0.74	应付账款	75.76	10.04	7.85
预付账款	12.77	6.79	8.27	预收账款	49.32	37.51	34.50
应收利息				应付职工薪酬	19.40	0.57	0.66
其他应收款	23.45	6.23	6.93	应交税费	28.85	1.38	1.47
存货	56.25	70.33	61.83	应付利息	113.06	0.09	0.06
一年内到期非流动资产				其他应付款	79.71	10.20	7.80
其他流动资产				一年内到期的长期负债	42.73	7.38	7.10
流动资产合计	37.53	95.42	95.31	其他流动负债			
非流动资产：				流动负债合计	54.82	67.76	60.12
可供出售金融资产	9.02	0.14	0.20	非流动负债：			
持有至到期投资				长期借款	-15.40	7.08	11.50
长期应收款				应付债券	0.50	1.99	2.70
长期股权投资	43.01	2.17	2.08	长期应付款			
投资性房地产	771.76	0.38	0.06	专项应付款			
固定资产	30.85	0.54	0.57	预计负债	-5.91	0.01	0.02
在建工程	-7.68	0.24	0.35	递延所得税负债	5.40	0.26	0.34
工程物资				其他非流动负债	33.83	0.00	0.00
固定资产清理				非流动负债合计	-11.94	9.34	14.56
生产性生物资产				负债合计	41.80	77.10	74.68
油气资产				所有者权益：			
无形资产	16.45	0.15	0.17	股本	0.00	3.71	5.10
商誉				资本公积	0.62	2.99	4.09
长期待摊费用	27.48	0.01	0.01	盈余公积	28.91	4.61	4.91
递延所得税资产	41.57	0.79	0.76	未分配利润	40.57	6.39	6.25
其他非流动性资产	-56.08	0.16	0.49	外币报表折算差额	39.90	0.18	0.18
非流动资产合计	34.03	4.58	4.69	归属于母公司所有者权益合计	19.75	17.88	20.53
				少数股东权益	43.57	5.02	4.79
				所有者权益合计	24.27	22.90	25.32
资产总计	37.36	100.00	100.00	负债及所有者权益合计	37.36	100.00	100.00

1）资产负债表总体状况的初步分析

从总体上看，公司的资产总额由年初的 2 156.38 亿元增加到年末的 2 962.08 亿元，增加了 805.70 亿元，增长了 37.36%；从负债和所有者权益来看，流动负债增长了 54%，非流动负债减少了 11.94%，所有者权益增长了 37.36%。可见，流动负债和留存收益的增长是公司资产增长的主要来源。

从资产的结构来看，流动资产占 95.42%，非流动资产占 4.58%，说明公司的经营杠杆较低，资产的流动性较好。资产项目占资产总额超过 5% 的主要有：货币资金（11.56%）、预付账款（6.79%）、其他应收款（6.23%）和存货（70.33%），显然存货是公司资产的最核心项目，是公司最主要的盈利性资产，同时也集中了公司最主要的经营风险。

从负债与所有者权益的结构来看，公司负债占总资产的比重由 74.68% 上升到 77.17%，说明负债是公司资产的主要融资来源。负债项目占资产总额超过 5% 的主要有：应付账款（10.04%）、预收账款（37.51%）、其他应付款（10.20%）、一年内到期的长期负债（7.38%）、长期借款（7.08%），可见经营性无息负债是公司债务的主要组成部分。

通过分析母公司资产负债表可知，母公司的资产中应收账款、存货均为零，其他应收款为 659.05 亿元，通过母公司报表附注可知其他应收款主要是子公司欠款所致，长期股权投资为 136.49 亿元。母公司的负债中应付账款、预收账款均为零，230.60 亿元的其他应付款主要是拖欠子公司和联营公司的款项，长期借款、应付债券共计 140 亿元。可见，母公司自身并未直接从事房地产开发业务，而是以股权投资为纽带，成为万科集团的投资和融资平台。

2）资产主要项目分析

（1）货币资金及其质量分析。

从总体规模来看，公司货币资金为 342.40 亿元，同比减少了 9.46%，其占资产总额的比重由年初的 17.54%，下降到年末的 11.56%。在 2007—2010 年，公司的货币资金占资产总额的比重在同行业中处于较高水平，但在 2011 年出现大幅下降（如图 13 - 1 所示）。

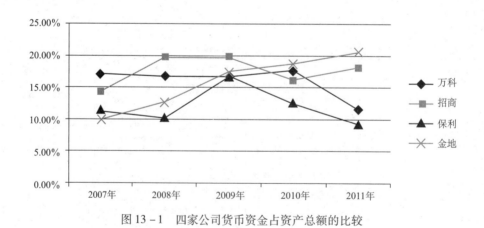

图 13 - 1　四家公司货币资金占资产总额的比较

货币资金是一种非盈利资产，持有量过多会削弱企业资金的使用效率，降低企业的盈利能力，因此，公司货币资金的持有量应该是满足日常经营和支付到期债务基础上的最低金额。通过观察公司利润表和现金流量表可知，万科公司可以获得稳定增长的营业利润和经营活动现金流量，说明公司持有的货币资金完全可以维持经营活动的正常运转。利用"现金流动负债比"可以判断公司货币资金对到期负债的保障程度，万科公司流动负债总额为2 007.24 亿元，其中预收账款为 1 111.01 亿元，考虑到预收账款主要是公司预售房产形成的预收购房款，公司将运用存货（开发完成的房产）抵偿这部分短期负债，因此货币资金用于抵偿到期负债的金额实际应为剔除预收账款后的流动负债，即 896.23 亿元。现金流动负债比为 0.38，与公认的 0.4 的标准值十分接近，考虑到万科公司经营业绩良好，筹资能力较强，因此，可以基本认为公司 2011 年末货币资金的持有量是合理的。

通过分析现金流量表可以进一步了解货币资金变动的原因，根据公司合并现金流量表可知，公司 2011 年现金净流出了 14.83 亿元，其中经营活动现金流量的净额为 33.89 亿元，投资活动现金流量净额为 − 56.53 亿元，筹资活动现金流量的净额为 8.06 亿元，说明货币资金减少的原因是公司为投资活动支付了较多的现金。在投资活动的现金流出中，取得子公司及其他营业单位支付的现金净额为 40.76 亿元，结合 13.1 节附注 5 "企业合并与合并报表"可知多数子公司为房地产开发公司，考虑到资产负债表中存货同比大幅增加，说明公司在 2011 年扩大房地产业务的投资规模是导致货币资金减少的主要原因。

（2）应收账款及其质量分析。

应收账款同比下降 4.97%，其在资产总额中占比由年初的 0.74% 下降到年末的 0.51%。在同行业中，公司的应收账款占比自 2007 年以来处于相对较高的水平（如图 13 − 2 所示）。

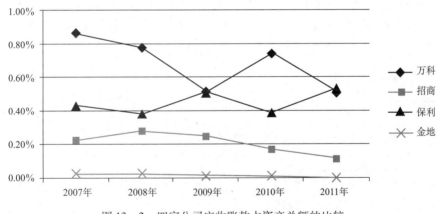

图 13 − 2　四家公司应收账款占资产总额的比较

2011 年度公司营业收入增长了 41.54%，应收账款占比不升反降，说明公司加速了货款的回笼，可能采取了较为严厉的信用政策。从应收账款附注披露可以看出，公司应收账款中1 年以内的应收账款所占的比例为 91.61%，并且 2 年以上的应收账款计提了较为充分的坏账准备。从应收账款前 5 名单位欠款情况来看，均属非关联方且账龄大都在 1 年以内，相对较为安全，回款可能性较大。

（3）预付账款及其质量分析。

预付款项同比增长了 12.77%，但其在资产总额中的占比由年初的 8.27% 减少到了年末的 6.79%。公司的预付账款占资产总额的比重在同行业中处于较高水平，但在 2011 年略有下降（如图 13 − 3 所示）。

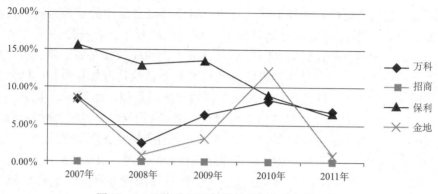

图 13 - 3　四家公司预付账款占资产总额的比较

根据附注披露，公司预付账款主要包括预付地价款、土地保证金、工程款及设计费等。本年末 3 年以上的预付款项余额人民币 8.46 亿元，其中预付上海陆家嘴（集团）有限公司地价款人民币约 2.36 亿元，及预付上海地杰畯业有限公司原股东地价款人民币 5.14 亿元。经过本集团积极与当地市政公司以及上海地杰畯业有限公司原股东沟通拆迁、补偿及相关配套设施完善等问题，土地过户将于 2012 年完成，回收率很大。但鉴于对公司预付款项金额、账龄的考虑，还是应当积极加强对预付款项的管理。

（4）其他应收款及其质量分析。

其他应收款同比增加了 23.45%。其在资产总额中由年初的 6.93% 下降到年末的 6.23%。公司的其他应收款占资产总额比在 2007—2010 年间呈逐年上升的趋势，而在 2011 年略有下降，但在同行业中仍处于较高水平（如图 13 - 4 所示）。

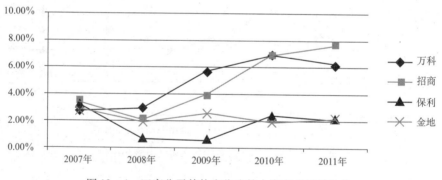

图 13 - 4　四家公司其他应收账款占资产总额的比较

从附注中了解到，其他应收款增加的主要原因是单项金额重大的其他应收款——主要为与关联方的合作项目开发所需垫付的资金，从账龄来看，主要是 1 年以内的其他应收款，说明其他应收款主要是公司经营活动导致，及时收回其他应收款的可能性较大，但是，考虑到其他应收款的金额占资产总额的比重较大，且在同行业中处于较高水平，公司应加强对其他应收款的管理。与母公司对比来看，集团公司其他应收款为 184.41 亿元，而母公司的其他应收款为 659.05 亿元，说明子公司占用了母公司大量资金。

（5）存货及其质量分析。

存货是公司最主要的资产项目，存货的质量关系到万科公司整体的资产质量，应予以重点分析。2011年年末公司存货的账面价值高达2083.35亿元，存货同比增长了56.25%，在资产总额中的占比由年初的61.83%增加到了年末的70.33%，在同行业中处于平均水平（如图13-5所示）。

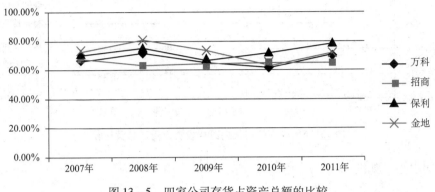

图13-5 四家公司存货占资产总额的比较

通过观察四家公司5年间存货占总资产比重的趋势可知，房地产企业存货占总资产的比重维持在60%～80%的范围内，每1～2年出现一次峰值，这显然与地产开发的建造周期有一定联系，公司目前存货占总资产的比重与2008年的水平相当。根据附注中存货项目披露，在建开发产品占比66.24%，同比增长75.50%，说明在建开发产品大幅增加是公司存货增加的主要原因，可见公司对楼市的预期是很乐观的。

根据利润表和现金流量表的数据可知，公司存货的销售情况良好，能够形成大量的销售收入和经营活动现金流入，同时资产负债表中存在1 111亿元的预收账款，也说明存货的销售情况的确比较乐观，存货的变现能力较强。另外，存货的变现价值与账面价值往往会有较大差异，这主要取决于公司所开发房产的销售价格与开发成本的差异，按照公司近年来40%左右的毛利率水平测算，存货的公允价值可能高达2 916.69亿元，这进一步说明存货的质量较高。从附注中可知，公司存货中用于长期借款、一年内到期的非流动负债及短期借款抵押的存货价值为人民币35亿元，相比2010年的11亿元增加了2倍，考虑到公司较强的销售获现能力和筹资能力，部分存货的抵押不足以影响公司整体存货的质量。

（6）长期股权投资及其质量分析。

长期股权投资同比增长43.01%，在资产总额中所占的比重也由年初的2.08%增长到年末的2.17%，在同行业中处于很高的水平（如图13-6所示）。

根据附注披露，公司的长期投资主要用于对合营公司和联营公司的投资，其增长的主要原因在于对这两类公司投资的增加。另外，公司当年没有计提减值准备，预示着公司长期股权投资的质量保持了上年水平。但这里需要注意，公司对长期股权投资采用的是权益法确认投资收益，公司所确认的投资收益通常会大于所收到的现金，形成投资收益与现金流入不一致的情况。

3）负债主要项目分析

（1）对应付账款的分析。

应付账款同比增长了75.76%，占负债总额的比重也由年初的10.51%增长到年末的13.02%，并且应付账款的增长速度明显快于流动负债。在同行业中，公司的应收账款一直

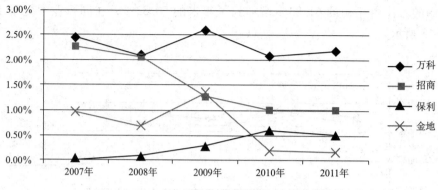

图 13 – 6　四家公司长期股权投资占资产总额比较

处于较高的水平（如图 13 – 7 所示）。

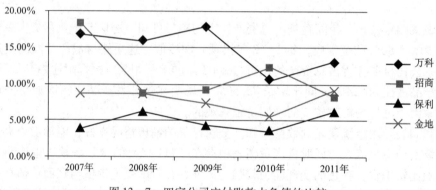

图 13 – 7　四家公司应付账款占负债的比较

　　据应付账款附注披露，本集团账龄超过一年的应付账款主要为尚未支付的工程款、地价款、质量保证金等。值得注意的是，公司 2011 年一方面减少应收账款，另一方面又较大幅度的增加应付账款，充分利用无息的营运资金，这种快收慢付的商业运营模式，对公司来说是一种较为理想的理财方式。但公司应注意保证及时偿付应付账款，从而不会对公司信誉和未来发展产生不良影响。

　　（2）对预收账款的分析。

　　预收账款同比增长了 49.32%，在负债总额中的占比也由年初的 46.20% 增长到年末的48.25%。从绝对额来看，预收账款增加 366.96 亿元。资料显示公司预收账款近年来逐步增长，在同行业中也处于较高水平（如图 13 – 8 所示），说明公司建造的房产项目的销售情况非常理想。

　　从预收账款的构成来看，包括建造合同业务预收款 0.27 亿元，其余主要为尚未结算的预收房款，而且没有预收关联方的款项。另外，公司的营业收入同比增长了 41.54%，也出现了较大幅度的上升。公司近年来的营业收入和预收账款以几乎一致的态势不断上升（如图 13 – 9 所示），预收账款与营业收入同步快速上升的趋势表明公司的产品深受市场欢迎，预示着公司未来营业收入将持续快速增长。

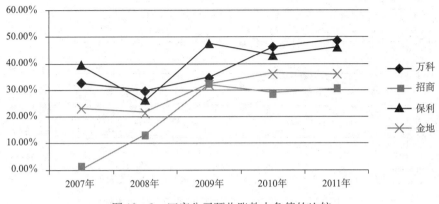

图 13 – 8 四家公司预收账款占负债的比较

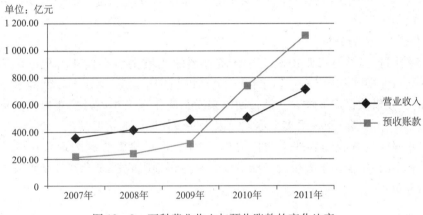

图 13 – 9 万科营业收入与预收账款的变化比率

预收账款对房地产开发企业来说越多越好，它体现了强势的地产商对购房者资金的占用程度。大量的预收账款一方面使公司获得大量的流动资金，保证了公司获得持续的营业收入与营业现金流入；另一方面可以为公司节约金额可观的筹资费用，进而提升经营业绩，增加股东价值。万科公司 2010 年预收账款为 744 亿元，2011 年预收账款为 1 111 亿元，说明过去的 2 年间公司通过预售的形式平均无偿占用了购房者的资金为 927 亿元，若按照 6% 的利率测算，每年节省的利息费用约 56 亿元，相当于公司 2011 年度净利润的一半，可见，预收账款对于公司经营业绩的提升起到了巨大作用。

（3）对其他应付款的分析。

其他应付账款同比增长了 79.71%，占负债的比重也由年初的 10.44% 增长到年末的 13.23%，在同行业中处于平均水平（如图 13 – 10 所示）。据附注披露，其他应付账款中的应付股权与合作公司往来及其他占比 67.08%，且其他应付款中无应付持有公司 5%（含 5%）以上表决权股份的股东单位的款项，关联方所占比重很小，且账龄超过一年的大额其他应付款主要为尚未支付的股权转让款、保证金等。

（4）一年内到期的长期负债。

一年内到期的长期负债同比增长了 42.73%，占负债总额的比重也由年初的 9.50% 增长

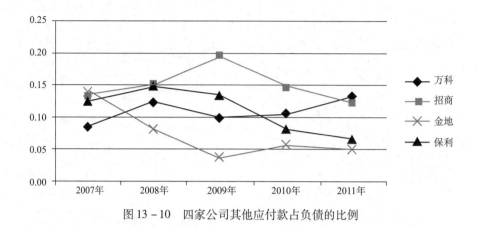

图 13 – 10　四家公司其他应付款占负债的比例

到年末的 9.57%，据附注披露，在一年内到期的非流动负债中无展期的逾期借款，这说明公司有较高的信誉保障。

（5）对长期借款的分析。

长期借款同比减少了 15.40%，占负债总额的比重由年初的 15.39% 下降到年末的 9.18%。在同行业中（如图 13 – 11 所示），公司的长期借款还是处于较低的水平。由图可见 2010 年的长期借款普遍下降。从借款期限来看，两年至三年以及三年以上的借款相应增加，而一年至两年的借款减少很多，本期无因逾期借款形成的长期借款。结合现金流量表可知，公司当年吸收投资收到的现金增长了 97.32%，取得借款收到的现金减少了 12.91%，这表明公司在 2011 年偿还了大量的长期借款，有意识地吸收股权投资来调整公司的资本结构，减轻债务负担。

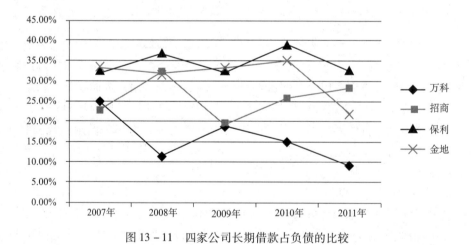

图 13 – 11　四家公司长期借款占负债的比较

4）所有者权益分析

所有者权益较上一年上涨了 24.27%，这一增加，主要是盈余公积 28.91% 和未分配利润 40.57% 的增幅较大，显然公司盈利是资产增加的主要资金来源。这也意味着，投资者投入公司的资本不但得到了保值，而且还得到了增值。

5）资产负债表的总体评价

综上所述，公司的资产总体质量较好，流动性和安全性都较高。从资产的构成来看，公司的主要资产项目均处于合理的水平，存货是公司最主要的资产项目，具有良好的变现能力，在形成了公司最主要的盈利增长点的同时，也集中了公司最主要的经营风险。从负债和所有者权益的构成来看，流动负债的比重较大，主要是公司预售形成的预收账款，剔除预收账款影响后的资产负债率约为 50%，处于合理的范围；留存收益不断增加，资本实现了稳步增值。总体来说，公司真实的偿债压力较小，财务结构较为稳健。

4. 利润表分析

根据万科 2011 年利润表，编制利润表的趋势分析表。如表 13 - 2 所示。

表 13 - 2   利润表趋势分析表

2011 年度 项　　目	增（减）/%	2011 结构/%	2010 结构/%
一、营业收入	41.54	100.00	100.00
减：营业成本	43.74	60.22	59.30
税金及附加	38.31	10.84	11.09
销售费用	22.98	3.56	4.10
管理费用	39.64	3.59	3.64
财务费用	1.11	0.71	0.99
资产减值损失	-111.85	0.09	-1.08
加：公允价值变动损益	-80.95	0.00	-0.03
投资收益	-10.05	0.97	1.53
其中：对联营公司和合营公司的投资收益	120.77	0.90	0.58
二、营业利润	32.52	21.96	23.45
加：营业外收入	6.22	0.11	0.14
减：营业外支出	29.63	0.05	0.05
其中：非流动资产处置损失	-5.57		
三、利润总额	32.37	22.02	23.55
减：所得税费用	35.64	5.86	6.11
四、净利润	31.22	16.16	17.43
归属于母公司所有者的净利润	32.15	13.41	14.36
少数股东损益	26.87	2.75	3.07
五、每股收益：			
（一）基本每股收益	33.33		
（二）稀释每股收益	33.33		

1）利润表总体状况的初步分析

2011 年，公司实现营业收入 717.83 亿元，同比增长 41.54%；营业利润同比增长 32.52%；实现净利润 116.00 亿元，同比增长 31.22%；每股收益 0.88 元，同比增长 33.33%。总体来看，公司的各项指标都呈较均衡的上升趋势，公司的盈利能力较强。如此高的利润从何而来？是行业因素，还是公司经营有方？

2）利润表主要项目的分析

（1）对营业收入的分析。

2011 年，公司实现营业收入 717.83 亿元，同比增长 41.54%，究其原因，销售收入的快速增长主要是由销量增加、价格上涨共同导致的。

①销量因素。报告期内，面对市场环境的巨大变化，公司坚持面向自住购房者的产品定位，始终贯彻快速销售的策略，积极应对，取得较为良好的销售业绩。2011 年，公司共实现销售面积 1075.30 万平方米，销售金额 1215.40 亿元，同比分别增长 19.80% 和 12.40%，实现结算面积 562.40 万平方米，结算收入 706.50 亿元，同比分别增长 24.40% 和 41.20%。在已进入的 54 个城市中，公司在 25 个城市的销售业绩名列当地市场前三甲。公司始终坚持产品质量第一的经营理念，地产项目在市场上树立起良好的口碑；公司的产品结构以中小户型普通商品房为主，所销售的住宅中，144 平方米以下户型占比达到 88%，符合市场需求和国家房地产调控政策的方向，更容易受到自住型购房者的青睐。

②价格因素。由于公司年报中并未直接披露其产品销售价格的相关信息，因此只能利用销售收入与销售面积的数量关系来测算。但是考虑房地产企业确认销售收入的时点与实现销售金额的时点之间存在较大的差异（收入确认相对滞后），因此，可以利用 2011 年度的结算收入和结算面积来测算。通过分析可知，2011 年实现结算面积和结算收入同比分别增长 24.40% 和 41.20%，因此，可以大体估算出公司 2011 年已确认的房产项目销售收入中价格上涨幅度为 1.412/1.244，即 13.50%。

据年报披露，2011 年三季度后，为促进销售，在一批有影响力的企业带动下，打折促销开始成为行业内的普遍情况，各地价格上涨的现象受到遏制，房价松动和回落的城市数量日益增多。根据国家统计局发布的数据，2012 年 1 月，全国 70 个大中城市的新建商品住宅价格环比无一上涨，全部下降或持平。根据 2011 年公司实现的销售金额增速与销售面积增速的关系可以推断，2011 年公司产品的销售价格增速约为 6.58%，因此，可以预见未来公司的营业收入增速中价格因素的影响将逐步减小，"以价换量"的销售策略将被多数地产公司采用。

③分类收入情况。公司的收入主要来源于房地产，其次是物业管理方面的收入。2011 年房地产收入高达 706.47 亿元，同比增长了 41.2%，物业管理收入为 5.73 亿元，同比增长 33.05%。可见房地产开发业务的增长是营业收入增长的主要贡献者。

④分地区收入。公司营业收入中的地区结构，主要来自于北京区域、广深区域、上海区域和成都区域。其中广深区域的增长额最大为 88.66 亿元，成都区域增长幅度最大为 88.53%。公司业务在主要区域的发展直接影响其营业收入的可持续增长，未来"北上广深"楼市的变化将对万科公司的收入产生较大影响。

（2）对营业利润的分析。

2011 年营业利润同比增长 32.52%，营业利润占营业收入的比重也由上年的 23.46% 下降为 21.98%。利润空间缩小的主要原因是什么呢？

①营业成本。2011 年公司营业成本同比增长了 43.74%，大于营业收入 41.54% 的增长速度，营业成本在营业收入中的占比也由年初的 59.30% 上涨到年末的 60.22%。在同行业的对比中，除 2009 年外，公司的营业成本占营业收入的比重一直处于平均水平（如图 13-12）。这

也表明，四家房地上市公司的平均毛利率基本维持在 40% 左右。

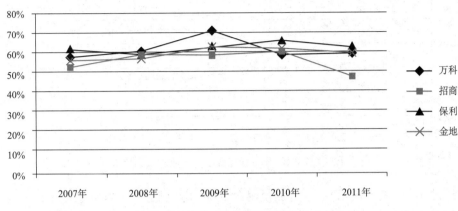

图 13 – 12　四家公司营业成本占营业收入的比重

②三项费用。在营业收入增长、销量增加的情况下，销售费用同比增长了 22.98%，低于营业收入 41.54% 的增长水平。公司给出的解释是 2011 年国内很多城市的成交销售比由 2010 年的 0.94 下降至 0.70，已经比较接近 2008 年的 0.63 的历史低点，房地产销售萎靡的情况十分明显。三季度后，为了促进销售，公司采取了一些措施，因而增加了销售费用。与同业对比，公司的销售费用占比一直较高（如图 13 – 13 所示），说明公司在销售方面投入较多。管理费用同比增长了 39.64%，增幅与营业收入、营业成本的增幅基本同步，公司对此没有作具体披露。管理费用占营业收入的比重在同行业中处于较高水平（如图 13 – 14 所示），这可能与公司规模较大有关。

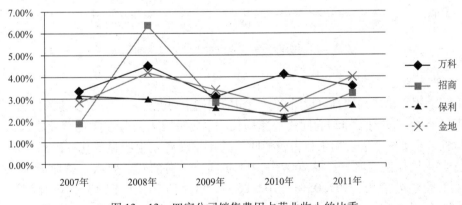

图 13 – 13　四家公司销售费用占营业收入的比重

财务费用为 5.10 亿元，同比增长了 1.11%，在同行业中处于较高水平。但应注意财务费用并不等丁利息费用，根据附注可知，2011 年公司的净利息支出（利息支出减去利息收入）为 34.06 亿元，较 2010 年度的 23.69 亿元增长了 43.77%，而 34.06 亿元的净利息支出约占公司 2011 年度净利润的三分之一，是公司财务费用金额的 6.68 倍。公司 2011 年度利息费用的同比增幅与营业收入、营业成本的增幅基本同步，属于正常现象。同时，通过分析万科公司以及同业企业过去五年的财务费用，我们发现财务费用占销售收入的比重逐年有波

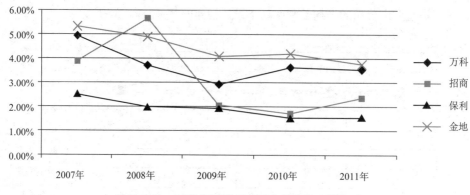

图 13 - 14　四家公司管理费用占营业收入的比重

动地下降（如图 13 - 15 所示），一方面说明自 2008 年我国央行持续降息以来，房地产企业的利息负担在逐年降低；另一方面说明地产企业根据不同年度地产投资规模确定有息负债的规模，进而引起了公司之间、不同年份之间财务费用差异。

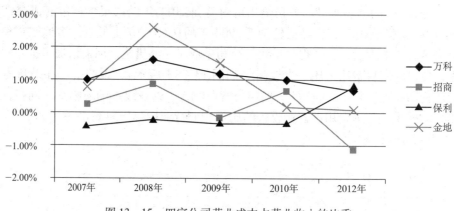

图 13 - 15　四家公司营业成本占营业收入的比重

3）利润表的总体评价

从利润表揭示出来的信息可以看出，公司的利润主要源于房地产开发业务，利润的质量较高。2011 年公司实现了净利润同比快速增长，主要是因为公司在实现营业收入的大幅度增长的同时，主要成本和费用项目占营业收入的比重没有发生明显变化，因而净利润保持了与营业收入同比例的增长。在 2007—2011 年间，公司的营业收入、营业成本和期间费用、净利润增幅分别为：102.05%、104.28%、118.13%（如图 13 - 16 所示），同时，通过与同业公司对比分析可以发现，在同业公司销售净利率略有下降的同时，万科的销售净利率逐步提高，2007—2011 年间基本维持在 15% 左右（如图 13 - 17 所示）。可见，公司目前正处于成熟稳定的发展阶段，按照固有的毛利率水平和成本费用结构，稳步地赚取利润。

5. 现金流量表分析

根据万科 2011 年现金流量表，编制现金流量表的趋势分析表。如表 13 - 3、表 13 - 4所示。

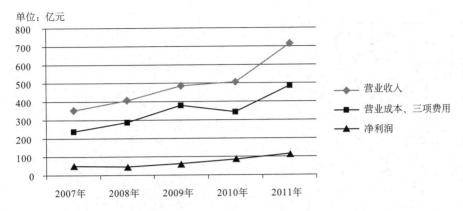

图13-16 万科营业收入、营业成本和三项费用、净利润的变动趋势

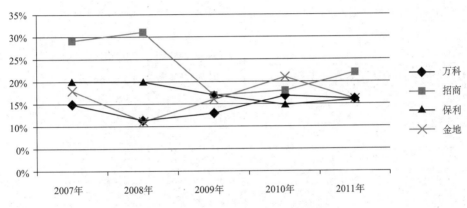

图13-17 四家公司的销售净利率

表13-3 合并现金流量水平分析表

项 目	2011年	2010年	增（减）/%
一、经营活动产生的现金流量			
销售商品、提供劳务收到的现金	103 648 873 001.82	88 119 694 493.30	17.62
收到其他与经营活动有关的现金	6 894 667 980.25	2 976 047 156.82	131.67
经营活动现金流入小计	110 543 540 982.07	91 095 741 650.12	21.35
购买商品、接受劳务支付的现金	84 918 243 555.06	66 645 895 259.85	27.42
支付给职工以及为职工支付的现金	2 480 848 005.23	1 848 827 752.37	34.18
支付的各项税费	14 698 127 348.02	9 381 585 316.90	56.67
支付其他与经营活动有关的现金	5 056 897 501.84	10 982 177 869.55	-53.95
经营活动现金流出小计	107 154 116 410.15	88 858 486 198.67	20.59
经营活动产生的现金流量净额	3 389 424 571.92	2 237 255 451.45	51.50
二、投资活动产生的现金流量			
收回投资收到的现金	207 894 484.10	282 454 288.12	-26.40
取得投资收益收到的现金	18 757 998.26	367 769 277.76	-94.90

续表

项　目	2011 年	2010 年	增（减）/%
处置固定资产、无形资产和其他长期资产			
收回的现金净额	1 115 844.63	462 241.52	141.40
处置子公司或其他营业单位收到的现金净额		17 179 172.33	−100.00
收到其他与投资活动有关的现金	637 601 626.55	2 032 857 298.14	−68.64
投资活动现金流入小计	865 369 953.54	2 700 722 277.87	−67.96
购建固定资产、无形资产和其他长期资产所支付的现金	261 560 892.00	261 938 551.22	−0.14
投资支付的现金	1 195 068 075.60	2 183 848 057.74	−45.28
取得子公司及其他营业单位支付的现金净额	4 075 842 283.38	1 364 056 191.97	198.80
支付的其他与投资活动有关的现金	985 466 442.61	1 082 538 787.40	−8.97
投资活动现金流出小计	6 517 937 693.59	4 892 381 588.33	33.23
投资活动产生的现金流量净额	−5 652 567 740.05	−2 191 659 310.46	157.91
三、筹资活动产生的现金流量			
吸收投资收到的现金	3 904 944 000.00	1 979 021 435.08	97.32
其中：子公司吸收少数股东投资收到的现金	3 904 944 000.00	1 979 021 435.08	97.32
取得借款收到的现金	23 574 576 259.94	27 070 090 551.02	−12.91
筹资活动现金流入小计	27 479 520 259.94	29 049 111 986.10	−5.40
偿还债务支付的现金	19 974 613 437.08	11 985 374 651.54	66.66
分配股利、利润或偿付利息支付的现金	6 698 048 516.13	4 039 207 571.75	65.83
其中：子公司支付给少数股东的股利、利润	1 426 449 140.20	638 540 999.59	123.39
筹资活动现金流出小计	26 672 661 953.21	16 024 582 223.29	66.45
筹资活动产生的现金流量净额	806 858 306.73	13 024 529 762.81	−93.81
四、汇率变动对现金及现金等价物的影响	−26 539 031.04	24 034 574.57	−210.42
五、现金及现金等价物净（减少）/增加额	−1 482 823 892.44	13 094 160 478.37	−111.32
加：年初现金及现金等价物余额	35 096 935 415.75	22 002 774 937.38	59.51
六、年末现金及现金等价物余额	33 614 111 523.31	35 096 935 415.75	−4.22

表 13 − 4　合并现金流量垂直分析表

项　目	内部结构/%		流入结构/%		流出结构/%		流入流出比	
	2011 年	2010 年	2011 年	2010 年	2011 年	2010 年	2011 年	2010 年
一、经营活动产生的现金流量								
销售商品、提供劳务收到的现金	93.76	96.73						
收到其他与经营活动有关的现金	6.24	3.27						
经营活动现金流入小计	100.00	100.00	79.59	74.15				
购买商品、接受劳务支付的现金	79.25	75.00						
支付给职工以及为职工支付的现金	2.32	2.08						
支付的各项税费	13.72	10.56						

续表

项　目	内部结构/%		流入结构/%		流出结构/%		流入流出比	
	2011 年	2010 年	2011 年	2010 年	2011 年	2010 年	2011 年	2010 年
支付其他与经营活动有关的现金	4.72	12.36						
经营活动现金流出小计	100.00	100.00			76.35	80.95		
经营活动产生的现金流量净额							1.03	1.03
二、投资活动产生的现金流量								
收回投资收到的现金	24.02	10.46						
取得投资收益收到的现金	2.17	13.62						
处置固定资产、无形资产和其他长期资产								
收回的现金净额	0.13	0.02						
处置子公司或其他营业单位收到的现金净额		0.64						
收到其他与投资活动有关的现金	73.68	75.27						
投资活动现金流入小计	100.00	100.00	0.62	2.20				
购建固定资产、无形资产和其他长期资产								
所支付的现金	4.01	5.35						
投资支付的现金	18.34	44.64						
取得子公司及其他营业单位支付的现金净额	62.53	27.88						
支付的其他与投资活动有关的现金	15.12	22.13						
投资活动现金流出小计	100.00	100.00			4.64	4.46		
投资活动产生的现金流量净额							0.13	0.55
三、筹资活动产生的现金流量								
吸收投资收到的现金								
其中:子公司吸收少数股东投资收到的现金	14.21	6.81						
取得借款收到的现金	85.79	93.19						
筹资活动现金流入小计	100.00	100.00	19.79	23.65				
偿还债务支付的现金	74.89	74.79						
分配股利、利润或偿付利息支付的现金	25.11	25.21						
其中:子公司支付给少数股东的股利、利润	5.35	3.98						
筹资活动现金流出小计	100.00	100.00			19.01	14.60		
筹资活动产生的现金流量净额							1.03	1.81
合　计			100.00	100.00	100.00	100.00		

1）现金流量表总体状况的初步分析

公司当年的现金及现金等价物净减少了14.82亿元。其中，2011年经营活动现金流量净额为33.89亿元，而2010年为22.37亿元，同比增长了51.50%；投资活动现金流量净额为－56.52亿元，同比增长157.91%；筹资活动现金流量净额为8.06亿元，同比下降了93.81%。公司的现金流量经营活动的现金流量为正，投资活动的现金流量为负，筹资活动的现金流量为正。

2）现金流量表主要项目的分析

（1）对经营活动现金流量的分析。

从现金流量分析表中可以看出，经营活动现金流入量同比增长了21.35%，其中销售商品、提供劳务收到的现金同比增长了17.62%，占比由上年的96.73%略下降至本年的93.76%，表明公司本年内经营活动收到的现金主要源于销售商品、提供劳务收到的现金；而经营活动现金流出量同比增长了20.59%，其中购买商品、接受劳务支付的现金同比增长了27.42%，占比由上年的75.00%增至本年的79.25%，支付的各项税费同比增长了56.67%，占比由上年的10.56%增至本年的13.72%，即公司经营活动每支出100元中有93元用于支付外购商品及税费。通过对比同业企业之间经营活动现金流量的对比分析（如图13－18所示）可知，公司经营活动现金流量的净额在多数年份为正数，较其他公司而言，公司通过经营活动获取现金的能力较强，这也体现了公司谨慎经营的特点。

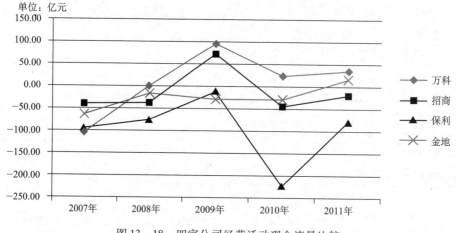

图13－18　四家公司经营活动现金流量比较

通过分析经营活动现金流量与营业利润之间的关系可以进一步判断公司的获现能力及未来的盈利状况。通过分析2007—2011年间公司经营活动现金流量、营业收入、营业成本与税金的关系（如图13－19所示）可以发现，公司经营活动现金流入量和流出量长期高于营业收入和营业成本与税金。这主要是由房地产企业确认收入与成本的时间与现金量发生的时间严重不符所导致的：一方面，预售商品形成现金流入记入了预收账款而非营业收入；另一方面，购置土地以及房产建造成本形成的现金流出记入了存货而非营业成本，但从长期来看，经营活动现金流量与营业利润在总量上应该是保持基本一致的。因此，可以认为，就万科公司的报表数据而言，可以将经营活动现金流量作为营业利润的晴雨表，因此，可以预测公司2012年度的营业收入与成本仍将持续增长，增速与2011年度相当，大约为40%左右。

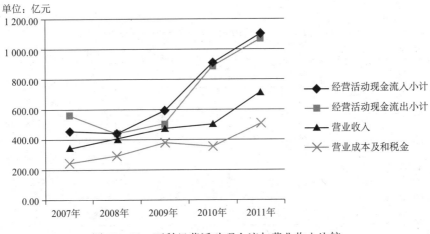

图 13 – 19 万科经营活动现金流与营业收入比较

（2）对投资活动现金流量的分析。

从现金流量表可以看出，投资活动现金流入量同比减少了 67.96%，在现金总流出量中的占比由年初的 2.20% 下降到年末的 0.62%。其原因在于"收到其他与投资活动有关的现金"同比降低了 68.64%，使其在投资活动现金流入量中的比重由年初的 75.27% 下降到年末的 73.68%，投资活动获得的现金占公司现金流入总量的比重较少，仅为 0.62%。

投资活动现金流出量同比增长了 33.23%，占现金总流出的比重由年初的 4.46% 略上升到年末的 4.64%。主要是"取得子公司及其他经营单位支付的现金净额"同比增长了 198.80%，使其在投资活动现金流出量中的比重由年初的 27.88% 上升到 62.53%，表明公司增大了对子公司的投资力度，说明公司存在较多投资扩张机会，有利于公司的长期发展。根据附注的相关信息，万科集团往往因新的房产开发项目而设立新的子公司，对于已完成开发的项目便注销子公司，因此，可以预计，公司未来现金流量表中"取得子公司及其他经营单位支付的现金净额"项目的金额仍会很大。

投资活动现金流量净额同比增长了 157.91% 且小于零，主要原因是投资活动现金流出量的增幅大于投资活动现金流入量的增幅。但是公司投资活动现金流量净额在同行业中非常低，程度相当明显（如图 13 – 20 所示）。表明公司在 2011 年为扩大生产规模进行了大手笔的投资，体现了公司在扩张方面的努力与尝试，也预示着公司未来仍会有较强的创造现金流量的潜力。

（3）对筹资活动现金流量的分析。

从现金流量表中可以看出，筹资活动现金流入量同比下降 5.4%。其中，"子公司吸收少数股东投资收到的现金"同比上升了 97.32%，占比由年初的 6.81% 上升到年末的 14.21%。"取得借款收到的现金"同比下降了 12.91%，占比也由年初的 93.19% 下降至年末的 85.79%。说明通过银行借款筹资的比重在下降，适当增加了权益筹资的规模。

筹资活动现金流出量同比增长 66.45%，占现金总流出量也由年初的 14.59% 升至年末的 19.01%。主要是因为"偿还债务支付的现金"同比增长 66.66%，其在筹资活动现金流出中的占比由年初的 74.79% 上涨到年末的 74.89%。

筹资活动现金流量净额大于零，与 2010 年相比急速下降，这主要与公司的资金需求、

单位：亿元

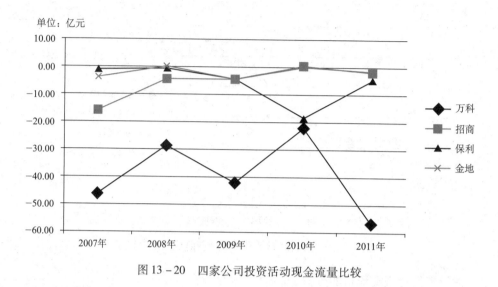

图 13 – 20　四家公司投资活动现金流量比较

借款的还款周期有关。通过与同行业数据对比可以发现，房地产公司筹资活动现金流量在多数年份为正数，表明房地产类上市公司长期依靠外部筹资，特别是从银行获取借款，以支持企业发展的态势十分明显。（如图 13 – 21 所示）。

单位：亿元

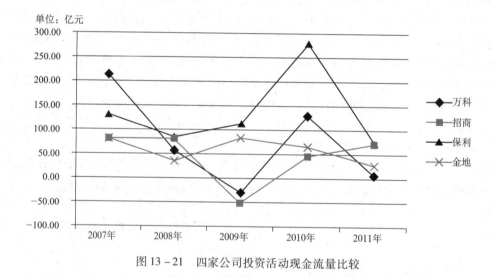

图 13 – 21　四家公司投资活动现金流量比较

3）现金流量表的总体评价

总体上看，公司的经营活动持续产生正的现金流量，但在筹资活动现金流入减少的情况下，公司仍继续扩大投资活动的现金支出，最终导致现金及现金等价物出现一定幅度的减少。公司现金及现金等价物净增加额为负值，主要原因是经营活动的现金净流量小于投资活动的现金净流量；公司现金及现金等价物净增加额比 2010 年有大幅度下降，并且小于零，现金流量状况堪忧。但是从行业角度来看，房地产企业的行业特点和公司的经营策略在很大程度上影响了经营活动与投资活动的现金净流量，此外宏观经济环境和原材料、人工费用的上涨一定程度上也导致了此现象。

6. 所有者权益变动表分析

根据万科 2011 年所有者权益变动表，编制所有者权益增减变动及结构分析表。如表 13 – 5 所示。

表 13 – 5　所有者权益增减变动及结构分析表　　　　单位：元

项　　目	2011 年	2010 年	增（减）/%	结构/%	
				2011 年	2010 年
一、归属于母公司股东权益					
股本	10 995 210 218.00	10 995 210 218.00	0.00	16.21	20.14
资本公积	8 843 464 118.19	8 789 344 008.84	0.62	13.04	16.10
盈余公积	13 648 727 454.84	10 587 706 328.79	28.91	20.12	19.40
未分配利润	18 934 617 430.43	13 470 284 310.05	40.57	27.91	24.68
外币报表折算差额	545 775 788.95	390 131 925.43	39.90	0.80	0.71
二、少数股东权益	14 864 743 536.62	10 353 522 851.30	43.57	21.91	18.97
股东权益合计	67 832 538 547.03	54 586 199 642.41	24.27	100.00	100.00

从所有者权益增减变动及结构分析表可以看出，公司所有者权益同比增长了 24.27%，主要是盈余公积、未分配利润和少数股东权益分别增长了 28.91%、40.57% 和 43.57%。在所有者权益中未分配利润所占的比重达到 27.91%。由此可知当前净利润增长的主要原因是盈余公积和未分配利润的增加。从项目构成上看，虽然股本和资本公积的数额同比有极小幅度变化，但由于留存收益同比大幅增加了 8 525 354 246.43 元，使股本和资本公积在 2011 年所有者权益总额中所占比重下降，企业内部形成的留存收益的占比相应上升，这说明公司所有者权益内部结构的变化是由盈利留存导致的。2011 年与 2010 年相比，股本没有增减变化，说明公司并没有采用股本扩张的方式吸收投资者投资。盈余公积和未分配利润增幅较大，主要原因是当年实现的净利润所致。同时，未分配利润所占比重的增加则表明公司持续盈利能力较强。

公司 2011 年每股收益 0.88 元，分红派息方案是每 10 股派送人民币 1.3 元（含税），股利发放率为 14.77%；从 2007—2011 年公司发放现金股利来看，公司发放现金股利的政策比较稳定，且有不断提高的趋势（如图 13 – 22 所示），表明公司越来越看重对股东的回报，无疑也是向市场释放"高增长高回报"的信号。由于投资者会根据公司股利发放率的多少和持续性来推测管理层的信心和诚意，通常保持 30% 以上的股利发放率可以被认为公司是"慷慨"的，愿意回报股东，也意味着公司对未来业绩有把握，因此，公司的股利支付比率还有一定提升的空间。

7. 财务比率分析

为便于进行比较分析，根据万科 2010 和 2011 年报的数据计算了两年的有关财务比率；

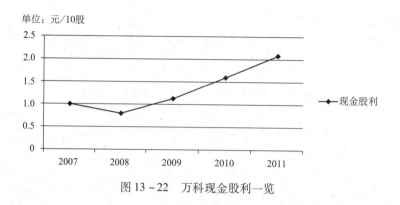

单位：元/10股

图 13 - 22　万科现金股利一览

同时为便于同类公司间进行比较分析，根据 2011 年报计算了招商地产、保利地产、金地集团有关财务比率，如表 13 - 6 所示。

表 13 - 6　财务比率趋势分析表

项　　目		财务比率	万科		招商地产	保利地产	金地集团
			2011 年	2010 年	2011 年	2011 年	2011 年
短期偿债能力		流动比率	1.41	1.59	1.86	1.91	1.80
		速动比率	0.37	0.56	0.57	0.36	0.49
		现金比率	0.17	0.29	0.37	0.18	0.38
长期偿债能力		资产负债率	0.77	0.75	0.70	0.78	0.71
		产权比率	3.37	2.95	2.28	3.64	2.46
		已获利息倍数	4.79	5.23	6.51	2.54	3.49
		有形净值债务率	3.39	2.97	2.28	3.64	2.46
盈利能力		毛利率	0.40	0.41	0.52	0.37	0.39
		销售净利率	0.16	0.17	0.22	0.16	0.16
		总资产收益率	0.05	0.05	0.05	0.04	0.05
		净资产收益率	0.19	0.18	0.15	0.20	0.16
		资本保值增值率	1.24	1.20	1.15	1.31	1.24
营运能力		应收账款周转率	46.18	43.96	155.66	57.19	3 057.43
		应收账款周转天数	7.80	8.19	2.34	6.29	0.12
		存货周转率	0.25	0.27	0.16	0.23	0.27
		存货周转天数	1 422.00	1 337.00	2 255.00	1 596.00	1 346.00
		营业周期	1 430.00	1 345.00	2 257.00	1 602.00	1 346.00
		流动资产周转率	0.29	0.30	0.24	0.28	0.30
		总资产周转率	0.28	0.29	0.22	0.27	0.29
现金流量	现金偿债比率	现金流动负债比	0.17	0.29	0.37	0.18	0.38
		现金负债总额比	0.15	0.23	0.26	0.12	0.29
	获取现金能力	销售获现比率	1.44	1.74	1.34	1.40	1.18
		资产现金流量比	0.01	0.01	-0.03	-0.04	0.02

1) 短期偿债能力分析

从相关指标看出，流动比率、速动比率和现金比率较上年均出现明显的下降，说明短期偿债能力在降低。现金比率由年初的0.29下降到年末的0.17，但仍在标准值20%左右，在这一水平上，公司偿付流动负债的能力不会有太大问题。与同业数据相比，三个指标的数值均低于同业数据，说明公司的短期偿债能力相对较弱。

但应注意的是，房地产行业与其他行业相比，通常存在存货量大、公允价值远高于账面价值等问题，相比于一般行业而言，其存货的变现能力较强。此外，流动负债大部分是预收账款，这些负债很容易转化为营业收入。这些特点在很大程度上影响了企业的短期偿债能力。注意到公司的预收账款高达1 111.01亿元，而公司将运用存货抵偿这部分短期负债，因此可以对剔除1 111.01亿元之后的流动资产和流动负债作进一步分析（这里还未考虑存货变现价值的影响）。剔除后，公司的流动比率为1.91，速动比率为0.91，现金比率为0.38。以上比率均满足成熟型工业企业短期偿债能力指标的标准值。因此，可以认为尽管公司当年的短期偿债能力在减弱且低于同业的平均水平，但是其偿还短期债务的绝对能力仍然是较强的。

2) 长期偿债能力分析

从相关指标中看出，公司的资产负债率高达77%，较上年略有提高，资产负债率和产权比率以及有形净值债务率均处在行业中等水平，已获利息倍数有所下降，表明公司利用息税前利润偿还本年度债务利息的能力下降，但在同业中，该财务比率仍然处于较高水平。值得注意的是，国内房地产上市公司普遍处于高负债运营的状态，资产负债率水平一般较高。目前，我国地产类上市公司的预收账款占总资产的比重远高于其他行业公司，这使得单纯看资产负债率已经不能完全反映万科公司真实的偿债能力，从资产负债的金额中剔除预收款项的影响后的资产负债率才更具有参考价值。可以测算，在资产和负债的金额中分别剔除预收账款后，公司的资产负债率为48.40%，处于正常合理的范围。此外，房地产企业存货的账面价值一般都低于公允价值，一旦变现，公司的长期偿债能力还会有较大提升。所以，就目前万科的长期偿债能力来看，公司所持有债务的结构还是比较符合行业特点和平均水平的，如果房价保持稳定，万科的长期偿债能力是很强的。

3) 盈利能力分析

从相关指标看出，万科的毛利率较上年略有下降，主要来源于结算金额的下降、资金成本和土地成本的上升。作为衡量企业在激烈的市场竞争中表现如何的风向标，销售毛利率的下降表明企业销售的初始盈利能力在减弱，对管理费用、销售费用和财务费用等期间费用的承受能力在减弱。销售净利率由上年的17.43%下降到本年的16.16%，说明公司的主营业务获利能力在下降。总资产收益率也有所下降，表明公司运用全部资产盈利的能力在下降。净资产收益率上升，且在行业中处于较高水平，说明公司为股东赚取的利润水平在不断增加，股东能够获取较高的投资回报，而且可以预见，净资产收益率的增加是公司依靠较高的负债水平实现的。资本保值增值率为124.27%，较上年有所增加，表明所有者权益增长较快，公司的资本保全状况较好，资本的盈利能力增强。综上所述，各项指标与上年变动幅度不是很大，说明企业获利能力比较稳定，在行业中处于中上等水平，公司管理层未来应把如何保持持续的盈利能力作为工作的重点。

4）营运能力分析

从相关指标看出，公司的应收账款周转率小幅上升，主要是由于公司的应收账款比去年有所下降，但是该指标仍然远低于行业平均水平，说明公司在应收账款的管理方面存在一定的问题。存货周转率下降，表明存货的变现速度有所降低，这主要是由于本期存货规模大幅增加所致，但是存货周转率在同行业中处于较高水平，说明在同业中公司产品的销售情况较好。流动资产周转率和总资产周转率有所下降，说明公司运用资产进行经营的效率在降低，这主要是由于公司存货规模大幅增加所致，但在同业中公司资产的使用效率还是比较理想。总体而言，公司的营运能力虽然有所减弱，但在同行中仍处于上游水平，公司应重点关注存货和应收账款的周转情况，进一步提高资产的利用效率和管理水平。

5）现金流量分析

从相关指标看出，现金流动负债比、现金负债总额比均呈下降的趋势，表明公司运用现金清偿债务的保障程度在减弱，偿债能力有所下降。销售获现比率小幅上升，在同行业中也处于较高的水平，表明公司通过销售获取现金的能力较强，说明公司产品的销售情况良好。资产现金流量比保持不变，说明公司通过单位资产赚取现金的能力没有发生变化，在同业中该指标也处于较高水平。总体来讲，公司赚取现金的能力较强。

8. 综合评价

万科企业股份有限公司从 1991 年上市以来，保持了健康和持续发展的良好稳定态势，实现了公司连续 20 年的跨越式发展。通过综合实力和影响力的进一步扩大，逐步确立了在房地产业的竞争优势。公司目前已是中国最大的专业住宅开发企业，在诸多的大中城市中，市场占有率名列前茅。

万科公司财务状况良好，净利润呈现稳定增长的态势，公司的偿债能力、获利能力、营运能力和获现能力在同业中均处于较高水平，同时，万科公司在行业中的优势地位已不再明显，在盈利能力等方面逐渐出现减弱的趋势。应注意的是，公司可能存在过度投资的问题。目前，万科存货的账面价值占总资产的 70%，较 5 年前增长了 3 倍以上，这不但导致了消化存货所需周期的延长，还面临着存货跌价的风险；同时，由于万科公司的投资活动现金流出大幅增加，经营活动的现金净流量已不能满足其扩张的需要，而增加有息债务又加大了公司付息压力。在国家严格调控房地产价格的大背景下，公司如此快速地扩张是否合理还有待商榷。

总之，万科企业股份有限公司跨越式发展的优势能否继续维持或者扩大，既取决于国家的宏观经济政策，又取决于公司的经营战略。近年来，国家对房地产行业实施了一系列的宏观调控措施，房地产价格快速上涨的势头得到了有效抑制，同时，随着国内商品房用地的出让价格及建筑材料价格的不断上涨，商品房的建造成本不断上升，公司采取何种措施积极应对国内经济环境的变化成为今后发展的关键。未来的几年既是挑战也是机遇，希望万科公司坚持专注于普通住宅市场的发展策略，进一步强化自身的综合开发能力，不断提高公司的盈利能力和资产管理水平，实现企业的社会价值最大化。

参 考 文 献

[1] 财政部. 企业会计准则：应用指南. 北京：中国财政经济出版社，2006.

[2] 财政部会计司. 企业会计准则讲解. 北京：人民出版社，2010.

[3] 财政部注册会计师考试委员会办公室. 会计. 北京：中国财政经济出版社，2013.

[4] 杨纪琬，夏冬林. 怎样阅读会计报表. 北京：经济科学出版社，1999.

[5] 刘姝威. 上市公司虚假会计报表识别技术. 北京：经济科学出版社，2002.

[6] 黄世忠. 会计数字游戏：美国十大财务舞弊案例剖析. 北京：中国财政经济出版社，2003.

[7] 伯恩斯坦，维欧德. 财务报表分析. 北京：北京大学出版社，2001.

[8] 怀尔德. 财务会计为决策提供的信息. 北京：机械工业出版社，2008.

[9] 张先治，陈友邦. 财务分析. 大连：东北财经大学出版社，2007.

[10] 黄世忠. 财务报表分析：理论、框架、方法与案例. 北京：中国财政经济出版社，2007.

[11] 鲁爱民. 财务分析. 北京：机械工业出版社，2008.

[12] 刘顺仁. 财报就像一本故事书. 太原：山西人民出版社，2007.

[13] 吴革. 财务报告粉饰手法的识别与防范. 北京：对外经济贸易大学出版社，2003.

[14] 王化成. 财务报表分析. 北京：北京大学出版社，2007.

[15] 孙旭东. 年报掘金. 北京：中国财政经济出版社，2009.

[16] 佩因曼. 财务报表分析与证券定价. 北京：中国财政经济出版社出版，2005.

[17] 马贤明，郑朝晖. 会计谜局·解. 大连：大连出版社，2005.

[18] 张新民，钱爱民. 财务报表分析. 北京：中国人民大学出版社，2011.

教　学　建　议

一、教学目标

通过本教材的学习，要求学生：了解财务报表分析的基本理论；熟悉财务报表分析的基本原理；掌握财务报表分析的基本方法；学会根据报表使用者的信息要求，结合企业的实际情况和财务报表，进行财务报表分析。旨在培养学生分析和解决问题的能力。

二、教学安排和课时计划建议

教学内容	学　习　要　点	课时安排
第1章	了解财务报表分析的含义，领会财务报表分析的目的，掌握财务报表分析的一般步骤和基本方法	2
第2章	了解财务报表的背景资料，熟悉会计报表附注、财务情况说明书和审计报告的主要内容，掌握根据会计报表附注、审计报告和合并会计报表所提供的信息进行财务分析	2
第3章	了解资产负债表的结构，理解资产、负债和所有者权益各项目数据的含义及其体现的质量，掌握水平分析法和垂直分析法在资产负债表中的运用	6
第4章	了解利润表的结构，理解利润表中各项目数据的含义及其体现的质量，掌握水平分析法和垂直分析法在利润表中的运用	2
第5章	了解现金流量表的结构，理解现金流量表各项目数据的含义及其体现的质量，掌握水平分析法和垂直分析法在现金流量表中的运用	3
第6章	了解所有者权益变动表的结构，理解所有者权益变动表中各项目数据的含义及其体现的质量，掌握水平分析法和垂直分析法在所有者权益变动表中的运用	1
第7章	熟悉和理解反映企业短期偿债能力和长期偿债能力和各项指标，掌握根据财务报表进行短期偿债能力和长期偿债能力分析的方法及应用	1
第8章	熟悉和理解反映企业盈利能力的各项指标，掌握利用财务报表进行企业盈利能力和投资者获利能力分析的方法及应用	1
第9章	熟悉和理解反映企业营运能力的各项指标，掌握根据财务报表进行营运能力分析的方法及应用	1
第10章	熟悉和理解反映企业获现能力的各项指标，掌握根据财务报表进行获现能力分析的方法及应用	1
第11章	了解财务报表综合分析的含义和特点，掌握沃尔比重评分法、综合评分法及杜邦分析法的基本原理及运用	2
第12章	了解成本费用报表的构成，掌握根据成本费用表进行分析的基本方法及应用	4
第13章	学会运用财务报表的分析方法，对上市公司的年报、半年报所提供的信息，进行财务报表分析	4
案例讨论		6
总　　计		36